KB168155

# 설지민 전공특수
# 연간 강좌 계획

| 강좌 | 강의 안내 | 교재 |
|---|---|---|
| **[1-2월]**<br>기본이론반 | 기본 이론서를 토대로 한 핵심 개념 정리 | [2024 대비] 해커스임용<br>설지민 특수교육학<br>기본이론 1, 2, 3 |
| **[3-6월]**<br>각론을 통한 기출풀이 | · 각론 및 서답형 기출풀이를 통한 영역별 기출내용 풀이<br>· 2015 개정 교육과정 정리 | · 각론서<br>· [2024 대비] 해커스임용<br>  설지민 특수교육학<br>  기본이론 1, 2, 3<br>· [2024 대비] 해커스임용<br>  설지민 특수교육학<br>  기출문제·해설 1, 2, 3<br>· 프린트물 |
| **[7-8월]**<br>기출심화를 통한 마인드맵 | · 영역별로 핵심적인 기출문제를 선정하여 심화 학습<br>· 기출심화학습을 바탕으로 마인드맵 구조도 정리 | [2024 대비] 해커스임용<br>설지민 특수교육학<br>마인드맵 |
| **[9-10월]**<br>영역별 모의고사 | 영역별로 모의고사 중등형 시험 문항 풀이 | 프린트물 |
| **[10-11월]**<br>파이널 모의고사 | 모든 기출범위 모의고사 풀이 | 프린트물 |

※강좌 계획은 상황에 따라 변경될 수 있으며, 세부 계획은 강좌별 수업계획서를 참조

**해커스임용**   02 566 6860   teacher.Hackers.com

이제 해커스임용 강의를
더욱 편리하고 스마트하게 수강하자!

# 해커스 ONE
# 통합 앱

지금 바로! 구글 플레이와 앱스토어에서
**해커스 ONE 다운로드 받기**

## 01 관심분야 설정과 빠른 수강 신청

## 02 간편해진 강좌 수강과 학습 관리

## 03 과목별 교재 구매

## 04 최근 본 콘텐츠 & 새로운 소식

# 해커스임용
# 설지민
# 특수교육학
# 기본이론 ①

해커스임용

설지민

## 약력

대구대학교 사범대학 중등특수교육전공 졸업
대구대학교 교육대학원 특수교육전공 졸업
대구대학교 지체중복장애아 교육전공 박사과정 재학

**현** | 해커스임용 특수교육 전임교수
**전** | 아모르임용학원 특수교육 전임강사
아모르아이티칭 특수교육 전임강사

## 저서

해커스임용 설지민 특수교육학 마인드맵, 해커스패스
해커스임용 설지민 특수교육학 기출문제·해설 1~3, 해커스패스
해커스임용 설지민 특수교육학 기본이론 1~3, 해커스패스
해커스임용 설지민 특수교육학 영역별 이론+기출문제 1~3, 해커스패스
설지민 특수교육학 기출풀이 STEP 1~3, 열린교육
설지민 특수교육학 기출변형문제집 전3권, 북이그잼

# 저자의 말

특수교육학은 영역이 많고 범위도 넓습니다. 따라서 기본서를 집필하면 항상 고민에 고민을 거듭합니다. 어디서부터 어디까지, 얼마나 자세하게 넣어야 할까? 고민이 무색하게도 답은 항상 정해져 있습니다. 기출범위!

본 교재는 기출범위를 우선적으로 공부하기 위해 기출내용을 깊이 있게 담아내는 것에 주력했습니다. 처음부터 너무 많은 내용을 다루기보다 출제 가능성이 높은 부분을 먼저 확인하고, 점차 많은 내용을 다루고자 합니다. 더불어 영역별로 구조화한 마인드맵을 함께 수록하여 각 영역의 기출범위를 구조도로 한눈에 파악할 수 있습니다.

<해커스임용 설지민 특수교육학 기본이론 1>은 유·초·중등 특수교사 임용시험을 준비하는 예비 선생님이 임용시험을 보다 효과적으로 준비할 수 있게 도움을 주기 위한 목적으로 집필했습니다. 본 교재의 특징은 다음과 같습니다.

첫째, 본 교재는 최근 시험에 출제된 이론을 전면 반영한 기본이론서입니다. 특수교육학 중심이론과 기출경향에 근거한 신이론을 수록하여 방대한 이론을 구조화하는 기초 틀을 세우는 데 도움이 됩니다. 본 교재는 총 3권으로, '기본이론 1'은 '통합교육, 시각장애, 청각장애, 의사소통장애', '기본이론 2'는 '지적장애, 학습장애, 정서·행동장애, 자폐성장애', '기본이론 3'은 '긍정적 행동지원, 지체·중복·건강장애, 특수교육공학, 특수교육평가, 전환교육'으로 이루어집니다. <해커스임용 설지민 특수교육학 영역별 이론 + 기출문제 1~3>, <해커스임용 설지민 특수교육학 마인드맵> 교재와 목차를 통일하여 이론과 기출문제, 구조도를 연계학습하기 좋습니다.

둘째, '한눈에 보는 이론 베이스맵'에 초기 구조화를 위한 기출 키워드를 제공합니다. 본 교재 마인드맵은 '이론 학습 시 꼭 알아두어야 할 기본개념' 위주로 구성했습니다. 실제 기출개념을 기반으로 만든 기출 구조도를 통해 학습 전에는 이론 흐름을 파악하고, 학습 후에는 구조화, 인출, 단권화 등 원하는 용도에 따라 활용할 수 있습니다.

셋째, 학습방향 설정과 중요도에 따른 학습을 돕는 다양한 학습요소를 포함합니다. 학습요소를 활용하면 폭넓은 특수교육학 이론을 효과적으로 이해하고 암기할 수 있습니다. '영역별 Preview'로 각 영역의 출제경향을 확인하고 학습방향을 설정하며, 본문의 '기출정보', '집중 Point' 등을 통해 이론의 중요도를 파악하고 우선순위에 따라 학습할 수 있습니다.

핵심적인 내용지식을 먼저 알고 그 위에 이해를 쌓은 다음에 문제 적용이 가능합니다. 기본이론서를 거듭 반복적으로 보면서 기출범위의 모든 지식을 예비 선생님의 것으로 만드시길 바랍니다. 본 교재가 예비 선생님이 임용시험을 공부하는 데 친근하게 다가가고 시험 준비 여정을 계속 함께 할 수 있었으면 합니다.

설지민 Dream

# 목차

# 이 책의 활용법

## ① 영역별 Preview로 정확한 학습방향 설정하기

 **청각장애 Preview**

'청각장애'는 시각과 같은 감각장애라 쉬운 영역이라 생각할 수 있으나, 입니다. 대학교에서 수업을 듣지 않은 경우, 필히 들을 것을 추천하는 영역을 하기 어려운 영역이므로, 초반에 공부할 때엔 반복적으로 여러 번 읽고 관적 청력검사'의 '순음청력검사', '어음청력검사'의 비중이 아주 높고, 단순 법'을 넘어서 왜 그렇게 해야 하는지, 그것의 배경까지 질문함으로써, 내 한 영역입니다. 초반에 기출분석을 한다면, 수박 겉핥기 될 가능성이 높은 석하며 이해를 하는 것이 도움이 됩니다. 또한 수어법의 제정 이후 '수어 비중과 '2Bi'의 비중이 높아졌음을 알 수 있습니다.

**최근 4개간의 기출출제 추이**를 보면, '주관적 청력검사의 해석', '검사 제되었으며, '수어의 특성', '지화', '2Bi'의 비중이 높아졌으며, 전형적인 기 의 어려움'도 계속 출제되고 있습니다. 특히, '공학 기기'의 명칭뿐만 아니 이 있게 출제되고 있습니다.

### 영역별 개요, 기출경향, 학습방법

**1. 중요개념과 기출경향**
학습하기 전 참고할 수 있는 각 영역의 중요개념, 기출경향을 요약 · 정리하여 제공합니다.

**2. 학습방향 가이드라인**
영역에 맞는 학습법과 전반적인 내용을 살펴보며 기본이론 학습방향을 설정할 수 있습니다.

## ② 기출키워드 마인드맵으로 초반 구조화 확실하게 잡기

### 기출개념으로 구성된 기초 마인드맵

**1. 기본이론 구조화**
폭넓은 특수교육학 내용 학습 시 초기 구조화를 확립할 수 있도록 꼭 알아두어야 하는 기출개념 위주로 수록했습니다.

**2. 응용이 용이한 마인드맵**
이론 학습 전에 내용 흐름을 파악하고, 학습 후에 학습한 내용을 점검하고 인출, 단권화 등에 활용할 수도 있습니다.

# ③ 최신이론과 풍부한 학습요소로 전략적인 학습하기

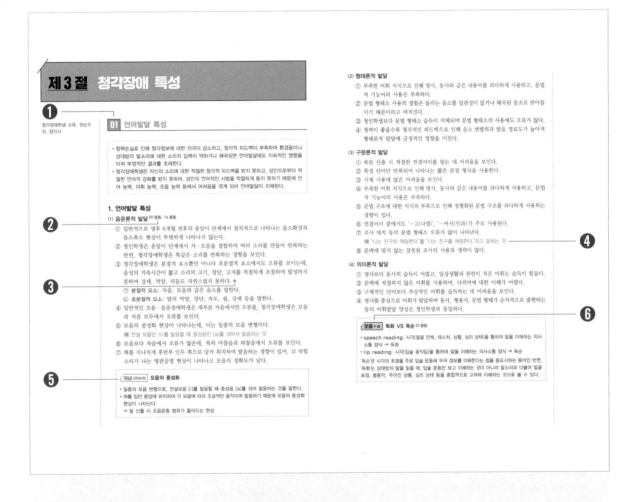

❶ **이론**: 특수교육학 과목 내에서 기본적으로 알아야 하는 전공이론

❷ **기출정보**: 유·초·중등 특수임용 시험의 최근 8개년 기출문제 정보(학년도, 학년분야) 표시

❸ **집중 point(★)**: 기본이론 중에서도 반드시 암기해야 하는 중요한 포인트 내용

❹ **예**: 개념과 이론의 이해를 쉽게 하는 사례, 방안 등의 예시

❺ **개념 check**: 본문과 관련된 개념에 대한 깊이 있는 이해를 돕는 심화 설명

❻ **보충+α**: 본문과 함께 참고하면 좋은 추가적인 이론 설명

# 합격이 보이는 특수임용 시험 Timeline

*아래 일정은 평균적인 일정이며, 각 시점은 변경될 수 있습니다.

## 사전예고

### 6~8월

## 시행계획 공고

### 9~10월

## 원서접수

### 10월

### 사전예고

- **대략적인 선발 규모(가 T.O.)**: 선발예정 과목, 인원
- **전반적인 시험 일정**: 본 시행계획 공고일, 원서접수 기간, 제1차 시험 예정일 등
- 사전예고 내용은 변동 가능성 높음

### 원서접수

- 전국 17개 시 · 도 교육청 중 **1개 교육청**에만 지원 가능
- 시 · 도 교육청별 **온라인 채용시스템**으로만 접수 가능
- **준비물**: 한국사능력검정시험 (심화) 3급 이상, 증명사진

> **참고** 한국사능력검정시험 관련 유의사항
> - 제1차 시험 예정일로부터 **역산하여 5년이 되는 해 1월 1일** 이후에 실시된 시험에 한함
> - 제1차 시험 예정일 전까지 취득한 인증등급 이상인 인증서에 한하여 인정함

### 시행계획 공고

- **확정된 선발 규모(본 T.O.)**: 선발예정 과목 및 인원
- **상세 내용**: 시험 시간표, 제1~2차 시험의 출제 범위, 배점, 가산점 등
- 추후 시행되는 시험의 변경사항 공지

> ☑ **아래 내용만은 놓치지 말고 '꼭' 확인하세요!**
> - ☐ 응시하고자 하는 과목의 선발예정 인원
> - ☐ 원서접수 일정 및 방법
> - ☐ 제1차 시험 및 제2차 시험 일정
> - ☐ 스캔 파일 제출 대상자 여부, 제출 필요 서류
> - ☐ 가산점 및 가점 대상자 여부, 세부사항

# 제1차 시험　제1차 합격자 발표　제2차 시험　최종 합격자 발표

**11월**　**12월**　**1월**　**2월**

## 제1차 합격자 발표

- 제1차 시험 **합격 여부**
- **과목별 점수**
- 제1차 시험 **합격선**
- 제출 필요 **서류**
- 제2차 시험 일정, 유의사항

## 제2차 시험

- **교직적성 심층면접**
- **수업능력 평가**: 교수 · 학습 지도안 작성, 수업실연 등(일부 과목은 실기 · 실험 포함)
- 제1차 합격자를 대상으로 시행됨
- 시 · 도별로 과목, 배점 등이 상이함

## 최종 합격자 발표

- **최종 합격 여부**
- 제출 필요 **서류**
- 추후 **일정**

## 제1차 시험

- **준비물**: 수험표, 신분증, 검은색 펜, 수정테이프, 아날로그 시계
- 그 외 간단한 간식 또는 개인 도시락, 음용수(별도의 중식시간 없음)
- **시험과목 및 배점**

| 구분 | 유 · 초등 특수교사 임용시험 | | | 중등 특수교사 임용시험 | | | | |
|---|---|---|---|---|---|---|---|---|
| 교시<br>(출제분야) | 1교시<br>(교직논술) | 2교시<br>(교육과정 A) | 3교시<br>(교육과정 B) | 1교시<br>(교육학) | 2교시<br>(전공 A) | | 3교시<br>(전공 B) | |
| 시험시간 | 60분<br>(09:00-10:00) | 70분<br>(10:40-11:50) | 70분<br>(12:30-13:40) | 60분<br>(09:00-10:00) | 90분<br>(10:40-12:10) | | 90분<br>(12:50-14:20) | |
| 문항 유형 | 논술형 | 기입형　서술형 | 기입형　서술형 | 논술형 | 기입형 | 서술형 | 기입형 | 서술형 |
| 문항 수 | 1문항 | 16문항 내외 | | 1문항 | 4문항 | 8문항 | 2문항 | 9문항 |
| 배점 | 20점 | 80점 | | 20점 | 2점 | 4점 | 2점 | 4점 |
| 합계 | 20점 | 80점 | | 20점 | 40점 | | 40점 | |

# 특수임용 답안 작성 Guide

## 1. 유·초·중등 제1차 시험 2-3교시 답안지 정보

: B4 크기의 OMR 용지가 교시별로 2장씩(단면) 제공되며, 초안작성용지가 주어지지 않고 시험지 여백에 초안을 작성함

| 유·초등 2-3교시(교육과정) 답안지 | 중등 2-3교시(전공) 답안지 |
|---|---|
| 문항 1 / 문항 2 | 문항 1 (2점) / 문항 2 (2점) / 문항 3 (4점) |
| 전 문항의 답안란 크기가 같고, 배점 표기가 없음 | 문항유형에 따라 답안란 크기가 다르고, 배점이 표기됨 |

## 2. 답안 작성하기

### 1) 단답형: 주로 이론, 개념, 원리, 체계, 유형, 구성요소 등의 명칭을 묻는 문제

| 1가지만 묻는 경우 | 통합교육 |
|---|---|
| 2가지 이상 묻는 경우 | 통합교육, 시각장애 또는 ⊙ 통합교육, ⓒ 시각장애 |

### 2) 서답형: 개념에 대한 구체적인 설명, 관련 예시, 방안, 틀린 것, 개념 간 비교 등을 묻는 문제

| 1가지만 묻는 경우 | | 통합교육은 -이다. |
|---|---|---|
| 2가지 이상 묻는 경우 | 개념에 대한 구체적인 설명 | 통합교육은 -이며, 시각장애는 -이다. |
| | 개념과 관련 예시, 방안 등 | ⊙은 통합교육이며, 그 예시로는 -가 있다. |
| | 틀린 것을 찾고 이유 대기 | 제시된 내용 중 틀린 부분은 -이며, 그 이유는 -이다. |
| | 개념 A와 B의 차이점 설명 | ⊙ 통합교육과 ⓒ 시각장애의 차이점은 -이다. |

> (참고)
> • 유·초등의 경우 세부문항 번호를 답안과 함께 작성하고, 작성 공간이 부족한 경우 가로선을 추가할 수 있습니다.
> • 순서대로 쓸 것을 지시하는 경우 반드시 요구한 순서대로 답안을 작성합니다.
> • 정해진 가짓수에 맞는 답안을 작성합니다. 2가지만 요구할 때 3가지를 작성하면 앞의 2가지만 채점됩니다.

## 3. 답안 수정하기

### 1) 전체 수정: 답안지를 교체하여 새로 작성하고 이전 답안지는 바로 폐기합니다.

### 2) 부분 수정
• 삭제: 수정테이프 사용이 불가하므로 삭제할 내용 위에 두 줄(=)을 긋고 새로 작성합니다.
• 교정: 일반적인 교정부호(예) 띄어쓰기, 행갈이)를 사용하여 교정할 수 있습니다.

> (참고) 알아두면 좋은 교정부호

| 사이 띄어쓰기 | 사이 연결하기 | 줄 바꾸기 | 줄 이어주기 | 글자 삽입하기 | 자리 바꾸기 |
|---|---|---|---|---|---|
| ∨ | ⌢ | ⌐ | ⤵ | ∨ | ∽ |
| 특수교육학 | 특수 교육학 | 특수교육학 | 특수 교육학 | 교육 특수학 | 교육학 특수 |

## 💬 답안지 작성 관련 Q&A

**Q** 기본적인 답안 작성 방법이 궁금해요.

**A** 답안지는 교시별로 2면씩 주어지며, 지정된 답안란에 답안을 기입하면 됩니다. 답안란을 벗어난 부분이나 시험지에 적은 답안은 인정되지 않으므로 꼭 주어진 답안란에 작성합니다. 1교시와 달리 2·3교시는 초안작성용지가 제공되지 않으므로, 초안 작성을 원한다면 시험지 여백을 활용하도록 합니다.

**Q** 꼭 알아야 하는 주의사항이 있나요?

**A** 답안란에 수정액과 수정테이프를 사용할 수 없으므로, 부분적인 수정이 필요한 경우 두 줄(=)을 긋고 수정할 내용을 작성하거나 일반적인 글쓰기 교정부호를 사용합니다. 이때 주의할 점은 특정 부분을 강조하는 밑줄, 기호가 금지된 다는 점입니다. 전체 수정이 필요한 경우, 답안지를 교체할 수도 있습니다.

**Q** 학년분야별 답안 작성 방식은 동일한가요?

**A** 유·초등과 중등의 작성 방식은 대부분 비슷하나 일부(작성법, 문항내용 기재 여부)에 차이가 있습니다.

| 구분 | 유·초등 | 중등 |
|---|---|---|
| 작성법 | 답안을 해당하는 하위문항 번호 또는 기호와 함께 작성해야 함 | 하위문항 번호 또는 기호를 반드시 함께 작성할 필요는 없음 |
| 문항내용 기재 여부 | 문항 내용 일부를 활용한 답안 작성이 가능함 | 문항 내용을 기재하지 않음 |

**Q** 글자 수나 분량의 제한은 없나요?

**A** 글자 수와 분량은 제한이 없습니다. 다만 불필요한 수식어와 미사여구는 채점하지 않으므로 문항에서 요구한 내용을 간결하게 작성하는 것을 권장합니다.

**Q** 시험 종료 후 시험지와 답안지는 모두 제출해야 하나요?

**A** 답안지만 제출하고 시험지는 제출하지 않습니다. 답안지를 제출할 때 답안을 작성하지 않은 빈 답안지도 함께 제출 해야 하며 2장 모두에 성명, 수험번호, 쪽 번호를 기재합니다.

---

**답안 작성 연습 TIP**

- 문제 풀이와 답안지 작성은 기본이론 학습을 완료한 후 일정 수준 이상의 인출이 가능할 때 시작하는 것을 권장합니다.
- 기출문제, 기출변형문제, 모의고사 등의 실제 특수임용 시험 대비용 문제를 풀이하는 것이 가장 좋습니다.
- 가능한 한 고사장과 비슷한 환경을 조성하고, 실제 시험시간에 맞게 답안을 작성하는 연습을 하는 것이 중요합니다.
- 채점 시 문항에서 요구하는 키워드와 조건을 정확한 내용으로 빠짐없이 포함했는지 확인해야 합니다.

# 고민별 맞춤 학습 Solution

## 강의 "전문가의 도움을 받으면서 효율적으로 공부하고 싶어."

### Solution

교수님의 생생한 강의를 들으면서 양질의 학습경험을 쌓아보세요. 교수님의 노하우가 담긴 부가적인 학습자료를 얻을 수 있고, 잘 정리된 교재를 활용하여 방대한 각론서를 보지 않아도 효과적인 학습이 가능합니다. 또한 질의응답, 모의고사 첨삭 등을 통해 전문적인 조언을 들을 수도 있습니다.

▶ **이런 분께 추천합니다!**
- 임용시험을 처음 준비하는 수험생
- 양질의 모의고사를 풀어보고 싶은 수험생

### How to

- 이론학습, 기출분석, 모의고사 등 자신에게 필요한 강의를 선택해서 듣기
- 자신의 학습 성향과 환경에 따라 동영상 강의와 학원 강의 중 선택해서 듣기
- 질문이 생기면 해커스임용 사이트의 [나의 강의실] - [학습상담] - [학습 질문하기] 게시판에 직접 질문하기

## 인출 "이론 암기가 잘 안 돼. 뭔가 효과적인 방법 없을까?"

### Solution

인출을 통해 학습한 이론을 차근차근 떠올리며 효과적으로 암기해보세요. 다양한 인출 방법을 활용하여 스스로 이해한 내용을 나만의 표현으로 정리할 수 있고, 쓰기 연습까지 가능하므로 서답형 시험을 매우 효과적으로 대비할 수 있습니다.

▶ **이런 분께 추천합니다!**
- 기본 지식은 있지만 키워드 암기에 약한 수험생
- 서답형 글쓰기에 어려움을 느끼는 수험생

### How to

- **백지 인출**: 빈 종이 위에 이론에 대해 이해하고 암기한 내용을 자유롭게 적어나가기
- **구두 인출**: 학습한 이론, 개념 등을 말로 설명하기
- **청킹**: 서로 관련된 여러 키워드를 묶어서 암기하는 경우, 키워드의 앞글자만 따서 외우기

## 📖 단권화 "이론이 너무 방대해서 핵심만 간단하게 정리가 필요해."

### 💊 Solution

요약집 한 권을 정하거나 나만의 노트를 만들어서 학습한 내용을 한 곳에 정리하는 단권화 작업을 해보세요. 방대한 이론의 핵심을 한눈에 파악할 수 있고 기출분석, 모의고사 등으로 여러 번 학습한 내용이 쌓이면서 더 꼼꼼하게 학습할 수 있습니다.

### ▶ 이런 분께 추천합니다!

- 일정 수준의 기본 지식을 갖춘 수험생
- 핵심을 간편하게 확인하기를 원하는 수험생

### 💡 How to

- **교재 활용**: 핵심이 간단히 정리된 교재에 나만의 설명을 덧붙여가며 정리하기
- **프로그램 활용**: 한글, 워드, 마인드맵 제작 프로그램 등을 활용하여 정리하기
- **개념 구조화**: 핵심 키워드 중심으로 개념을 확장시키며 특수교육학 뼈대 잡기

**Tip!** 단권화는 학습 초반보다 이론에 대한 개념이 어느 정도 잡힌 중후반부에 진행해야 학습 효과를 극대화할 수 있습니다.

## 👥 스터디 "다른 사람들과 소통하면서 부족한 부분을 보완하고 싶어."

### 💊 Solution

학습 시기와 목적에 부합하는 다양한 스터디에 참여해보세요. 학습에 강제력을 부여함으로써 효과적인 학습관리를 할 수 있고, 스터디원과 함께 이야기하면서 모르는 지식을 알게 되거나 다양한 정보를 공유할 수 있습니다.

### ▶ 이런 분께 추천합니다!

- 여러 사람과 함께 공부할 때 학습 효율이 높아지는 수험생
- 시험에 대한 다양한 정보를 얻고 싶은 수험생

### 💡 How to

- **인출 스터디**: 특정 이론에 대해 서로 설명하면서 구두인출하는 스터디
- **인증 스터디**: 학습내용 또는 공부시간을 인증하는 스터디
- **모의고사 스터디**: 모의고사를 함께 풀어보고 서로 첨삭해주는 스터디

**통합교육 Preview**

'통합교육'은 기출문제 출제범위가 굉장히 고정적인 영역입니다. 새로운 개념이 많이 출제되는 편은 아니다 보니, 초반에 학습을 잘 해놓으면 시험보기 직전까지도 초반에 학습한 내용을 고스란히 적용할 수 있습니다. 세부적인 내용 중에서는 '교수적 수정(교수적합화)'이 가장 중심적인 내용이며 '팀 접근, 협력교수, 협동학습, 또래교수' 개념의 출제빈도도 높습니다. 특히, 기출 범위가 고정적이기 때문에 단순히 명칭, 장단점을 외우는 것 외에 추가적으로 각 상황에서 적용되는 예시 등을 충분히 봐두는 것이 좋습니다. 또한 통합교육은 다른 영역에 비해 기존의 객관형 기출문제를 학습하는 것이 도움이 될 수 있습니다.

**최근 4개년간의 기출출제 추이**를 보면, '교수적 수정, 팀 접근, 협동학습, 또래교수'에서 출제되었으며, 기존 기출문제 범위 내에서 반복적으로 출제되고 있다는 점을 확인할 수 있습니다.

# 제1장

# 통합교육

# 한눈에 보는 이론 베이스맵 - 통합교육(1)

## 원리

○─ 정상화의 원리 ─ 사회적 역할 가치화

## 협력

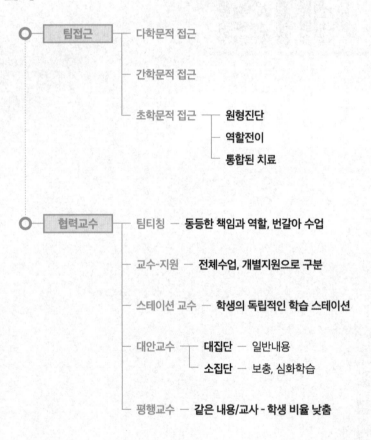

○─ 팀접근 ── 다학문적 접근

　　　　── 간학문적 접근

　　　　── 초학문적 접근 ── **원형진단**
　　　　　　　　　　　　　── **역할전이**
　　　　　　　　　　　　　── **통합된 치료**

○─ 협력교수 ── 팀티칭 ─ **동등한 책임과 역할, 번갈아 수업**

　　　　　　── 교수-지원 ─ **전체수업, 개별지원으로 구분**

　　　　　　── 스테이션 교수 ─ **학생의 독립적인 학습 스테이션**

　　　　　　── 대안교수 ── **대집단** ─ 일반내용
　　　　　　　　　　　　── **소집단** ─ 보충, 심화학습

　　　　　　── 평행교수 ─ **같은 내용/교사 - 학생 비율 낮춤**

# 교수적 수정

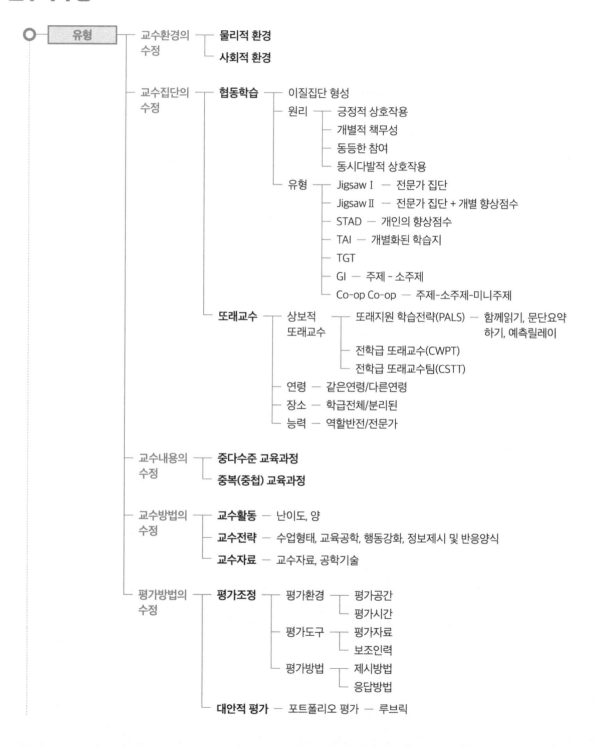

**유형**

교수환경의 수정
- **물리적 환경**
- **사회적 환경**

교수집단의 수정
- **협동학습**
  - 이질집단 형성
  - 원리
    - 긍정적 상호작용
    - 개별적 책무성
    - 동등한 참여
    - 동시다발적 상호작용
  - 유형
    - Jigsaw I — 전문가 집단
    - Jigsaw II — 전문가 집단 + 개별 향상점수
    - STAD — 개인의 향상점수
    - TAI — 개별화된 학습지
    - TGT
    - GI — 주제 - 소주제
    - Co-op Co-op — 주제-소주제-미니주제
- **또래교수**
  - 상보적 또래교수
    - 또래지원 학습전략(PALS) — 함께읽기, 문단요약하기, 예측릴레이
    - 전학급 또래교수(CWPT)
    - 전학급 또래교수팀(CSTT)
  - 연령 — 같은연령/다른연령
  - 장소 — 학급전체/분리된
  - 능력 — 역할반전/전문가

교수내용의 수정
- **중다수준 교육과정**
- **중복(중첩) 교육과정**

교수방법의 수정
- **교수활동** — 난이도, 양
- **교수전략** — 수업형태, 교육공학, 행동강화, 정보제시 및 반응양식
- **교수자료** — 교수자료, 공학기술

평가방법의 수정
- **평가조정**
  - 평가환경
    - 평가공간
    - 평가시간
  - 평가도구
    - 평가자료
    - 보조인력
  - 평가방법
    - 제시방법
    - 응답방법
- **대안적 평가** — 포트폴리오 평가 — 루브릭

**절차**

1. 아동의 개별화 교육계획 교수목표의 검토

2. 일반학급 환경에 대한 정보수집

3. 일반학급에서 아동의 학업수행 관련 특성 분석

4. 아동에게 적합한 학습목표 설정

5. 아동의 수업참여를 위한 교수적합화 유형의 결정 및 실제 고안

6. 교수적합화의 적용과 교수적합화가 적용된 수업참여의 양과 질의 평가

# 제1절 통합교육의 이해

## 01 정의

### 1. 「장애인 등에 대한 특수교육법」

통합교육은 '특수교육대상자가 일반학교에서 장애유형·장애정도에 따라 차별을 받지 아니하고 또래와 함께 개개인의 교육적 요구에 적합한 교육을 받는 것'을 말한다.

| 보충+α | 「장애인 등에 대한 특수교육법」 제21조 [통합교육] | |
|---|---|---|
| | **제21조(통합교육)** | |
| 법 | 통합교육의 이념 | ① 각급학교의 장은 교육에 관한 각종 시책을 시행함에 있어서 통합교육의 이념을 실현하기 위하여 노력하여야 한다. |
| | 통합교육계획의 수립 | ② 제17조에 따라 특수교육대상자를 배치받은 일반학교의 장은 교육과정의 조정, 보조인력의 지원, 학습보조기기의 지원, 교원연수 등을 포함한 통합교육계획을 수립·시행하여야 한다. |
| | 특수학급의 설치운영 | ③ 일반학교의 장은 제2항에 따라 통합교육을 실시하는 경우에는 제27조의 기준에 따라 특수학급을 설치·운영하고, 대통령령으로 정하는 시설·설비 및 교재·교구를 갖추어야 한다. |
| 영 | **제16조(통합교육을 위한 시설·설비 등)** | |
| | 특수학급의 위치와 크기 | ① 일반학교의 장은 법 제21조 제2항에 따라 통합교육을 실시하는 경우에는 특수교육대상자의 교내 이동이 쉽고, 세면장·화장실 등과 가까운 곳에 위치한 66제곱미터 이상의 교실에 특수학급을 설치하여야 한다. 다만, 배치된 특수교육대상자의 수 및 그 학교의 여건 등을 고려하여 시·도 조례로 정하는 바에 따라 44제곱미터 이상의 교실에 학급을 설치할 수도 있다. |
| | 특수학급의 교재교구 | ② 일반학교의 장은 법 제21조 제2항에 따라 통합교육을 실시하는 경우에는 배치된 특수교육대상자의 성별, 연령, 장애의 유형·정도 및 교육활동 등에 맞도록 정보 접근을 위한 기기, 의사소통을 위한 보완·대체기구 등의 교재·교구를 갖추어야 한다. |

## 02 통합교육 유형

### 1. 물리적 통합

① 장애학생의 일반학급 배치를 의미한다.

② 학교와 교사에게 매우 중요한 단계이자 첫 번째 단계라고 할 수 있다.

③ 이때 일반학급의 환경은 가능한 한 보편적 설계의 원리를 준수해야 한다.

### 2. 사회적 통합

① 일반학급 동료들과의 자연스럽고 다양한 상호작용을 의미한다.

② 사회적 통합은 교사의 의도적인 계획에 의해서도 이루어질 수 있다.

③ 수업활동뿐만 아니라 쉬는시간, 점심시간, 학교 동아리 활동시간 등 수업 외 시간에도 이루어질 수 있다.

### 3. 정서적 통합(행동적 통합)

① 장애학생이 학급 내 소속감이나 자신의 가치를 느끼는 감정을 의미한다.

② 따라서 비장애학생들과의 '관계'를 강조한다.

③ 정서적 통합은 장애학생을 가능한 한 덜 특별하게 대하거나 비장애학생과 다르지 않게 대하는 교사의 태도가 매우 중요하다.

### 4. 교육과정적 통합

① 일반학생들과의 학급활동 참여를 확대하는 것을 의미한다.

   ㉠ 즉, 일반학급에 통합된 장애학생이 일반학생과 함께 수업활동에 참여한다.

   ㉡ 실질적으로 한 학급의 구성원으로 소속되고, 수업을 통해 적합한 교육적 성취를 달성하는 수준의 통합이 이루어진다.

② 일반학교에서 함께 교육을 받게 된 장애학생과 비장애학생의 교육과정이 서로 아무런 관련성 없이 별개의 교육내용으로 이분화된 것을 하나의 공동의 교육과정 틀 하에서 이 두 집단의 교육과정을 광범위한 하나의 연속체로 조화시키는 것을 의미한다. (박승희)

③ 교육과정적 통합을 위해 장애학생의 특성에 맞추어 교육과정을 수정하는 과정을 교수적합화(교수적 수정)라고 한다.

## 1. 통합교육의 역사적 흐름

### (1) 분리교육

① 장애아동의 교육권을 보장하기 위한 목적으로 13세기경부터 장애인을 사회로부터 격리하여 시설에 수용하기 시작했다.

② 60년대 이전까지만 하더라도 장애인에게 가장 적절한 교육서비스로 평가되었다.

### (2) 주류화(mainstreaming)

① 장애학생을 가능한 한 일반학생들의 생활 흐름에 포함시키는 것이다.

　㉠ 주류화의 의미로서의 통합교육은 장애아동이 특수교육에 소속되어 있으면서 사회의 주된 교육환경은 일반학급으로 들어가는 것을 의미한다.

　㉡ 이 경우 특수교사가 장애학생 교육에 주요 책임을 진다.

② 장애인의 정상화는 일반인과 가능한 한 동일하거나 비슷한 환경에서 살아가는 것을 강조하는데, 정상화될 환경이 무엇인지에 따라 여러 이름으로 변형되기도 한다.

　㉠ 일반적으로 같거나 비슷해야 할 환경이 학교일 경우 주류화라는 용어가, 지역사회일 경우 탈수용화라는 용어가 사용된다.

　㉡ 즉, 주류화와 탈수용화는 정상화의 구체적인 예시이다.

　㉢ 따라서 주류화는 분리교육이 아닌 통합교육에 의해, 탈수용화는 분리수용이 아닌 지역사회 통합에 의해 실천된다.

③ 통합은 정상화의 원리를 실현하려는 실천적 · 실제적 방법 중 하나이다.

　㉠ 미국은 북유럽의 정상화 개념을 주류화와 동일한 의미로 받아들였는데, 본래 주류화는 다민족 국가인 미국에서 사회적 통합을 이루어내기 위한 사회운동을 의미했다.

　㉡ 결과적으로 1975년에 미국 공법 94-142가 입법되면서 '최소제한환경' 개념이 도입되었다.

---

**개념 check　최소제한환경의 원리(LRE; Least Restrictive Environment)**

장애아동을 장애가 없는 또래와 가정, 지역사회로부터 가능한 한 최소한으로 분리해야 한다는 개념이다. 미국 「장애인교육법」(IDEA)은 공립기관에서 교육을 받든 다른 보호시설에서 교육을 받든 장애아동이 최대한 일반아동과 함께 교육을 받아야 한다고 규정한다. 이는 장애아동의 삶이 가능한 한 정상적이어야 하고, 장애아동을 위한 교육은 아동의 개별적 필요에 따라 이루어져야 하며, 동시에 필요 이상으로 개인의 자유가 침해되어서는 안 된다는 것으로 해석될 수 있다. 예를 들어, 시간제 특수학급에서 충분한 특수교육적 도움을 받을 수 있는 학생을 전일제 특수학급에 배치하거나, 일반학교 특수학급에서 적절한 교육이 가능한 학생을 분리된 특수학교나 수용시설에 배치해서는 안 된다는 것이다. 장애아동을 최소제한환경에 배치하는 것은 바람직한 움직임이지만, 최소제한환경은 상대적인 개념이다. 한 아동에게 최소제한환경으로 간주되는 교육환경이 다른 아동에게는 부적절할 수 있다. 또한 일부 부모나 교사는 일반학급 외의 배치를 모두 제한적인 환경이라고 본다. 반면 대부분의 부모나 교사는 아동이 일반학급에 전일제로 배치되어도 아동의 교육적 필요가 충족되지 않으면 일반학급도 제한적이고 부적절할 수 있다는 데 동의한다.

---

**보충+α** **특수교육의 연계적 서비스 체계**

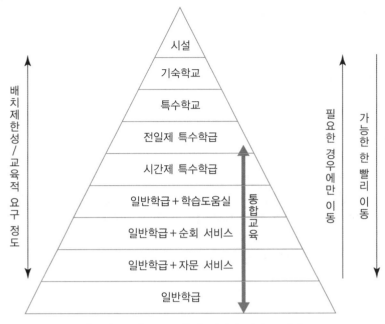

[그림 1-1] 특수교육의 연계적 서비스 체계

1. **통합교육을 통해 교육적 혜택을 받는 경우**
   ① **일반학급**: 장애학생이 일반학급에 적을 두고 해당 학급의 일과를 모두 수행하는 완전통합의 형태이다.
   ② **일반학급 + 자문 서비스**: 장애학생이 일반학급에서 교육을 받고, 이 학생을 담당하는 일반교사가 특수교사로부터 아동의 교육을 위해 필요한 자료나 상담을 받는다.
   ③ **일반학급 + 순회 서비스**: 장애학생이 일반교실에 있으면서 필요한 교과목이나 활동에 한하여 특수교사가 일반학급에 투입되어 교육을 제공받는다.
   ④ **일반학급 + 학습도움실(혼합형)**: 주로 일반학급에서 교육을 받지만 방과 후 활동 등의 특별시간 동안에는 학습도움실(자료실)을 이용한다.
   ⑤ **시간제 특수학급**: 학생 개개인에게 특별한 지원이 필요한 교과목(주로 국어, 수학)을 배우기 위해 시간제로 학습도움실을 이용한다.
   ⑥ **전일제 특수학급**: 일반학교에 학적을 두지만 교육시간의 대부분을 특수학급에서 보낸다.

2. **통합교육을 통해 교육적 혜택을 많이 받기 어려운 경우**
   ⑦ 특수학교
   ⑧ 기숙학교
   ⑨ 시설

### (3) 일반교육 주도(REI)

① 일반교육과 특수교육을 하나의 교육체계로 통일함으로써 교육개혁을 시도하고자 한 정책으로, 미국 교육부 차관보 윌(M.Will)이 처음 주장했다.

② 이 주장을 옹호하는 입장은 하나의 교육체계 속에서 교육이 이루어질 때 장애아동에 대한 표찰의 부정적 영향이 감소하고 장애위험아동도 관련 혜택을 받을 수 있다는 점을 강조한다.

③ 이를 반대하는 입장은 장애의 다양성과 일반교사의 인식·준비도 같은 여러 실행적인 문제를 지적하며, 특수교육의 연계적 서비스 체계의 유지가 보다 중요하다고 주장한다.

### (4) 완전 통합교육(full inclusion)

장애아동이 장애의 유형, 정도와 상관없이 하루 종일 또래의 일반아동과 함께 일반학급에 있으면서 특수교육과 관련 서비스를 제공받는 것이다.

## 2. 통합교육에 영향을 미친 이론

### (1) 정상화 ★ [19 중등]

① 개요

㉠ 정상화는 장애인이 사회 주류의 규준과 패턴에 가능한 한 유사한 일상생활의 패턴과 조건을 즐겨야 한다는 이상을 구체화한 원리이자 철학이다.

㉡ 1959년 덴마크 정신지체 서비스 의장이었던 뱅크 미켈슨(Bank-Mikkelson)은 '정신지체인이 가능한 한 정상에 가까운 생활 조건에서 살아가도록 하기 위해'라는 덴마크 정신지체인법 성명에서 최초로 정상화를 언급했다.

㉢ 뱅크 미켈슨은 정상화를 '가능한 한 정신지체의 주거·교육·노동·여가 조건을 정상적으로 만드는 … 정상적인 생활조건과 밀접한 것'으로 간주하여 '정신지체인에게 모든 다른 시민의 법적·인간적 권리를 주는 것'으로 정의했다.

㉣ 이후 정상화는 스웨덴 정신지체아동협회의 의장이었던 니르제(Nirje, 1976)에 의해 '장애인이 사회의 생활방식과 일반상황에 가능한 한 가까운 생활조건과 삶의 형태를 누릴 수 있도록 하는 것'으로 정의되었다.

㉤ 니르제는 "사람의 하루 리듬이 개인적 행동과 특성을 유지하면서도 성·연령·문화에 어울리는 평균적인 사람들의 리듬을 반영해야 한다."라고 말하면서 정상화를 주장했다.

㉥ 이들의 정상화 개념은 인간주의적 인류 평등주의에 가치의 토대를 두었다.

② 의의

㉠ 정상화는 '장애인이 사회 주류의 규준과 패턴에 가능한 한 유사한 일상생활의 패턴과 조건을 즐겨야 한다는 이상'을 구체화한 개념이다.

㉡ 정상화의 관심은 장애인이 생활하고 일하는 장소에서 그의 교육·여가활동·인권을 가능한 한 정상적으로 만드는 데 있다.

㉢ 장애인이 특별한 처치·고립·시설로부터 떠나 일반인과 동일한 권리·자유·선택을 즐길 권리를 보장하는 곳으로 이동할 것을 요청했다.

## (2) 사회적 역할의 가치화 ✦ 19 중등

① 개요

　㉠ 올펜스버거(Wolfensberger, 1983)는 "사회에서 어떤 집단, 특히 장애인들이 평가절하된 사회적 역할을 가진다는 그의 관심을 반영하여 역할기대·일탈·공공 지각의 개념을 중심으로 해야 한다."라고 주장했다.

　㉡ 사회에서 개인의 상대적 지위와 공헌은 그들에 관한 부정적 사고를 반영하며, 이 사고는 그들이 취급받는 방법에도 영향을 미친다.

　㉢ 이때 핵심적인 관심은 가치 있는 사회적 동아리에 통합되며, 가치 있고 만족스러운 활동을 추구하고, 정상적인 개인적 소유 등을 가지는 '개인적 능력'과 개인이 살아가는 환경, 개인이 얻는 권리와 능력, 개인의 언어, 의복, 용모 등과 관련된 그들의 '사회적 이미지'이다.

　㉣ 이러한 요인은 개인이 타인에게 지각되는 방법과 그에 따라 개인에게 주어지는 역할기대에 영향을 미친다.

　㉤ 평가절하된 집단이나 개인은 '인간 이하의, 두려움의 대상, 영원한 아이' 같은 부정적인 역할로 인식되는 경향이 있으며, 이러한 사회적 인식과 기대는 개인에게 평가절하나 불명예를 벗어나야 한다고 요구하는 원인이 된다.

　㉥ 이에 정상화는 정상적인 주택에서 생활하고, 정상적인 직업을 가지며, 정상적인 교육을 받으면서 사회적으로 가치 있는 활동에 긍정적인 방식으로 참가하도록 하는 것을 목적으로 한다.

　㉦ 따라서 평가절하된 개인에게 사회로의 통합을 요구하며, 그에 따라 평가절하된 개인에게 긍정적인 사회적 역할을 제공하고, 개인적 능력을 촉진하며, 사회적 이미지를 보강할 것을 요구한다.

② '사회적 역할의 가치화' 용어의 채택 배경

　㉠ 위와 같은 입장에서 올펜스버거는 '정상화'라는 용어를 포기하고, 대신 '사회적 역할의 가치화'라는 용어를 채택했다.

　㉡ 그는 사회적 역할의 가치화를 '사회적 평가절하의 위험에 있는 사람들을 위해 가치 있는 사회적 역할을 개발하고 지원하며 방어해주고자 문화적으로 가치 있는 수단을 가능한 한 많이 이용하는 것'으로 정의했다.

　㉢ '정상화'는 이처럼 올펜스버거에 의해 '사회적 역할의 가치화'로 개념이 정교화되었다.

③ 의의

　㉠ 정상화는 장애인이 생활하고 공부하고 일하는 장소에서, 그들의 주거·교육·직업활동 등을 가능한 한 정상적으로 만드는 데 초점을 두고, 장애인이 특별한 처치·고립·시설을 떠나 일반인과 동일한 권리·자유·선택을 즐기는 데로 이동할 것을 요청했다.

　㉡ 정상화의 원리는 교육에서 중도장애아동이 그들의 요구에 적절한 처치를 제공하는 분리교육을 필요로 할 수밖에 없다는 입장에서 나아가 장애아동을 가능한 한 최소제한적 환경에 배치해야 한다는 개념을 확립하고 주류화를 요구하는 배경이 되었다.

# 제 2 절 협력

## 01 협력적 팀 접근

### 1. 다학문적 접근

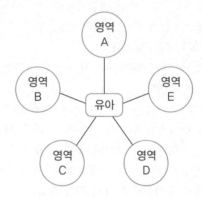

[그림 1-2] 다학문적 접근

**(1) 정의**

① 다학문적 접근의 협력은 여러 영역의 전문가들이 함께 작업하되 서로 독립적으로 일하는 방법의 협력 모델이다.

② 각 전문가는 자신의 전문 영역을 대표하는 진단 도구나 방법을 사용해서 진단하며, 그 결과를 보고할 때도 독립적으로 수행한다.

③ 중재를 제공할 때도 전문가가 각자 아동에게 제공한다.

④ 실제로 다학문적 협력 모델을 적용한 진단에서는 독립적인 작업의 특성으로 인해 전문가 간 협력이 요구되지 않는다.

**(2) 가족의 영향**

① 다학문적 접근의 진단은 모든 영역의 전문가와 직접 소통해야 하는 가족에게 부담이 되고, 혼동을 일으킬 수도 있다.

② 수동적인 정보수용자의 역할을 넘어서기 어렵다.

**(3) 장점**

① 서비스 계획과 제공에 하나 이상의 전문 영역이 참여한다.

② 의사결정에 다양한 전문성이 반영된다.

**(4) 단점**

① 통일된 접근을 실행하기 어렵다.

② 팀의 결속력과 기여도가 부족하다.

## 2. 간학문적 접근 20 유아, 16 유아, 15 유아

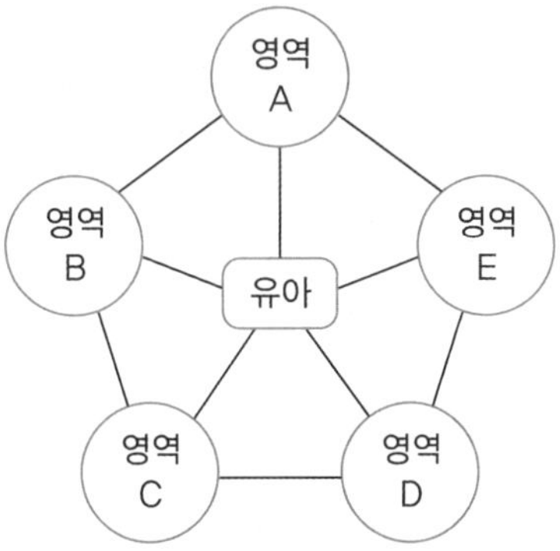


[그림 1-3] 간학문적 접근

### (1) 정의

① 다양한 영역의 전문가가 서로 밀접하게 의사소통함으로써 진단과 교육계획이 좀 더 화합된 형태로 이루어질 수 있는 협력적 접근 방법이다.

② 간학문적 접근의 진단도 진단 과정에서는 각 영역의 전문가가 독립적으로 작업하지만, 그 과정과 결과의 보고에 있어 서로 정보를 교환하고 협력한다.

③ 중재는 각 영역의 전문가가 각자 아동에게 제공한다.

④ 그러나 많은 경우에 전문가 간 의사소통에 문제가 있는 것으로 지적되고 있다.

㉠ 각 영역의 전문가가 다른 영역의 전문성을 완전히 이해하지 못할 뿐만 아니라 전문성에 따라 교수의 우선순위나 방법에 대한 의견이 다를 수 있다.

㉡ 즉, 전문가 간의 의사소통 체계를 갖추었다고 해도 의사소통 자체가 의사결정 과정에서 자동적으로 동일한 결론을 내려주지는 않는다.

### (2) 가족의 영향

① 간학문적 접근의 진단에서는 가족도 팀의 구성원으로 참여한다.

② 가족과의 적극적인 협력을 통해 가족이 정확한 정보를 근거로 의사결정할 수 있게 안내할 수 있다.

### (3) 장점

① 활동과 교육목표가 서로 다른 영역끼리 보충하고 지원한다.

② 하나로 통일된 서비스 계획에 기여한다.

③ 서비스 대표자를 통해 정보를 공유할 수 있다.

### (4) 단점

① 전문가의 '고집'이 협력을 위협할 수 있다.

② 전문가가 융통성이 없는 경우 효율적이지 못할 수 있다.

③ 서비스 대표자의 역할이 불분명하기 때문에 역할수행에 독단적일 수 있다.

## 3. 초학문적 접근 ★ 20 유아, 18 중등, 15 유아

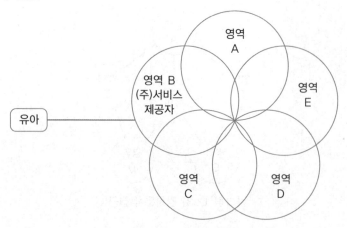

[그림 1-4] 초학문적 접근

### (1) 정의

① 팀 구성원 간의 의사소통과 협력을 최대화하기 위한 노력으로 개발된 방법이다.
② 초학문적 접근은 가족과의 협력을 통해 진단 과정의 모든 절차를 공유하며, 나아가 팀 전체가 서로 지식과 기술을 나누는 하나의 단위로 기능한다는 특성을 지닌다.
③ 이때 전문가들은 자신의 전문영역을 넘어 함께 참여하고 협력한다.
④ 초학문적 접근이 다른 접근과 가장 크게 다른 점은 팀의 모든 구성원이 진단과 교육계획에 함께 책임지고 참여하지만 유아에게 주어지는 실질적인 교육활동은 가족과 주요 서비스 제공자가 수행한다는 것이다.

### (2) 가족의 영향

초학문적 팀 모델은 실제로 가족 구성원이 진단, 평가에서 중재까지 이르는 전 과정에 참여하는 비율이 높은 것으로 나타난다.

**(3) 원형진단 ★**

① 정의
   ㉠ 초학문적 접근의 대표적인 진단방법으로, 다양한 영역의 전문가가 대상 유아를 동시에 진단하는 방법이다.
   ㉡ 전문가가 각자 일하는 대신 유아를 동시에 진단함으로써 동일한 행동에 대해 함께 평가하고, 즉시 각자의 전문성에 따른 정보를 교환할 수 있다.

② 실시방법
   ㉠ 단계: 인사하기 → 분위기 조성하기 → 과제중심 진단 수행 → 간식 및 재충전 → 이야기 나누기 및 교수활동 → 자유놀이 → 회의시간
   ㉡ 원형진단을 실시하는 구체적인 방법: 촉진자가 유아 및 부모와 상호작용하면서 구조화된 행동 샘플을 관찰할 수 있도록 유도하고, 나머지 팀 구성원은 함께 그 행동을 관찰하면서 자신의 전문영역과 관련된 평가를 한다.
   ㉢ 이때 각 구성원은 관찰을 통한 진단만 할 수도 있고, 필요한 경우 자신의 전문영역과 관련하여 유아를 직접 진단할 수도 있다.

③ 장점
   ㉠ 가족 입장: 유아와 가족이 진단에 소모하는 실질적인 시간을 절약할 수 있고, 특히 여러 전문가에게 같은 정보를 반복하여 제공하지 않아도 된다.
   ㉡ 전문가 입장: 다른 영역 전문가의 기술과 지식을 즉각적으로 접하고 제공받을 수 있을 뿐만 아니라 동일한 행동을 함께 관찰함으로써 팀 구성원 간의 의견을 종합하고 일치시키기 쉽다.

**(4) 역할전이**

| 단계 | 전문가들의 역할 |
|---|---|
| 역할확대 | 자신의 전문영역에 대한 전문성과 기술을 향상하기 위한 활동에 참여함 |
| 역할확장 | • 다른 영역들에 대해 배우기 시작함<br>• 특히 다른 전문영역에서 사용하는 용어, 기본적인 절차 등의 지식을 서로 교환함 |
| 역할교환 | 정해진 전문가의 직접적인 감독하에 다른 영역의 중재를 실시함<br>예 특수교사가 작업치료사의 감독하에 운동기술 증진을 위한 중재를 실시하는 것 |
| 역할방출 | • 팀의 모든 구성원은 새롭게 배운 다른 영역의 기술들을 전문가의 지속적인 감독 없이 독립적으로 연습함<br>• 여기서 역할방출은 역할대치로 해석되어야만 하며, 각 구성원의 전문성은 그 가치와 필요성이 인정되어야 함 |
| 역할지원 | 특정 중재가 높은 수준의 전문적인 기술을 요구하여 주 서비스 제공자가 실시하기 어려운 경우, 팀 구성원 중 해당 영역의 전문가가 주 서비스 제공자와 가족에게 직접적으로 지원을 제공함 |

### (5) 통합된 치료

① 정의: 통합된 치료 접근은 가정·학교·지역사회 환경에서 아동의 참여를 촉진하고, 이러한 자연스러운 맥락 안에서 아동 또는 학생의 목표에 어떻게 작용하는지 다른 사람에게 보여주기 위해 치료사가 아동에게 서비스를 제공할 때 아동과 많은 시간을 보내는 사람들과 상담·협력하는 접근법이다.

② 기본가정
   ㉠ 학생의 능력에 대한 진단은 자연적인 환경에서 가장 잘 이루어질 수 있다.
   ㉡ 학생은 일상생활에 관련되고 자연적인 상황에서 일어나는 기능적 활동을 통해 가장 잘 배운다.
   ㉢ 학생에 대한 지원은 자연적인 학습기회가 발생하고 학생이 기능하는 실생활 상황과 환경에서 이루어져야 한다.
   ㉣ 학습성과는 자연적인 환경에서 확인되어야 한다.
   ➜ 실제 생활 상황에서 치료 서비스를 제공함으로써 맥락에 관련된 일반화 기술이 우연보다 계획에 의해 생기며, 치료 서비스는 학급활동과 경쟁하는 것이 아니라 오히려 학급활동을 지원해야 한다.

③ 통합된 치료의 장점
   ㉠ 학생은 자신이 서비스를 받는 어디서든 학습활동에서 빠지지 않게 된다. 학생을 가끔 치료 서비스를 위해 데리고 나오는 것은 학생뿐 아니라 다른 학생과 교사도 분리시키는 것이다.
   ㉡ 전형적인 환경의 의사소통 요구는 그것들이 자연스럽게 발생할 때 표현된다. 그러므로 학습한 기술을 변화된 환경에 일반화시키는 문제는 쉽게 해결된다. 언어병리사는 다른 사람들의 의사소통 기회와 기대를 관찰하여 그에 따른 권고사항을 작성할 수 있다.
   ㉢ 학급의 다른 사람들은 전문가가 장애학생이 기술을 최대한 잘 반복할 수 있도록 지원하는 방법을 보는 것만으로도 도움을 얻을 수 있다.
   ㉣ 언어병리사는 학습 주제가 무엇이든 필요할 때마다 다른 학생들을 도와줌으로써 학급 교사에게 부가적인 지원을 제공할 수 있다. 이 배치는 제한된 자원을 효율적으로 사용하도록 한다.

### (6) 초학문적 접근의 장단점

| 구분 | 내용 |
|---|---|
| 장점 | • 다양한 전문영역 간의 상호작용을 격려함<br>• 역할을 공유하도록 권장함<br>• 종합적이면서도 통일된 계획을 제공함<br>• 유아에 대해 좀 더 잘 이해할 수 있도록 도움<br>• 전문가의 지식과 기술을 향상시키고 전문성을 강화함 |
| 단점 | • 다양한 영역의 전문가의 참여가 요구됨<br>• 서비스 대표자의 역할을 하는 교사에게 가장 큰 책임이 주어짐<br>• 고도의 협력과 상호작용을 필요로 함<br>• 전문가 간의 의사소통과 계획에 많은 시간이 소모됨 |

> **개념 check** | **교실 중심 언어중재**

- 교실 중심 언어중재는 지금까지 활용되어 온 언어치료 서비스 체제인 '풀 아웃(pull-out)' 시스템과 다르게 교실에서 언어치료를 제공하는 형태이다.
  - **풀 아웃 시스템**: 언어치료가 필요한 아동이 일정 시간 동안 치료실로 가서 분리된 서비스를 받는 방식이다. 이 방법은 언어치료와 교육활동의 연계가 어렵고 실제 의사소통 상황에서의 일반화가 잘 이루어지지 않는 문제점이 있다.
  - **교실 중심 언어중재**: '풀 인(pull-in)' 시스템으로, 언어치료 서비스가 특별교실이 아닌 일반교실에서 이루어지며, 언어치료가 교육과정의 맥락 속에서 이루어진다는 점에서 차이가 있다. 이때 교사는 현재 이루어지는 교육과정에 대한 정보를 언어치료사에게 전달하고, 학생의 IEP와 연계되어 이루어지도록 지원을 계획하고 실행해야 한다.
- 언어치료사는 협력교사로서 교수수정에 대한 자문과 치료기술 및 전략이 교실 상황에서 일반화될 수 있도록 지원하는 역할을 한다. 가장 중요한 점은 전문가들 간의 협력, 즉 교사와 언어치료사의 공동 목표 달성을 위한 협력적 역할 수행이다. 이는 각각의 치료 서비스가 교육과 유리되어 별도의 치료목표를 가지고 제공되는 것보다 교육 프로그램과 연계하여 제공되는 것이 더욱 효과적이라고 보는 관점이다.
- 통합된 치료교육 서비스로서 초학문적 팀 접근이라고도 한다. 다양한 영역의 전문가 간의 협력을 기초로 서로 역할을 공유하고 자신의 전문영역의 교수기술을 가르쳐줌으로써 각자의 전문성을 끌어내고 통합하여 좀 더 효율적이고 종합적인 형태의 진단과 중재를 제공하는 것을 목적으로 한다.

## 4. 다학문적 팀, 간학문적 팀, 초학문적 팀 접근의 비교

| 구분 | 다학문적 팀 (Multidisciplinary) | 간학문적 팀 (Interdisciplinary) | 초학문적 팀 (Transdisciplinary) |
|---|---|---|---|
| 진단 | 팀 구성원을 각자에 의한 개별적인 진단 | 팀 구성원들 각자에 의한 개별적인 진단 | 팀 구성원들과 가족들이 함께 발달에 대한 포괄적 진단 실행 |
| 부모 참여 | 부모가 개별 팀 구성원들을 만남 | 부모가 팀 또는 팀 대표자와 만남 | 부모가 팀의 구성원으로서 완전히 적극적으로 참여 |
| 서비스계획 개발 | 팀 구성원이 그들 분야에 대해 분리된 계획을 개발 | 팀 구성원이 그들 각자의 계획을 서로 나눔 | 팀 구성원과 부모가 가족의 우선순위, 욕구, 자원에 기초하여 서비스계획을 개발 |
| 서비스계획 책임 | 팀 구성원들은 계획 중에 그들 각자의 부분을 실행하는 데 책임이 있음 | 팀 구성원은 정보를 서로 나눌 뿐 아니라 계획 중 그들의 부분을 실행하는 것에도 책임이 있음 | 팀 구성원들은 주 서비스 제공자가 계획을 어떻게 실행하는지에 책임이 있음 |
| 서비스계획 실행 | 팀 구성원은 각자의 분야와 관련된 서비스 계획의 부분을 실행 | 팀 구성원은 그들이 계획한 부분을 실행하며 가능하면 다른 부분들과 협응 | 주 서비스 제공자는 계획을 가족과 함께 실행하도록 할당됨 |
| 의사소통 통로 | 비공식적 통로 | 특정 사례에 대한 정기적 팀 모임 | 팀 구성원들 간에 정보, 지식, 기술의 지속적인 전이가 공유되는 정기적 팀 모임 |
| 지침이 되는 철학 | 팀 구성원은 다른 분야의 공헌의 중요성을 인식 | 팀 구성원들은 전체 서비스 계획의 부분이 되는 서비스를 기꺼이 개발하고 나눌 수 있고, 제공하는 데 책임질 수 있음 | 팀 구성원들은 일원화된 서비스 계획을 실행하기 위해 학문의 경계를 넘어 서로 교수하고 배우고 일하는 데 헌신 |
| 인적자원 (staff) 개발 | 각각의 분야에서 독립적으로 개발 | 각각의 분야에서 독립적 개발할 뿐만 아니라 분야 밖에서도 개발 | 분야 간의 배움과 팀을 공고히 하기 위한 팀 모임의 필수적인 구성요소 |

## 1. 정의

① 일반교사와 특수교사가 함께 특수교육적 지원이 요구되는 학생에게 통합된 일반학급에서 공동으로 수업하며 일반학급 내의 모든 학생에게 질적인 교육을 제공하는 것이다.

② 두 교사가 평등한 입장에서 업무, 역할, 교수, 학습평가, 학급관리, 학생관리 등의 제반 결정사항에 주도적으로 참여하는 교수활동이다.

## 2. 필요조건

① 장애학생은 주의집중 시간이 짧고 다른 상황으로의 일반화가 잘 되지 않는 특징이 있기 때문에 장애학생의 행동문제를 예방하고 통제하기 위한 체계적이고 일관성 있는 체계가 필요하고, 배운 내용을 반복하여 연습할 수 있는 기회가 중요하다. 따라서 일관성 있는 교수를 위해 교사 간 협력이 필요하다.

② 특수교사와 일반교사의 역할 및 책임 구분이 모호하여 서로에게 책임을 전가하기 쉽고, 쌍방 간 협력적인 의사소통이 어려운 현실을 고려할 때, 서로 협력하면서 각자의 어려움을 이해하고 각자의 책임과 역할에 자리매김하는 것이 중요하므로 교사들 간의 협력적 상호 이해가 필요하다.

③ 통합환경에서 잘 적응하기 위해 적합한 교수방법을 결정하고, 교사 간 전문성을 존중하고, 지식과 정보를 교환하여 학생에게 가장 적합한 교수방법을 논의·창출하는 것이 필요하다.

④ 교사 간 협력을 통해 장애학생뿐만 아니라 일반학급에 있는 경계선 급 학생이나 장애위험 학생에 대한 교육적 접근도 필요하다.

## 3. 형태

### (1) 교수지원 <sup>22 초등, 21 유아</sup>

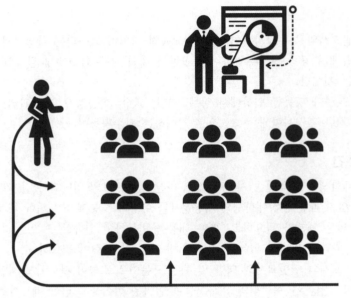

[그림 1-5] 교수지원

① 정의
   ㉠ 하나의 대집단을 대상으로 한 명의 교사가 수업을 진행하고 다른 한 명의 교사는 보조 역할을 하는 형태이다.
   ㉡ 활용: 한 교사가 구체적인 교과내용을 가르치는 동안, 다른 교사는 학습내용을 습득하기 위해 필요한 학습전략을 가르치는 책임을 맡을 수 있다.

② 장단점

| 구분 | 내용 |
|---|---|
| 장점 | • 각 교사의 역할이 수업내용에 따라 수시로 서로 바뀔 수 있는 융통성을 지님<br>• 도움이 필요한 학생을 개별적으로 지원할 수 있음 |
| 단점 | • 각 교사의 역할이 수시로 바뀔 때 수업 흐름이 부자유스러울 수 있음<br>• 지원하는 교사가 보조원처럼 보이거나 학생의 주의를 산만하게 할 수 있음<br>• 학생이 지원교사에게 의존하게 될 수 있음 |

## (2) 팀 티칭

[그림 1-6] 팀 티칭

① 정의
- ㉠ 학급 전체를 하나의 학습집단으로 하며, 두 명의 교사가 반 전체 학생에 대한 교수 역할을 공유한다.
- ㉡ 협력교사 간의 상호 신뢰와 협력이 많이 요구되는 형태로, 처음 함께하는 교사보다는 서로 익숙한 교사에게 권장된다.
- ㉢ 활용: 한 교사가 내용을 가르칠 때 다른 교사는 필기를 하는 방법, 두 교사가 역할놀이를 통해 모델을 보여주는 방법 등이 있다.

② 장단점

| 구분 | 내용 |
|------|------|
| 장점 | • 체계적인 관찰과 자료 수집이 가능함<br>• 역할과 교수내용의 공유를 도울 수 있음<br>• 개별적인 도움을 주기 쉬움<br>• 학업과 사회성에 있어 적절한 도움을 구하는 행동 모델을 보여줄 수 있음<br>• 질문하기를 가르칠 수 있음<br>• 개념, 어휘, 규칙 등을 보다 명확하게 할 수 있음 |
| 단점 | • 학습을 풍부히 하는 것이 아닌 교사 업무를 분담하는 것에 머무를 수 있음<br>• 많은 계획을 필요로 함<br>• 모델링과 역할놀이 기술이 필요함 |

(3) **스테이션 교수** [19 유아, 16 중등]

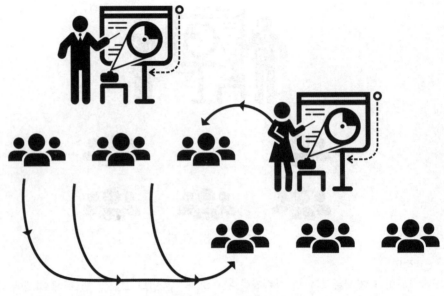

[그림 1-7] 스테이션 교수

① 정의
    ㉠ 교육내용을 몇 개로 나누고 교사가 각 스테이션에서 다른 활동을 교수한다.
    ㉡ 학생들은 소집단을 구성하여 스테이션을 돌아가면서 수업을 듣는다.
    ㉢ 활용: 협력교사들이 모든 학생의 학습을 심화·향상시키기 위해 계획·개발한 활동을 함께 실시하는 것으로 토론, 다단계 프로젝트 학습방법 등이 있다.

② 장단점

| 구분 | 내용 |
|---|---|
| 장점 | • 능동적인 학습환경을 제시함<br>• 소집단으로 구성하여 주의집중을 높임<br>• 협동과 독립성을 증진함<br>• 학생들의 반응을 증가시킴<br>• 전략적으로 소집단을 구성할 수 있음 |
| 단점 | • 많은 계획과 준비가 필요함<br>• 교실이 시끄러워짐<br>• 집단으로 일하는 기술과 독립적인 학습 기술이 필요함<br>• 감독이 어려움 |

**(4) 평행 교수** [18 유아, 18 초등, 16 중등]

[그림 1-8] 평행 교수

① 정의
  ㉠ 대상 학생을 두 개의 이질집단으로 나누고 두 교사가 같은 내용을 각 집단에 따로따로 교수하는 형태이다.
  ㉡ 두 교사가 같은 내용을 교수하므로 구체적인 사전 협의가 필수적이다.
  ㉢ 활용: 반복 연습, 프로젝트 학습, 같은 주제에 대한 상반된 의견을 학습한 후 두 집단이 토론하는 형태의 수업 등에 사용된다.

② 장단점

| 구분 | 내용 |
|------|------|
| 장점 | • 효과적인 복습이 가능함<br>• 학생의 반응을 독려할 수 있음<br>• 집단학습과 복습을 위한 교사-학생 간 비율을 감소시킴 |
| 단점 | • 동일한 수준의 내용을 성취하기가 어려울 수 있음<br>• 조율이 어려움<br>• 상대 교사의 속도를 점검해야 함<br>• 교실이 시끄러워짐<br>• 모둠 간 경쟁이 될 수 있음 |

## (5) 대안 교수 <sup>22 초등, 21 유아, 20 중등</sup>

[그림 1-9] 대안 교수

① 정의
  ㉠ 일반적 수준의 대집단과 수행능력이 평균 이상 또는 이하인 소집단을 구성하여 두 교사가 각 집단을 맡아 교수한다.
  ㉡ 소집단 학생에게 추가 심화학습, 보충학습 등의 부가적인 지원이 제공된다.
  ㉢ 대안 교수를 실시할 때 중요한 점: 소집단이 고정되어서는 안 된다. 교실 내에 또 다른 '교실'을 만드는 결과나 낙인효과가 나타날 수 있기 때문이다.
  ㉣ 활용: 이전 시간에 배운 내용의 복습이나 반복학습에 유용하다.

② 장단점

| 구분 | 내용 |
|------|------|
| 장점 | • 심화학습 기회를 제공함<br>• 결석한 학생에게 보충학습 기회를 제공함<br>• 개인 학습과 전체 학습의 속도를 맞출 수 있음<br>• 못하는 부분을 개발해주는 시간을 만들 수 있음 |
| 단점 | • 도움이 필요한 학생만 계속해서 선택하기 쉬움<br>• 분리된 학습환경을 조성함<br>• 조율이 어려움<br>• 학생을 고립시킬 수 있음 |

# 제3절 교수적합화(교수적 수정)

## 01 교수적합화 유형(Janney & Snell, 2000)

| 유형 | 내용 |
|------|------|
| 교육과정적 수정 | • **정의**: 무엇을 가르칠 것인가를 수정하는 것<br>• 내용을 단순화하거나 대체적인 유형으로 바꾸는 등 가르칠 내용을 변화시키는 것<br>• 단순하게 수정하는 방법은 동일한 내용을 난이도가 조금 낮은 활동으로 바꾸는, 즉 다른 활동수준으로의 수정을 말함 |
| 교수적 수정 | • **정의**: 어떻게 가르치고 학생이 배운 것을 어떻게 나타낼 것인가를 수정하는 것<br>• 교수적 자극 혹은 투입 같이 교사가 어떻게 가르쳐야 하는가의 측면과 장애학생의 반응 혹은 산출 같이 교수하는 동안 장애학생이 어떻게 반응해야 하는가의 측면 두 가지를 포함함<br>• 투입이든 산출이든 둘 다 난이도 혹은 양의 수준, 반응감각 양식, 형식 혹은 자료의 세 가지 측면에서 수정될 수 있음<br>• **수정 시 주의할 점**: 가능하면 필요할 때만 해야 하고, 간단해야 하며, 장애학생에게 장애라는 낙인이 두드러지지 않게 하는 접근이어야 함 |
| 생태학적 수정 | • **정의**: 시간과 장소를 같이 하는 사람들을 수정하는 것<br>• 장애학생이 성공할 수 있게 교수 장소와 사람 수, 배열, 시간표나 일정, 교수자를 변화시키는 것을 포함함<br>• 이 수정을 사용할 때는 정기적인 평가를 실시하여 장애학생이 이 방법에만 너무 의존하지 않고 자리관리 능력을 개발할 수 있도록 유의해야 함 |

## 1. 조절(accommodation)

① 학생이 일반교육과정에 접근할 수 있도록 만들고 학습 수행을 나타낼 수 있도록 하는 과정이며, 교육과정의 교수수준이나 수행기준을 변화시키는 것은 아니다.

② 조절은 장애학생이 다른 학생들과 동일한 교육적 목표와 내용으로 학습하는 것을 의미한다.

③ 그러나 장애학생의 학습 방식과 자신의 학습 결과를 표현하는 방식은 또래들과 다를 것이다.

④ 발표(표현, 반응)의 구성과 절차, 교수전략, 시간과 일정, 환경, 시설, 건물구조 등을 변경하는 것이다.

## 2. 수정(modification)

① 장애학생이 학습하고 수정하면서 보이는 기대수준을 변화시키는 것을 의미한다.

② 이러한 변화는 교육수준, 내용이나 성취수준에서의 변화를 의미한다.

③ 수정은 학생의 학년수준에서 기대하는 과제의 양이나 형태를 변경하는 것이다.

## 03 교육과정 수정 ★ 19 초등

### 1. 정의

장애학생과 일반학생이 같은 학급에 같은 시간에 있고, 같거나 유사한 또는 다른 내용을 학생의 요구에 맞게 수정하여 제공함으로써 학생들이 수업에 의미 있게 참여하도록 하는 것이다.

### 2. 종류

| 운영방식 | 내용 |
|---|---|
| 동일한 교육과정 | 사용 가능성은 낮지만 일반학급과 동일한 활동을 하고 동일한 교육목표를 추구함 |
| 중다수준 교육과정 | 장애학생이 다른 일반학생들과 함께 동일한 교과영역을 학습하되 다른 수준으로 학습함<br>예 다른 학생들이 직육면체 부피를 구하고 있을 때 지적장애학생은 한 자릿수 덧셈과 뺄셈을 학습할 수 있음 |
| 중첩(중복) 교육과정 | 장애학생과 일반학생이 동일한 학습활동을 하지만, 서로 다른 교과의 교육목표를 추구함<br>예 개구리를 해부하는 실험에서 지적장애학생은 과학목표가 아닌 의사소통 및 사회성 영역(기술)의 개별화된 목표인 지시 따르기나 다른 학생의 의견 수용하기와 같은 목표를 추구할 수 있음 |
| 대체 교육과정 | • 학급 내 대다수 학생의 교육과정과 완전히 독립된 교육과정을 가지는 형태<br>예 지적장애학생에게 지역사회 중심 교육과정으로 일상생활과 지역사회 이용 등에 필요한 기술을 가르치는 것<br>• 교과내용과 관련지어서 가정생활, 여가, 교통 이용, 지역사회 이용, 개인위생과 자조, 사회성, 자기결정 등의 기능적 학업기술을 지도함 |

## 04 교수적합화(적응교수, 교수적 수정)

### 1. 정의
① 개인의 수행을 향상시키고, 적어도 활동에 부분적으로 참여할 수 있도록 환경, 교수, 학습자료를 조정 또는 수정한다.
② 다양한 교육적 요구를 지닌 학생들의 수행 향상과 수업참여 범위와 양을 확장하기 위해 교수환경, 교수집단, 교수내용, 교수방법, 평가방법을 포함한 교육의 전반적인 환경을 조절하고 수정하는 과정이다.

### 2. 효과적인 기본원리
① 개인의 지적·신체적·감각적·행동적 어려움을 보상하기 위해 도움을 제공한다.
② 개인이 새로운 것을 획득할 수 있도록 촉진하는 동시에 현재의 기술을 사용할 수 있도록 한다.
③ 학생의 기술과 일반교육의 수업내용 간 잘못된 연결을 방지한다.
④ 학생의 현재와 미래의 삶에 적절하도록 추상적인 정보의 수준을 낮춘다.
⑤ 학생의 학습양식과 교사의 교수양식을 서로 적절하게 연결시킨다.

# 3. 교수적합화를 위한 수정 영역과 전략

| 수정 영역 | 전략 | 구체적인 방법 |
|---|---|---|
| 교사의 기대 | 학생의 교수목표에 대한 교사의 기대를 수정함 | • **과제 난이도**: 같은 내용이지만 덜 복잡한 내용<br>• **과제의 양**: 학생에게 요구되는 과제의 양을 변화시킴<br>　예 읽거나 써야 하는 페이지 수, 제출해야 하는 과제의 수<br>• **시간**: 활동에 주어지는 시간을 조절함<br>• **참여 정도**: 활동에 참여하는 정도를 다양하게 함<br>　예 소설을 읽고 연극을 만들어야 하는 경우 대상 학생은 요약된 줄거리만 읽거나, 대본 만들기에는 참여하지 않고 연극만 할 수 있음<br>• 수행기준이나 평가기준을 조정함 |
| 교수자료 및 교수형태 | 교수자료를 수정함 | • 같은 내용이지만 크기, 수, 형태에서 변화를 줌<br>• 능력, 흥미에 맞는 추가 자료 또는 다른 자료를 제공함<br>• 입력 또는 산출 방법이 다른 형태의 자료를 제공함<br>• 정보의 추상성을 감소시킨 자료를 제공함 |
| | 교수형태를 수정함 | 소그룹, 협동학습, 또래짝꿍, 각자 수준에 맞는 개인 과제 |
| 정보수용 및 과제수행 | 정보수용 방법을 수정함 | • 교실 내의 자리배치<br>　예 시각장애 학생을 맨 앞줄에 배치함<br>• 수화, 점자, 녹음기, 말하는 컴퓨터나 계산기 등 |
| | 과제수행 방법을 수정함 | • **보완대체의사소통**: 타이핑, 워드프로세서, 의사소통판, 보조공학적 방법<br>• 수화 사용 |
| 또래 및 기타 학습지원 | 또래를 지원함 | • 과제의 이해와 완성을 돕기 위한 짝꿍<br>• **협동학습 그룹**: 서로 다른 능력수준 |
| | 정보와 자료를 지원함 | • 사전에 과제를 공지해줌<br>• 책을 집에 별도로 비치함 |
| | 학급 내에서 지원함 | 특수교사, 치료교사 등의 학급 내 일대일 지원을 제공함 |
| 평가방법 | 학습결과의 제시방법을 수정함 | • **시험**: 서술식, 객관식, 단답식 등을 사용함<br>• 잘한 결과물들의 포트폴리오를 사용함 |
| | 성적 처리방법을 수정함 | • 연극, 포스터, 예능작품 등을 사용함<br>• IEP에 명시된 기준에 따라 노력, 향상, 성취 정도를 점수화함 |

## 4. 교수적 수정의 절차

| 단계 | | 예시 |
|---|---|---|
| 1 | 장애학생의 IEP 장단기 교수목표 검토 | • ○○학생의 IEP 장기목표 중 본 교과와 관련된 목표<br> − 손 씻기와 이 닦기의 올바른 방법을 순서대로 나열하며 간단한 단어로 말할 수 있다.<br> − 손 씻기와 이 닦기에 관심을 갖고 점심시간이나 운동장에 다녀온 후에 실천할 수 있다. |
| 2 | 일반학급 수업참여를 위한 특정 일반교과 선택 | • 1학년 1학기 바른생활 교과의 단원이 ○○학생의 IEP 목표와 관련성이 가장 많으므로 '바른생활'을 선택한다.<br>• 손 씻기와 이 닦기의 올바른 방법을 순서대로 간단하게 말하는 것을 강조하고자 할 때에는 말하기·듣기 교과의 '바르게 전해요'를 선택하여 또래에게 알려주는 활동을 선택할 수 있다. |
| 3 | 일반학급 환경에 대한 정보수집 | • ○○학생의 원적 학급 바른생활과 수업은 주로 교사의 설명과 시범 후에 아동 중심으로 놀이활동을 한다.<br>• ○○학생은 교사와 가까운 자리에 배치되어 다른 아동과의 상호작용 기회가 적은 편이다.<br>• 모둠활동이 주가 되는 1학년이므로 소그룹으로 자리 배치되어 있다.<br>• 통합학급의 교사는 학습자의 흥미를 고려하여 다양한 컴퓨터 프로그램(PPT, 플래시)을 자주 사용하는 편이다. |
| 4 | 일반교과 수업에서 장애학생의 학업수행과 행동의 평가 | • 통합학급 참여 시 국어, 수학, 치료활동 시간을 제외한 모든 활동에 참여한다.<br>• 사용하는 언어가 제한적이며 발음이 부정확하다.<br>• 집중시간이 짧아 교사의 설명이 길어지는 경우 주의가 산만해진다.<br>• 통합학급 또래들도 ○○학생의 산만함을 어떻게 도와줘야 할지 잘 모르며, 몇몇 아동은 같이 산만해지는 모습을 보인다. |
| 5 | 선택된 일반교과의 한 학기 단원들의 학습목표를 검토한 후, 장애학생의 한 학기 개별화된 단원별 학습목표들의 윤곽 결정 | ○○학생의 1학년 1학기 바른생활과의 단원별 학습목표 윤곽 |

| 단원 1 알아서 척척 | ① 준비물 목록(사진)을 보고 스스로 가방을 챙길 수 있다.<br>② 학교 수업시간 전에 자리에 바로 앉을 수 있다. |
|---|---|
| 단원 2 가슴을 펴요 | ① 여러 가지 자세 중에서 바른 자세(앉기, 서기, 걷기)에 표시할 수 있다.<br>② 수업시간에 바른 자세로 10분 이상 앉아 있을 수 있다. |
| 단원 3 현장학습 가는 날 | ① 현장학습 날 해서는 안 되는 행동에 표시할 수 있다.<br>② 현장학습 날 지켜야 할 일의 카드를 5개 이상 선택할 수 있다. |
| 단원 4 잘 씻어요 | ① 깨끗한 손과 더러운 손, 깨끗한 치아와 더러운 치아를 구분할 수 있다.<br>② 손 씻기와 이 닦기의 올바른 방법(사진카드)을 순서대로 나열하며 간단한 단어로 말할 수 있다.<br>③ 손 씻기와 이 닦기에 관심을 가지고 점심시간이나 운동장에 다녀온 후에 실천할 수 있다. |
| 단원 5 안녕하세요 | ① 등교 후 교실에 들어올 때 선생님께 인사할 수 있다.<br>② 등교 후 교실의 친구 5명 이상에게 인사할 수 있다. |

| 6 | 장애학생의 수업참여를 위한 교수적 수정 유형의 결정 및 실제 고안 | 1학년 1학기 바른생활 단원 중 4. '잘 씻어요' 수업에 ○○학생의 참여를 위한 교수적 수정 유형의 결정 및 실제 고안 | |
|---|---|---|---|
| | | 교수환경의 수정 | 현재 ○○학생은 모둠학습을 위한 자리 배치에서 교사와 너무 가까운 거리에 있다. 모둠은 그대로 유지하되, 교사로부터 조금 떨어지게 자리를 배치하여 또래들과 더 가까이 있을 수 있게 한다. |
| | | 교수적 집단화의 수정 | 현재 모둠 구성원은 ○○학생을 잘 이해하는 아동으로 구성되어 있다. 모둠은 그대로 유지하며 또래 파트너를 활용하여 ○○학생이 모둠활동에 적극적으로 참여할 수 있도록 돕는다. 역할극을 할 때 또래 파트너가 충분히 ○○학생에게 일대일 교수를 할 수 있게 시간을 제공한다. |
| | | 교수방법의 수정 | • 더러운 손과 더러운 치아를 가진 아동의 경우 병원에 가는 그림카드 제공하기<br>• 올바른 방법 말하기를 사진 순서대로 나열하며 간단한 단어(물, 비누, 수건 등)로 말하기<br>• 또래 파트너의 도움을 받아 점심시간 전에 손 씻기를 하고 수행평가표에 기록하기<br>• 또래 파트너가 대본을 귓가에서 읽어주고 ○○학생은 듣는 대로 따라 말하기 |
| | | 교수평가의 수정 | **IEP 목표에 대한 합격·불합격 체계:** 손 씻기와 이 닦기의 사진을 순서대로 나열한 것을 사진으로 촬영하여 포트폴리오로 평가, 역할극 동영상, 사진 촬영을 하여 포트폴리오로 평가 |
| 7 | 교수적 수정의 적용과 교수적 수정이 적용된 수업참여의 양과 질 평가 | • 6단계에서 고안한 개별화된 구체적인 교수적 수정들을 적용하여 수업을 실시한다.<br>• 교수적 수정이 없었던 4단계 수업참여와 교수적 수정이 적용된 7단계 수업참여를 비교할 수 있다.<br>• 교수적 수정이 적용된 수업의 참여와 질을 수정된 평가방법으로 평가한다.<br>• 관찰법을 실시하여 수업에서의 아동의 달성도, 흥미도, 참여도를 관찰하고, 수정된 평가방법인 합격·불합격 체계와 포트폴리오를 사용한다. | |

## 5. 교수적 수정의 유형 및 방안 ★ [19 중등]

| 유형 | 구체적인 방안 |
|---|---|
| 교수환경 수정 | • **물리적 환경**: 조명, 소음, 교수자료의 위치와 접근성<br>• **사회적 환경**: 사회적 분위기, 소속감, 평등감, 존중감, 장애이해 교육 |
| 교수집단 수정 | 학생들의 교수적 집단 배열의 수정<br>예 대집단, 소집단, 협동학습, 또래교수, 일대일 교수, 자습 |
| 교수내용 수정 | • **교육과정 내용을 보충 또는 단순화, 변화시키는 방법**<br>   – 동일한 활동과 교수목표, 동일한 자료<br>   – 동일한 활동의 쉬운 단계, 수정된 교수목표, 동일한 교수자료<br>   – 동일한 활동, 수정된 목표와 자료<br>   – 동일 주제, 다른 과제와 수정된 목표<br>   – 수정된 주제와 활동 |
| 교수방법 수정 | • **교수활동 수정**: 난이도, 양<br>• **교수전략 수정**: 수업형태, 교육공학, 행동강화 전략, 정보제시 및 반응양식 등<br>• **교수자료 수정**: 대안적 교수자료 |
| 평가방법 수정 | • 시험시간의 융통성<br>• 시험방법 수정<br>• **대안적 평가**: 교수 공동평가, IEP 수행평가 |

### (1) 교수환경 수정 [16 초등]

① 장애학생의 일반학급에서의 학습목표 달성을 촉진하기 위해 일반학급의 물리적·사회적 환경을 수정하는 것이다.

② 물리적 환경과 사회적 환경

| 구분 | 내용 |
|---|---|
| 물리적 환경 | • 조명<br>• 소음 정도<br>• 시각적 및 청각적 정보 입력의 정도와 강도<br>• 교실의 물리적인 정돈 상태 또는 가구의 배열<br>• 교수자료의 위치, 접근성 |
| 사회적 환경 | • 협동심<br>• 상호 의존감<br>• 소속감 |

### (2) 교수집단 형태 수정

① 교사가 교육내용을 가장 적절하게 교수하기 위해 사용하는 학생들의 교수적 집단 배열의 수정을 의미한다.

② 통합학급 교사는 수업장면에서 다양한 교수적 집단화 형태의 수정을 통해 장애학생의 학습능력뿐 아니라 일상생활 능력, 대인관계 기술, 사회적 상호작용 기술 등의 사회적 기술을 적절하게 향상시킬 수 있으며, 교사는 대집단 교수 혹은 자습을 가능하면 협동학습, 소집단 혹은 파트너 구조로 수정하는 것이 바람직하다.

③ 수정 방법

| 구분 | 내용 |
|---|---|
| 대집단 혹은<br>전체 학급 교수 | • 전체 학급 학생들이 교사로부터 같은 내용을 배움<br>• 학생들은 비슷한 양식과 속도로 정보들을 학습할 것이 기대됨<br>• 따라서 장애학생에게 대집단 혹은 전체학급 교수를 필요에 따라 적당히 사용할 수 있지만, 많이 사용하는 것은 일반적으로 부적합하다고 봄<br>• 대집단 혹은 전체 학급 교수는 개별 학생이 반응하고 적극적으로 참여할 기회가 적고 장기간의 주의집중을 요구하기 때문 |
| 교사주도적<br>소집단 교수 | • 교사는 주로 5~6명의 소집단 학생을 교수함<br>• 교수는 특정 내용영역에 대해 이루어짐 |
| 협동학습 집단 | • 2~6명의 학생이 함께 공부함<br>• 학생들은 일종의 공동 목표를 성취하기 위해 협동적으로 공부함<br>• 협동학습 집단 구성원 학생들의 상호의존성과 사회성 기술들이 집단의 각 구성원에게 역할과 책임을 배분함으로써 신장됨<br>• 과제의 완수는 각 구성원의 참여에 의존함 |
| 학생 주도적 소집단<br>혹은 또래 파트너 | • 학생들이 한 프로젝트의 완수를 위해 함께 학습하는 것이 허용되거나 개인적인 과제를 완수하는 동안 생각을 나누고 상호작용하는 것이 허용됨<br>• 이 집단화는 협동학습 집단과 다른데, 학생들에게 역할이 배분되거나 하나의 공동 과제를 완수하기 위해 함께 학습하지 않기 때문 |
| 또래 교사 혹은<br>상급학생 교사 | • 한 학생은 특정 과제에 대해 같은 반 급우나 상급학년 학생에게 지도받음<br>• 과목에 따라 학생 간에 또래교사와 학생 역할을 바꿀 수도 있음 |
| 일대일 교수 | • 한 학생은 한 어른 교사로부터 직접교수, 관리, 지도를 제공받음<br>• 교수는 담임 교사, 특수교육 교사, 관련 서비스 교사, 교실 자원봉사자 등에 의해 제공됨<br>• 전통적으로 일대일 교수는 장애학생의 수업, 특히 중등도나 중도 장애학생의 교수·학습 형태에 지나치게 남용되어 학습상황에서 또래 사이의 상호작용이 유발되지 못한 점이 비판되어옴 |
| 자습 | • 학생이 수업시간에 제시되었던 숙제 혹은 자료들을 혼자서 학습하도록 기대됨<br>• 혼자서 하는 학습 형태인 자습은 특히 교수자료를 이해하고 해석하는 데 촉진, 단서, 보조가 필요한 경우에 많이 사용되면 장애학생의 학습성취에 문제가 됨<br>• 학생의 독립적 과제수행, 또래 상호작용, 또래 간의 책임분배, 학생 간의 독립성을 균형 있게 고려하는 교수배치를 선택해야 함 |

## (3) 교수내용 수정

| 구분 | 내용 |
|---|---|
| 1등급 | **같은 활동, 같은 교수목적, 같은 교수자료** <br> • 대상학생의 IEP 목표와 목적이 일반교육과정 수업에서 다루어질 수 있음 <br> • 어떠한 수정도 요구되지 않으며 대상학생에게 감각장애가 있다면 점자, 보청기, 수화 등이 사용될 수 있음 |
| 2등급 | **같은 활동의 좀 더 쉬운 단계(수정된 교수목적), 같은 교수자료** <br> • 대상학생은 또래동료 수준과 비교하여 선수단계의 교육과정에 참여함 <br> • 같은 활동이 사용되지만 대상학생의 교수목적이 다르며, 대상학생의 반응양식도 수정될 수 있음 <br> 예 읽는 것 대신 듣는 것, 쓰는 것 대신 말하는 것 <br> • 1등급과 비교하면 2등급에서의 교수는 더욱 개별화됨 |
| 3등급 | **같은 활동, 다른 교수목적, 다른 교수자료** <br> • 이 수준에서 활동은 그의 또래와 같은 것으로 유지되지만, 그 활동에 대상학생의 동등한 참여를 가능하도록 하기 위해 교수목적과 교수자료가 변화됨 <br> • 개별화 정도가 더욱 강해지지만, 대상학생은 그의 또래 동료들과 같은 책상이나 테이블에서 학습을 위해 물리적으로 함께 위치함 |
| 4등급 | **같은 주제, 다른 과제와 다른 교수목적** <br> • 대상학생은 또래가 학습하고 있는 것과 주제 측면에서 연관이 있는 일반교육과정 에서 도출된 활동들에 참여함 <br> • **장애학생을 위한 초점**: 일반교실의 교육과정 내용에 삽입될 수 있는 IEP의 핵심 적인 목표와 목적(예 사회성, 의사소통, 운동성, 인지)을 개발하는 것 <br> • 교수는 고도로 개별화되며, 대상학생은 교수를 받기 위해 그의 또래 동료와 함께 같은 테이블에 앉을 수도 그렇지 않을 수도 있지만, 같은 교실 내에 있음 |
| 5등급 | **다른 주제, 다른 활동** <br> • 이 수준의 교육과정 내용의 수정은 기능성과 장애학생의 일상생활에의 적용에 초점을 둠 <br> • 대상학생의 IEP 목표와 목적은 일반교육과정과는 직접적으로 연관되지 않으며, 일반학급의 다른 학생의 활동과는 독립적으로 다루어짐 <br> • 교수는 고도로 개별화되고, 대상학생은 교실 안이나 자주 교실 이외의 장소에서 학습함 |

**(4) 교수방법(교수활동, 교수전략, 교수자료) 수정** <sup>23 중등, 23 유아, 21 유아, 17 초등</sup>

① 교수가 제시 · 전달되는 방식의 수정을 의미하며 구체적으로 교수활동, 교수전략, 교수자료의 수정을 포함한다.

② 교수활동, 교수전략, 교수자료는 상호 연결되므로, 실제로 장애학생을 위해 교수방법을 수정한다고 가정할 때 세 가지의 경계가 분명히 구분되지 않을 수 있다.

③ 교수활동, 교수전략, 교수자료

| 구분 | 내용 | |
|------|------|---|
| 교수 활동 | 교수할 수업주제를 구체적인 활동들로 구조화하고 수업길이(차시)를 고려해서 편성한 것 | |
| | 예 교수할 주요 과제를 작은 단계로 나누는 것, 과제 양을 줄이는 것, 과제를 쉽게 또는 구체적으로 수정하는 것, 과제를 활동 중심적으로 수정하는 것 | |
| 교수 전략 | **교수할 내용을 교수활동의 맥락에서 효과적으로 교수하기 위해 사용되는 여러 종류의 전략** | |
| | 수업형태 | 강의, 시범, 게임, 모의실시, 역할놀이, 발표, 활동중심적 수업 |
| | 교육공학, 보조공학 | 워드프로세싱, 컴퓨터 보조학습용 소프트웨어, 장애학생의 기능적인 능력을 향상시키는 보조공학 |
| | 행동강화 전략 | 수업내용의 효과적 교수를 위한 행동계약, 모델링, 토큰경제, 부모와 빈번한 의사소통, 즉각적인 개별적 피드백, 칭찬 |
| | 정보제시, 반응양식 | 전체제시 방법, 부분제시 방법, 시각적 · 청각적 · 촉각적 학습양식에 따른 정보제시 방법 |
| 교수 자료 | **교사가 사용하는 모든 교수자료를 장애학생 개개인의 능력과 수준에 맞게 변화시키거나 새롭게 만드는 것을 포함함** | |
| | 교수자료 수정 | 확대 인쇄자료, 헤드 스위치 사용이 가능한 컴퓨터, 녹음된 교과서, 녹음기로 읽기 과제하기, 시험준비 문제 제공, 계산기로 수학문제 학습지 하기, 언어의 단순화, 반응선택 수 감소, 색깔로 표시되는 교재, 짧은 지시사항 |
| | 공학기술 영역 | 연필잡기 기기, 키보드 손가락 가이드, 자동 페이지 넘기기, 자세 및 이동성에 관련된 기구, 전기적 의사소통 기구, 교수를 위한 컴퓨터 사용, 컴퓨터의 의사소통 기구와 같은 도구에의 접근에 관련된 것, 듣기 및 보기에 관련된 것, 여가 및 오락에 관련된 것, 자조기술에 관련된 것 |

### (5) 평가방법 수정

① 평가참여 조정방법 1

| 구분 | | 예시 |
|---|---|---|
| 평가환경 | 평가공간 | 독립된 방 제공 |
| | 평가시간 | 시간 연장, 회기 연장, 휴식시간 변경 |
| 평가도구 | 평가자료 | 시험지의 확대, 점역, 녹음 |
| | 보조인력 | 수화통역사, 대필자, 점역사, 속기사 제공 |
| 평가방법 | 제시방법 | 지시 해석해주기, 소리 내어 읽어주기, 핵심어 강조하기 |
| | 응답방법 | 손으로 답 지적하기, 보기 이용하기, 구술하기, 수화로 답하기, 시험지에 답 쓰기 |

② 평가참여 조정방법 2

| 구분 | 예시 |
|---|---|
| 시험 제시형식 | 점자 또는 큰 활자 인쇄 시험지 제공, 확대경 사용, 지시문 읽어주기 등 |
| 답안 형식 | 답을 손으로 가리키거나 구두로 말하면 대신 표시해주기, 컴퓨터를 이용하여 답 쓰기 등 |
| 시험환경 | 별도의 고사장에서 따로 시험보기, 칸막이 책상에 앉아 시험보기 등 |
| 시험시간 | 추가 시간 제공하기, 시험시간 중 추가 휴식시간 제공하기 등 |

| 개념 check | **평가조정** ★

1. **정의**: 평가의 본래 목적을 해치지 않는 범위 내에서 문항의 제시형태, 반응형태, 검사시간, 검사환경 등을 조정하는 것과 같이 평가 전, 중, 후에 이루어지는 일체의 노력을 의미한다.

2. **필요성**
   ① **장애로 인한 불이익 없이 평가에 참여하기 위해**: 평가과정에서 장애로 인한 불이익과 차별을 받지 않게 함으로써 장애가 아닌 학생이 배우고, 알고, 할 수 있는 것을 평가할 필요가 있다.
   ② **개별화교육계획에 따른 학업성취도 평가의 실시를 위해**: 장애학생의 개별화교육계획에 따라 학생의 학업성취도를 평가하고 이를 학생과 보호자에게 통보해야 할 법적 의무가 있다.
   ③ **통합학급 수업의 일환으로 평가에 참여하는 경험을 하기 위해**: 평가과정도 수업의 일환이며 평가에 참여하는 것 자체가 장애학생이 통합학급에서 비장애학생과 공유할 수 있는 또 다른 의미 있는 경험이다.

3. **유형**

| 평가 형태의 조정 | 평가 실행방법의 조정 |
|---|---|
| • 장애학생의 현행수준을 고려하여 서답식 대신 선다형으로, 지필평가 대신 면담, 포트폴리오 등으로 조정<br>• 장애학생의 개별화교육계획에 따른 평가 시 평가목표, 내용, 범위, 문항 수 등을 조정 | • **시간 조정**: 시험시간을 조정 예 시간연장, 중간 휴식 제공<br>• **환경 조정**: 시험보는 장소를 수정 예 특수학급<br>• **제시방법 조정**: 시험자료, 지시문의 제시방법 조정 예 점자 지시문 읽어주기<br>• **반응방법 조정**: 학생이 시험문제에 응답하는 방법을 조정 예 컴퓨터, 대필, 점자 녹취 등 |

4. **평가실행 방법의 구체적인 조정 예시**

| 시간/일정 조정 | 환경 조정 |
|---|---|
| • 시험시간을 연장<br>• 건강상 문제가 있는 경우 가능하다면 최상의 컨디션을 고려하여 평가일정과 시간 조정 | • 자리 배치를 고려<br>• 증폭, 방음 장치 제공 예 청각장애<br>• 넓은 책상 또는 각도조절 책상 제공 예 시각장애<br>• 적정 조도(밝기) 제공 예 시각장애<br>• 자세유지·조절을 위한 좌석 조정 예 지체장애<br>• 특수교사 또는 보조인력 배치 필요<br>• 학교 외 별도의 공간에서 시행 |

| 제시방법 조정 | 반응방법 조정 |
|---|---|
| • 시험지의 확대 또는 축소 필요 예 시각장애<br>• 시험지 편집(바탕색, 글자색 변경 등) 제공 예 시각장애<br>• 점자 시험지 제공 예 시각장애<br>• 확대경, 타이포스코프, 확대독서기, 점자 정보 단말기 등 제공 예 시각장애<br>• 화면 확대 프로그램, 스크린 리더, 스마트 패드 등을 제공 예 시각장애<br>• 보조인력의 대독 필요<br>• 구체적인 언어적 촉진 예 다음 문제 풀어야지?<br>• 수어(수화) 제공 예 청각장애<br>• 비디오(영상자막) 제공 예 청각장애<br>• 듣기평가를 필답으로 대체 예 청각장애<br>• 그림이나 표의 해설 제공 | • 대체문항 제공 예 시각장애<br>• 점자 또는 확대 답인지 제공 예 시각장애<br>• 점필 및 점판 제시 예 시각장애<br>• 점자정보단말기/컴퓨터로 답안 작성 예 시각장애<br>• 답안지 이기 요원(대필자) 배치<br>• 수어(수화)로 응답하기 예 청각장애<br>• 청각보조기 사용 예 청각장애<br>• 합창, 게임 등에서 단체평가가 어려운 경우에는 개별평가 예 청각장애<br>• 말로 응답하기 예 지체장애<br>• 보완대체의사소통기기 제공 예 지체장애<br>• 철자 하나를 치면 관련되는 단어를 보여주는 소프트웨어, 받아쓰기 시험이 아니라면 맞춤법 검토 프로그램 제공<br>• 계산기, 구구단표 제시<br>• 쉽게 지울 수 있는 노트 크기의 보조칠판이나 연습종이 제시 |

③ 대안적 평가방법

| 접근 | 예시 |
|------|------|
| 1. 전통적인 점수화<br>: 수, 우, 미 점수 혹은 퍼센트 | 학생의 전체 점수가 94퍼센트 이상이면 A를 받을 수 있다. |
| 2. 합격/불합격 체계<br>: 합격 혹은 불합격을 정하는 광범위한 범주기준 | 모든 과제를 완수하고 모든 시험에 통과하는 학생은 한 과목의 합격점수를 받을 것이다. |
| 3. IEP 점수화<br>: 학생의 IEP에 근거하는 수행수준이 학교구획의 수행기준으로 변환된다. | 만약 한 학생의 IEP가 90퍼센트의 정확도를 요구하고 89~93점이 그 지역 기준으로 B와 같다면 그 학생이 목표된 정확도를 취득할 때 B를 받게 될 것이다. |
| 4. 습득 또는 준거수준 점수화<br>: 내용이 하위 구성요소로 나누어진다. 학생들은 어떤 기술의 습득이 정해진 수준에 도달하면 학점을 얻는다. | 50개 주의 수도 중 38개의 이름을 명명하는 학생들은 사회 교과의 해당 단원에 대해 통과 점수를 받을 것이다. |
| 5. 다면적 점수화<br>: 학생은 능력, 노력, 성취와 같은 몇몇 영역에서 평가되고 점수를 받는다. | 학생이 시간 안에 프로젝트를 완성하면 30점을 받고, 모든 요구된 부분을 포함하면 35점을, 적어도 4개의 다른 자료를 사용하면 35점을 받을 것이다. |
| 6. 공동 점수화<br>: 두 명 이상의 교사가 한 학생의 점수를 결정한다. | 일반교사가 학생 점수의 60퍼센트를, 자료실 교사가 40퍼센트를 결정한다. |
| 7. 항목점수 체계<br>: 활동 또는 과제에 점수가 할당되고, 그것들은 학기말 점수로 더해진다. | 학생의 과학점수는 전체 300점이다. 100점은 주마다 보는 퀴즈에서, 100점은 학급의 실험에서, 50점은 숙제에서, 50점은 학급참여에서 점수를 준다. |
| 8. 학생 자가평가<br>: 학생이 각자 자신 스스로를 평가한다. | 학생이 본인이 과제를 시간 안에 했고 필요한 영역들이 포함되어 있고 독립적으로 과제를 했다면, 학생은 해당 과제에 대해 스스로 합격 점수를 준다. |
| 9. 계약 점수화<br>: 학생과 교사는 어떤 점수를 얻기 위해 요구되는 특정 활동들에 동의한다. | 학생이 정기적으로 수업에 오는 경우 각 수업에서 적어도 한 번 정보를 자발적으로 말하고 요구되는 모든 과제를 제출하면 C를 받는다. |
| 10. 포트폴리오 평가<br>: 각 학생의 작업이 하나의 누가적 포트폴리오로 보존되는데, 유치원부터 고등학교까지의 주요 기술 영역에서의 성취를 나타낸다. | 손으로 쓴 것의 누가적 샘플들은 1학년부터 4학년까지 초보 수준의 손으로 쓴 것에서 읽기 분명한 필기체 양식까지의 진보를 보여준다. |

# 제4절 또래교수와 협동학습

## 01 또래교수 18 유아

### 1. 정의

① 또래교수(peer tutoring): 대상 학생과 동일한 연령이나 학년의 또래 학생이 교사 역할을 맡아 일대일 지도를 하는 방식이다.
② 교사가 모든 학생에 대한 개별적인 지도를 하기 어려운 다인수 학급에서 특히 각 학생의 실제 학습에 몰입하는 시간을 증가시키는 역할을 할 수 있다.

### 2. 효과

① 교사가 비록 학생이라도 내용 반복, 숙달과 체계적인 복습을 강조하면서 가르치다 보면 다른 학생을 효과적으로 가르칠 수 있다.
② 또래학습자 역시 또래교사로부터 효과적으로 학습을 받을 수 있다.
③ 또래교사는 학습자에 맞게 내용을 개별화할 수 있다.
④ 전체학급 대상의 수업 때보다는 학생들이 일대일로 서로 마주보면서 학습활동에 훨씬 더 많이, 더 깊이 몰두할 수 있다.
⑤ 일대일 학습 상황에서 학습자가 훨씬 더 정확한 반응을 할 가능성이 높다.
⑥ 또래교사와 학습자가 모두 자기존중감을 가지고 건설적이며 적절한 상호작용을 하는 요령을 터득할 수 있다.

# 3. 적용절차

| | 절차 | 내용 |
|---|---|---|
| 1 | 또래교수 목표 및 대상내용 설정 | • 첫 번째로 고려할 사항은 또래교수의 목표를 명확히 설정하는 것<br>• 모든 과목, 모든 수업시간에 또래교수를 적용할 수는 없음<br>• 분명 또래교수가 가장 효과적인 경우가 있으며, 가장 적절한 상황에 이를 적용하는 것이 바람직함<br>• 적절한 대상교과는 수학, 사회, 과학, 읽기 등으로 다양함 |
| 2 | 구체적인 수업지도안 작성 | • 또래교수의 목표와 대상내용을 결정하면 그 다음으로 구체적인 또래교수 수업지도안을 작성해야 함<br>• 대개 1주에 3회, 하루에는 30분 정도로 한 학기는 지속적으로 실행해야 어느 정도 성과를 볼 수 있음<br>• 또래교수를 교사가 별 역할 없이 학생들이 스스로 지도하도록 놔두는 것이라고 생각하기 쉽지만, 성공적인 또래교수는 구체적으로 학생이 각자 어떠한 역할을 어떻게 수행하고, 교사는 어느 단계에 어떤 개입을 할 것인가 등이 세밀하고 구체적으로 계획되었을 때 가능함 |
| 3 | 또래교수팀 조직 관련 사항 결정 | • 또래교수를 위한 팀 결성 시 몇 가지 고려해야 할 요소가 있음<br>• 가장 흔한 형태는 상위수준 학생이 또래교사가 되고 특수아동이 학습자가 되는 방식임<br>• 그러나 학급상황이나 교수목적에 따라 교대로 역할을 변경할 수도 있고, 또래교사를 학습자와 친한 사람, 성이 다른 사람, 상위학년 학생 등으로 다양하게 지정할 수 있음<br>• 어떤 학생과 짝지을지는 또래교수의 목표, 해당 교과활동의 성격 등에 따라 달라짐 |
| 4 | 또래교수 관련 목표와 절차, 규칙 사전교육 | • 또래교수가 성공하려면 사전준비가 철저해야 함<br>• 우선 각 학생은 자신의 역할에 대해 충분한 사전훈련을 받아야 함<br>• 특히 교사 역할의 학생은 내용을 효과적으로 제시하고 또래의 학습을 관찰하고, 피드백과 질문을 적절히 제시하는 방법 등에 대한 사전지식을 갖추어야 함<br>• 라포(rapport, 둘 사이의 친밀감) 형성방법, 교수자료와 과제 제시방법, 또래 학생 반응기록법, 단서활용방법 등에 대한 사전교육도 필요함 |
| 5 | 또래교수 과정 점검 | • 일단 학생들이 또래교수를 수행하면 교사는 교실을 돌아다니면서 각 팀이 제대로 또래교수를 수행하는지 점검해야 함<br>• 문제가 있는 부분은 수시로 전체 학급을 대상으로 교정하도록 함 |
| 6 | 또래교수 효과 평가 | • 또래교수가 끝난 다음, 실제로 또래교수가 각자에게 어떤 도움을 주었는지 평가할 시간을 가짐<br>• 특히 학습적 측면뿐만 아니라 정서적·사회적 관계 측면에서도 어떤 장점과 단점이 있었는지 평가하도록 함 |

## 4. 또래교수 유형

### (1) 연령, 장소, 능력에 따른 유형 [19 초등]

| | | |
|---|---|---|
| 연령 | 같은 연령 또래교수 | • 또래교수자와 학습자의 연령이 같은 또래교수 방법<br>• 주로 동일 학급에 적용<br>• 일반화와 자기통제를 통해 장애학생의 학업수행 향상에 기여<br>• 통합학교 교실에서 다양한 능력수준에 맞게 학습 가능<br>• 동시적이고 즉각적인 피드백 제공<br>• 기술적인 효율성, 교수비용 절감효과 |
| | 다른 연령 또래교수 | • 또래교수자의 연령이 학습자보다 더 많은 또래교수 방법<br>• 일대일 혹은 일대집단으로 팀을 구성하여 실시<br>• 태도 향상에 보다 효과적일 수 있음 |
| 장소 | 학급 전체 또래교수 | 학급 내의 모든 학생이 또래교수에 참여 |
| | 분리된 또래교수 | 학급 일부나 학급 이외의 장소에서 일부 학생만 참여 |
| 능력 | 역할반전 또래교수 | 능력이 낮은 학생이 또래교수자 역할을 맡음 |
| | 전문가 또래교수 | 높은 능력을 가진 학생이 낮은 능력을 가진 학생을 가르침 |

### (2) 상보적 또래교수 ★ [17 중등]

① 전학급 또래교수(CWPT, 학급 전체 또래교수) [19 초등]

ㄱ 학급 내 모든 학생이 둘씩 짝지어 또래교수를 실시하는 방법으로, 다양한 학습자로 구성된 비교적 큰 규모의 통합학급에 적절하다.

ㄴ 대개 학생들이 서로 역할을 교대로 바꾸면서 또래교수를 한다.

ㄷ 가장 큰 장점은 각 학생의 실제 학습 몰두 시간을 늘릴 수 있다는 점이다. 수업시간에 각 학생이 실제로 학습에 얼마나 몰입했는지는 그들의 학습성과와 관련이 높다.

ㄹ 학급 전체가 2인 1조의 또래교수팀을 구성하여 학습 활동을 할 경우, 특정 시간대에 적어도 학급 내 절반은 어떤 형태로든 가르치거나 배우는 활동을 하게 된다.

ㅁ 대표적인 적용방안

ⓐ 학급 전체를 두 팀으로 나눈다.

ⓑ 가급적 경쟁체제를 도입해서 1~2주 동안 서로 경쟁을 벌이도록 하는 것이 더 효과적이다.

ⓒ 팀별로 2인 1조가 되어 서로 또래교사와 학습자의 역할을 하면서 모든 팀에게 동일하게 주어진 과제를 수행한다.

@ 일반아동으로 구성된 팀에게는 약 15분마다 역할을 서로 바꾸며 또래교수를 한다. 장애아동이 포함된 조는 역할을 서로 바꾸는 대신, 장애아동이 학습한 내용을 다양한 방식으로 표현할 기회를 제시하거나 비장애아동이 계속 또래교사 역할을 하도록 할 수 있다.

@ 또래교수에 적합한 과제로는 단순반복 연습과제, 서로 시범을 보이고 따라 하는 활동이 포함된 과제 등이 있다. 교과로는 수학, 받아쓰기, 낱말공부, 과학, 사회 등의 교과가 특히 적합하다.

@ 점수는 질문에 대한 정답이나 과제 해설 시(예 2점)와 수정 후 정답을 제시했을 때(예 1점) 모두 부여된다. 팀별로 소속된 조가 획득한 점수를 모두 합산하여 결과를 비교하고, 더 높은 점수를 획득한 팀에게 상을 준다.

@ 이 점수 외에도 각 조에서 개인별로 미리 도달할 목표를 설정한 다음, 목표에 도달할 경우 가산점을 주도록 하여 팀별 동기와 개인별 동기를 동시에 부여할 수 있다.

② **또래지원 학습전략(PALS)** ✱ 17 중등, 15 초등

㉠ 주로 읽기 분야에서 많이 적용되는 또래지도 전략 중 하나이다.

㉡ 2인 1조로 구성하며, 한 학생은 읽기 수준이 높은 학생, 다른 한 학생은 읽기에 문제가 있는 학생으로 조를 구성한다.

㉢ 읽기 수준이 낮은 학생이 글을 읽으면 읽기 수준이 높은 학생이 쓰고, 발음·내용·어휘 등을 질문하고, 필요하면 설명과 시범을 보인다. 또한 또래교사는 적절하게 강화도 제공한다.

㉣ 절차

@ 짝지어 함께 읽기: 성취 수준이 높은 학생이 5분간 교과서를 읽고, 이어서 성취 수준이 낮은 학생이 동일한 부분을 다시 읽는다. 이후에 성취 수준이 낮은 학생은 성취 수준이 높은 학생의 피드백을 받으며 읽은 내용을 다시 이야기해본다.

@ 문단 요약하기: 학생들이 한 문단씩 크게 소리내어 읽는다. 각 문단을 읽은 후 중심내용을 찾고 또래들로부터 피드백을 제공받는다.

@ 줄거리 예측하기: 학생들은 다음의 반 페이지에서 읽을 내용이 무엇인지를 예측해본다. 학생이 반 페이지를 읽고 중심내용을 요약한다. 두 학생은 추측한 내용이 맞는지 아니면 교정해야 할지를 결정하고, 다음 학생이 읽기를 한다.

@ 2인 1조의 팀이 활동을 해나감에 따라 정확하게 읽은 단어, 확인된 중심내용, 예측 등에 대한 점수를 받는다. 2인 1조의 짝은 더 큰 규모의 학습팀에 포함되어 가능한 많은 점수를 받을 수 있도록 격려 받는다.

```
                          〈PALS 활동〉
  • 다시 말하기
   1. 처음에 무엇을 학습했는가?
   2. 그 다음에 무엇을 학습했는가?
  • 문단 요약하기
   1. 누구 혹은 무엇이었는지를 말하기
   2. 누구 혹은 무엇에 관하여 가장 중요한 것을 말하기
   3. 중심 내용을 10개 단어 이하로 요약하기
  • 예측하기
   예상 _____ 다음에 무슨 일이 일어날 것이라고 예상하는가?
   읽기 _____ 반 페이지 읽기
   점검 _____ 예상한 일이 일어났는가?
```

③ 전 학급 학생 또래교수팀(CSTT)
  ㉠ 전 학급 학생 또래교수팀 프로그램은 전 학급 또래교수(CWPT) 프로그램과
    유사하다.

```
  • 학생은 먼저 이질적인 학습 집단에 배치되는데, 이는 4~6주 동안 유지된다.
  • 각 팀 구성원은 숫자가 부여된 일련의 카드와 함께 10~30개의 질문과 답이 적힌
    학습 가이드를 받는다.
  • 한 학생이 카드를 뽑고 그에 해당하는 질문을 한다.
  • '튜터'를 제외한 각 구성원은 답을 쓴다.
  • 튜터는 학습 가이드의 정답지로 각각의 답을 점검하고, 정답을 쓴 팀원에게는 5점
    을 주고 틀린 팀원에게는 정답을 알려준다.
  • 답이 틀린 튜티는 한두 번 정답을 쓴다.
  • 만약 그들이 올바르게 하면 2점을 준다.
```

  ㉡ 튜터의 역할은 집단 내에서 교대로 돌아가면서 하고, 이 절차는 역할이 바뀔 때
    마다 반복된다.
  ㉢ 전 학급 또래교수 프로그램과 마찬가지로, 보너스 점수가 부여되고 점수가 게
    시된다.
  ㉣ 학생은 개별적으로 평가되고 그들의 점수는 해당 팀의 총 누계점수에 더해진다.

## 02 협동학습 ★

### 1. 정의
① 대개 5~6명의 학생을 한 팀으로 구성하고, 집단역학을 이용하여 학습활동을 공동으로 수행한다.
② 협동학습 상황에서는 대체로 교사가 학습 촉진자나 보조자 역할을 담당하고 대신 학생들이 주도적으로 학습활동을 해나간다.
③ 협동학습 수행 시 각 학생에게는 공동목표 혹은 팀 내에서의 개별적 목표를 협력적으로 달성하기 위한 사회적 기술, 의사소통 기술, 상호협력 기술 등이 필요하다.
④ 제시된 과제에 대해 개인적으로도 학습목표에 도달해야 하지만, 한편으로 자신의 팀 내 모든 구성원이 정해진 학습목표(모두의 목표가 동일하지 않을 수 있음)에 도달할 수 있도록 서로 도와야 한다.

### 2. 효과
① 교사에게 다양한 수업전략을 제공한다.
② 아동이 수업 중에도 신체를 많이 움직일 수 있게 한다.
③ 아동에게 타인을 배려하는 태도를 길러준다.
④ 문제해결 또는 의사결정 능력을 길러준다.
⑤ 아동에게 많은 사회적 상호작용을 경험하게 한다.
⑥ 아동에게 지적 모험을 할 수 있는 기회를 제공한다.
⑦ 아동이 구체적 사고에서 추상적 사고로 이행할 기회를 제공한다.
⑧ 아동이 긍정적 자아개념을 가지게 한다.
⑨ 아동에게 소속감을 심어준다.
⑩ 동료들의 숨은 재능을 밝혀낼 수 있다.
⑪ 학생이 교사의 통제, 보호에서 벗어나 독립적으로 학습함으로써 다양한 정보원을 접하고 독립심을 기르게 한다.

### 3. 실시절차

| | 절차 | 내용 |
|---|---|---|
| 1 | 협동학습 목표 및 대상내용 설정 | • 협동학습으로 달성할 목표를 구체화하는 작업이 먼저 이루어져야 함<br>• 목표는 학업적 목표뿐만 아니라 사회적·정서적 및 개인 간의 상호협력 기술 등을 포함함<br>• 중요한 점은 학업적 내용뿐만 아니라 상호협력 기술, 사회·정서적 측면의 기능, 내용도 필요하다면 집중적·체계적으로 지도해야 한다는 점임<br>• 적절한 대상내용을 선정해야 하는데, 주로 사회나 과학 교과를 중심으로 협동학습을 활발하게 활용함 |
| 2 | 협동학습팀 조직 관련 사항 결정 | • 팀 인원수: 협동학습에 필요한 한 팀의 인원은 평균 5명 내외로 구성되며, 협동학습 활동의 성격, 구비된 자료의 준비 정도, 학생들의 학년 수준, 사전훈련 정도 등에 따라 달라짐 |

| | | |
|---|---|---|
| | | • **팀 구성★**<br>　– 일반적으로 장애학생 1명, 하위수준 1명, 중위수준 2~3명, 상위수준 1~2명으로 구성함<br>　– 협동학습 목표에 따라 이질적인 집단 구성, 동질적인 집단 구성, 무작위 집단 구성 등 다양한 형태를 시도할 수 있음<br>　– 협동학습의 장점은 다양한 수준의 학생이 각자의 수준에서 유의미하게 학습활동에 참여할 기회를 얻을 수 있다는 점임<br>• **협동학습을 위한 자리배치**: 모양은 대체로 반원형이나 식탁형 책상을 사용하는 것이 좋으며, 크기는 서로 간에 의사소통을 근거리에서 충분히 할 수 있으면서도 각자의 학습활동에 방해가 되지 않는 정도가 적당함<br>• **팀 내 역할 규정**: 역할을 지정하지 않는 것보다 각자의 역할을 지정해 주는 것이 훨씬 효과적임<br>　예 협동학습 활동책임자, 기록자, 발표자, 자료준비자 등 |
| 3 | 협동학습 관련 목표와 절차, 규칙 사전교육 | • 학생들에게 협동학습을 통해 무엇을 성취해야 하는지를 구체적이고 명시적으로 사전에 알려주어야 함<br>• 각자의 역할, 기본규칙, 절차에 대해서도 세밀한 사전교육을 받아야 함<br>　예 협동학습 체제에서 자신의 역할과 책임의 한계는 어느 정도인지, 집단 내에서의 바람직한 학습활동 태도는 무엇인지, 평가는 어떤 기준에 따라 받는지 등에 대한 사전인식과 훈련이 필요함 |
| 4 | 협동학습 과정 점검 | • 일단 사전준비가 끝나면 협동학습에 들어가는데, 이때 교사는 각 협동학습 장면을 자세히 관찰하고 점검하여 필요하면 피드백을 제공해야 함<br>• 대개 학생은 처음에 예기치 않은 실수나 부적절한 행동을 할 수 있으며, 이 경우 바람직한 것을 즉시 시범 보이고, 필요하다면 연습을 거친 후에 다시 협동학습에 임하게 함<br>• 각 구성원의 고유한 역할수행방법, 협력방법 등을 사전지도 받고 연습하며 그 과정에서 피드백을 받고, 실제 협동학습 과정에서도 교사로부터 지속적인 관찰과 피드백을 받도록 함 |
| 5 | 협동학습 성과 평가 | • 협동학습이 종료되면 협동학습의 성과를 학업성취, 사회·정서적 효과, 학생의 만족도 등 다양한 측면에서 평가하는 것이 필요함<br>• 협동학습은 집단기반으로 평가가 이루어져야 함<br>　– 집단별로 목표를 설정하고 목표에 도달한 정도에 따라 집단 내 구성원 모두에게 동일한 평가를 부여할 수 있음<br>　– 문제는 집단에 근거하여 평가할 경우 특히 상위수준의 학생이 피해를 볼 수 있다는 것이며, '무임승차' 현상이 생길 수도 있음<br>• 가장 적절한 방법은 집단기반 평가와 함께 개인적인 향상과 노력 정도를 반영하는 평가체계를 적용하는 것<br>　– 팀별 점수를 산정할 때 팀 내 구성원 각자가 출발점이나 기준점수 대비 얼마나 향상되었는지를 산출하고, 이를 총합하여 팀 내 구성원 수로 나누어 팀별 평균 향상 정도에 따라 보상을 주는 방식<br>　– 각 팀 내에서는 팀원 개개인의 향상을 최대화하는 것이 팀 전체의 향상을 최대화하는 것이기 때문에 자연스럽게 팀원 간의 상호협력을 유도할 수 있음 |

## 4. 협동학습 원리 ★

### (1) 긍정적인 상호의존(Positive Interdependence)

① 개요

  ㉠ '다른 사람의 성과가 나에게 도움이 되고 나의 성과도 다른 사람에게 도움이 되게 하여 각자가 서로 의지하는 관계로 만드는 것'이다. 협동학습은 공동 학습목표를 이루기 위해 함께 학습하도록 하는 것이다. 이를 위해 학습자가 서로 협동하지 않으면 학습목표나 과제 자체를 이룰 수 없도록 의도적으로 구조화한다.

  ㉡ 긍정적인 상호의존의 개념은 모둠이 성공하려면 구성원 개인 모두의 노력이 꼭 필요하다는 것과 나와 다른 사람의 관계를 유기적으로 엮어 학습에 있어 나의 성공이 다른 사람에게 실질적인 성공으로 이어지도록 하는 것이다.

  ㉢ 긍정적인 상호의존은 학생들에게 우리는 공동의 운명을 지녔다는 자연스러운 공동체의식을 가지게 하고 나의 일이 남에게 도움이 되면서 남의 일이 나에게 도움이 된다는 사실에서 자신에 대한 긍정적인 책임감과 자신감을 갖게 만들어준다. 따라서 모둠 과제를 완성하기 위해서도 모둠 구성원 모두에게 각자 고유의 역할, 과제, 자료 등이 주어진다.

  ㉣ 긍정적인 상호의존을 위해 학습목표를 공유하도록 하고 공동과제를 수행했을 때 보상하고 격려해야 한다.

  ㉤ 같은 공동체 일원임을 느낄 수 있도록 정체성을 가지고 공동과제를 분담하며 개인에게는 의도적으로 불완전한 과제를 부여해야 한다. 과제 수행에 있어서도 세부적인 역할을 분담하도록 한다.

  ㉥ 이로써 '하나는 전체를 위하여 전체는 하나를 위하여' 활동할 수 있도록 한다.

② 긍정적인 상호의존을 위한 방법

| 구분 | 내용 |
| --- | --- |
| 목표 공유하기 | 소그룹 목표가 달성됐을 때 자신의 목표도 달성됨을 인식시킴 |
| 보상/격려하기 | 공동과제를 성공적으로 수행했을 때 보상함 |
| 정체성 공유하기 | 소그룹 이름, 구호, 깃발, 노래 등을 활용함 |
| 과제 분담하기 | 공동과제에 대한 개개인의 구체적인 역할을 분담함 |
| 자원·정보 공유하기 | 학습자료, 도구 등의 일부분들을 각자가 가지고 모두가 협동하여 해결하도록 함 |
| 과제 제시하기 | 모둠원들이 서로 도와서 해결할 수 있는 과제로 제시함 |

## (2) 개인적인 책임(Individual Accountability)

① 개요

  ㉠ '학습과정에 있어 집단 속에 자신을 감추는 일이 없도록 개인에 대한 구체적인 역할을 제시하고 그에 대한 책임을 묻는 것'이다.

  ㉡ 기존 조별 학습은 학습 활동이 주로 모둠(집단) 단위로 이루어지다 보니 모둠(집단) 속에 개인이 숨는 경우가 발생하는데, 무임승차자, 일벌레, 방해꾼이 대표 예시이다.

    ⓐ 무임승차자: 자신은 전혀 공동작업을 하지 않고도 모둠 점수를 덩달아 받는 사람이다.

    ⓑ 일벌레: 자신의 분량보다 많은 과제를 하는 사람이다.

    ⓒ 방해꾼: 자기가 속한 모둠이나 다른 모둠들이 과제를 수행하는 데 오히려 문제를 일으키는 사람이다.

  ㉢ 그러다 보니 학습 활동이 원활하게 이루어지지 못하고 평가에 있어 공평성의 문제가 발생한다.

  ㉣ 이러한 단점을 극복하기 위해 협동학습에서는 구성원 간의 협동을 중시하면서도 동시에 구성원 개인의 책임을 분명히 한다.

    ⓐ 자신의 역할을 제대로 수행하지 않으면 다음 단계로 넘어가지 못하게 하거나 평가에 있어 불이익을 줄 수 있어야 한다.

    ⓑ 즉, 평가할 때 무임승차자나 방해꾼은 모둠 전체 점수와는 상관없이 감점 처리하거나 일벌레는 반대로 가산점을 주어 개인의 역할 기여도를 충분히 반영하도록 한다.

② 개인적인 책임을 위한 방법

| 구분 | 내용 |
|---|---|
| 보상하기 | 보상할 때 모둠이나 학급 전체 보상과 개인 보상을 동시에 함<br>예 칭찬 스티커로 보상을 주는 경우, 모둠 스티커와 개인 스티커로 나누어 활동단위에 따라 스티커를 부여하고 나중에 모둠 스티커와 개인 스티커를 합산하여 최종적으로 보상할 수 있음 |
| 발표하기 | 돌아가며 말하기로 모둠별로 각자의 의견을 나눈 뒤에 교사가 아무 번호나 호명하여 모둠에서 들은 내용을 발표하게 함 |
| 고유의 번호나 색깔 정하기 | 여러 협동학습의 쓰기 활동에서 각 모둠의 번호마다 고유의 색깔을 정하여 그 색으로만 글씨를 쓰게 하여 누가 무엇을 썼는지 확인할 수 있게 하는 방법이 있음 |

(3) **동등한 참여(Equal Participation)** [20 초등]

① 개요
  ㉠ '학습자 모두가 적극적으로 참여할 수 있도록 유도하면서 일부가 독점하거나 반대로 참여하지 못하는 일이 없도록 하자는 것'이다.
  ㉡ 기존 조별학습의 경우 발표력이 뛰어난 학생이나 외향적인 학생이 모둠 내에서 발언을 독점하는 경우가 많고 반대로 발표력이 부족하거나 내성적인 학생은 모둠 활동에서 쉽게 소외될 수 있었는데, 이러한 문제점을 극복하려는 것이 동등한 참여이다.
  ㉢ 누구에게나 학습활동에 참여할 수 있는 기회를 동등하게 부여하고 역할과 책임도 각자 동등하게 나누자는 것이다.
    ⓐ 물론 개인마다 가지고 있는 특성, 능력이 다른 상황에서 동등한 기준의 행동을 요구하는 것은 아니다.
    ⓑ 자신이 참여할 기회를 동등하게 부여함으로써 공동체 속에서 자신이 차지하는 부분을 실질적으로 누리도록 해야 한다.
  ㉣ 각자의 개성과 능력을 충분히 발휘할 수 있는 공간을 열어준다.

② 동등한 참여를 위한 방법

| 구분 | 내용 |
|---|---|
| 대화칩 사용하기 | • 토의하기 전에 대화칩을 각 학생에게 2개씩 똑같이 나누어줌<br>• 모둠토의 시 자신이 이야기하고 싶을 때마다 대화칩을 한 개씩 책상 위에 내려놓고 이야기함<br>• 자신이 가진 대화칩을 다 사용하면 더 이상 발언할 기회가 없으며, 다른 학생들이 가진 대화칩을 모두 사용할 때까지 기다려야 함<br>• 학생이 대화칩을 전부 사용했다면, 다시 대화칩을 들고 대화칩을 이용하여 새로운 발언기회를 가지고 이야기함 |
| 동등한 말하기 | 돌아가며 말하기나 3단계 인터뷰 등의 구조를 이용하여, 모두가 돌아가며 순서대로 이야기함 |
| 과제 부담하기 | 구성원 모두에게 과제를 일정하게 분담하도록 함 |
| 개인적인 역할 정하기 | 이끔이, 기록이, 칭찬이, 지킴이 등 모둠 구성원 개인의 역할을 고정적으로 운영하기보다 일정 기간마다 돌아가면서 역할을 바꾸어 운영함 |

## (4) 동시다발적인 상호작용(Simultaneous Interaction)

① 개요

  ㉠ '학습활동이 동시다발적으로 여기저기서 이루어질 수 있도록 하는 것, 여러 명이 동시에 한꺼번에 활동하도록 학습활동을 구조화시키는 것'이다.

  ㉡ 동시다발적인 구조는 순서대로 한 명씩 나와서 학습활동에 참여하도록 하는 순차적인 구조의 한계를 극복하게 해준다.

   ⓐ 순차적인 구조는 한 사람이 1분씩만 이야기해도 한 학급에 35명이면 35분의 시간이 필요하다. 이 방식으로 발표를 시키면 실제로 발표 기회를 가질 수 있는 학생은 2~3명밖에 되지 않아 동등한 참여를 기대할 수 없다. 순차적인 구조에서 동등한 참여를 이루려고 한다면 시간상 제한이 따르고 수업 자체도 효율성이 떨어질 수밖에 없다.

   ⓑ 동시다발적인 구조는 이러한 순차적인 구조가 가진 한계를 극복한다. 한 사람당 1분씩 발표 기회가 주어진다면 짝 토의 방식은 2분이면 모든 학생이 발표하고 들을 기회가 생긴다. 돌아가며 이야기하기 구조를 활용하면 4분이면 충분하다.

  ㉢ 동시다발적인 상호작용이 잘 이루어지기 위해서는 '동시 동작'과 '동시 멈춤'이 이루어져야 한다. 즉, 학습 시작과 마침을 교사가 동시에 통제할 수 있어야 한다.

② 동시다발적인 상호작용을 위한 방법

| 구분 | 내용 |
|---|---|
| 구조 활용하기 | 돌아가며 말하기, 돌아가며 쓰기, 3단계 인터뷰 등의 구조를 이용하여 최소한 4명 중 1명은 발표할 수 있도록 함 |
| 교사 통제하기 | • '동시 동작'과 '동시 멈춤'이 이루어져야 함<br>• 학습 시작과 마침을 교사가 동시에 통제할 수 있어야 함 |
| 자료 배분하기 | 학습자료를 배분할 때 교사가 전체 학생에게 일일이 나누어주지 않고 각 모둠의 자료 담당자가 자기 그룹에 나누어주도록 함 |
| 신호 지키기 | 시간이 얼마나 남았는지 알려주는 시간 신호(타이머), 학생들을 집중시키는 침묵 신호, 학생들의 이해 정도나 반응을 확인할 수 있는 반응 신호, 마침 신호 등을 활용하여 전체 집단을 효과적으로 통제함 |

## 5. 협동학습 유형 ★

### (1) 학생 팀 학습(STL)

집단 내에서는 협동하도록 하지만, 집단 간에는 경쟁체제를 적용한다.

① 성취과제 분담모형(STAD) [23 초등, 20 중등]

ㄱ 특징
  ⓐ 학생들은 4~5명으로 구성된 학습 팀으로 조작되며, 각 팀은 전체 학습의 축소판처럼 학습능력이 높은 학습자, 중간 학습자, 낮은 학습자의 이질적인 학습자들로 구성된다.
  ⓑ 교사는 매주 강의나 토론으로 새 단원을 소개하며, 각 팀은 연습문제지를 짝지어 풀기도 하고, 서로 질문도 하고 토의도 하면서 단원을 학습한다.
  ⓒ 연습문제에 대한 해답도 주어지므로, 학생은 단순히 문제지를 채우는 것이 아니라 개념을 이해하는 것이 목적임을 확실하게 알게 된다. 구성원 모두 학습내용을 완전히 이해할 때까지 팀 학습이 계속되고, 팀 학습이 끝나면 개별적으로 시험을 본다.
  ⓓ 개인은 각자 자신의 시험점수를 받지만 자신의 이전 시험의 평균점수를 초과한 점수만큼은 팀 점수에 기여한다.
  ⓔ 성취과제 분담모형은 집단 구성원의 역할이 분담되지 않은 공동 학습구조인 동시에 개인의 성취에 개별적으로 보상되는 개별 보상구조이다. 다시 말해, 개인의 성취에 따라 팀 점수가 가산되고 팀에게 주어지는 집단보상이 추가되는 구조이다.

ㄴ 순서
  ⓐ 교사의 설명: 교사가 새로운 단원을 소개한다.
  ⓑ 소집단 협력 학습: 각 모둠에 2장의 학습지와 2장의 정답지를 나누어준다. 팀별로 나누어준 학습지의 문제를 구성원들이 공동으로 해결한다.
  ⓒ 개인별 퀴즈: 단원의 수업이 끝나고 적절한 준비시간을 준 뒤에 개인별로 퀴즈를 치른다. 퀴즈를 풀 때는 모둠 구성원끼리 서로 도와줄 수 없다.
  ⓓ 개인점수 및 향상점수 산출: 학생들에게 시험을 실시하여 개인점수를 부여하고 이전 시험과 비교하여 향상점수를 준다.
  ⓔ 향상점수를 팀 점수에 반영: 개인별 향상점수를 팀 점수로 환산한다.
  ⓕ 우수 팀 선정: 환산한 팀 점수를 근거로 우수 팀을 선정하고 보상한다.

② 팀 경쟁학습(TGT)
  ㉠ 특징
    ⓐ 시험을 실시하지 않고 게임을 이용하여 각 팀 간의 경쟁을 유도하는 것으로, 체급별 운동시합과 비슷하여 수업을 게임처럼 재미있게 할 수 있고, 모든 학생에게 성공기회를 균등하게 제공할 수 있다는 장점이 있다.
    ⓑ 팀 경쟁학습 모형은 공동 작업구조이며, 보상은 집단 내 협동 대 집단 외 경쟁의 원칙에 의해 주어진다.
    ⓒ 성취과제 분담모형에서 학습능력에 관계없이 열심히 학습한 학습자는 향상 점수를 통해 자신의 모둠에 기여하고 자신의 성취감을 얻는 것과 마찬가지로 팀 경쟁학습의 학습자들도 자신과 비슷한 능력의 경쟁자와 게임을 하므로 자신의 팀에 공헌할 동등한 기회를 갖는다.
    ⓓ 집단 간의 토너먼트 게임은 개별 학습성취를 나타내는 게임이며, 매주에 최우수 팀이 선정되는데, 쉽게 지루해질 수 있는 학습을 게임 형식으로 진행하기 때문에 학습자들이 굉장한 흥미를 갖게 한다.
  ㉡ 순서
    ⓐ 교사의 수업 안내: 교사는 구체적인 학습을 하기 전에 전체 학습내용을 대략적으로 파악하여 학습활동의 기본방향을 제시하기 위해 단원의 전체개요를 설명한다.
    ⓑ 집단학습: 팀 구성원은 동료와 함께 교사가 만든 문제나 자료를 학습하면서 집단적으로 토의해가며, 함께 문제를 해결하고 잘못된 개념을 정정한다. 이때 학생들은 학습에 필요한 전략을 사용할 수 있으며, 자신들의 과제가 정답을 찾는 것이 아니라 개념을 배우는 것임을 인식한다.
    ⓒ 토너먼트 게임: 교사가 학습내용으로 제시하고, 팀 구성원들이 학습지를 충분히 연습한 후, 그 주 마지막 수업시간에 토너먼트 게임을 시행한다.
    ⓓ 집단점수의 게시와 보상: 교사는 토너먼트가 끝난 후 순위에 따라 팀 점수를 부여하며, 개별 성적은 매기지 않는다.

③ 팀 보조 개별학습(TAI) [18 중등]

   ⊙ 특징

     ⓐ 프로그램화된 학습자료를 이용하여 개별적인 진단검사를 받은 후, 각자의 수준에 맞는 단원을 개별적으로 학습하고(개별학습), 학습하다가 어려움이 생기면 소집단 내 동료에게, 그래도 안 되면 교사에게 도움을 청한다.

     ⓑ 개별학습 이후 단원평가 문제지를 풀고, 팀 구성원들은 두 명씩 짝을 지어 문제지를 상호 교환하여 채점한다. 이때 80% 이상의 점수를 받으면 해당 단원의 최종적인 개별시험을 보게 된다.

     ⓒ 개별시험 점수의 합이 각 팀의 점수가 되고, 미리 설정해놓은 팀 점수를 초과하면 팀이 보상을 받는다.

     ⓓ 작업구조는 개별작업과 작업분담구조의 혼합으로 볼 수 있고, 보상구조도 개별보상구조와 협동보상구조의 혼합구조이다.

   ⓛ 순서: 모둠 구성 → 학습지 준비 → 학습활동 → 개별평가 → 모둠 평가, 보상

④ 과제분담학습 Ⅱ(Jigsaw Ⅱ) [17 초등]

   ⊙ 특징

     ⓐ Jigsaw Ⅱ 모형은 모든 학생이 전체 학습자료와 과제 전체를 읽고 특별히 관심 있는 주제를 선택한 다음, 그 주제에 대해 전문가 집단에서 토의하고, 자기 팀으로 돌아와 가르치는 것이다.

     ⓑ Jigsaw Ⅰ 모형의 개별보상에 집단보상이 추가된 것으로, Ⅰ모형과 비교할 때 인지적·정의적 학업성취 영역에서 전통적인 수업보다 효과적이라는 장점이 있다.

   ⓛ 순서: 집단 구성 → 개인별 전문과제 부과 → 전문과제별 모임 및 전문가 집단에서의 협동학습 → 원소속 집단에서의 협동학습 → 개별평가 → 개인점수, 향상점수, 집단점수 산출 → 개별 보상, 집단 보상

## (2) 협동적 프로젝트(CP)

집단 내 협동뿐만 아니라 집단 간 협동도 하도록 한다.

① 과제분담학습 I(Jigsaw I) <sup>23 초등</sup>

    ㉠ 특징

        ⓐ 직소는 수업방식이 퍼즐과 비슷하다고 해서 붙여진 이름으로, 학생들을 5~6개의 이질집단으로 나누고 구성원이 모두 참여할 수 있게 학습할 단원을 집단구성원 수에 맞게 나누어 각 구성원에게 한 부분씩 할당한다.

        ⓑ 각 집단에서 같은 부분을 맡은 학생들이 따로 모여서 전문가 집단을 형성하고 분담한 내용을 토의하고 학습한다.

        ⓒ 전문가 집단 토의 후에는 각자가 소속된 집단으로 돌아가서 학습한 내용을 구성원들에게 가르친다.

        ⓓ 단원학습이 끝나면 학생들은 개별시험을 보고 개인의 성적대로 점수를 받는다. 시험점수는 개인등급에 기여하고 집단점수에는 기여하지 못하므로 개인에 대한 과제해결의 상호 의존성은 높으나 보상 의존성은 낮다.

        ⓔ Jigsaw I 모형은 집단 내의 동료로부터 배우고 동료를 가르치는 모형으로 집단구성원 간의 상호의존성과 협동성을 유발한다.

    ㉡ 순서: 집단 구성(모둠 구성) → 개인별 전문과제 부과 → 전문과제별 모임 및 전문가 집단에서의 협동학습 → 원소속 집단에서의 협동학습 → 개별 평가 → 개인점수 산출

② 집단조사(GI)

[그림 1-10] 집단조사 과정

○ 특징

ⓐ 팀 간의 경쟁이 없고 학생 주도하에 과제 선정부터 학습 계획, 집단과제 분담, 집단 보고 등을 자발적 협동과 논의로써 진행하도록 한다.

ⓑ 다른 협동학습방법에 비해 학생에게 더 많은 권한을 준다는 특징이 있다.

○ 순서

ⓐ **소주제와 모둠의 조직**: 교사가 탐구주제를 제시하면, 학생은 주제와 관련된 보다 구체적인 질문을 제기하며, 이러한 질문들을 범주화한다. 그 범주가 소주제가 되며 학생은 그들의 선택에 의해 소주제를 중심으로 탐구모둠을 구성한다.

ⓑ **탐구계획 수립 및 역할 분담**: 각 모둠은 자신들이 선택한 소주제에 대해 보다 구체적으로 무엇을 어떻게 연구하고, 누가 어떤 역할을 맡을지를 정한다.

ⓒ **모둠별 탐구실행**: 학생들은 정보를 모으고 조직하고, 그 정보들을 이해하고 통합하기 위해 의논한다.

ⓓ **모둠별 발표준비**: 각 모둠은 전체 학급에 발표할 준비를 하되, 특히 자신들의 주제에서 벗어나지 않을 것과 어떤 도구를 사용해서 발표할 것인지를 정하고 준비한다. 또한 교사와 함께 발표일정을 협의한다.

ⓔ **발표**: 각 모둠은 전체 학급에 보고를 한다.

ⓕ **활동평가**: 교사는 탐구활동 중에 계속 평가를 하며, 개인평가는 편집위원회에서 만든 보고서를 나누어주고 일정 기간이 경과한 후에 시험을 통해 평가한다.

③ 자율적 협동학습(Co-op Co-op)

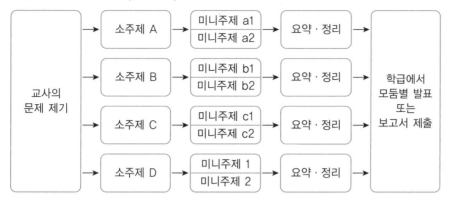

[그림 1-11] 자율적 협동학습 과정

㉠ 특징

ⓐ 한 학급에서 정한 전체과제를 여러 모둠으로 구성된 학급 전체가 협동으로 해결하기 위해 모둠별로 협동학습을 하는 독특한 형태의 협동학습이다.

ⓑ 과제분담 학습모형과 모둠성취 분담 모형에서는 학습자가 자신들의 팀을 위해 협동학습을 하는 반면, 자율적 협동학습모형에서는 자신의 호기심을 만족하고 공부한 내용을 학급 동료들과 공유하기 위해 학습한다.

㉡ 순서

ⓐ 학습주제 소개: 교수자가 학급의 학습주제를 택하여 학습자에게 소개한다.

ⓑ 학생 중심 학급토론: 학습자들은 주제에 대해 알게 된 것과 더 알고 싶은 것을 브레인스토밍하고 교실 전체 토론을 한다. 이 과정에서 최종적으로 다룰 소주제를 선정한다.

ⓒ 모둠 구성을 위한 소주제 선택: 학습자는 소주제 중 자신이 학습하고자 하는 주제를 선택한다.

ⓓ 소주제별 모둠 구성 및 모둠원 형성: 학습자들이 선택한 주제를 중심으로 모둠을 편성하고 효과적인 모둠활동을 통해 모둠워크를 다진다.

ⓔ 소주제의 정교화: 소주제별로 모인 모둠은 모둠 내의 토의를 통해 자신들이 맡은 소주제를 보다 정교한 형태로 구체화하고 연구범주를 정한다.

ⓕ 미니주제 선택과 분업: 모둠 구성원들은 정교화된 소주제를 몇 개의 미니주제로 나누고, 구성원 모두가 자신이 원하는 것을 분담한다.

ⓖ 개별학습 및 준비: 학습자들은 자신이 맡은 소주제를 개별학습하고 모둠 내에서 발표할 준비를 한다.

ⓗ 모둠 내 미니주제 발표: 학습자들은 모둠 내에서 자신이 맡은 소주제에 대한 학습 및 조사 결과를 발표한다.

ⓘ 모둠별 발표 준비 및 학급 발표: 모둠별로 전체 학급에서 발표할 보고서를 준비한다.

ⓙ 모둠별 학급 발표: 모둠별로 전체 학급에 발표하고 교실 전체가 토의한다.

ⓚ 평가와 반성: 학업성취 평가는 개인별로 실시할 수도 있고, 모둠별로 학급 전체에 대한 발표보고를 평가할 수도 있다.

④ 함께하는 학습(LT)

 ⑦ 함께 학습하기 모형은 4~6명의 이질적인 구성원으로 팀을 구성하고 팀별로 과제를 해결하고 개별적으로 시험을 보지만, 성적은 자기 팀의 평균점수를 받는다.

 ⓒ 집단의 평균이 일정 수준 이상이 되는 경우 집단별로 추가 점수를 주도록 하여 팀별 협력이 강화되도록 인센티브를 주는 것이 특징이다.

 ⓒ 하나의 집단보고서를 기준으로 집단보상을 하기 때문에 무임승차 효과, 봉 효과와 같은 현상이 나타날 우려가 있으므로 주의가 필요하다.

**시각장애 Preview**

　'시각장애'는 '맹', '저시력'의 구분과 그에 따른 교육적 접근을 먼저 구분해 두고 공부를 하는 것이 '시각장애'를 구조화하는 데 도움이 많이 됩니다. 또한 '원인별 교육적 조치'와 '점자규정'의 경우 매년 출제가 되는 부분이니, 공부를 시작할 때부터 정확히 암기까지 하는 것이 도움이 됩니다. 다른 장애아동교육보다 쉽다고 여겨지는 영역이고, 뒤로 갈수록 소홀해지는 경향이 강한 영역이라, 초반에 정리를 해두고 반복적으로 확인을 해주는 게 중요한 영역입니다. 생각보다 같은 부분이 반복적으로 출제가 많이 되는 영역이기 때문에, 개념의 명칭뿐만 아니라, 서술로 적을 수 있도록 구체적으로 봐두는 것이 필요합니다. 다른 영역보다 '공학'의 출제 비중이 높으며, 공통 교육과정의 '시각장애' 부분을 같이 정리해 두고 보면 좋은 영역입니다.

　**최근 4개년간의 기출출제 추이**를 보면, '저시력과 맹아동의 특성에 따른 교육적 조치', '점자', '보행' 부분에서 출제 비중이 높으며, 최근 '시각평가'도 다시 출제가 되고 있습니다.

# 제2장

# 시각장애

## 정의

- **장특법** — 저시력/맹
- **장복법** — 시력/시야

## 원인별 교육적 조치

- **각막질환**
- **중막질환**
- **수정체질환** — 백내장 — **수정체 가장자리** — 고도조명 제공
- **방수에 의한 질환** — 녹내장 ┬ **안압 상승**
  └ **정확한 시간에 약물 투여** — 감각훈련 필요
- **망막질환**
  - 당뇨 망막병증 — **촉각 둔감** — 듣기교재 사용
  - 미숙아 망박병증 — **망막박리** — 얼굴, 머리에 충격 금지
  - 망막색소변성 — **간체에서 추체로 진행** — 터널시야, 야맹증
  - 황반변성 ┬ **암점** — 중심 외 보기
    └ CCTV, 손잡이형 확대경
  - 백색증 — **자연조명 조절**
- **외안근 이상**
  - 사시
  - 안구진탕 — **머리 기울임** — 초점 맞추기 위함이니 자세 교정하면 안 됨
- **굴절이상** — 근시/원시/난시

# 시력검사

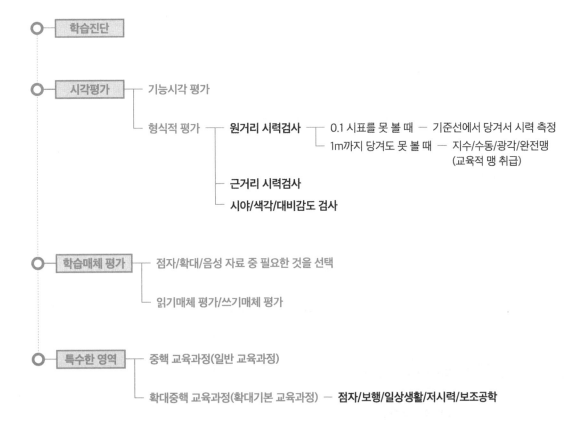

- 학습진단

- 시각평가 ─ 기능시각 평가
  - 형식적 평가 ─ **원거리 시력검사** ─ 0.1 시표를 못 볼 때 ─ 기준선에서 당겨서 시력 측정
    - 1m까지 당겨도 못 볼 때 ─ 지수/수동/광각/완전맹 (교육적 맹 취급)
    - **근거리 시력검사**
    - **시야/색각/대비감도 검사**

- 학습매체 평가 ─ 점자/확대/음성 자료 중 필요한 것을 선택
  - 읽기매체 평가/쓰기매체 평가

- 특수한 영역 ─ 중핵 교육과정(일반 교육과정)
  - 확대중핵 교육과정(확대기본 교육과정) ─ **점자/보행/일상생활/저시력/보조공학**

## 저시력교육

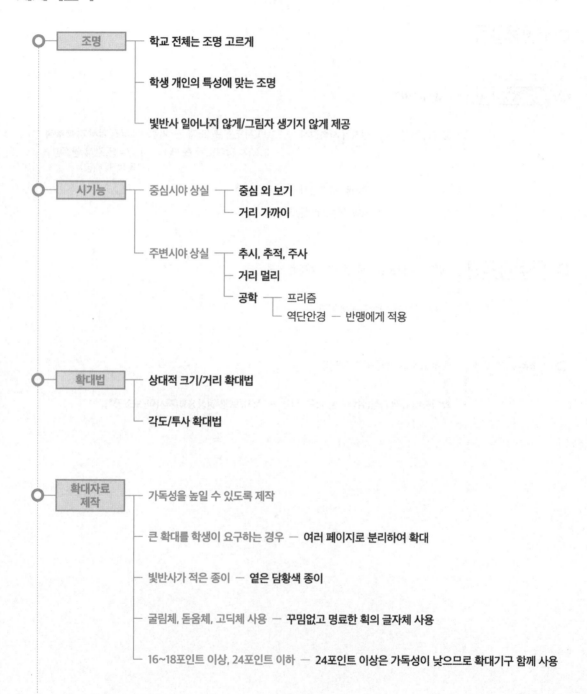

- **조명**
  - 학교 전체는 조명 고르게
  - 학생 개인의 특성에 맞는 조명
  - 빛반사 일어나지 않게/그림자 생기지 않게 제공

- **시기능**
  - 중심시야 상실
    - **중심 외 보기**
    - **거리 가까이**
  - 주변시야 상실
    - **추시, 추적, 주사**
    - **거리 멀리**
    - **공학**
      - 프리즘
      - 역단안경 — 반맹에게 적용

- **확대법**
  - **상대적 크기/거리 확대법**
  - **각도/투사 확대법**

- **확대자료 제작**
  - **가독성을 높일 수 있도록 제작**
  - **큰 확대를 학생이 요구하는 경우** — 여러 페이지로 분리하여 확대
  - **빛반사가 적은 종이** — **옅은 담황색 종이**
  - **굴림체, 돋움체, 고딕체 사용** — **꾸밈없고 명료한 획의 글자체 사용**
  - 16~18포인트 이상, 24포인트 이하 — **24포인트 이상은 가독성이 낮으므로 확대기구 함께 사용**

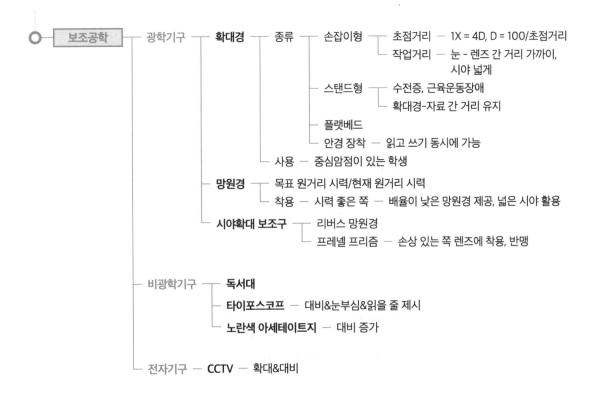

보조공학
- 광학기구
  - **확대경** ─ 종류 ─ 손잡이형 ─ 초점거리 ─ 1X = 4D, D = 100/초점거리
    - 작업거리 ─ 눈 - 렌즈 간 거리 가까이, 시야 넓게
    - 스탠드형 ─ 수전증, 근육운동장애
      - 확대경-자료 간 거리 유지
    - 플랫베드
    - 안경 장착 ─ 읽고 쓰기 동시에 가능
    - 사용 ─ 중심암점이 있는 학생
  - **망원경** ─ 목표 원거리 시력/현재 원거리 시력
    - 착용 ─ 시력 좋은 쪽 ─ 배율이 낮은 망원경 제공, 넓은 시야 활용
  - **시야확대 보조구** ─ 리버스 망원경
    - 프레넬 프리즘 ─ 손상 있는 쪽 렌즈에 착용, 반맹
- 비광학기구 ─ **독서대**
  - **타이포스코프** ─ 대비&눈부심&읽을 줄 제시
  - **노란색 아세테이트지** ─ 대비 증가
- 전자기구 ─ **CCTV** ─ 확대&대비

## 맹교육

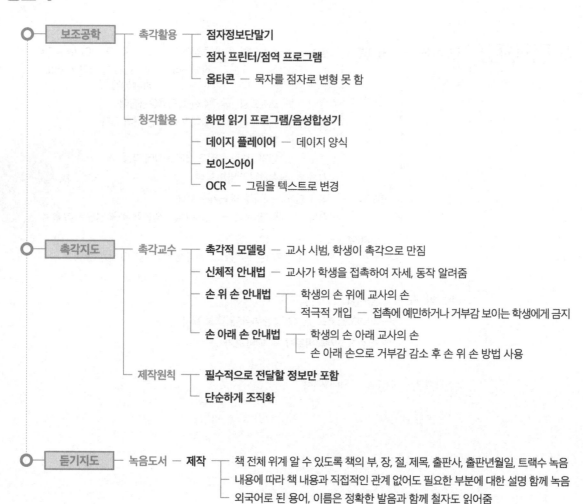

**보조공학**
- 촉각활용
  - **점자정보단말기**
  - **점자 프린터/점역 프로그램**
  - **옵타콘** — 묵자를 점자로 변형 못 함
- 청각활용
  - **화면 읽기 프로그램/음성합성기**
  - **데이지 플레이어** — 데이지 양식
  - **보이스아이**
  - **OCR** — 그림을 텍스트로 변경

**촉각지도**
- 촉각교수
  - **촉각적 모델링** — 교사 시범, 학생이 촉각으로 만짐
  - **신체적 안내법** — 교사가 학생을 접촉하여 자세, 동작 알려줌
  - **손 위 손 안내법**
    - 학생의 손 위에 교사의 손
    - 적극적 개입 — 접촉에 예민하거나 거부감 보이는 학생에게 금지
  - **손 아래 손 안내법**
    - 학생의 손 아래 교사의 손
    - 손 아래 손으로 거부감 감소 후 손 위 손 방법 사용
- 제작원칙
  - **필수적으로 전달할 정보만 포함**
  - **단순하게 조직화**

**듣기지도**
- 녹음도서 — **제작**
  - 책 전체 위계 알 수 있도록 책의 부, 장, 절, 제목, 출판사, 출판년월일, 트랙수 녹음
  - 내용에 따라 책 내용과 직접적인 관계 없어도 필요한 부분에 대한 설명 함께 녹음
  - 외국어로 된 용어, 이름은 정확한 발음과 함께 철자도 읽어줌

# 확대기본 교육과정

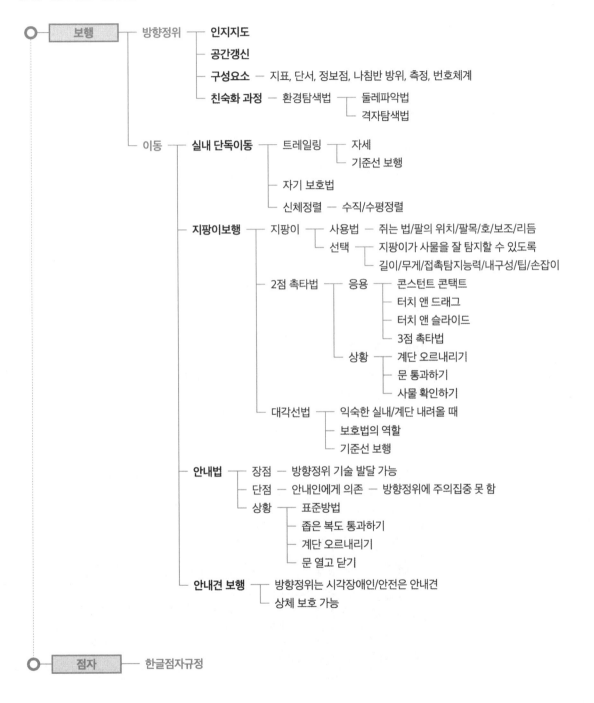

**보행**

- 방향정위
  - **인지지도**
  - **공간갱신**
  - **구성요소** — 지표, 단서, 정보점, 나침반 방위, 측정, 번호체계
  - **친숙화 과정** — 환경탐색법
    - 둘레파악법
    - 격자탐색법
- 이동
  - **실내 단독이동**
    - 트레일링
      - 자세
      - 기준선 보행
    - 자기 보호법
    - 신체정렬 — 수직/수평정렬
  - **지팡이보행**
    - 지팡이
      - 사용법 — 쥐는 법/팔의 위치/팔목/호/보조/리듬
      - 선택
        - 지팡이가 사물을 잘 탐지할 수 있도록
        - 길이/무게/접촉탐지능력/내구성/팁/손잡이
    - 2점 촉타법
      - 응용
        - 콘스턴트 콘택트
        - 터치 앤 드래그
        - 터치 앤 슬라이드
        - 3점 촉타법
      - 상황
        - 계단 오르내리기
        - 문 통과하기
        - 사물 확인하기
    - 대각선법
      - 익숙한 실내/계단 내려올 때
      - 보호법의 역할
      - 기준선 보행
  - **안내법**
    - 장점 — 방향정위 기술 발달 가능
    - 단점 — 안내인에게 의존 — 방향정위에 주의집중 못 함
    - 상황
      - 표준방법
      - 좁은 복도 통과하기
      - 계단 오르내리기
      - 문 열고 닫기
  - **안내견 보행**
    - 방향정위는 시각장애인/안전은 안내견
    - 상체 보호 가능

**점자** — 한글점자규정

# 제1절 시각장애 정의

## 01 정의

### 1. 「장애인 등에 대한 특수교육법」

시각계의 손상이 심해 시각기능을 전혀 이용하지 못하거나 보조공학기기의 지원을 받아 시각적 과제를 수행할 수 있는 사람으로서(① 교육적 시각장애), 시각에 의한 학습이 곤란하여 특정의 광학기구와 학습매체를 통해 학습하거나(② 교육적 저시력), 촉각 또는 청각을 학습의 주요 수단으로 사용하는 사람(③ 교육적 맹)을 말한다.

① 교육적 시각장애: 시각문제로 인해 학습 수행 활동이나 과제 참여, 수행에 어려움이 있는 학생을 말한다.
② 교육적 저시력: 학습 활동에 주로 잔존 시각을 사용하되, 이를 위해 확대경이나 확대자료, 보조공학기기 등이 필요한 학생을 말한다.
③ 교육적 맹: 학습활동에 시각이 아닌 청각, 촉각과 같은 다른 감각을 주로 사용하되, 이를 위해 점자, 촉각자료, 보조공학기기 등이 필요한 학생을 말한다.

### 2. 「장애인 복지법」

① 나쁜 눈의 시력(공인된 시력표에 따라 측정된 교정시력)이 0.02 이하인 사람
② 좋은 눈의 시력이 0.2 이하인 사람
③ 두 눈의 시야가 각각 주시점에서 10도 이하로 남은 사람
④ 두 눈의 시야 2분의 1 이상을 잃은 사람

| 보충+α | 2018년 '폐지'된 장애인 등급제 기준의 「장애인 복지법」 |
|---|---|
| **등급** | **기준** |
| 제1급 | 좋은 눈의 시력이 0.02 이하인 사람 |
| 제2급 | 좋은 눈의 시력이 0.04 이하인 사람 |
| 제3급 | 1. 좋은 눈의 시력이 0.06 이하인 사람<br>2. 두 눈의 시야가 각각 모든 방향에서 5도 이하로 남은 사람 |
| 제4급 | 1. 좋은 눈의 시력이 0.1 이하인 사람<br>2. 두 눈의 시야가 각각 모든 방향에서 10도 이하로 남은 사람 |
| 제5급 | 1. 좋은 눈의 시력이 0.2 이하인 사람<br>2. 두 눈의 시야가 각각 정상시야의 50% 이상 감소한 사람 |
| 제6급 | 나쁜 눈의 시력이 0.02 이하인 사람 |

# 제 2 절 눈의 구조 및 원인별 교육적 조치

## 01 눈의 구조

### 1. 눈으로 보게 되는 상의 경로

각막 → 동공 → 수정체 → 유리체 → 망막 → 시신경 → 시로 → 뇌의 시피질

### 2. 눈의 구조와 기능

**보충+α 백내장과 홍채**

백내장이 주변 시야에 있다면, 밝은 빛이 동공 가까이에 주어져 홍채가 백내장이 있는 영역을 대신
하도록 한다.

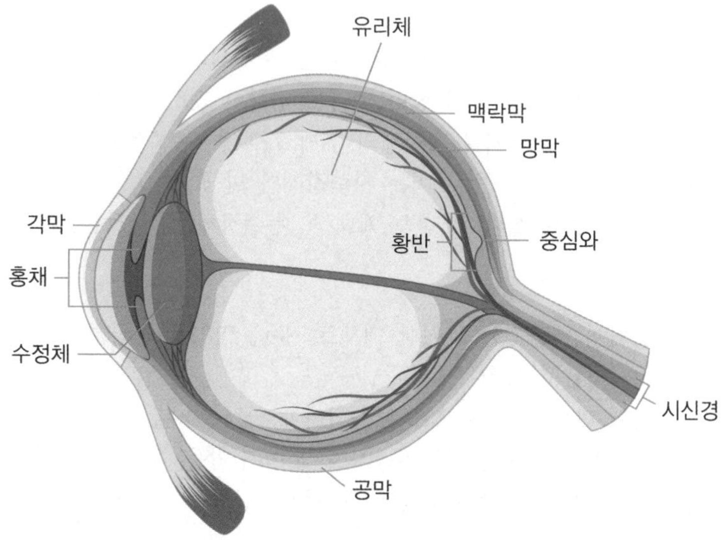

[그림 2-1] 안구 구조

### (1) 각막

① 외막 앞쪽의 얇고 투명한 막으로, 눈을 크게 뜨고 있을 때 보이는 부분이다.
② 우리가 보는 물체의 상이 빛을 통해 눈으로 지나가는 첫 번째 창(문)으로서의
  기능과 물체의 상이 망막에 초점이 맺히도록 굴절시키는 기능을 한다.
③ 창문 유리가 깨끗하지 않으면 교실에서 창을 통해 바라보는 바깥 풍경이 선명하게
  보이지 않는 것처럼, 각막 손상으로 인해 혼탁이 생기면 흐릿하고 뿌옇게 보이는
  시력장애가 발생한다.
④ 각막에 생기는 주요 질환: 각막궤양, 각막외상, 각막 실질염, 원추각막 등

(2) **홍채**

① 각막과 수정체 사이에 있는 도넛 모양의 불투명한 조직으로, 눈으로 들어오는 빛의 양을 조절하는 기능을 한다.

② 홍채 중앙에 있는 작은 구멍을 동공이라고 한다.

   ⊙ 홍채가 수축되거나 이완되면서 동공의 크기가 커지거나 작아져서 빛의 양을 조절한다.

   ⓒ 우리가 어둡거나 밝은 곳에서도 잘 볼 수 있는 까닭은 홍채가 어두운 곳에서 산동(동공이 커짐), 밝은 곳에서 축동(동공이 작아짐)하여 어둠(암순응)과 빛(명순응)에 적응하기 때문이다.

③ 홍채에 이상이 생기면 눈으로 빛이 과도하게 들어와 마치 태양이나 전등을 마주보면서 전방의 물체를 볼 때처럼 눈부심으로 인해 물체가 뿌옇게 보이는 시력장애가 나타나며, 명순응과 암순응에도 문제가 일어난다.

④ 홍채에 생기는 주요 질환: 무홍채증, 홍채염 등

(3) **수정체**

① 수분과 단백질로 구성된 볼록렌즈 모양의 투명 조직이다.

② 수정체는 두께를 조절하여 물체의 상이 망막에 초점이 맺히도록 굴절시키는 기능과 물체의 상이 선명하게 통과할 수 있는 두 번째 창(문)으로서의 역할을 한다.

③ 먼 곳과 가까운 곳의 물체를 잘 볼 수 있는 것은 물체와의 거리와 크기에 따라 수정체의 굴절률을 변화시켜 물체 상이 망막에 정확히 맺히도록 하기 때문이다.

④ 수정체에 혼탁이 발생하거나 수정체의 두께 조절을 통한 적절한 굴절이 이루어지지 못하면 물체가 흐릿하게 보이는 시력장애가 발생한다.

⑤ 수정체에 생기는 주요 질환: 선천성 백내장, 무수정체안, 굴절 이상 등

(4) **방수**

① 눈에서 생성되어 배출되는 투명한 액체로, 눈에 영양을 공급하고 안구에 일정한 내압을 유지시키는 기능을 한다.

② 방수는 생성된 만큼 안구 밖으로 배출되어야 일정한 내압이 유지된다.

③ 방수가 잘 배출되지 않으면 안구의 압력이 높아져 안통, 두통, 구역질 등이 일어나고 안구의 내압에 의해 망막 뒤쪽에 위치한 시신경이 손상될 수 있다.

④ 방수와 관련된 질환: 녹내장

## (5) 망막

① 망막색소상피층, 광수용체층 등을 포함한 10개 층으로 이루어진다.

② 망막은 사진기 필름과 같은 기능을 하는데, 필름에 손상이 있으면 초점을 잘 맞추어 찍어도 손상된 필름 부분은 사진에 나오지 않는 것과 같은 원리이다.

③ 망막을 구성하는 주요 광수용체중은 원뿔세포와 막대세포로 구성된다. [20 초등, 16 초등]

　　㉠ 원뿔(추체)세포: 망막 중심부(황반)에 많고, 밝은 곳에서 물체의 형태와 색을 인식하는 기능을 하므로, 원뿔세포에 손상이 생기면 물체가 흐릿하게 보이는 시력저하가 발생하고 색을 구별하는 능력이 감소된다.

　　㉡ 막대(간체)세포: 망막 주변부에 많고, 어두운 곳에서 물체의 명암을 인식하는 기능을 하므로, 막대세포에 손상이 생기면 어두운 곳에서 물체를 잘 보지 못하는 야맹증이 나타난다.

④ 일반적으로 망막이 손상되면 손상된 망막 부위에 물체의 상이 맺히지 못해 물체의 일부가 보이지 않는 시야장애가 나타나고, 망막 손상이 중심부(황반)로 진행될수록 시야장애 외에 시력 저하, 색각 이상, 암순응 등의 문제까지 일어난다.

⑤ 망막에 생기는 주요 질환: 망막색소변성증, 황반변성, 미숙아 망막병증, 당뇨 망막병증 등

## (6) 시신경과 시로

① 우리가 본 물체의 상이 망막에 잘 결상되어도 망막의 정보가 시신경과 시로를 통해 뇌로 전달되지 않으면 결국 물체를 인식하지 못하고 무엇인지 알 수 없게 된다.

② 시신경과 시로가 손상되면 손상된 부위의 정보가 뇌로 전달되지 못해 물체의 일부가 보이지 않는 시야장애가 일어날 수 있으며, 시신경 손상이 중심부로 진행될수록 시력 저하도 동반될 수 있다.

③ 시신경과 시로에 생기는 주요 질환: 시신경염, 시신경 위축, 시로장애(반맹증) 등

## (7) 외안근(눈 주변 근육)

① 4개의 직근과 2개의 사근으로 이루어진다.

　　㉠ 직근: 안구의 수직운동과 수평운동을 주도한다.

　　㉡ 사근: 안구의 회전 운동을 주도한다.

② 우리가 안구를 움직여 사방을 볼 수 있는 것은 외안근이 정상적으로 기능하기 때문이다.

③ 외안근에 문제가 생기면 복시현상이나 시력장애가 일어날 수 있다.

④ 외안근의 이상으로 생기는 주요 질환: 사시, 안구진탕(안진)

---

**개념 check | 복시현상**

1개의 물체가 2개로 보이거나 그림자가 생겨 이중으로 보이는 현상이다.

**보충+α** 특수교육교사가 알아야 할 눈의 주요 부위와 관련 안질환

| 눈의 주요 부위 | | 주요 기능 | 대표 안질환 | 시력과 시야장애 |
|---|---|---|---|---|
| 외막 | 각막 | • 창의 기능<br>• 굴절 기능 | • 각막궤양<br>• 각막외상<br>• 원추각막 | 각막 혼탁으로 시력 저하 |
| 중막 | 홍채 | 빛의 양 조절 기능 | • 무홍채증<br>• 홍채염 | 눈부심으로 시력 저하 |
| 내막 | 망막 | 물체의 상이<br>맺히는<br>필름 기능 | 망막색소변성증 | • 초기 주변시야 손상<br>• 중심시야 손상으로 진행되면 시력 저하 동반 |
| | | | 황반변성 | • 중심시야 손상<br>• 중심시야 손상으로 인한 시력 저하 |
| | | | 당뇨망막병증 | • 불규칙적인 시야 손상<br>• 중심시야 손상 있으면 시력 저하 동반 |
| | | | 미숙아 망막병증 | • 주변시야 손상<br>• 중심시야 손상 있으면 시력 저하 동반 |
| 안 내용물 | 수정체 | 굴절 기능 | 근시, 원시, 난시 | 굴절 이상으로 시력 저하 |
| | | 창의 기능 | 백내장 | 수정체 혼탁으로 시력 저하 |
| | 방수 | 안구 내압 유지 | 녹내장 | 녹내장을 일으키는 원인 |
| 시신경과<br>시로 | 시신경 | 망막에 맺힌<br>시각정보를<br>뇌로 전달 | 녹내장 | • 주변시야 손상<br>• 중심시야 손상으로 진행하면 시력 저하 동반 |
| | | | 시신경 위축 | 시신경 위축 위치에 따라 시야 손상과 시력 저하 |
| | 시로 | | 시로 장애 | • 1/2 반맹 시야 손상<br>• 1/4 반맹 시야 손상 |
| 안 부속기 | 외안근 | 안구 운동 | 사시 | 양안 시의 어려움으로 시력 저하 |
| | | | 안진 | 초점 유지의 어려움으로 시력 저하 |

## 02 원인별 교육적 조치

### 1. 각막 질환

#### (1) 각막 혼탁

① 설명: 각막 혼탁을 일으키는 원인은 각막 궤양, 각막 외상, 각막 실질염 등 다양하다. 각막의 혼탁은 각막의 전체 또는 특정 위치에 발생할 수 있어 혼탁 부위를 확인하는 것도 필요하다. 각막 손상은 안구 통증, 충혈, 눈부심, 이물감, 눈물 흘림, 시력 저하 등을 가져올 수 있다. 각막 주변부에 가볍게 발생한 혼탁은 시력에 큰 영향을 미치지 않지만 각막 중심부에 발생한 심한 혼탁은 현저한 시력 저하를 가져올 수 있다. 학생의 각막 혼탁 부위와 정도에 따라 시력 문제는 다양하게 나타날 수 있다.

② 교육적 고려사항

ㄱ 원추 각막은 시력과 대비감도 감소에 큰 영향을 미치므로, 시력, 대비감도, 대비 선호, 조명 선호 및 눈부심 등의 시각 평가를 실시할 필요가 있다.

ㄴ 원추 각막의 진행 정도에 따라 난시 교정을 위해 안경이나 콘택트렌즈를 착용하는 것이 시력 개선에 도움이 될 수 있다. 콘택트렌즈를 사용하는 경우 콘택트렌즈와 각막 간의 마찰로 인해 각막 손상이 더 심해지지 않도록 안과의사의 처방에 따라 주의해서 착용하는 것이 필요하다.

ㄷ 원추 각막이 각막 중심부에서 일어나면 심각한 시력 저하가 일어날 수 있다.

ㄹ 눈부심에 민감하므로 빛이 골고루 퍼지는 조명 기구를 사용하는 것이 도움이 될 수 있다.

ㅁ 각막 혼탁으로 대비감도 감소가 일어나면 고대비 자료의 제공, 대비 조절 기능이 있는 확대독서기 사용이 도움이 될 수 있다.

ㅂ 난시가 발생하여 이미지를 볼 때 너울거리거나 여러 개로 보이는 문제로 인해 안피로나 어지러움을 느낀다면 주기적인 휴식을 허용한다.

ㅅ 원추 각막을 진행시킬 수 있는 안면 접촉이 일어나는 운동이나, 불소 처리된 수영장에서의 수영, 눈을 비비는 행위 등을 자세하도록 한다.

## 2. 중막 관련 질환

### (1) 무홍채증

① 설명: 무홍채증은 홍채가 없거나 정상적으로 자라지 않아 동공이 크게 열려 있어 항상 빛이 많이 들어오며, 이로 인해 심한 눈부심 문제와 시력 저하를 가져온다. 무홍채증은 각막혼탁, 백내장, 녹내장, 사시, 약시 같은 질환을 동반할 수 있으므로 이들 질환의 동반 여부를 확인하는 것이 필요하다.

② 교육적 고려사항

 ⊙ 무홍채증은 시력 저하와 눈부심에 큰 영향을 미치므로 시력, 대비감도, 대비 선호, 조명 선호 및 눈부심 등의 시각 평가를 실시할 필요가 있다.

 ⓒ 홍채의 결손 정도에 따라 시력 저하 정도가 다양하며 시력이 20/100~20/200 정도인 경우가 많다. 만일 녹내장, 백내장, 각막 혼탁을 동반하게 되면 시력이 더 저하될 수 있다.

 ⓒ 홍채의 역할을 대신할 수 있는 착색 렌즈나 홍채 콘택트렌즈를 사용하면 눈으로 들어오는 빛의 양을 줄일 수 있다.

 ⓔ 보통 수준의 조명에서도 조명 등을 눈에 직접 비추는 것과 같은 눈부심 문제를 가질 수 있으므로, 조명의 밝기를 보통 이하로 낮추는 것과 조명의 밝기 변화에 적응하는 데 시간을 주는 것이 필요하다.

 ⓜ 각막 혼탁이나 백내장을 동반하면 시력, 눈부심, 색 지각 등에 더 큰 어려움을 가질 수 있고, 녹내장을 동반하면 시야 감소, 야맹증, 대비감도 저하 등의 문제를 보일 수 있다.

 ⓗ 실내·외 모두에서 착색 렌즈를 착용하거나, 창문에 블라인드를 설치하거나, 야외에서 챙 있는 모자를 쓰는 것이 도움이 될 수 있다.

 ⓢ 전체 조명 기구는 빛이 고루 퍼지는 조명을 사용하고 형광등에 루버를 부착하여 빛이 직접 눈에 비치치 않도록 하는 것이 좋다.

 ⓞ 교실에서 형광등에서 떨어진 곳이나 형광등이 눈앞이 아닌 뒤쪽에 위치하도록 자리를 배치하거나, 창을 등진 자리에 배치하는 것이 눈부심을 줄일 수 있다.

 ⓩ 교사가 창문이나 광원 앞에서 지도를 하게 되면 학생은 교사를 바라볼 때 빛을 마주보아야 하는 문제가 발생하므로, 교사는 창문이나 광원 앞에 서 있거나 그곳에서 교구를 제시하지 않도록 한다.

 ⓩ 형광등 불빛에 의한 이차 반사는 흰색 칠판보다 검정색 계열의 칠판에서 감소할 수 있다. 흰색 칠판을 사용할 수밖에 없다면 가능한 굵은 검정색 마커로 판서하는 것이 도움이 된다.

 ⓚ 인쇄된 책을 읽을 때도 종이로부터 반사되는 빛의 양을 줄이고 대비를 높여주기 위해 타이포스코프를 사용할 수 있다. 인쇄 자료를 출력하거나 필기할 때도 반사가 적은 재질의 담황색 종이를 사용하는 것이 도움이 될 수 있다.

 ⓔ 학습 자료나 교구도 검정색 매트나 종이 위에 놓고 보면 책상으로부터 반사되는 눈부심을 줄이고 대비도 높일 수 있다.

 ⓟ 컴퓨터, 스마트 기기 등의 모니터도 밝기를 표준 이하의 밝기를 설정하고, 화면도 검정색 배경에 흰색 글자로 설정하는 것이 도움이 될 수 있다.

## 3. 수정체 질환

### (1) 선천성 백내장

① 설명: 우리가 보는 물체의 상이 수정체를 통과하여 망막에 결상되므로, 물체를 선명하게 보기 위해서는 수정체가 투명하게 유지되어야 한다. 백내장은 수정체가 혼탁해 지는 것으로, 이로 인해 시력 저하가 일어난다. 백내장으로 수정체 혼탁이 일어나면 마치 안개 속에서 사물을 바라보는 것처럼 흐릿하고 뿌옇게 보이게 된다. 백내장의 유형과 진행 정도에 따라 수정체 혼탁의 위치와 정도가 다를 수 있으며, 시력 저하 정도도 다양할 수 있다. 일반적으로 선천성 백내장은 정지성 질환으로 시력이 유지되는 편이다.

② 교육적 고려사항

㉠ 수정체 혼탁으로 시력과 대비감도 저하에 큰 영향을 미치므로 시력, 대비감도, 대비 선호, 조명 선호 및 눈부심 등의 시각 평가를 실시할 필요가 있다.

㉡ 시력 저하 정도에 따라 확대 자료, 확대경 같은 확대 기기의 사용이 필요할 수 있다.

㉢ 수정체 혼탁에 따른 대비감도 저하로 명도나 색상 대비가 낮은 자료를 보기 어려운 경우에 고대비 자료의 제공, 착색 렌즈나 아세테이트지 사용, 대비 조절 기능이 있는 확대독서기 사용이 필요할 수 있다.

㉣ 눈부심이 있을 수 있으므로, 태양광이 직접 눈에 비치지 않는 곳에 자리를 배치하거나 착색 렌즈나 챙이 있는 모자를 착용하는 것이 도움이 될 수 있다.

㉤ 백내장은 한 눈 또는 두 눈에 발생할 수 있으며, 수정체 혼탁 부위도 다양하므로 혼탁 부위를 확인하는 것이 필요하다. 특히 중심부 백내장으로 인해 중심부 혼탁이 심한 경우에는 중심 시력의 현저한 저하가 일어나서 혼탁이 덜한 쪽으로 보는 중심 외 보기가 필요할 수 있다.

㉥ 수정체 중심부에 혼탁이 있는 백내장은 낮은 조명을, 수정체 주변부에 혼탁이 있는 백내장은 높은 조명을 선호하므로, 수정체 혼탁 부위를 고려하여 교실에서의 자리 배치와 개인 조명 기구 지원 여부를 결정할 필요가 있다.

㉦ 높은 조명을 선호하는 주변부 백내장 학생의 경우라도 눈부심을 느낄 수 있으므로 조명 등의 광원이 눈에 직접 비추지 않고 학습 자료를 향해 비추도록 해야 하고, 조명 등이 학생의 눈앞에 위치하는 것 보다 학생 뒤쪽에 위치하도록 조명 기구의 위치나 자리 배치를 조정하는 것이 필요할 수 있다.

- 직사광선이나 광택이 있는 표면으로부터 눈부심을 피하게 한다.
- 글자와 종이의 색깔이 적절한 대비를 이룬 학습자료를 사용한다.
- 각 아동에게 알맞은 글자의 크기나 대비를 파악하기 위하여 학습매체 평가를 실시한다.
- 근거리·원거리 활동에 저시력 기구를 제공하고 적절한 훈련을 실시한다.
- 책을 읽을 때 독서대를 사용하도록 한다.
- 시력은 백내장의 위치, 크기, 정도에 따라 다르므로 백내장이 수정체 가장자리에 있는 아동은 고도 조명을, 중심부에 혼탁이 있는 아동은 낮은 조명을 사용하도록 한다.
  → 백내장이 주변 시야에 있는 경우 밝은 빛이 동공 가까이에 주어지게 하여 홍채가 백내장이 있는 영역을 대신하도록 한다.
- 안경을 착용하면 일반적으로 중심시력이 향상되나 주변시력은 감소되어 보행에 영향을 주므로 보행교육을 실시한다.
- 선천성 백내장의 약 1/3은 유전성이므로 유전 상담이 필요하다.

### (2) 무수정체안

① 설명: 무수정체안은 심한 백내장으로 인한 수정체 적출, 외상 후 수정체 이탈 등이 원인이다. 수정체가 적출되면 수정체의 굴절 기능이 없어져서 망막이 아닌 망막 뒤쪽에 물체의 상이 맺혀 흐릿하게 보이는 원시가 나타난다. 백내장 학생의 경우에 수정체 적출이 이루어졌는지 확인할 필요가 있다.

② 교육적 고려사항

㉠ 수정체가 없어 초점을 조절하지 못하므로 안경이나 콘택트렌즈를 처방받는 것이 필요하다. 안경이나 콘택트렌즈로 한 곳에 초점을 맞출 수 있더라도 물체와의 거리 변화에 따라 초점을 다시 맞추는 굴절 조절력이 없으므로, 원거리용과 근거리용 안경을 따로 준비하거나 다초점 안경을 사용하는 것이 필요하다.

㉡ 처방 받은 안경이나 콘택트렌즈의 초점 거리를 벗어나면 잘 보이지 않을 수 있으므로 학습 활동에서 처방된 안경이나 콘택트렌즈가 허용하는 적정 거리를 유지하는 것이 필요할 수 있다.

㉢ 조명 변화에 적응하도록 추가 시간을 주는 것과 눈부심을 줄이기 위해 착색 렌즈나 챙 있는 모자가 도움이 될 수 있다.

## 4. 방수에 의한 질환

### (1) 선천성 녹내장

① 설명: 녹내장은 방수가 안구 밖으로 배출되지 않아 안구의 내압(안압) 상승으로 시신경이 눌리거나 혈액 순환의 문제가 발생하여 시신경 손상이 일어난다. 시신경은 망막에 맺힌 시각 정보를 뇌로 전달하는 기능을 하는데, 시신경이 손상되면 망막의 정보가 뇌로 전달되지 못하여 사물의 일부가 보이지 않는 시야 장애가 일어난다. 선천성 녹내장은 시신경 손상이 주변부에서 중심부까지 진행하여 심각한 시야 손상 및 시력 감소를 동반하는 경우가 많다. 또한 안구의 내압 상승으로 각막이 늘어나면서 안구가 정상 크기보다 팽창하여 소의 눈처럼 보인다고 하여 '우안증'이라고도 부른다. 녹내장이 진단되면 약물이나 수술 등을 통해 더 이상 시신경이 손상되지 않도록 관리하는 것이 무엇보다 중요하다.

② 교육적 고려사항

㉠ 선천성 녹내장은 시야 장애와 이로 인한 시력 저하를 동반할 수 있으므로, 시야, 시력, 대비감도, 대비 선호, 조명 선호 및 눈부심 등 시각 평가를 실시할 필요가 있다.

㉡ 녹내장은 진행성 질환이므로, 지속적인 시야와 시력 감소로 특수교육 지원 요구가 변할 수 있으므로 정기적인 시각 평가와 학습매체 평가를 실시하는 것이 필요하다.

㉢ 학교에서 학생이 의사의 처방에 따라 안압을 낮추는 약물과 안약을 정해진 시간에 투약하고 있는지 확인하는 것이 필요하다.

㉣ 안압 상승으로 각막이 늘어나 안구가 커지면서 각막 혼탁이나 굴절 이상이 생길 수 있으므로 안경 교정이 부분적으로 도움이 될 수 있으며, 각막 혼탁으로 시력 및 대비감도 저하가 일어나면 확대 자료, 확대 기기, 고대비 자료를 제공하는 것이 도움이 될 수 있다.

㉤ 보통 이상의 조명 밝기를 선호할 수 있으나 눈부심을 느끼므로 빛이 고루 넓게 퍼지는 조명 기구를 사용하고, 광원이 직접 눈에 비추지 않도록 하며, 착색 렌즈를 착용할 수 있다.

㉥ 암순응에 적응하는 데 어려움이 있을 수 있어 조명 변화에 적응할 시간을 주도록 한다.

㉦ 시신경 손상으로 야맹증이 있을 수 있으므로, 야맹증이 심한 경우에는 야간에 흰 지팡이를 사용하도록 보행 교육을 할 수 있다.

㉧ 주변부 시야 손상이 큰 경우 가운데 자리가 적절하고 좌·우측의 시야 손상 차이가 큰 경우, 잔존 시야를 보다 효율적으로 활용할 수 있는 쪽에 자리 배치를 하는 것이 필요하다.

㉨ 안압으로 인한 안피로를 호소하면 읽기나 과제 수행을 멈추고 주기적인 휴식을 취하는 것을 허용한다.

㉩ 중심부 시야까지 손상되어 심한 시력 저하를 동반하게 되면 확대 자료나 확대 기기를 사용하도록 하고, 확대해도 읽기가 어려워지면 점자를 익히도록 한다.

ⓒ 주변 시야 손상이 심해지면 물체가 시야에 모두 들어오지 않아 무엇인지 확인하기 어려우므로 사물과 눈 간의 거리를 좀 더 멀리하면 사물 전체가 시야에 들어올 수 있다.

ⓔ 주변 시야 손상 정도에 따라 추시, 추적, 주사 등의 시기능 훈련을 실시하는 것이 필요할 수 있다.

---

**보충+α** **선천성 녹내장의 교육적 조치**

• 정상 안압을 유지하기 위해 안약을 사용하도록 한다. 그러나 동공이 팽창되어 심한 수명을 느낄 수도 있으므로 세심한 관찰이 필요하다.
• 정확한 시간에 안약을 넣어야 하므로 교사는 수업 중에도 약을 넣도록 지도한다.
• 약물을 복용하는 아동은 감각이 둔해질 수 있으므로 감각훈련을 실시한다.
• 녹내장이 진행되어 시야가 좁아진 아동은 독서할 때 읽는 줄을 자주 잃으므로 타이포스코프를 사용하도록 한다.
• 시야가 좁은 경우, 보행에 어려움이 있으므로 보행지도를 실시한다.
• 특히 밝은 빛에서 눈부심을 호소하므로 책을 읽을 때 아동에게 맞게 빛의 양을 조절한다.
• 피로와 스트레스로 안압이 상승할 수 있으니 스트레스를 받지 않도록 주의시킨다.

---

## 5. 망막 질환

### (1) 망막색소변성증 <sup>16 초등</sup>

① 설명: 망막색소변성증은 망막의 손상으로 시야 장애가 발생하는 진행성 질환이다. 망막색소변성증도 계속 진행하게 되면 시력 저하, 야맹증, 눈부심, 암순응 문제 등이 발생할 수 있다. 망막의 주변부(막대 세포)부터 손상이 이루어져 주변 시야 손상과 야맹증이 발생한다. 망막의 중심부(원뿔 세포)까지 손상되면 중심부 시야의 손상과 더불어 급격한 시력 저하와 색 지각 감소가 나타난다. 아직 치료 방법이 없어 실명에 이를 가능성이 높다.

② 교육적 고려사항

    ⊙ 망막색소변성증은 시야 장애 외에 진행 정도에 따라 시력과 대비감도 저하도 가져올 수 있으므로, 시야, 시력, 대비감도, 대비 선호, 조명 선호 및 눈부심 등의 시각 평가를 실시할 필요가 있다.

    ⊙ 망막색소변성증은 진행성 질환이므로, 지속적인 시야와 시력 감소로 특수교육 지원 요구가 변화할 수 있으므로 정기적인 시각 평가와 학습매체 평가를 실시하는 것이 필요하다.

    ⊙ 주변 시야 손상이 계속 진행되면 터널을 지나갈 때처럼 보이는 터널 시야가 나타나며, 효율적인 잔존 시각 활용을 위해 추시, 추적, 주사 등의 시기능 훈련이 필요할 수 있다.

    ⊙ 주변 시야 손상으로 읽기 활동에서 글줄을 읽어버리는 현상이 나타나면 타이포스코프, 라인 읽기 가이드 등을 사용하도록 한다.

    ⊙ 주변 시야 손상이 심해지면 커다란 사물의 경우에 전체가 보이지 않을 수 있으므로 눈과 사물 간의 거리를 더 멀게 조절하여 먼저 전체 모양을 보도록 지도한다.

    ⊙ 중심부까지 시야 손상이 진행되어 시력 저하가 일어나면 확대 자료, 확대경, 망원경 같은 확대 기기를 사용하도록 한다. 다만 시야가 좁기 때문에 너무 큰 확대 자료나 고배율 확대경을 사용하게 되면 잔존 시야 내에 목표물이 들어올 수 없으므로 잔존 시야를 고려한 최소 확대 글자 크기나 확대경 배율을 추천해야 한다.

    ⊙ 망막색소변성증 말기는 실명할 수 있으므로 학생이 확대해도 읽기에 어려움을 보이기 시작하면 실명 전에 점자를 익히도록 지도한다.

    ⊙ 야맹증이 심한 경우에 휴대용 조명 기구를 사용하거나 야간 이동 및 어두운 장소에서 흰 지팡이를 선택적으로 사용하도록 보행 교육을 실시할 수 있다.

    ⊙ 망막색소변성증은 망막 박리를 일으킬 수 있으므로, 과격한 신체 활동을 자제하는 것이 필요하다.

**망막색소변성증의 교육적 조치**

- 학생의 시력을 검사하여 시력 변화를 기록하고, 책을 읽을 때 주사와 추시기술을 가르친다.
- 필기할 때는 굵고 진한 선이 그려진 종이와 검정색 사인펜을 사용하도록 한다.
- 볼 수 있는 글자 중 가장 작은 글자보다 한 단계 더 큰 글자를 사용하여 독서를 보다 효율적으로 할 수 있도록 한다.
- 책을 잘 읽을 수 있게 글자 위에 노란색 아세테이트지를 덮어 대비가 잘 되도록 한다.
- 시야를 확장시키기 위해 CCTV와 저시력 기구를 사용하도록 한다.
- 밝은 곳에서 어두운 곳으로 이동하면 암순응이 잘 이루어지지 않으므로 학생이 어두운 곳에 갈 때나 밤에는 야맹증이 있다는 것을 이해하고 지도한다.
- 밝은 곳에서 눈부심을 피할 수 있도록 색안경이나 차양이 달린 모자를 착용하게 한다.
- 보행에 어려움을 느끼므로 지팡이를 사용하도록 한다.
- 망막색소변성은 진행성이므로 점자를 학습시키도록 한다.
- 학생과 그 가족에게 유전 상담을 실시한다.

## (2) 황반변성

① 설명: 망막의 중심부를 황반이라고 하고, 황반은 원뿔 세포로 이루어져 있다. 노화, 유전, 독성, 염증 등에 의해 황반변성이 일어날 수 있다. 황반변성은 중심부 암점에 따른 중심 시야 손상이 일어나고 시력도 저하된다. 우리가 보는 물체의 상이 망막의 황반부(중심와)에 맺혀질 때 가장 좋은 시력을 얻을 수 있고 망막 주변으로 갈수록 시력이 감소하므로, 황반이 손상되면 가장 좋은 시력에 해당하는 중심 시력이 급격히 저하되며, 밝은 곳에서 물체와 색을 인식하는 능력도 감소하게 된다. 황반변성은 사물을 볼 때 사물의 가운데가 보이지 않거나 상이 일그러져 보이는 문제가 발생한다.

② 교육적 고려사항
   ㉠ 황반변성은 중심부 시야 손상과 중심 시력 저하에 큰 영향을 미치므로, 시야, 시력, 대비감도, 대비 선호, 조명 선호 및 눈부심 등의 시각 평가를 실시할 필요가 있다.
   ㉡ 황반변성은 진행성 질환이므로 지속적인 시야와 시력 감소로 특수교육 지원 요구가 변할 수 있으므로, 정기적인 시각 평가와 학습매체 평가를 실시하는 것이 필요하다.
   ㉢ 중심부 시야 손상이 일어나면 중심부 암점의 위치와 크기를 확인하여 주변 시야(주변 시력)로 보는 중심 외 보기를 지도한다.
   ㉣ 중심부 암점과 중심 시력 저하로 확대 자료, 확대독서기 같은 확대 기기의 사용이 도움이 될 수 있다.
   ㉤ 황반부 변성이 심해지면 색 지각과 대비감도도 저하될 수 있으므로 고대비 자료의 제공, 대비 조절 가능이 있는 확대독서기를 사용하도록 한다.
   ㉥ 어두운 곳에서 밝은 곳으로 들어갈 때 필요한 명순응에 어려움이 있을 수 있어 조명 변화에 적응할 시간을 준다.
   ㉦ 중심부 암점의 영향을 감소시키기 위해 학습 자료를 상대적으로 더 크게 확대하거나, 더 높은 배율의 확대경을 사용하거나 물체에 더 가까이 다가가는 것이 도움이 될 수 있다.

◎ 눈부심을 느끼는 경우에는 빛이 고루 퍼지는 조명을 사용하고 착색 렌즈를 사용하거나 창을 등진 앞자리에 앉도록 배치하는 것이 도움이 될 수 있다.

---

**보충+α** 암점

**1. 개념**

암점이란 동그란 점 모양의 시야 손상 부위를 말하며, 암점이 있는 부분은 시야가 가려져 보이지 않는다. 마치 칠판을 바라볼 때 눈앞에 손바닥을 놓으면 칠판에서 손바닥이 가리는 부분이 보이지 않는 것과 비슷하다. 시야의 중심부에 출현하는 암점을 중심부 암점이라 하며, 주변부에 암점이 있을 때보다 사물을 보는 데 더 큰 어려움을 준다. 암점은 시신경 질환, 황반부 질환에서 많이 나타난다.

**2. 교육적 고려사항**

① 암점의 위치에 따라 중심부와 주변부 시야 손상을 가져오며, 특히 중심부 암점은 중심부 시야 손상 외에 심각한 시력 저하를 가져올 수 있다.

② 암점의 위치에 따라 중심 외 보기 기술을 지도하고, 암점의 위치와 중심 외 보기 방향을 찾기 위해 암슬러 격자 검사, 시계 보기 검사 등이 유용할 수 있다.

③ 중심부 암점이 있으면 중심 시력이 감소하여 작은 글자나 세밀한 그림 자료를 보기 어려우므로 확대 자료나 확대 기기를 사용하도록 한다.

④ 암점의 영향을 감소시키기 위해 더 높은 배율의 확대나 대상에 더 가까이 다가가는 것이 도움이 될 수 있다.

---

**보충+α** 황반변성의 교육적 조치

• 손잡이형 확대경 또는 CCTV를 사용하는 것이 좋다.
• 모든 과제 수행 시 적절한 조명이 필요하다.
• 독서할 때, 줄을 잃지 않도록 타이포스코프를 사용하도록 한다.
• 글자와 종이의 대비가 선명한 자료를 사용하도록 한다.
• 필기할 때, 굵고 진한 선이 있는 종이와 검정색 사인펜을 사용하도록 한다.
• 교실 환경을 눈부시지 않도록 한다.
• 삽화 위에 글씨가 쓰인 교과서나 책을 사용하지 않도록 한다.
• 암점이 발달하고 확대되므로 중심 외 보기 방법을 지도한다.

## (3) 당뇨병성 망막병증

① 설명: 당뇨병성 망막병증은 오랜 당뇨병으로 망막까지 손상을 입게 되어 발생한다. 당뇨병이 진행되어도 황반부에 문제가 없으면 시력 저하가 크지 않을 수 있으나, 황반부까지 문제가 생기면 상당한 시력 저하와 실명까지 초래할 수 있다. 당뇨병의 초기에 혈당 조절이 잘 이루어지면 망막병증의 발생을 지연시킬 수 있으므로, 철저한 혈당 조절로 망막병증의 진행과 시력 저하를 늦추는 것이 필요하다. 망막의 혈관에서 출혈이 생기거나 망막이 벗겨져 떨어지는 망막 박리가 생길 수 있다. 따라서 당뇨병성 망막병증은 정기적인 안과 검진과 혈당 조절이 절대적으로 중요하다.

② 교육적 고려사항

ⓐ 당뇨병은 시력 저하와 시야 여러 부위에 암점이 나타날 수 있으므로, 시야, 시력, 대비감도, 대비 선호, 조명 선호 및 눈부심 등의 시각 평가를 실시할 필요가 있다.

ⓑ 당뇨병성 망막병증은 진행성 질환이므로, 지속적인 시야와 시력 감소로 특수교육 지원 요구가 변할 수 있으므로 정기적인 시각 평가와 학습매체 평가를 실시하는 것이 필요하다.

ⓒ 학생이 학교에서 혈당 관리를 할 수 있도록 혈당 체크와 혈당 조절을 위한 식이요법을 지원할 필요가 있다.

ⓓ 눈부심에 민감하므로 빛이 고루 퍼지는 조명을 사용하고, 색 지각의 감소가 나타나면 고대비 자료의 제공이나 대비 조절 기능이 있는 확대독서기를 사용할 수 있다.

ⓔ 당뇨병성 망막병증은 시력 저하 외에도 망막 손상으로 사물의 모양이 일그러지거나 일부가 안 보이는 시야 손상도 함께 발생할 수 있으며, 망막 손상 부위에 따라 중심 외 보기가 필요할 수 있다.

ⓕ 시력이 계속 저하되어 확대해도 자료를 보기 어려워지고, 손의 촉각 둔감화로 점자를 읽기도 어렵다면 듣기 자료와 스크린리더 같은 청각 활용 보조기기를 사용하여 학습하도록 한다.

ⓖ 당뇨병에 의해 백내장이 동반되면 더 심한 시력 및 대비감도 저하가 일어날 수 있다.

ⓗ 망막 박리가 일어날 수 있으므로, 과격한 신체 활동은 자제하도록 지도한다.

---

**보충+α** 당뇨병성 망막병증의 교육적 조치

- 인슐린 의존형인 경우 매일 인슐린을 맞도록 격려한다.
- 촉각이 점차 둔해지므로 듣기 교재를 사용하도록 한다.
- 화면읽기 프로그램을 익혀 사용할 수 있도록 지도한다.
- 의사와 상의하며 신장병과 말초혈관장애로 합병증이 있는가를 관찰 · 지도한다.
- 발에 감각이 없을 경우, 신발을 신을 때 이물질(모래 등)이 없는지 살펴본 후 신도록 한다.

---

## (4) 망막 박리

① 설명: 망막 박리는 망막 안쪽의 감각신경층과 바깥쪽의 색소상피층이 분리되어 떨어지는 것으로, 당뇨, 머리 충격, 퇴행성 고도 근시, 미숙아 망막병증 등이 원인이 될 수 있다. 망막 박리는 망막 주변부부터 시작되어 중심부(황반)로 진행되어 시야가 좁아지는 것이 일반적이다. 망막 박리가 중심부(황반부)까지 진행되면 시력이 급격하게 저하되고, 물체의 모양이 일그러져 보이는 변시증과 색각 이상도 나타날 수 있다. 망막 박리가 너무 오랜 시간 지속되면 수술로도 시력을 회복하기 어렵다. 황반부까지 진행되지 않은 망막 박리는 조기에 발견하여 수술로 망막을 다시 붙이면 양호한 시력 회복을 기대할 수도 있다.

② 교육적 고려사항

ㄱ 망막 박리의 위치와 진행 정도에 따라 시야와 시력 모두에 영향을 미칠 수 있으므로, 시야, 시력, 대비감도, 대비 선호, 조명 선호 및 눈부심 등의 시각 평가를 실시할 필요가 있다.

ㄴ 망막 박리는 진행할 수 있으므로 지속적인 시야와 시력 감소로 특수교육 지원 요구가 변할 수 있으므로 정기적인 시각 평가와 학습매체 평가를 실시하는 것이 필요하다.

ㄷ 망막 박리가 일어나기 전에 눈앞에 번쩍거리거나(광시증) 먼지 같은 것이 보이는(비문증) 등의 전구 증상이 있으므로 학생이 이를 경험하면 안정을 취하고 안과 검진을 받도록 한다.

ㄹ 망막 박리가 황반부에서 일어나면 황반변성과 유사한 교육 지원이 도움이 되고, 망막 박리가 주변부에서 일어나면 망막색소변성증과 유사한 교육 지원이 도움이 될 수 있다. 망막 박리가 중심부에서 일어나지 않는다면 중심부 시력 손상이 일어나지 않아 시력 저하가 크지 않을 수 있다. 망막 박리가 망막 주변부와 중심부 어느 곳에 일어났는지를 안과 의사를 통해 확인하는 것이 적절한 교육 지원을 위해 도움이 된다.

ㅁ 망막 박리로 인해 시력 저하가 오면 확대자료, 확대경 같은 확대기기를 사용하도록 한다.

ㅂ 망막 박리는 밝은 조명을 선호할 수 있으나, 동시에 눈부심을 감소시켜 주는 것이 필요하다.

ㅅ 망막 박리가 중심부(황반부)에서 일어나면 중심 외 보기 기술이 필요할 수 있으며, 망막 박리로 주변 시야가 계속 좁아지게 되면 추시, 추적, 주사 같은 시기능 훈련이 필요할 수 있다.

ㅇ 망막 박리가 진행되지 않도록 머리 충격이나 과격한 신체 활동을 피하는 것이 필요하며, 고글 같은 눈 보호 기구를 착용하는 것도 도움이 될 수 있다.

---

**보충+α** **망막 박리의 교육적 조치**

- 학생이 고도 근시인 경우 충격을 주는 체육활동을 피하게 하고, 의사와 상의하여 안정을 취하도록 한다.
- 시야검사를 실시하여 남은 시야로 학습할 수 있도록 지도한다.
- 학습매체 평가를 실시하여 학생에게 적합한 읽기매체를 선정한다.

### (5) 미숙아 망막병증

① 설명: 미숙아 망막병증은 출생 시 망막이 완전히 형성되지 않은 미숙아에게 주로 나타난다. 미숙아 망막병증은 시력 저하, 근시, 난시, 사시 등을 가져올 수 있으며, 예후가 나쁜 편이라 망막 박리를 동반하게 되면 실명할 가능성이 높다. 미숙아 망막병증 유아는 피질 시각장애, 시신경 위축, 녹내장, 뇌성마비를 동반할 수도 있으므로, 이들 질환을 갖고 있는지를 확인하는 것이 필요하다.

② 교육적 고려사항

　　㉠ 미숙아 망막병증은 시력 저하와 시야 손상에 영향을 미치므로, 시야, 시력, 대비감도, 대비 선호, 조명 선호 및 눈부심 등의 시각 평가를 실시할 필요가 있다.

　　㉡ 미숙아 망막병증은 망막 박리로 진행될 수 있어 지속적인 시야와 시력 감소로 특수교육 지원 요구가 변할 수 있으므로 정기적인 시각 평가와 학습매체 평가를 실시하는 것이 필요하다.

　　㉢ 시력 저하 정도가 다양하고 실명까지도 초래할 수 있으며, 시력 저하에 따라 적절한 확대 자료와 확대경 같은 확대기기를 사용하도록 한다.

　　㉣ 미숙아 망막병증의 진행을 막고 망막 중심부를 보존하여 현재 시력이 유지될 수 있도록 정기적인 검진을 통한 치료와 관리가 필요하다.

　　㉤ 망막 손상으로 야맹증이 있을 수 있으므로 야간 보행 능력을 평가하고 필요에 따라 보행 교육을 실시할 필요가 있다.

　　㉥ 밝은 조명을 선호할 수 있으나 눈부심에 민감함으로 밝은 조명을 제공하면서 동시에 눈부심을 낮추는 지원이 필요할 수 있다.

　　㉦ 주변 시야 손상 정도가 심한 경우에 추시, 추적, 주사 같은 시기능 훈련이 필요할 수 있다.

　　㉧ 미숙아 망막병증은 망막 박리의 가능성이 높으므로, 망막 박리가 일어나지 않도록 과격한 신체 활동을 자제하도록 지도한다.

　　㉨ 미숙아로 태어나면서 뇌 손상으로 인한 지적장애를 동반할 수 있으므로 지적장애 동반 여부를 확인할 필요가 있다.

---

**보충+α** | **미숙아 망막병증의 교육적 조치**

- 미숙아 망막병증 학생에게는 작은 근육운동과 큰 근육운동, 시지각 기술, 보행기술을 지도한다.
- 예후가 매우 좋지 않고 20대 이후에 망막박리가 일어날 가능성이 높으므로 사전 지도가 필요하다.
- 시각장애 정도는 전맹에서 저시력까지 다양하며, 진행성의 경우와 정지성의 경우가 있으므로 세심한 관찰을 해야 한다.
- 망막 박리가 예상되는 아동은 얼굴이나 머리에 충격을 주지 않도록 한다.

---

## (6) 백색증

① 설명: 백색증은 멜라닌 합성이 결핍되어 일어나는 유전 질환이다. 피부, 털(머리카락, 눈썹 등), 눈 모두에서 증상이 나타나는 '눈 피부 백색증'과 눈에서만 증상이 나타나 는 '눈 백색증'으로 나눌 수 있다. 눈에서는 망막의 색소 소실이 일어나서 동공은 붉게, 홍채는 청회색, 갈색, 적갈색 등으로 보인다. 백색증으로 인해 눈부심을 크게 호소하며, 안진, 눈물 흘림증, 심한 시력 저하 등이 나타날 수 있다.

② 교육적 고려사항

ㄱ. 백색증은 심한 눈부심과 시력 저하를 가져올 수 있으므로, 시력, 대비감도, 대비 선호, 조명 선호 및 눈부심 등 시각 평가를 실시할 필요가 있다.

ㄴ. 백색증은 굴절 이상과 난시를 동반할 수 있으므로 안경 교정이 부분적인 도움이 될 수 있다.

ㄷ. 시력은 20/100 ~ 20/60까지 다양할 수 있으므로, 시력 저하 정도에 따라 확대 자료, 확대경 같은 확대 기기를 사용하도록 한다.

ㄹ. 근거리 과제나 세밀한 보기 과제를 수행할 때 안피로를 느낄 수 있으므로 주기적인 휴식을 허용한다.

ㅁ. 눈부심과 대비감도 저하가 있을 경우에 고대비 자료의 제공, 착색 렌즈나 색이 있는 콘택트렌즈 사용이 도움이 될 수 있다. 확대독서기는 검정색 바탕에 흰색 글자로 대비를 조절하는 것을 선호할 수 있다.

ㅂ. 눈부심에 매우 민감하므로 실내·외 모두에서 착색 렌즈를 사용하거나, 조명 등이 눈 바로 앞에 보이지 않는 곳에 자리를 배치하거나, 빛 반사를 줄여줄 수 있는 담황색 종이를 사용하거나, 어두운 색 계열의 가림판(templates)을 대고 읽는 것이 도움이 될 수 있다.

ㅅ. 햇볕에 의한 피부 손상을 막기 위하여 실외 활동 시에 과도한 햇볕 노출을 피하고 자외선 차단제를 바르는 것이 필요하다. 피부암에 걸릴 위험성이 크므로 정기적인 피부과 검진을 받도록 하는 것도 중요하다.

---

**보충+α | 백색증의 교육적 조치**

- 햇빛이 비치는 실외로 나갈 때, 빛을 흡수하여 여과시키는 안경을 착용하고 차양이 있는 모자를 쓰도록 한다.
- 교실의 자연 조명도 조절해야 한다.
  예 직사광선을 차단하기 위해 커튼이나 블라인드를 설치한다.
- 광택이 있는 표면은 반사되어 눈이 부시므로 교실의 전체 조명보다 낮은 조명을 선택해야 한다.
- 백색증 학생은 원거리 활동을 가까운 거리에서 하는 것을 좋아하므로, 독서대 또는 높이를 조절할 수 있는 책상을 제공하고, 저시력 기구를 사용하도록 한다.

## 6. 시신경 질환

### (1) 시신경 위축

① 설명: 시신경 위축은 10세 이전에 발생하는 양측 시신경의 퇴축으로 시력 감소 등이 나타나는 질환이다. 질병, 유전 외에도 녹내장에 의해서도 시신경 위축이 일어날 수 있다.

② 교육적 고려사항

   ㉠ 시신경 위축으로 시력 저하와 암점이 나타나므로 시야, 시력, 대비감도, 대비 선호, 조명 선호 등의 시각 평가를 실시할 필요가 있다.

   ㉡ 시력은 10/20부터 안전 지수까지 다양하며 대체로 20/40 ~ 20/200에서 유지되는 경우가 많다. 시력 저하 정도에 따라 확대 자료나 확대기기를 사용할 필요가 있다.

   ㉢ 시신경 위축으로 인한 중심부 암점이 있는 경우에 중심 외 보기가 필요할 수 있다.

   ㉣ 시신경 위축으로 청색과 황색을 잘 구별하지 못하는 색 지각의 문제가 나타나면 고대비 자료의 제공이나 대비 조절 기능이 있는 확대독서기를 사용하도록 한다.

   ㉤ 야맹증이 있을 수 있으므로 야간 이동에 어려움이 있다면 보행 교육을 실시할 수 있다.

   ㉥ 밝은 조명을 선호하므로 개인용 스탠드를 제공하되, 눈부심을 줄여주기 위해 학생의 눈 뒤쪽에서 조명을 비추도록 하고 착색 렌즈 사용하는 것이 도움이 될 수 있다.

### (2) 시로 장애(반맹증)

① 설명: 시신경이 교차하는 시로(시각로)에 손상이 생기면 시야의 절반이 손상되어 보이지 않는 반맹 또는 드물지만 1/4 반맹이 발생할 수 있다.

② 교육적 고려사항

   ㉠ 시로 손상으로 시야 문제가 크므로 시야, 시력 등의 시각 평가를 실시할 필요가 있다.

   ㉡ 절반의 잔존 시야를 잘 활용할 수 있는 곳에 자리 배치를 하거나 교구를 제시하는 것이 필요하다. 예를 들어, 시야의 좌측이 반맹이고 우측이 남아 있다면 교실의 중앙으로부터 약간 좌측에 자리를 배치하는 것이 잔존 시야를 보다 효율적으로 활용할 수 있다.

   ㉢ 책을 읽을 때 각 줄의 처음과 끝 부분을 놓치고 읽거나 글줄을 잃어버리지 않도록 한다. 시야의 우측 절반이 안 보이는 경우에는 글줄의 마지막 글자나 단어를 놓치기 쉽고, 시야의 좌측 절반이 안 보이는 경우에는 글줄의 첫 글자를 찾기 어렵거나 다음 줄을 건너 띄고 읽기 쉽다.

   ㉣ 시야 절반의 상실로 인해 사물의 절반 정도가 보이지 않으므로 추시, 추적, 주사 등의 시기능 훈련이 필요하다.

   ㉤ 안경의 시야 손상이 있는 쪽에 프리즘 렌즈를 부착하면 시야 확대에 도움이 될 수 있다.

## (3) 피질 시각장애

① **설명**: 피질 시각장애는 뇌 기형, 외상성 뇌손상, 뇌수종 등의 여러 가지 원인에 의해 발생할 수 있다. 안구의 외형이나 기능에는 문제가 없으나 병소가 뇌에 있어 망막에서 뇌로 전달된 시각 정보를 제대로 해석하지 못하여 시각 문제가 일어난다. 피질 시각장애 학생은 지적장애, 간질, 뇌성마비 등을 동반하는 경우가 있으므로 이들 질환이 있는지를 확인하는 것이 필요하다.

② **교육적 고려사항**

　㉠ 태양이나 강한 조명 빛을 바라보는 것은 위험하므로 빛을 정면으로 바라보지 않도록 한다.

　㉡ 근시가 아님에도 불구하고 사물과의 거리가 멀어지면 잘 인식하지 못하는 경우가 있으므로 자료를 학생 가까이 제시하는 것이 도움이 될 수 있다.

　㉢ 움직이는 대상을 흐릿하게 인식하는 경우가 있으므로 학습 자료가 움직이지 않도록 고정시키는 것이 도움이 될 수 있다.

　㉣ 주변 배경이 특정 부분에 집중하여 보는 것을 방해할 수 있으므로, 읽기 활동에서 타이포스코프, 마커 등을 사용하여 읽을 곳을 명확하게 제시하는 것이 시각적 방해물을 차단하고 주의집중하는 데 도움이 될 수 있다.

　㉤ 시각적 집중력을 높이고 피로감을 줄이기 위해 많은 시각 자극을 한꺼번에 제시하거나 시각 자료를 자주 번갈아 보여주지 않는 것이 좋고, 소음 같은 주변 방해물을 최대한 차단하도록 한다.

　㉥ 시각 외에 촉각이나 청각 자극에 집중하여 시각적 활동을 하지 못하는 경우가 있으므로, 시각, 청각, 촉각 같은 여러 감각 정보를 동시에 제공하지 말고 한 번에 한 개의 감각을 단계적으로 사용하도록 하는 것이 도움이 될 수 있다.

　㉦ 시각 자극을 인식하는 데 색에 영향을 받을 수 있으며, 빨강이나 노랑 등 특정한 색에 대한 선호를 보이기도 하므로 이들 색을 학습에 활용할 수 있다.

　㉧ 밝은 색의 고대비 자료를 사용하거나 단색 배경(흰색이나 검정색) 위에 시각 정보를 제시하면 시각적 혼란을 줄여주고 주의 집중을 높일 수 있다.

　㉨ 시각적 정보의 복잡성이나 혼란을 줄이기 위해 페이지의 글자나 그림에 있어 줄 간격을 넓히거나 가림판을 사용하여 필요한 시각 정보만을 단계적으로 보여주거나 한 번에 보이는 정보의 양을 줄여주는 것도 도움이 될 수 있다.

　㉩ 시각적 정보의 처리 과정이 느리므로 시각 과제 수행에 대한 충분한 시간을 준다.

　　예 새로운 학습 자료와 교구를 보고 인식하는 데 시간이 걸리므로, 다른 학생보다 추가 시간을 주고 반응을 기다리는 것이 필요할 수 있다.

　㉪ 피질 시각장애 학생은 시각적 정보를 처리할 때 쉽게 피로를 느끼므로 과도한 시각 정보를 동시에 제시하지 않도록 하고, 시각 과제를 수행할 때 주기적인 휴식 시간을 허용한다.

　㉫ 중앙 시야보다 주변 시야를 더 잘 사용하는 경향이 있어 머리를 돌려 보기도 하며, 시야 아래쪽으로 시선을 유지하며 물체 보는 것을 어려워하므로 자신이 선호하는 주변 시야로 시각 정보를 보거나 선호하는 주변 시야 쪽에 정보를 제시하는 게 도움이 될 수 있다.

ⓜ 대뇌 피질에서 시각 정보를 인식하고 해석하고 반응하는 연결 문제로 눈과 신체 움직임의 협응이 잘 이루어지지 않아 사물을 보면서 동시에 조작하는 활동에 어려움이 있으므로 천천히 순차적으로 수행하도록 격려한다.

ⓗ 친숙한 사물이나 과제 환경에서 시각 수행도가 나아지므로 사전에 새로운 사물이나 환경을 탐색할 기회를 준다.

## 7. 외안근 이상 [17 중등]

### (1) 안구진탕

① 설명: 안구진탕은 학생의 의지와 상관없이 안구가 무의식적이고 빠르게 반복적으로 움직이는 것으로 안구 운동계의 이상이나 외부적 요인으로 나타날 수 있다. 안구가 원하는 위치에 머물러 있지 못하므로 앞에 있는 목표 대상을 일정 시간 동안 주시하여 바라보는 것이 어렵다. 안구진탕으로 인해 시력의 장애가 발생하거나 진동시(물체가 떨려 보이는 증상)로 인해 심한 어지럼증을 호소하는 경우에는 치료를 시도할 필요가 있다.

② 교육적 고려사항

㉠ 안구의 불수의적 움직임은 시력 저하와 안피로 등을 가져올 수 있으므로 시력, 읽기 지속성 등의 시각 평가를 실시할 필요가 있다.

㉡ 안구의 불수의적 움직임으로 읽기 활동에서 글줄을 잃어버리는 현상을 보이면 타이포스코프나 라인 가이드를 사용하도록 한다.

㉢ 안구진탕으로 흐릿하게 보이는 문제에 적절한 조명과 고대비의 선명한 자료의 사용이 도움이 될 수 있다.

㉣ 안구의 불수의적 움직임이 계속되면 눈의 피로감과 어지러움을 느낄 수 있어 주기적인 휴식을 허용한다.

㉤ 과도한 긴장과 스트레스 역시 불수의적 안구 움직임을 심화시킬 수 있으므로 심리적으로 편안함을 느끼도록 학습 분위기를 조성한다.

㉥ 눈의 응시 방향을 이동하거나 머리를 기울이는 방법을 통해 불수의적 움직임이 줄어드는 정지점을 찾아 활용하는 것이 도움이 될 수 있다.

㉦ 안구의 불수의적 움직임으로 인해 일정 시간 동안 안정적으로 고시를 유지하는 능력이 부족하므로, 전방의 한 점을 계속 주시하는 훈련을 실시한다.

㉧ 줄무늬 같은 특정 무늬가 안구의 불수의적 움직임을 증가시킬 수 있으므로 학습 자료나 환경에서 이를 제거하거나 피하도록 한다.

---

**보충+α  안구진탕의 교육적 조치**

• 책을 읽을 때 읽는 줄을 표시하면서 읽도록 한다.
• 글씨가 깨끗하고 대비가 선명한 자료를 사용하도록 한다.
• 한 지점을 주시하는 훈련을 실시한다.
• 근거리 과제는 눈을 피로하게 하므로 오랜 시간 동안 계속하지 않도록 한다.
• 초점을 맞추기 위해 머리를 돌리거나 몸을 기울일 때, 꾸중하거나 자세를 교정시켜선 안 된다.

---

## (2) 사시

① **설명**: 사시는 외안근의 불균형에 의해 양쪽 눈이 한 지점을 바라보지 못하는 질환이다. 한쪽 눈이 정면을 바라볼 때 다른 쪽 눈은 안쪽 또는 바깥쪽으로 돌아가거나 위 또는 아래로 돌아가는 등 다양한 사시 유형이 있다. 사시는 사물이 겹쳐 보이는 복시, 돌아 간 눈을 사물의 인식에 사용하지 못하는 억제, 약시, 두통, 안피로 등이 나타날 수 있다. 유아기에 사시가 있을 경우에는 조기에 치료하지 못하면 시력 저하와 약시가 발생할 수 있다.

② **교육적 고려사항**

　㉠ 사시는 시력 저하와 시야 문제를 가져올 수 있으므로 시력, 시야 등의 시각 평가를 실시할 필요가 있다.

　㉡ 사시를 교정하면 양안시(양쪽 눈이 하나로 초점을 맺음) 회복과 시력 개선이 이루어질 수 있다. 사시 유형에 따라 눈을 가리는 차폐법(외사시)이나 안경으로 교정하는 방법(내사시), 수술 등이 있다.

　㉢ 사시로 인해 시력이 저하되어 인쇄물이 흐릿하게 보이는 경우에 확대 자료나 글자가 굵고 선명한 자료를 제공하는 것이 도움이 된다.

　㉣ 양안시의 어려움으로 원활하게 사물을 추시, 추적, 주사하여 보기, 두 대상을 번갈아 보기, 눈-손 협응 활동 등에 어려움을 보인다면 추시, 추적, 주사 등의 시기능 훈련이 도움이 될 수 있다.

　㉤ 대화할 때 눈 접촉이 잘 이루어지지 않으므로 반 친구들이 이를 이해하고 놀리지 않도록 한다.

　㉥ 양안시 문제로 인한 입체시 부족으로 깊이 지각이 어려우므로, 단차, 계단, 굴곡 있는 길을 이동할 때 발을 헛딛지 않게 유의하도록 한다.

　㉦ 친숙하지 않은 시각 활동이나 과제를 수행할 때 시각적으로 적응하는 데 시간이 걸리므로 과제 수행 시간을 더 준다.

　㉧ 사시 유형에 따라 효율적으로 시각을 활용할 수 있는 위치에 자리를 배치한다.
　　예 좌안 정상, 우안 외사시라면 교실 중앙으로부터 약간 좌측에 자리 배치하는 것이 도움이 될 수 있다.

　㉨ 양안시의 어려움으로 눈에 피로감을 느낄 수 있으므로 주기적인 휴식을 허용한다.

## 8. 굴절 이상

### (1) 근시

① 설명: 근시는 수정체의 굴절력이 커서 물체의 상이 망막 앞쪽에 맺게 되어 흐릿하게 보이게 된다. 물체에 더 가까이 다가가면 물체의 상이 커지는 효과가 있으므로, 수정체의 굴절력이 크더라도 망막에 제대로 상이 맺힐 수 있기 때문에 근시 학생은 사물에 가까이 다가가려는 경향이 있다. 근시가 있는 학생은 가까운 물체는 볼 수 있으나 먼 거리의 물체는 보기 어려우므로 근거리 시력이 원거리 시력보다 좀 더 좋을 수 있다.

② 교육적 조치: 근시가 있는 학생이 먼 거리의 물체를 보기 위해 가까이 다가가지 않고도 문제를 해결할 수 있는 방법이 오목 렌즈 안경을 착용하는 것이다. 오목 렌즈는 가운데는 얇고 가장자리는 두꺼워 물체의 상이 렌즈를 통과할 때 렌즈의 두꺼운 쪽으로 굴절되기 때문에 물체의 상을 크게 만드는 효과가 있다. 따라서 자신에게 맞는 도수의 오목 렌즈를 착용하면 먼 거리의 물체에 다가가지 않고도 볼 수 있다.

### (2) 원시

① 설명: 원시는 노화 등의 원인으로 안구의 전후 길이가 짧아져서 근시와 반대로 물체의 상이 망막의 뒤쪽에 맺혀 흐릿하게 보이는 것이다. 물체와 멀리 떨어질수록 물체의 상이 작아지는 효과가 있으므로 수정체의 굴절력이 작더라도 망막에 제대로 상이 맺힐 수 있어 원시 학생은 사물로부터 거리를 두어 보려는 경향이 있다. 먼 곳의 물체는 잘 보지만 가까운 거리의 물체는 잘 보지 못하므로 원거리 시력이 근거리 시력보다 좀 더 좋을 수 있다.

② 교육적 조치: 원시는 근거리 과제에 어려움이 있으므로 볼록 렌즈로 교정하는 것이 필요하다. 볼록 렌즈는 가운데가 두껍고 가장자리가 얇아 물체의 상이 렌즈를 통과할 때 물체의 상을 작게 만드는 효과가 있어 물체와 떨어져 보지 않더라도 망막에 상이 맺히도록 할 수 있다. 원시 학생은 근거리 과제를 오래 지속하면 눈의 피로나 두통을 일으킬 수 있으므로 주기적인 휴식을 허용하거나 근거리 과제와 원거리 과제를 번갈아 하도록 하는 것이 눈의 피로 해소에 도움이 될 수 있다.

### (3) 난시

① 설명: 난시는 눈의 굴절력이 안구의 모든 면에서 같지 못하여 물체의 상이 한 점이 아닌 여러 점에 초점을 맺어 물체가 여러 개로 보인다. 일반적으로 각막의 모양이나 표면에 문제를 일으키는 안질환들이 각막 전체의 굴절력에 차이가 생겨 난시를 일으킨다.

② 교육적 조치: 난시 학생도 난시용 안경 렌즈를 통해 어느 정도 교정이 가능하다. 난시가 있는 학생은 핀홀 효과를 얻기 위해 곁눈질해서 보는 경향이 있으며, 근거리 과제를 오래하면 눈의 피로가 있을 수 있어 주기적인 휴식을 허용하는 것이 필요하다.

## 9. 기타

### (1) 소안구증

① 설명: 안구가 비정상적으로 작은 유전성 질환으로 한쪽 눈이나 양쪽 눈 모두에서 발생 할 수 있다. 안구 조직은 정상이고 크기만 작은 경우와 안구 조직의 결손까지 수반하는 경우로 구분할 수 있으며, 소안구로 인해 시력 저하가 일어난다. 소안구 증은 백내장, 녹내장, 홍채 결손 같은 다른 질환을 동반할 수 있으므로 이들 질환이 있는 지를 확인하는 것이 필요하다.

② 교육적 고려사항

ⓐ 소안구증은 시력 저하를 가져오므로 시력, 대비감도, 대비 선호, 조명 선호 및 눈부심 등의 시각 평가를 실시할 필요가 있다.

ⓑ 시력 저하 정도에 따라 확대 자료, 확대 기기의 사용이 도움이 될 수 있다.

ⓒ 보통 이상 밝기의 조명을 선호하지만 광선 공포증과 눈부심이 느끼므로 눈부심 을 감소시키는 지원이 필요하다.

ⓓ 시력 감소와 눈부심으로 인해 대비감도 저하를 보이는 경우에 고대비 자료의 제공이나 대비 증진 기구를 사용하는 것이 도움이 될 수 있다.

ⓔ 백내장, 녹내장, 홍채 결손 같은 다른 질환이 있는 경우에 해당 질환에 필요한 교육 지원을 추가로 제공한다.

### (2) 약시

① 설명: 약시는 안과 검사에서 특별한 안질환을 발견할 수 없음에도 불구하고 안경이 나 콘택트렌즈로 최대한 교정해도 정상적인 시력이 나오지 않는 경우를 말한다. 시 력표에서 양쪽 눈의 시력이 두 줄 이상 차이가 있을 때 시력이 낮은 쪽을 약시(안) 라고도 한다. 약시의 원인에는 사시, 굴절 이상, 선명한 시각 상의 결여 세 가지가 있으므로 조기부터 적절한 지원이 이루어지면 약시를 어느 정도 예방하고 개선할 수 있다. 특히 눈 조직이 발달하는 성장기에 약시를 조기 발견하여 치료하면 예후 가 양호하므로 치료 시기를 놓치지 않는 것이 중요하다.

② 교육적 고려사항

ⓐ 교정하여도 시력이 좋지 않고 좋은 쪽 눈으로만 보는 경향에 따른 시력 저하 문제를 가질 수 있으므로 시력, 대비감도, 대비 선호 등의 시각 평가를 실시할 필요가 있다.

ⓑ 굴절 이상은 안경이나 콘택트렌즈로 교정하고, 사시는 좋은 쪽 눈을 가리고 사 시가 있는 나쁜 쪽 눈을 사용하는 기회를 제공하며, 학습 자료를 적합한 글자 크기의 선명한 자료로 만들어 주거나 적합한 배율의 확대경을 통해 선명한 상 을 보는 기회를 제공하는 것이 약시 예방과 치료에 도움이 될 수 있다.

ⓒ 좋은 쪽 눈만 사용하는 단안시로 인해 깊이 지각에 어려움이 있을 수 있어 보행 할 때 길가의 웅덩이, 패인 곳, 계단 등에서 발을 헛딛지 않게 유의하도록 한다.

ⓓ 교실에서 자리 배치 시에 두 눈 중 기능성이 좋은 눈을 사용할 수 있는 곳에 자리를 배치한다. 예를 들어, 우측 눈이 더 좋다면 우측 눈은 우측 시야 $90°$ 좌 측 시야 $60°$가 정상임을 고려하여 교실 중앙이나 약간 좌측에 자리를 배치하는 것이 좋다.

### (3) 색각 이상

① 안질환에 따라 색 지각이나 색맹 같은 문제를 동반하기도 한다. 따라서 어떠한 배색에서 색을 잘 구별하지 못하고, 어떤 배색의 그림이나 이미지를 잘 인식하는지를 확인하는 것이 필요하다.

② 색 지각 문제는 각막, 수정체, 망막, 뇌의 시피질 등에 이상을 일으키는 안질환에서 나타날 수 있다. 특히 망막 질환은 적색과 녹색을 혼동하거나 청색과 황색을 혼동하는 경우가 있다. 색 지각력이 떨어지는 학생은 착색 렌즈, 고대비 자료, 대비 조절 기능이 있는 확대독서기 등의 사용이 도움이 될 수 있다.

시각장애 학생 교육 개론, 이태훈, 도서출판 점자

**보충+α** 특수교육교사가 알아야 할 눈의 주요 부위와 관련 안질환

| 눈의 주요 부위 | | 주요 기능 | 대표 안질환 | 시력과 시야장애 |
|---|---|---|---|---|
| 외막 | 각막 | • 창의 기능<br>• 굴절 기능 | • 각막궤양<br>• 각막외상<br>• 원추각막 | 각막 혼탁으로 시력 저하 |
| 중막 | 홍채 | 빛의 양 조절 기능 | • 무홍채증<br>• 홍채염 | 눈부심으로 시력 저하 |
| 내막 | 망막 | 물체의 상이<br>맺히는<br>필름 기능 | 망막색소변성증 | • 초기 주변시야 손상<br>• 중심시야 손상으로 진행되면 시력 저하 동반 |
| | | | 황반변성 | • 중심시야 손상<br>• 중심시야 손상으로 인한 시력 저하 |
| | | | 당뇨망막병증 | • 불규칙적인 시야 손상<br>• 중심시야 손상 있으면 시력 저하 동반 |
| | | | 미숙아 망막병증 | • 주변시야 손상<br>• 중심시야 손상 있으면 시력 저하 동반 |
| 안 내용물 | 수정체 | 굴절 기능 | 근시, 원시, 난시 | 굴절 이상으로 시력 저하 |
| | | 창의 기능 | 백내장 | 수정체 혼탁으로 시력 저하 |
| | 방수 | 안구 내압 유지 | 녹내장 | 녹내장을 일으키는 원인 |
| 시신경과<br>시로 | 시신경 | 망막에 맺힌<br>시각정보를<br>뇌로 전달 | 녹내장 | • 주변시야 손상<br>• 중심시야 손상으로 진행하면 시력 저하 동반 |
| | | | 시신경 위축 | 시신경 위축 위치에 따라 시야 손상과 시력 저하 |
| | 시로 | | 시로 장애 | • 1/2 반맹 시야 손상<br>• 1/4 반맹 시야 손상 |
| 안 부속기 | 외안근 | 안구 운동 | 사시 | 양안 시의 어려움으로 시력 저하 |
| | | | 안진 | 초점 유지의 어려움으로 시력 저하 |

## 01 학습 진단

### 1. 목적

① 시각장애학생이 장애로 인해 어떤 교과 학습활동에 어려움이 있는지를 확인한다.

② 단순히 교과별 학업 수행의 어려움을 확인하는 데 그쳐서는 안 되며, 교과 학습의 동등한 참여를 위한 특수교육 지원 방법을 강구해야 한다.

③ 검사 결과에 기초하여 일반교사와 시각장애학생에게 적합한 교과별 교수·학습 방법과 전략을 안내하고 지도해야 한다.

### 2. 방법

① 담임 및 교과교사, 시각장애학생, 부모와의 면담평가를 통해 학생의 교과 학습의 어려움과 필요한 지원을 확인한다.

② 각 교과에 대한 수행능력은 교육과정 중심 평가를 통해 이루어질 수 있다.

    ㉠ 일선 학교에서 교육과정 중심 평가는 형성평가, 중간고사, 기말고사 등을 통해 이루어진다.

    ㉡ 담임교사를 통해 학생의 교과별 성적을 확인하여 어떤 교과에서 낮은 성취를 보이는지 확인한다.

    ㉢ 개인정보 보호로 성적 확인이 어렵다면 담임교사에게 교과별 학업성취 수준을 '매우 높음-높음-보통-낮음-매우 낮음'으로 평정해줄 것을 요청할 수 있다.

③ 면담과 교과성적 확인 결과에 기초하여 학생이 어려움을 보인 교과를 중심으로 수업관찰 평가를 실시하여 교과활동과 과제수행에 어려움을 겪는 이유와 필요한 지원을 확인한다.

④ 학생이 지적장애를 동반하는 것으로 의심된다면 '기초학습 능력 검사' 실시를 고려할 수 있다.

## 02 형식적 시각평가

### 1. 목적

① 학생의 시기능 수준과 학습 및 일상생활에서 잔존 시각을 활용하는 능력과 어려움을 확인하고, 잔존 시각을 보다 효율적으로 활용할 수 있도록 적절히 지원한다.
② 공인된 원거리 시력표, 근거리 시력표, 대비감도 검사표, 시야 검사도구 등을 사용하여 학생의 원거리 시력, 근거리 시력, 시야, 대비감도, 조명 및 대비선호 등의 시기능 수준을 확인하고 시기능 향상에 도움이 되는 확대경, 망원경, 아세테이트지, 착색렌즈 등의 저시력 기구를 추천할 수 있다.

### 2. 형식적 시각검사의 종류

#### (1) 원거리 시력검사(distance vision test)

① 목적: 원거리 시력검사는 3m 또는 6m 정도에서 보는 능력을 측정하고, 검사결과에 따라 망원경과 원거리용 확대독서기를 추천하는 데 목적이 있다. ✱
② 종류: 란돌트 고리, 스넬렌 시표, 한식 표준 시시력표(5m, 3m), 청산 시력표, 진용한 시력표(4m)가 있다.
③ 방법: 원거리 시력표는 적정 밝기를 제공하고 눈부심이 없으며 부착물이 없는 흰색 계열의 벽에 부착하고, 학생의 눈높이에 시력표 중앙이 오도록 한다. 검사는 양안, 우안, 좌안 순서로 한다.
④ 진행

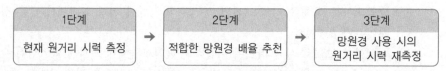

[그림 2-2] 원거리 시력검사 진행 단계

㉠ 1단계: 현재 원거리 시력 측정

ⓐ 학생이 시력표로부터 표준 검사거리에 서거나 앉게 한다.

ⓑ 시력표의 가장 큰 시표(숫자)부터 작은 시표(숫자)의 순서로 읽도록 한다.

ⓒ 학생이 마지막으로 읽은 시표에 해당하는 시력을 기록한다.

- 일반적으로 각 줄에 5개의 시표가 있을 경우 3개 이상을 바르게 읽어야 해당 시력을 보유한 것으로 인정한다.
- 시력 표기 시 잘못 읽은 숫자의 개수를 위첨자로 표시할 수 있다. 예 0.04[-1]

ⓓ 만일 표준 검사거리에서 가장 큰 시표조차 읽지 못하면 1m 간격으로 시력표에 다가가서 읽도록 하고, 공식에 따라 시력을 계산하여 기록한다.

예 표준 검사거리 3m인 원거리 시력표를 사용하여 우안으로 시력 0.016에 해당하는 시표를 1m에서 읽었다면 우안의 시력은 [0.016×(1/3)m]로 계산한다. ★

> 시력 = 마지막으로 읽은 라인의 시력 × (실제 검사거리/표준 검사거리)

ⓔ 만약 시력표로부터 1m 거리까지 다가가도 가장 큰 시표를 읽지 못한다면 안전지수, 안전수동, 광각 순으로 측정한다.(교육적 맹 ★) [23 중등]

| 구분 | 내용 |
|---|---|
| 안전지수(FC) | • 학생이 50cm, 30cm 거리에서 검사자가 편 손가락의 수를 맞출 수 있는 시력<br>• 거리와 함께 기록함 예 50cm 안전지수 |
| 안전수동(HM) | • 학생이 50cm, 30cm 거리에서 검사자가 손을 좌우로 흔들고 있는지 멈추고 있는지를 맞출 수 있는 시력<br>• 거리와 함께 기록함 예 30cm 안전수동 |
| 광각 | • 학생이 눈 앞에서 검사자가 전등이나 플래시를 켰는지 껐는지 맞출 수 있는 시력<br>• 빛의 유무를 지각하면 '광각(LP)', 지각하지 못하면 '광각무' 또는 '전맹'이라고 함 |

ⓛ **2단계: 적합한 망원경 배율 계산과 추천**

ⓐ 학생의 현재 원거리 시력이 0.3 이하인 경우에는 망원경과 원거리용 확대독서기를 사용하도록 하는 것이 필요할 수 있다.

ⓑ 다만 짧은 시간 동안의 원거리 보기에는 망원경을 사용할 수 있으나, 수업시간 내내 칠판을 보아야 할 때는 원거리용 확대독서기를 사용하는 것이 적절하다.

ⓒ 망원경의 배율은 좌안과 우안 중에 더 좋은 눈을 기준으로 단안 망원경을 추천하고, 두 눈의 시력이 같은 경우 쌍안경도 추천할 수 있다.

ⓓ 좋은 눈을 기준으로 하는 이유는 보다 낮은 배율의 망원경을 사용하도록 하여 더 넓은 시야와 편안한 사용을 돕기 위함이며, 망원경 배율은 목표 원거리 시력과 현재 원거리 시력(우세안)에 따라 결정된다. ✱

---

망원경 배율(x) = [목표 원거리 시력 ÷ 현재 원거리 시력]

---

ⓒ **3단계: 망원경 사용 시의 원거리 시력 재측정**

ⓐ 교사가 추천한 망원경을 사용할 때 목표 원거리 시력에 도달하는지를 다시 검사할 필요가 있다.

ⓑ 목표 시력에 도달하지 못하는 경우 한 배율 더 높은 망원경을 사용하도록 할지를 교사가 결정해야 한다.

ⓒ 이미 높은 배율의 망원경을 사용하고 있고 학생이 고배율 망원경의 사용으로 어지러움 등을 호소한다면 목표 원거리 시력을 낮추어 잡는 것이 더 적절할 수 있다.

ⓓ 망원경 사용이 익숙하지 않은 저학년 학생은 10배율 이상의 고배율 망원경을 추천받은 경우라도 처음부터 10배율로 검사하기보다 4배율 – 8배율 – 10배율처럼 저배율 망원경부터 단계적으로 도입하여 망원경 사용에 친숙해지도록 하는 것이 좋다.

ⓔ **방법**
- 교사가 표준 검사거리에서 추천받은 망원경의 초점을 미리 맞추어준다.
- 학생이 망원경의 접안렌즈 부분을 더 좋은 쪽 눈에 대도록 한다.
- 학생이 망원경을 사용하여 1단계 검사에서 마지막으로 읽은 시표(숫자)부터 목표 원거리 시력의 시표까지 읽도록 한다.
- 학생이 망원경을 사용하여 읽은 마지막 시표에 해당하는 원거리 시력을 기록하고, 목표 원거리 시력이 나오는지를 확인한다.

(2) **근거리 시력검사(near vision test)**

① 목적: 40cm 정도의 거리에서 보는 능력을 측정하고, 검사결과에 따라 확대경과 근거리용 확대독서기를 추천하는 데 목적이 있다.

② 종류

   ㉠ 진용한 근거리 시력표, 한천석 한식 근거리 시력표, 한국시각장애교육재활학회 근거리 시력표 등이 있다.

   ㉡ 2017년에 교육부와 대전광역시교육청에서 개발·보급한 근거리 시력표는 표준 검사거리가 40cm로 학생용(숫자 시표), 유아용(그림 시표)으로 구성되어 숫자를 읽지 못하는 유아나 시각중복장애학생은 유아용을 사용할 수 있다.

③ 방법

   ㉠ 학생이 바르고 편안한 자세로 검사할 수 있도록 높낮이 조절 독서대에 근거리 시력표를 놓은 후 적정 밝기를 제공하고, 눈부심과 그림자를 방지할 수 있는 테이블 위치에 놓아야 한다.

   ㉡ 근거리 시력검사는 양안, 우안, 좌안 순서로 한다.

   ㉢ 근거리 시력은 글자크기(1M = 8point)로 기록한다.

④ 진행

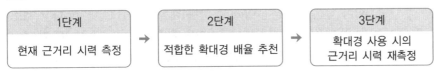

[그림 2-3] 근거리 시력검사 진행 단계

   ㉠ 1단계: 현재 근거리 시력 측정

      ⓐ 학생의 눈과 근거리 시력표 간에 표준 검사거리를 유지한다.

      ⓑ 시력표의 가장 큰 시표(숫자)부터 작은 시표(숫자)의 순서로 읽도록 한다. 학생이 시력표의 줄을 잃어버리거나 시표(숫자)를 찾는 데 어려움을 보이는 경우, 읽어야 하는 시표 아래를 검정색 색지로 가려준다.

      ⓒ 학생이 마지막으로 읽은 시표의 글자크기(예 M size)를 기록한다.

        • 시표의 숫자 5개 중 3개 이상을 바르게 읽어야 해당 시력을 보유한 것으로 인정한다.

        • 시력을 표기할 때 잘못 읽은 숫자의 개수를 위첨자로 표시할 수 있다.
          예 $1.6M^{-1}$

      ⓓ 학생이 표준 검사거리에서 가장 큰 시표(숫자)조차 읽지 못하는 경우 학생이 볼 수 있는 거리까지 다가가 읽도록 하고, 검사거리(cm)와 마지막으로 읽은 숫자의 글자크기를 기록한다. 예 10cm에서 2.0M

ⓛ 2단계: 적합한 확대경 배율 계산과 추천
  ⓐ 표준 검사거리에서 읽을 수 있는 글자크기가 고학년 학생은 1.0M(8point), 저학년 학생은 2.0M(16point)보다 크면 확대경과 근거리용 확대독서기를 사용할 필요가 있다.
  ⓑ 확대경의 배율은 좌안과 우안 중 더 좋은 눈을 기준으로 추천한다.
  ⓒ 좋은 눈을 기준으로 하는 이유는 확대경 배율이 높아질수록 시야가 감소, 렌즈 주변부에서 상의 왜곡현상이 있어 읽기 효율성이 떨어지기 때문이다.
  ⓓ 확대경 배율에 사용하는 단위인 디옵터(D; Diopter)는 목표 글자크기와 현재 읽을 수 있는 가장 작은 글자크기, 검사거리에 의해 결정된다.

> 확대경 디옵터(D)
> = (현재 읽을 수 있는 글자크기/목표 글자크기) × (100cm/검사거리)

ⓒ 3단계: 확대경 사용 시의 근거리 시력 재측정
  ⓐ 교사가 추천한 배율(디옵터)의 확대경을 사용할 때 목표 글자크기를 읽을 수 있는지를 다시 검사하는 것이 필요하다.
  ⓑ 목표 글자크기를 읽지 못하면 한 배율 높은 확대경을 사용할지 결정한다.
  ⓒ 이미 높은 배율을 사용하고 현재 배율이 힘들고 어지럽다고 호소하면 더 높은 배율의 확대경보다 근거리용 확대독서기 사용을 권고할 수 있다.
  ⓓ 다만 현재 확대경 배율이 높지 않다면 한 배율 더 높은 것을 사용하여 목표 글자크기를 읽을 수 있는지를 다시 한번 검사해볼 수 있다.
  ⓔ 저학년이고 확대경 사용에 익숙지 않은 학생이 16D 이상의 고배율 확대경을 추천받은 경우 처음부터 16D를 사용하여 검사하기보다 8D−10D−16D처럼 저배율 확대경부터 단계적으로 도입하는 것이 확대경 사용에 친숙해지는 데 도움이 될 수 있다.
  ⓕ 교사가 유의할 점: 확대경을 사용할 때의 근거리 시력을 측정하는 경우 학생이 확대경에 다가가는 것을 허용해야 한다. 그 이유는 확대경 배율이 높을수록 초점거리가 짧아지고 시야가 좁아지며 렌즈 주변부로 보이는 상의 왜곡 현상 등으로 인해 확대경 가까이 다가가 보는 것이 필요하기 때문이다.
  ⓖ 확대경의 디옵터(D)에 따라 학습자료와 렌즈 간의 초점거리가 달라지므로 초점거리 공식을 이용하여 구해야 한다. 확대경은 초점거리를 제대로 맞추지 않으면 선명하고 확대된 상을 얻지 못한다.

> 디옵터(D) = (100cm/초점거리), 1X = 4D

ⓗ 방법
  • 확대경을 바르게 잡도록 하고 확대경의 초점거리를 맞추어준다.
  • 학생이 확대경을 사용하여 1차 평가에서 마지막으로 읽은 시표(숫자)부터 목표 글자크기의 시표(숫자)까지 읽도록 한다. 이때 학생의 눈이 렌즈에 가까이 다가가는 것을 허용한다.
  • 학생이 확대경을 사용하여 마지막으로 읽은 시표에 해당하는 근거리 시력(글자크기)을 기록하고, 목표 근거리 시력이 나오는지 확인한다.

### (3) 흑백 반전 근거리 시력검사

① 흑백 반전 근거리 시력표: 검정색 바탕에 흰색 숫자로 제작되는 것을 제외하면 표준 근거리 시력표와 동일하다.

② 백색증, 무홍채증, 망막색소변성증 등 눈부심이 있는 질환이 있거나 눈부심을 호소하는 학생에게 실시한다.

③ 바탕(배경)색으로서의 검정색은 흰색보다 빛을 덜 반사하여 눈부심을 감소시키기 때문에 시기능을 향상시킬 수 있다.

### (4) 대비감도 검사(contrast sensitivity test)

① 원거리 시력표 또는 근거리 시력표에 사용되는 시표(숫자나 그림)는 모두 고대비이지만, 대비감도 검사에서 사용하는 시표는 흰색 바탕에 고대비의 검정색 글자로 시작하여 점차 흐릿해지는 저대비 검정색 글자로 구성된다.

② 대비감도는 원거리나 근거리 시력에 영향을 미칠 수 있는데, 원거리 시력 또는 근거리 시력이 같더라도 대비감도가 낮으면 학습과 일상에서 보는 데 어려움이 더 많을 수 있다.

③ 따라서 대비감도가 낮은 학생은 책의 선명하지 못한 글자 보기, 사람의 얼굴 식별, 계단 오르내리기, 길가의 웅덩이 피하기 등에 어려움을 보일 수 있다.

④ 학생의 대비 수준이 정상적인 수준보다 낮게 측정되면 저대비 학습자료나 저대비 생활 환경에서 어려움을 겪을 수 있으므로, 고대비 학습자료의 제공, 착색렌즈, 아세테이트지, 확대독서기 등의 대비 증진 기구를 사용하도록 추천할 수 있다.

### (5) 조명 선호 검사

① 적절한 조명은 시력, 대비 등의 시기능을 향상시키는 효과가 있다. 안질환에 따라 선호하는 조명의 밝기가 다르므로 학생이 어떤 조명 밝기에서 잘 볼 수 있는지를 검사하는 것이 필요하다.

② 다만 조명 밝기가 증가하면 눈부심도 함께 증가할 수 있으므로, 학생이 밝기 증가에 따라 눈부심을 느끼거나 민감한지도 확인하는 것이 좋다.

③ 개인 조명 기구를 사용할 때 근거리 시력이나 대비감도가 향상되었다면 조명 사용 효과가 있는 것으로 보고 개인용 스탠드 사용을 추천할 수 있다.

### (6) 대비선호 검사

① 여러 색의 착색렌즈나 아세테이트지는 대비를 높이고 눈부심을 감소시켜 시력과 대비감도 같은 시기능을 향상시키는 효과가 있다.
② 빛 투과율이 좋은 노란색, 갈색 같은 착색렌즈나 아세테이트지를 사용할 때 시력이나 대비감도가 향상된다면 이를 사용하도록 추천할 수 있다.
③ 대비선호 검사는 양안으로만 검사해도 되며, 착색렌즈를 착용하거나 아세테이트지를 시력표 위에 놓은 상태에서 근거리 시력검사나 대비감도 검사와 동일한 절차로 검사한다.
④ 착색렌즈 또는 아세테이트지의 시기능 향상 효과를 정확하게 확인하려면 이전의 근거리 시력검사 또는 대비감도 검사와 같은 검사거리를 유지해야 한다는 점을 잊지 말아야 한다.
⑤ 이들 기구를 사용했을 때 근거리 시력이나 대비감도가 향상되었다면 착색렌즈나 아세테이트지의 사용 효과가 있는 것으로 보고 사용할 것을 추천할 수 있다.

### (7) 색상대비 검사

① 교과서, 참고서 등 학습자료는 학습내용을 구분·강조하거나 분류하기 위한 방법으로 다양한 바탕색에 다양한 글자색이 들어간 표 박스, 그림 등을 포함한다.
② 색상대비 검사는 높은 색상대비에서 낮은 색상대비로 이루어진 시표를 식별하는 시각능력을 측정하는 것으로, 학생이 잘 읽거나 잘 읽지 못하는 색상대비를 확인할 수 있다.

### (8) 시야검사 [22 유아]

① 정상적인 상하 시야는 50°와 70° 정도이고, 좌우 시야는 좌안의 경우 좌측(바깥쪽) 90°와 우측(코쪽) 60°, 우안(바깥쪽)의 경우 우측 90°와 좌측 60° 정도이다.
② 양안, 우안, 좌안 순서로 실시하거나 상황에 따라 양안만 검사할 수 있다.
  ㉠ 좌안과 우안의 바깥쪽(귀쪽) 시야와 다르게 안쪽(코쪽) 시야는 서로 중첩되어 상호 보상 효과가 있다.
  ㉡ 따라서 우안의 코쪽(안쪽) 시야가 상실되어도 좌안의 코쪽(안쪽) 시야에 손상이 없다면 안쪽을 보는 데 문제가 없다.
③ 양쪽 눈의 시력이 비슷하다면 시야가 넓은 쪽 눈을 우세안으로 하여 망원경이나 확대경 사용을 고려할 수 있다.
④ 녹내장, 망막색소변성증, 황반변성 등의 시야손상과 관련된 질환은 시야검사를 하는 것이 중요하다.

---

**보충+α** | **시야 이상**

- **협착**: 망막색소변성, 녹내장 등으로 시야의 범위가 좁아진 것이다.
- **감도저하**: 백내장, 각막혼탁 등으로 시야의 범위가 좁아졌으나 손상된 시야 부위가 전혀 안 보이는 것은 아닌 흐릿하게 보이는 상태이다.
- **반맹**: 시로장애로 시야 절반이 결손된 상태를 말한다.
- **암점**: 당뇨망막병증, 황반변성, 시신경 위축 등으로 시야 내에서 부분적으로만 보이는 부분이다.

---

⑤ 시야검사 종류

㉠ 주변시야 검사

    ⓐ 망막색소변성증, 녹내장, 시로장애 등의 안질환을 가진 학생은 주변시야 검사를 실시하는 것이 필요하다.

    ⓑ 학생 면담이나 관찰에서 학생이 우측 물체와 잘 부딪치거나 우측으로 고개를 돌려 보는 경향이 있다면 우측 시야 손상이 큰 것으로 추측하고, 형식적 시야검사를 통해 이를 확인할 수 있다.

    ⓒ 주변시야 검사 종류

| 유형 | 내용 |
|---|---|
| 원판 시야 검사 | • 원판 시야검사와 1.2m 띠 시야검사 모두 학생이 부착물이 없는 깨끗한 벽면을 바라보도록 검사 위치를 조정하는 것이 좋음<br>• 양안, 우안, 좌안 순서로 실시하거나 양안만 검사할 수 있음 |
| 1.2m 띠 시야 검사 | • 원판 시야검사가 어려운 유아, 시각중복장애학생 등은 1.2m 띠 시야검사를 실시할 수 있음<br>• 1.2m 띠 시야검사도 양안, 우안, 좌안 순서로 실시하거나 양안만 검사할 수 있음(임안수 외, 2014)<br>• 검사결과의 기록방법은 원판 시야검사와 동일함 |
| 대면법 | • 교사와 학생이 마주보고 검사하며, 대비가 높은 색깔의 막대나 맨 손을 사용하여 검사함<br>• 대면법도 양안, 우안, 좌안 순서로 실시하거나 상황에 따라서 양안만 검사할 수 있음 |

㉡ 중심시야 손상 검사

    ⓐ 황반변성, 시신경 위축 등의 안질환을 가진 학생은 시야 중심부에 암점이 있는지를 검사하는 것이 필요할 수 있다.

    ⓑ 면담, 관찰에서 학생이 사물 정면을 응시할 때 사물의 중앙 부분이 안 보인다고 하거나 고개를 기울여 보는 것이 관찰된다면 형식적 시야검사를 통해 중심부 암점 여부를 확인할 필요가 있다. 중심부 암점으로 인해 똑바로 보면 안 보여서 이를 보상하려고 고개나 안구를 돌려서 보는 것일 수 있다.

    ⓒ 중심시야 손상 검사 종류

| 유형 | 내용 |
|---|---|
| 시계보기 검사 | • **시계보기 검사지**: A4 용지에 시계 그림을 그리고 시계 가운데에 숫자나 글자나 도형을 적어서 만들 수 있음<br>• 양안, 좌안, 우안 순서로 검사하거나 양안으로만 검사할 수 있으며, 학생의 시력 수준에 따라 글자나 숫자 크기를 더 크고 진하게 적을 수 있음<br>• 학생이 시계 중앙을 바라볼 때 가장 잘 보이는 시계의 숫자를 확인하고 가장 잘 보이는 시계 숫자가 중앙에 오도록 응시하는 방향이 중심외보기 방향일 수 있음<br>예 시계 중앙을 볼 때 7과 8 숫자가 잘 보이면 2시와 3시 방향으로 보는 것이 중심외보기 방향일 수 있음 |
| 암슬러 격자 검사 | 암점의 크기나 위치를 대략 파악하여 적합한 중심외보기 방향을 확인할 수 있음 |

**시각검사 종류, 평가목적, 활용**

| 구성 | 하위 검사 | 평가목적과 활용 |
|---|---|---|
| 기능시각<br>평가<br>검목표 | 원거리<br>검목표 | • 원거리에서 이루어지는 학습, 보행, 일상활동에서 잔존 시각을 활용하는<br>수준을 일대일 면담, 행동시연 요구, 관찰 등을 통해 확인함<br>• 학생이 어려움을 경험하는 원거리 활동 및 지원 요구를 대략 파악함 |
| | 근거리<br>검목표 | • 근거리에서 이루어지는 학습과 일상활동에서 잔존 시각을 활용하는 수준<br>을 일대일 면담, 행동시연 요구, 관찰 등을 통해 확인함<br>• 학생이 어려움을 경험하는 근거리 활동 및 지원 요구를 대략 파악함 |
| | 시야<br>검목표 | • 시야와 관련하여 이루어지는 학습, 보행, 일상활동에서 겪는 어려움과 선<br>호 시야를 일대일 면담, 행동시연 요구, 관찰 등을 통해 확인함<br>• 학생이 어려움을 경험하는 시야 문제와 지원 요구를 대략 파악함 |
| | 조명<br>검목표 | • 다양한 조명 조건에서 이루어지는 학습, 보행, 일상활동에서 겪는 어려움<br>과 조명 선호를 일대일 면담, 행동시연 요구, 관찰 등을 통해 확인함<br>• 학생이 어려움을 경험하는 조명 문제와 지원 요구를 대략 파악함 |
| | 대비<br>검목표 | • 다양한 대비 환경에서 이루어지는 학습, 보행, 일상활동에서 겪는 어려움<br>과 대비 선호를 일대일 면담, 행동시연 요구, 관찰 등을 통해 확인함<br>• 학생이 어려움을 경험하는 대비 문제와 지원 요구를 대략 파악함 |
| 형식적<br>시각검사 | 원거리<br>시력검사 | • 공인 원거리 시력표로 원거리 시력을 측정함<br>• 망원경 지원 여부 결정과 적합한 배율을 추천함<br>• 원거리용 확대독서기 지원 여부를 결정함 |
| | 근거리<br>시력검사 | • 공인 근거리 시력표로 독서거리에서 볼 수 있는 글자크기를 측정함<br>• 확대경 지원 여부 결정과 적합한 배율를 추천함<br>• 근거리용 확대독서기의 지원 여부를 결정함 |
| | 흑백 반전<br>근거리<br>시력검사 | • 공인 흑백 반전 근거리 시력표와 표준 근거리 시력표의 시력을 비교함<br>• 흑백 반전 근거리 시력표에서 시력 향상이 나타나면 컴퓨터, 스마트폰,<br>확대독서기 모니터 환경을 검정색 바탕에 흰색 글자로 변경하여 사용함 |
| | 대비감도<br>검사 | • 대비감도 검사표로 명도 대비 수준을 측정함<br>• 낮은 명도의 대비자료 읽기와 대비 증진을 위해 확대독서기, 착색렌즈,<br>아세테이트지 등의 지원 여부를 결정함 |
| | 색상대비<br>검사 | • 색상대비 검사표로 색상 대비 수준을 측정함<br>• 낮은 색상대비 자료의 읽기와 대비 증진을 위해 선호 색상대비로 자료<br>수정이나 확대독서기 지원 여부를 결정함 |
| | 대비선호<br>검사 | • 근거리 시력표나 대비감도 검사표를 사용하여 착색렌즈나 아세테이트지의<br>사용 전과 후의 시력 변화를 측정함<br>• 착색렌즈나 아세테이트지 사용 후 근거리 시력이나 대비감도가 향상되면<br>착색렌즈나 아세테이트지를 사용하도록 함 |
| | 조명선호<br>검사 | • 근거리 시력표나 대비감도 검사표를 사용하여 개인용 스탠드 사용 전과<br>후의 시력 변화를 측정함<br>• 개인용 스탠드 사용 후 근거리 시력이나 대비감도가 향상되면 개인 조명<br>기구를 사용하도록 함 |
| | 시야검사 | • 원판 시야검사 도구나 1.2m 띠 시야검사 등을 사용하여 시야손상 정도와<br>위치를 확인함<br>• 학생에게 적합한 좌석 배치, 교구의 제시 위치, 필요한 시야 확대 기기 등<br>을 추천함<br>• 중심외보기, 추시, 추적, 주사 등의 시기능 훈련 여부를 결정함 |

## 03 학습매체 평가 <sup>19 중등</sup>

### 1. 목적

① 학습매체 평가의 목적은 모든 학습의 기본이 되는 읽기와 쓰기 활동에 점자, 확대, 음성 중 어떤 유형의 자료와 도구가 시각장애학생에게 적합한지 결정하는 것이다.

② 학습매체 평가는 문해매체 평가, 읽기매체 평가 등으로 불리기도 한다.

③ 일반적으로 전맹 학생은 점자를 학습의 주 매체로 사용하지만, 저시력 학생은 자신에게 적합한 확대 글자크기를 사용하여 해당 학년의 학습활동을 수행하는 데 어려움이 있는지에 따라 확대글자나 점자 중 적합한 유형의 자료와 도구를 선정하는 과정이 필요하다.

④ 우리나라에서 2017년에 개발·보급한 학습매체 평가도구는 읽기매체와 쓰기매체 평가로 구분된다.

⑤ 읽기매체 평가, 쓰기매체 평가

| 유형 | 내용 |
|---|---|
| 읽기매체 평가 | • 학생이 선호하는 묵자 읽기 환경을 조성한 후에 학생의 확대 글자크기와 읽기 유창성 수준에 근거하여 점자, 확대, 음성 중에서 어떤 읽기매체와 도구로 읽기 활동을 하는 것이 적합한지를 결정함<br>• 읽기매체 평가에 사용하는 읽기 시력표(reading acuity test)는 8~48포인트의 글자크기로 된 문장들로 이루어짐 |
| 쓰기매체 평가 | 학생이 선호하는 묵자 쓰기 환경을 조성한 후 묵자 쓰기 속도와 정확성을 평가하여 묵자, 점자, 음성 중 어떤 쓰기매체와 도구로 쓰기 활동을 하는 것이 적합한지를 결정함 |

## 2. 시각장애 학습매체 사용 유형

### (1) 점자를 주 매체로 사용해야 하는 집단

① 전맹, 빛 지각, 형태 지각 수준의 시력만 남아 있어 확대글자조차 읽기 어렵거나 확대글자를 읽더라도 읽기 속도가 현저히 느려 점자로 학습하는 것이 오히려 효율적인 학생이다.

② 이들 중 일부는 점자 읽기 능력이나 상급학년 진학에 따라 음성자료를 보조매체로 사용하기도 한다.

### (2) 확대글자를 주 매체로 사용해야 하는 집단

① 18포인트 이상의 큰 문자로 확대해서 보거나 확대경, 확대독서기 같은 저시력 기구를 사용하여 학습하는 것이 효율적인 학생이다.

② 잔존 시각 수준에 따라 적합한 확대글자 크기, 확대경 배율 등에 대한 요구가 다르며, 이들 학생 중 일부는 확대글자 읽기 능력이나 상급학년 진학에 따라 음성자료를 보조매체로 사용하기도 한다.

### (3) 점자와 묵자를 함께 사용하는 집단(이중매체 사용자)

① 확대글자를 사용하여 읽을 수 있으나 읽기 속도가 현저하게 느리다거나 안피로가 심해 오랜 시간 읽기 어려워 점자를 주 매체로 사용하면서 간헐적으로 확대글자를 함께 사용하는 학습자이다.

② 이들은 많은 분량의 자료는 점자로 읽고, 간단한 자료는 확대글자로 읽으며, 상급학년 진학에 따라 음성자료를 보조매체로 사용하기도 한다.

### (4) 음성자료를 주 매체로 사용하는 집단

소아당뇨병, 당뇨망막병증, 중도 실명 노인과 같은 일부 학습자는 촉각의 둔감화로 인해 점자를 배우거나 촉각으로 점자를 읽기가 어려워 음성자료를 주 매체로 사용할 수 있다.

## 04 특수한 교육활동 영역 평가

### 1. 특수한 교육 영역(disability-specific curriculum)

① 시각장애학생을 위한 특수한 교육 영역은 일반학교 교육에서 통상적으로 행해지는 필수교과 영역을 의미하는 중핵교육과정(Core Curriculum, 일반교육과정)에 더하여 시각장애를 보상하고 대처 · 극복하기 위해 필요한 교육 영역을 추가한 확대중핵교육과정(Expanded Core Curriculum, 확대기본교육과정)을 말한다.

② 점자, 보행, 일상생활, 대인관계, 저시력, 보조공학, 여가와 레저, 진로와 직업 등을 포함한다.

## 2. 확대기본교육과정(ECC) 영역의 평가

학생이 시각장애에 대처하고 극복하기 위해 이들 영역에 대한 지도가 필요한지를 결정하거나 학생의 학년과 현재 기술 수행수준에 기초하여 지도할 교육목표와 내용을 결정하는 데 목적을 둔다.

## 3. 평가 영역

| 영역 | 내용 |
|---|---|
| 점자 평가 | • 학습매체 평가에서 점자매체가 적합한 것으로 선정된 학생을 대상으로 실시함<br>• 얼마나 점자를 정확하고 능숙하게 읽고 쓸 수 있는지를 확인함<br>• 점자 읽기와 쓰기의 정확성과 속도 평가, 읽기 이해도 평가 등으로 구분할 수 있음 |
| 보행 평가 | 가정, 학교, 지역사회에서 독립적으로 이동하는 능력을 확인하고, 독립 보행이 어려운 학생은 연령과 현재 보행기술 수준에 따라 적합한 보행교육을 계획하여 실시하는 데 목적이 있음 |
| 일상생활 평가 | • 시각장애학생은 어려서부터 다른 사람의 일상생활 수행 방법을 자연스럽게 모방하여 학습하기 어려우므로 학교에서 일상생활 기술을 지도할 필요가 있음<br>• 일상생활 평가는 가정, 학교, 지역사회에서 연령에 적합한 일상적인 활동들을 독립적으로 수행하는 수준을 확인하고, 독립적인 일상 활동이 어려운 학생은 연령과 현재 일상생활 기술 수준에 따라 적합한 일상생활 교육을 계획하여 실시하는 데 목적이 있음 |
| 저시력 평가 | 시각평가 결과에 기초하여 선정된 저시력 기구의 사용 수준과 잔존 시력을 활용하는 시각 활용 기술 수준을 확인하여 저시력 기구 사용방법 교육과 시기능 훈련을 계획하고 실시하는 데 목적이 있음 |
| 보조공학 평가 | • 시각장애로 인해 학습과 생활에서 겪는 어려움을 보상하고 극복하기 위해 보조공학기기의 사용과 교육이 필요한지를 확인하는 데 목적이 있음<br>• 보조공학기기는 전맹용과 저시력용으로 나누거나 학생의 활용 감각에 따라 촉각 활용 보조공학(점자 지원), 청각 활용 보조공학(음성 지원), 시각 활용 보조공학(확대 지원)으로 구분하기도 함 |
| 대인관계 및 학교생활 적응 평가 | • 시각장애학생이 학교생활에 잘 적응하기 위해 학교시설 환경이 적절하게 조성되어야 하고, 학급 친구들과 원만한 교우관계를 형성해야 함<br>• 특히 통합교육을 받고 있는 시각장애학생에게 이와 관련된 평가는 매우 중요함 |
| 진로 및 직업 평가 | 시각장애학생이 중·고등학교에 진학하면 자신의 직업 흥미, 적성 등을 확인하여 대학 진학이나 직업을 준비할 수 있도록 해야 함 |

## 01 시각 관련 용어

### 1. 시각과 관련된 기본 개념

#### (1) 시각 기술

중심외보기(eccentric viewing), 탐지하기(spotting), 추시하기(tracing), 추적하기(tracking), 주사하기(scanning) 등

#### (2) 시기능

① 생활 속에서 학업과제나 일상활동을 수행하는 데 시각을 어느 정도 사용하는지를 의미한다.
② 시기능 수준은 아동의 시력, 과거의 시각적 경험, 시각을 사용하려는 동기와 욕구와 주변인의 기대에 의해 좌우된다.
③ 교사는 시기능을 높일 수 있도록 환경을 마련해주기 위해 아동별로 시각 과제에 필요한 조명, 시각 자극물과 배경의 색상과 대비, 시각 자극물의 크기, 시각 자극물 제공거리, 아동에게 적절한 시각과제 수행시간을 고려해야 한다.

#### (3) 시효율

① 특정한 시각 과제를 쉽고 편안하고 시간을 적게 들여 수행하는 것을 의미한다.
② 학생의 시효율을 교사가 알고 있다면 시효율을 높이기 위한 방법을 효과적으로 마련해줄 수 있다.
③ 시효율을 높이는 방법은 아동의 상태에 맞게 고안되어야 한다.
④ 콘(Corn)의 시기능 모형

[그림 2-4] 콘의 시기능 모형

ㄱ 콘(Corn)은 저시각을 효율적으로 활용하는 프로그램을 개발하기 위한 이론적 모형을 제시했으며, 이 모형은 시각기술의 향상을 촉진할 수 있다.

ㄴ 시기능 활용을 위해 아동이 보유하고 있어야 하는 능력으로 인지, 감각 발달 통합, 지각, 심리적인 구성, 신체적인 구성이 있다.

ㄷ 이 중 감각 통합(sensory integration)은 세상으로부터 들어온 감각 특징들을 뇌의 지각하는 기능과 연관시켜 이해할 수 있으며, 특히 시각, 촉각, 청각, 후각, 미각, 근육 감각을 통해 동시에 쉴 새 없이 들어오는 감각 정보들을 조직화하고 해석하는 작용을 말한다.

ㄹ 세부적인 시각능력: 시력, 시야, 안구운동, 뇌기능, 빛 지각과 색각을 들었다.

ㅁ 환경적인 요인: 색상, 대비, 시간, 공간, 조명을 들었으며, 이 요인들은 아동이 시각과제를 쉽고 편안하며 효율적으로 할 수 있도록 총체적으로 고려되어야 한다.

ㅂ 덧붙여 고려되어야 할 요인으로는 눈의 조절 능력, 시각 자극 전달 속도와 시각 자극 수용력, 뇌의 시각 정보 처리 속도와 양을 들 수 있다.

## 02 저시력아동 교육

### 1. 조명

#### (1) 조명의 제공, 평가
① 조명 제공: 저시각인에게 적합한 조명을 제공하면 물체 식별능력, 색의 지각능력, 이동 및 작업능력을 향상시킬 수 있다.
② 조명 평가: 원거리 시력과 근거리 시력, 대비감도 영역의 검사를 수행할 때 조명 조건을 변화시키면서 조명의 영향을 확인할 수 있다.

#### (2) 조명 요구: 저시각인의 원인질환과 과제유형에 따라 다를 수 있다.
① 조도가 낮은 환경 선호: 백색증, 수정체 중앙부 백내장, 무수정체안, 망막박리, 무홍채안 등
② 조도가 높은 환경 선호: 고도근시, 반맹, 시신경위축, 수정체 주변부 백내장 등

#### (3) 조도
① 어떤 물체에 빛이 투사될 때 빛을 받는 단위면적이 단위시간에 받는 빛의 양을 나타낸 것으로, 단위는 럭스(lx)로 표시한다.
② 조도가 증가함에 따라 시력과 대비감도가 증가할 수 있다.

**(4) 눈부심**

① 눈부심은 휘도(단위면적으로부터 일정한 방향으로 단위시간에 발산되는 빛의 양)가 높은 광원이나 광원이 광택 있는 물체로부터 2차로 반사되어 눈에 들어올 때 또는 백내장, 각막혼탁, 황변변성과 같은 매체혼탁이 있어 눈 안에서 빛이 산란될 때 나타날 수 있다.

② 이로 인해 눈이 부시다거나 통증을 호소하기도 하며, 밝은 빛에서는 눈의 피로 또는 일시적인 시력감퇴 현상이 나타나기도 한다.

**(5) 조도 차이가 있는 경우:** 눈의 순응이 이루어져야 한다.

① 순응: 밝은 곳에서 어두운 곳으로 이동할 때의 암순응, 어두운 곳에서 밝은 곳으로 이동할 때의 명순응으로 구분한다.

② 저시각인은 안질환으로 인해 순응에 문제가 있는 경우가 있어 생활환경에서 조도 차이가 나지 않도록 조명을 설치하는 것이 필요하다.

**(6) 조명 활용지침**

① 아동에게 적합한 조명을 사용하여 시각을 최대로 사용하게 도와준다.

② 조명의 밝기(500~800lx가 적당)와 눈부심 정도를 조정하고 대비 효과도 활용한다.

③ 조명은 방 전체를 밝히기 위해 사용할 수 있고, 읽기 활동용 부분조명으로도 활용할 수 있다.

④ 방법

㉠ 방 전체를 위한 조명을 설치하면서 아동에게 조명을 따로 제공한다. 방을 어둡게 한 상태에서 부분조명을 사용하는 것은 피한다.

㉡ 과제 활동을 할 때 아동 가까이에 조명을 두어야 하나 얼굴을 향해 정면으로 비추면 눈부심을 유발할 수 있으므로 아동의 측면에서 빛을 제공한다.

㉢ 그림자가 지지 않도록 아동의 양쪽에서 조명을 비춰준다.

㉣ 쓰기를 할 때는 그림자가 지지 않도록 사용하는 손의 반대편에서 조명을 제공한다.

㉤ 눈부심을 방지하기 위해 전등에 덮개를 씌우고, 창문을 통해 들어오는 빛의 양을 줄이기 위해 창문에 블라인드 또는 얇은 커튼을 사용한다. 햇빛이 들어오는 창문을 향해 책상을 배치하지 않도록 한다.

㉥ 빛 반사로 인한 눈부심을 줄이기 위해 바닥이나 책상은 유광 자재를 피한다.

㉦ 복도와 계단이 있는 곳에 조명을 설치하여 벽, 바닥, 계단, 난간 등의 위치를 파악할 수 있도록 한다.

㉧ 건물 내 모든 방은 같은 조도를 유지하도록 하여 장소 이동과 빛 적응에 불편이 없도록 한다.

### (7) 눈부심 감소

① 어떤 유형의 시각장애학생은 눈부심으로 어려움을 겪는다.
② 눈부심으로 인해 학생의 시기능의 변동이 심해지고, 학생이 좌절할 수 있고, 편안함과 효율성이 감소될 수 있다.
③ 시각장애 전공 교사는 빛에 민감하고 눈부심이 심한 학생에게 맞게 교육환경과 자료를 수정해주어야 한다.
④ 학생은 이 수정들이 언제 왜 필요한지 알아야 한다. 자신에게 편안하고 효과적인 방법을 터득하여 요구할 수 있기 때문이다.
⑤ 빛과 눈부심을 감소시킬 수 있는 방법
   ㉠ 실내·실외에서 빛의 양을 조절하기 위해 챙 혹은 챙 있는 모자를 착용하도록 하고, 실내에서 모자 착용을 금지하는 경우 허락을 받도록 하거나 대체방안을 모색한다.
   ㉡ 실내·실외에서 색안경을 착용한다.
   ㉢ 빛에 민감한 학생이 앉을 자리를 스스로 선택하게 한다.
      ⓐ 햇빛이 들어오는 창가나 문 쪽에서 먼 자리에 앉도록 한다.
      ⓑ 빛을 차단하는 커튼 또는 블라인드를 설치한다.
   ㉣ 빛과 눈부심을 조절하기 위해 자료 위에 가리개를 사용한다.

## 2. 선명도와 대비 증진

### (1) 선명도와 대비

① 선명도와 대비를 크게 하면 시각장애학생이 자료를 효과적으로 사용할 수 있다.
② 학급자료가 오래 전에 나온 것이라면 인쇄상태가 좋지 않아 읽기 어려울 수 있다.
③ 인쇄상태가 좋지 않은 자료는 복사하여 사용하기 어려우므로, 교사는 학급자료를 준비하기 전에 각 학생의 요구를 고려하여 대비와 선명도가 좋은 자료를 제공한다.

### (2) 방법

① 가능한 한 복사된 자료를 사용한다.
② 심이 굵고 짙은 색의 사인펜을 사용한다.
③ 시기능 평가의 경우, 자료를 제시할 때 아세테이트 필터지를 사용하여 제시자료와 대비되게 한다.
④ 저시각 학생은 심이 굵은 펜이나 마커로 과제를 완수하도록 한다.

시각장애인 보행의 이론과 실제, 정인욱복지재단, 시그 마프레스

## 3. 시각 활용 기술 훈련 ✱ 22 유아

### (1) 중심시야 상실에 따른 시각기술

① 중심시야에 암점이 있는 저시각인은 중심외보기 기술을 배우고, 목표물에 더 다가 가거나 목표물의 크기를 확대함으로써 암점의 영향을 감소시키는 전략이 도움이 될 수 있다.

② 황반변성처럼 시야 중심에 암점이 있으면 이를 대체할 만한 비교적 양호한 다른 망막 부위를 사용해야 한다. 중심 암점 부위에서 비교적 조금 떨어진 양호한 시야 부위를 찾아내야 최적의 중심외보기 기술을 사용할 수 있다. 양안의 시력이나 시야 차이가 현저하거나 한쪽 눈만 사용하는 사람이 중심외보기 훈련에 더 적합하며, 양 안의 시력이나 시야가 비슷하면 이 기술이 효과적이지 않다.

③ 중심 암점의 영향을 최소화하는 전략

  ㉠ 저시각인과 물체 간의 거리를 조절하는 전략이 있다.

  ㉡ 목표물이 암점보다 더 커질수록 목표물을 확인하기가 쉬워지는 원리에 따라, 저시각인이 목표물에 더 가까이 다가가면 상대적으로 암점이 작아지는 효과를 얻어 목표물을 더 잘 볼 수 있다.

### (2) 주변시야 상실에 따른 시각기술 17 초등

① 망막색소변성으로 인해 주변시야가 상실되거나 시로장애로 반맹이 되면 보행과 일상활동에서 보이는 범위가 좁아져 어려움을 겪게 된다.

② 따라서 저시각인이 잔존시야로 추시, 추적, 주사 같은 시각기술을 익히거나 목표물 과의 거리를 조절하거나 시야 확대 기구를 사용하는 것이 도움이 된다.

③ 시각기술 종류

| | |
|---|---|
| 추시하기 | 환경 속에 정지해 있는 대상물의 윤곽을 눈으로 따라가는 것<br>예 근거리에서 책의 한 줄 한 줄을 좌에서 우로 따라가면서 읽는 데 사용되고, 원거리에서 거리간판이나 표지판을 읽는 것이 해당됨 |
| 추적하기 | 환경에서 움직이는 대상물을 따라가는 능력으로, 추시하기보다 어려움<br>예 주로 근거리에서는 마우스 커서를 따라가고, 원거리에서는 움직이는 사람이나 버스를 확인할 때 필요한 기술 |
| 주사하기 | 특정 공간을 체계적으로 훑어보는 기술로, 추적기술을 익힌 후에 배움<br>예 근거리에서는 책에서 본인이 원하는 줄이나 단어의 위치를 찾을 때 사용되고, 원거리에서는 교실, 운동장, 상가 등의 지역에서 특정 대상물을 찾을 때 사용함 |

④ 주변시야가 상실되었지만 중심시력은 양호한 경우 저시력인과 대상물 간의 거리를 조절하는 방법으로 주변시야 상실의 영향을 감소시킬 수 있다. 저시각인이 대상물 로부터 더 멀리 떨어지면 대상물이 상대적으로 작아져 이 직경 안에 들어오게 되므로 전체를 볼 수 있다.

⑤ 저시각인의 시야가 너무 좁아서 효율적인 주사하기를 통해서도 주변에 대한 정보를 신속하게 처리하지 못한다면 프리즘, 역단안경 같은 기구가 도움이 될 수 있다.

　ⓐ 시야가 매우 좁지만 중심시력이 0.2 정도인 경우: 확대경 렌즈로 오목렌즈(마이너스 렌즈)를 처방하거나, 안경에 프레스넬 프리즘(fresnel prisms)을 부착하거나, 역단안 망원경을 사용할 수 있다.

　ⓑ 반맹의 경우: 프리즘과 같은 저시각 기구가 효과적인 반면, 역단안경은 효과적이지 않다.

시각장애 학생 교육 개론,
이태훈, 도서출판 점자

---

**보충+α** | **시기능 훈련**

**1. 고시(fixation)**
① 고시는 한 지점을 눈으로 계속 응시하는 기술이다. 목표물을 일정 시간 동안 계속 고시할 수 있어야 눈으로 초점을 맞추고 목표물이 무엇인지를 확인할 수 있다.
② 따라서 시야가 좁거나 안구진탕이나 사시가 있는 학생은 목표물을 찾아 응시를 유지하는 데 어려움을 보일 수 있다.
③ 고시를 못 하면 물체에 초점을 맞추기 전에 시선이 다른 곳을 향하게 되어 목표물을 확인하기 어려울 수 있다.

**2. 중심외보기(eccentric viewing)**
① 시야 중심부인 황반에 손상이 없다면 좋은 시력을 유지할 수 있다.
② 시야 중심부에 손상이 있으면 시력이 저하되고, 목표물을 똑바로 바라보면 물체의 가운데가 보이지 않아 물체를 알아보기 어려울 수 있다.
③ 따라서 황반변성, 시신경 위축, 망막박리 등으로 시야 중심부의 손상이나 암점이 있는 학생은 시야 중심부에서 비교적 가까운 주변시야로 보는 중심외보기 기술을 익혀야 한다.
④ 중심외보기를 하는 학생은 정면에 위치한 물체를 보기 위해 안구나 고개가 정면으로 향하지 않고 안구나 고개를 돌려 주변부로 보아야 하는데, 학생마다 시야 중심부의 손상 위치와 크기에 따라 중심외보기 방향이 다를 수 있다.

**3. 추시(tracing)**
① 추시는 움직이지 않는 목표물을 눈으로 따라가면서 목표물 전체를 보는 기술이다.
② 시야가 좁은 학생은 목표물의 전체를 한번에 보기 어렵기 때문에 전체를 확인하려면 목표물의 시작 부분부터 끝 부분까지를 눈으로 따라가면서 보는 것이 필요하다.
③ 시야 손상이 있는 학생은 문장 읽기, 표지판 읽기, 인도에서 펜스나 연석을 따라 걷기 등의 활동에 추시기술을 사용하면 도움이 될 수 있다.

**4. 추적(tracking)**
① 추적은 움직이는 목표물을 눈으로 따라가면서 보는 기술이다.
② 정상적인 시야를 가진 사람은 넓은 시야를 갖고 있어 움직이는 목표물을 놓치지 않고 추적하는 데 어려움이 별로 없다. 그러나 시야가 좁은 사람은 움직이는 목표물을 쉽게 놓치기 때문에 목표물의 이동 방향을 눈으로 계속 쫓아가면서 목표물을 확인하는 추적기술이 필요하다.
③ 시야 손상이 있는 학생은 마우스 커서 움직임 따라 가기, 공 주고받기, 이동하던 택시가 멈추어 서는 위치 확인하기, 움직이는 버스의 노선번호 확인하기 등의 활동을 할 때 추적기술의 사용이 도움이 될 수 있다.

**5. 주사(scanning)**
① 특정 공간, 장소를 눈이나 머리를 체계적으로 움직이면서 빠뜨리지 않고 훑어보는 기술이다.
② 시야 손상이 있는 학생은 특정 장소에서 목표물을 찾는 데 어려움이 있다.
③ 학생은 바닥에 떨어진 물건 찾기, 책의 페이지에서 특정 줄이나 단어 찾기, 운동장에서 사람 찾기, 상가 지역에서 특정 상점 찾기 등의 활동을 할 때 주사기술 사용이 도움이 될 수 있다.

## 4. 확대

### (1) 확대법

① 시력과 시야 중 시력에 문제가 있는 학생에게 보다 효과적인 방법이다.

② 학생의 잔존 시야를 고려해 적정 수준에서 확대하는 것이 필요하다.

③ 학생의 잔존 시야를 고려하지 않고 확대하면 글자나 그림 전체가 시야에 들어오지 않거나 시야에 들어오는 글자 수가 적어져서 읽기 효율성이 감소할 수 있다.

④ 확대법 종류 ★ 16 중등

| 구분 | 내용 |
|---|---|
| 상대적 거리 확대법 | • 자료에 가까이 다가가서 보는 방법<br>• 자료에 다가갈수록 물체의 상이 커지는 효과가 있음 |
| 상대적 크기 확대법 | 자료를 더 크게 만들어주는 방법<br>예 칠판에 글자를 더 크게 써 주거나 복사기로 2배 확대한 자료를 제공하는 것 |
| 각도 확대법 | • 렌즈를 사용하여 자료가 더 크게 보이도록 하는 방법<br>• 원 자료가 렌즈를 통과하면 자료의 글자나 그림의 상이 더 커짐<br>예 확대경과 망원경 |
| 투사 확대법 | 카메라, 전자장치를 통해 모니터 또는 스크린에 원 자료의 크기보다 크게 투사하는 방법<br>예 확대독서기 |

### (2) 확대 글자본의 제작방법과 유의점 21 초등

① 확대자료의 종이 크기가 크면 휴대하거나 손으로 다루기가 어렵고, 넓은 시야를 요구하므로 가급적 A4 정도 크기가 적절하다.

② 학생이 요구하는 확대가 큰 경우, 너무 큰 종이를 사용하기보다 원본 자료를 편집하여 여러 페이지로 분리하여 확대하는 것이 좋다.

③ 학생의 읽기 효율성을 향상시키기 위해 반사가 적은 종이를 사용하는 것이 좋다.
예 흰색 종이에 눈부심을 느끼는 경우 옅은 담황색 종이를 사용할 수 있다.

④ 확대글자의 크기는 보통 16~18point 이상이며 24point를 넘지 않는 것이 좋다. 24point를 넘으면 가독성이 떨어지므로 확대자료와 확대기구를 함께 사용한다.

⑤ 글자체는 꾸밈이 없고 명료한 획의 글자가 좋다.

　㉠ 한글은 명조체, 필기체와 장식적인 서체를 피하고, 굴림체, 돋움체, 고딕체를 사용한다. ★

　㉡ 영어는 Arial, Verdana 서체가 추천할 만하다. ★

예

| 가능한 서체 | | 불가능한 서체 | |
|---|---|---|---|
| 굴림체 | 세종대왕 | 명조체 | 세종대왕 |
| 돋움체 | 세종대왕 | 필기체 | 세종대왕 |
| 고딕체 | 세종대왕 | | |
| Arial | Korea | | |
| Verdana | Korea | | |

⑥ 글자의 두께는 표제, 단어, 문장을 강조하고자 할 때 효과적으로 사용될 수 있다.
  ㉠ 글자의 두께가 너무 가늘면 보기 어렵고, 너무 두꺼우면 글자 획 간의 간격이 좁아 오독할 수 있다(예 눌란/늘린).
  ㉡ 특정 단어나 어구를 강조할 때 글자를 진하게 하거나 글자 두께가 좀 더 두꺼운 서체를 선택할 수 있다.
⑦ 글자는 가로쓰기로 배열하는 것이 읽기에 도움이 되므로, 원본 자료가 세로쓰기로 되어 있더라도 가로쓰기로 수정할 수 있다.
⑧ 일반 본문의 줄 간격은 180~200% 정도면 적당할 수 있다. 다만 제목, 문단, 인용 같은 페이지의 중요한 부분을 강조하기 위해 줄 간격 띄우기, 들여쓰기, 정렬 등을 활용할 수 있다.
⑨ 글자와 기호 간의 자간이 너무 좁으면 읽기 어려우므로 자간 설정을 조정하거나 띄어쓰기를 통해 자간의 간격을 띄울 수 있다.
⑩ 단어, 어구, 문장 등을 강조할 때 두꺼운 서체를 사용하거나 글자를 진하게 설정하거나 고대비의 형광펜 기능을 사용하는 것이 밑줄선보다 적절하다.
⑪ 모양을 식별하기 어려운 주석이나 강조 표시 문양은 눈에 잘 띄는 색상과 문양으로 변경할 수 있다.
⑫ 배경과 글자 색 간의 대비가 낮으면 확대해도 읽기가 어렵기 때문에 가능하다면 배경과 글자 색을 고대비로 수정하는 것이 좋다.
⑬ 한 페이지를 다단으로 나누어 사용할 때는 다단 간에 보다 넓은 여백을 확보해야 한다.
⑭ 다단의 정렬 방법은 가운데 정렬이나 우측 정렬보다 좌측 정렬이 다음 줄을 더 쉽게 찾고 읽을 수 있다.

| 예 | 좌측 정렬 | | 우측 정렬 | | 가운데 정렬 | |
|---|---|---|---|---|---|---|
| | 한 페이지를 여러 단으로 나누어 사용할 때 다단 간에 보다 넓은 여백을 확보해야 한다. | 정렬 방법은 가운데 정렬이나 우측 정렬보다 좌측 정렬이 다음 줄을 더 쉽게 찾고 읽을 수 있도록 한다. | 한 페이지를 여러 다단으로 나누어 사용할 때 다단 간에 보다 넓은 여백을 확보해야 한다. | 정렬 방법은 가운데 정렬이나 우측 정렬보다 좌측 정렬이 다음 줄을 더 쉽게 찾고 읽을 수 있도록 한다. | 한 페이지를 여러 다단으로 나누어 사용할 때 다단 간에 보다 넓은 여백을 확보해야 한다. | 정렬 방법은 가운데 정렬이나 우측 정렬보다 좌측 정렬이 다음 줄을 더 쉽게 찾고 읽을 수 있도록 한다. |

## 5. 저시력 기구

### (1) 저시력 기구 지원 방법

| 시기능 문제 | | 대처 방법 |
| --- | --- | --- |
| 시력 | 작은 것을 보기 어려움 | • 자료를 확대한다.<br>• 자료에 다가가서 본다.<br>• 확대경과 확대독서기를 사용한다. |
| 대비 | 낮은 대비의 자료를 보기 어려움 | • 자료를 고대비로 수정한다.<br>• 적정 조명을 제공한다.<br>• 눈부심을 감소시킨다.<br>• 확대독서기를 사용한다.<br>• 아세테이트지, 착색렌즈를 사용한다.<br>• 검은색 매트 위에 자료를 놓는다. |
| 중심시야 손상 (암점) | 물체를 보면 중앙이 안 보임 | • 중심외보기(주변시야 보기) 기술을 지도한다.<br>• 암점보다 자료를 크게 확대한다.<br>• 암점의 영향을 줄이기 위해 자료에 더 가까이 간다. |
| 주변시야 손상 | 물체를 보면 주변부가 안 보임 | • 추시, 추적, 주사기술을 지도한다.<br>• 프리즘 렌즈를 사용한다.<br>• 잔존 시야를 고려한 최소 확대를 사용한다. |
| 밝은 조명 선호 | 보통 이하의 밝기에서 잘 보지 못함 | • 개인용 스탠드를 사용한다.<br>• 조명에 가까운 곳에 자리를 배치한다. |
| 눈부심 | 밝은 곳에서 눈부심으로 인해 잘 보지 못하고 눈이 불편함 | • 광원이 눈에 직접 비치치 않도록 한다.<br>• 조명에 갓이나 루버를 설치한다.<br>• 광원을 등진 자리에 배치한다.<br>• 착색 렌즈를 사용한다.<br>• 조명 기구나 모니터의 밝기를 좀 더 낮게 조절한다. |
| 독서 자세 | 자세가 바르지 않아 쉽게 피로를 느낌 | • 높낮이 조절 독서대나 책상을 사용한다.<br>• 독서대에 자료를 올려놓을 때 자료의 중앙이 눈높이에 오도록 한다. |

### (2) 비광학 기구(렌즈를 사용하지 않는 기구)

① 높낮이 조절 독서대와 책상

ㄱ 높낮이와 각도가 조절되는 독서대나 책상은 시력 저하로 책과 눈 간의 거리가 가까워져 고개를 숙이고 보는 학생에게 도움이 된다.

ㄴ 이 기구를 사용하면 척추가 휘는 것을 막을 수 있고, 고개를 숙일 때 조명을 가려 학습자료가 어두워지거나 그림자 지는 것을 막을 수 있으며, 좀 더 바르고 편안한 자세를 유지할 수 있어 전반적인 읽기 피로도를 낮출 수 있다.

ㄷ 독서대는 학생의 눈이 독서대에 올려놓은 책의 중앙 정도에 오도록 높낮이를 조절하고, 적절한 밝기와 눈부심을 줄일 수 있는 각도로 조절해야 한다.

ㄹ 독서대의 책을 놓는 받침대도 조명 빛을 반사하여 눈부시지 않도록 검정색 계열의 무코팅 재질을 사용한 것이 좋다.

② 개인용 스탠드
- ㉠ 개인 조명 기구는 조명선호 검사 결과에 따라 밝은 조명을 선호하는 학생에게 제공한다.
- ㉡ 개인 조명 기구를 구입할 때는 조명등의 밝기와 방향 조절이 되는 것으로 구입하는 것이 좋다.
- ㉢ 조명등의 방향이 조절되면 조명등이 눈에 비추지 않고 학습자료만을 향하도록 조정할 수 있다.
- ㉣ 개인용 스탠드의 조명등은 학생의 눈에 빛이 바로 들어오지 않고, 책으로부터 반사되는 빛 역시 눈에 들어오지 않도록 조명 기구의 위치와 방향을 조절해야 한다.
- ㉤ 눈부심을 감소시키는 전략
  - ⓐ 전체 조명은 집중 조명보다는 방 전체로 빛이 고루 퍼지는 조명을 사용한다.
  - ⓑ 창가를 바라보지 않도록 창가를 등진 앞자리에 배치한다.
  - ⓒ 교구를 보여주거나 시범을 보이는 교사의 위치는 창가나 태양광이 비추는 곳에서 빛을 등지고 서 있지 않도록 한다.
  - ⓓ 개인용 조명 기구는 조명등이 학생의 얼굴 앞쪽보다는 뒤쪽에서 자료를 비추도록 한다.
  - ⓔ 교실에서는 형광등이 학생의 앞쪽보다 뒤쪽에 위치하도록 자리를 배치한다.
  - ⓕ 조명등이 바로 눈에 노출되지 않도록 루버, 갓 등을 씌운다.
  - ⓖ 책상이나 테이블로부터 빛이 반사되어 일어나는 눈부심을 줄이면서 동시에 대비를 높일 수 있도록 검정 계열의 테이블보 또는 학습용 매트를 깐다.

③ 타이포스코프(대조강화경)
- ㉠ 통 검정색 하드보드지나 플라스틱판 가운데에 길쭉한 직사각형 구멍을 내서 만든다.
- ㉡ 주요 기능
  - ⓐ 문장을 한줄 단위로 제시하여 글줄을 잃어버리지 않도록 한다.
  - ⓑ 바탕색과 글자색 간의 대비를 더 높이고, 종이의 흰색보다 타이포스코프의 검정색이 빛 반사가 낮아 눈부심을 줄여줄 수 있다.
- ㉢ 시야의 문제로 인해 문장을 좌에서 우로 똑바로 읽어나가지 못하거나 다음 줄을 잃어버리거나 눈부심에 민감한 학생이 사용하면 도움이 된다.
- ㉣ 타이포스코프와 비슷한 기능을 하는 것으로 라인 가이드(line guide)가 있다.
  - ⓐ **타이포스코프**: 보통 책 한 페이지의 절반 정도를 덮을 수 있는 직사각형 크기이다.
  - ⓑ **라인 가이드**: 20cm 자 정도의 크기이다.

④ 아세테이트지(셀로판지)
- ㉠ 대비를 높이거나 종이로부터 반사되는 눈부심을 줄여줄 수 있다. 선글라스로 사용하는 착색 렌즈와 비슷한 기능을 가지고 있다.
- ㉡ 대비감도가 낮거나 눈부심에 민감한 학생에게 도움이 되며, 일반적으로 노란색 계열을 많이 사용하지만 안질환에 따라 다른 색(예) 밝은 갈색)을 사용할 수 있다.
- ㉢ 아세테이트지는 책 위에 놓고 보면 되며, 낮은 대비 자료를 볼 때 도움이 된다.

**(3) 광학기구**

① 확대경

㉠ 종류와 특징 [19 유아]

| 확대경 종류 | 기능 |
|---|---|
| 집광 확대경 | • 빛을 모아주는 성질이 있어 렌즈 안을 밝게 비춤<br>• 밝은 조명을 선호하는 학생에게 도움이 됨<br>• 읽기 자료에 대고 사용하므로 초점거리를 맞출 필요가 없어 유아도 사용하기 쉬움<br>• 고배율이 없어 경도 저시력 학생에게만 유용함 |
| 막대 확대경 | • 읽기 자료에 대고 사용함<br>• 한 줄 단위로 읽을 수 있어 글줄을 놓치는 학생에게 도움이 됨<br>• 고배율이 없어 경도 저시력 학생 중 시야 문제나 안전 문제로 안정된 읽기가 어려운 학생에게 유용함 |
| 스탠드형 확대경 | • 읽기 자료에 대고 사용하므로 초점거리를 맞출 필요가 없음<br>• 어린 학생이나 수지운동 기능에 문제가 있는 학생에게 유용함<br>• 밝은 조명을 선호하는 학생에게는 조명이 부착된 스탠드형 확대경을 지원함<br>• 고배율의 확대경도 있음 |
| 손잡이형 확대경 | • 렌즈와 자료 간의 초점거리를 맞추어야 선명하게 확대됨<br>• 지능이나 수지운동 기능의 문제로 초점거리를 맞추고 유지하기 어려운 학생은 사용하기 어려움<br>• 밝은 조명을 선호하는 학생에게 조명이 부착된 손잡이형 확대경을 지원함<br>• 고배율의 확대경도 있음 |
| 안경형/<br>안경부착형<br>확대경 | • 양손을 사용하는 활동이나 과제를 할 때 유용함<br>• 렌즈와 자료 간의 초점거리를 맞추어야 선명하게 확대됨<br>• 양안을 모두 사용할 수 있는 학생은 양안용을 사용하고, 한쪽을 실명하거나 양쪽 시력차가 큰 학생은 좋은 눈을 기준으로 단안용을 사용함 |
| 아스페릭 안경 | • 안경에 볼록렌즈를 삽입하여 물체의 확대된 상을 보여줌<br>• 렌즈가 상의 왜곡이 적고 상대적으로 시야가 넓음 |
| 프리즘 안경 | • 반맹 학생에게 유용함<br>• 시야가 손상된 쪽의 안경 렌즈에 프리즘을 부착하면 손상된 시야 부분에 대한 보상효과가 있음 |

ⓐ 확대경은 중심암점이 있는 학생에게 도움이 되고, 주변 시야를 상실한 학생이 확대경을 사용하면 학생의 시야보다 더 좁은 시야를 가지게 된다.

ⓑ 연령이 낮거나 확대경을 처음 사용해보는 학생은 렌즈의 직경이 크고 사각형인 확대경이 사용하기 쉬울 수 있다. 확대경 사용에 익숙해지면 휴대성이 좋은 작은 확대경을 사용할 수 있다.

ⓒ 고배율의 확대경 사용이 필요한 학생은 처음부터 해당 배율을 사용하기보다 저배율부터 고배율로 단계적으로 도입하여 적응하도록 한다.

ⓓ 고배율 확대경 사용으로 안피로, 어지러움, 낮은 대비자료 보기에 어려움 등을 호소하면 휴대형이나 데스크형 확대독서기를 사용하도록 할 수 있다.

ⓔ 렌즈의 초점거리 개념을 알고 맞추기 어려운 유아나 시각·지적장애학생은 처음에는 학습자료 위에 대고 사용하는 집광 확대경이나 스탠드형 확대경을 사용하도록 한 후 익숙해지면 손잡이형 확대경을 도입할 수 있다.

ⓕ 뇌성마비를 가진 시각장애 학생이 수지 기능의 문제로 손잡이형 확대경을 손으로 잡거나 초점거리를 유지하는 것이 어렵다면 스탠드형 확대경을 사용할 수 있다.

ⓖ 과학실험이나 미술활동처럼 양손을 사용해야 할 때는 안경부착형 확대경이나 안경형 확대경을 사용할 수 있다.

ⓗ 주변시야가 좁은 학생은 상대적으로 낮은 배율을 사용하면 시야 감소 문제를 줄일 수 있고, 반대로 중심 암점이 있는 학생은 상대적으로 높은 배율을 사용하면 암점 영향의 감소 효과를 얻을 수 있다.

ⓘ 주변시야 손상이 심한 학생은 프리즘 부착 안경이 도움이 될 수 있다.

ⓙ 밝은 조명을 선호하는 학생은 집광 확대경이나 조명이 부착된 확대경 종류를 사용한다.

ⓛ 확대경의 효율적인 사용 방법

ⓐ 눈과 렌즈 간의 거리를 가깝게 하면 시야가 넓어지는 효과가 있어, 고배율의 확대경을 사용할수록 눈과 렌즈 간의 거리를 가깝게 하여 렌즈 속에 더 많은 정보가 보이도록 한다.

ⓑ 확대경 렌즈의 직경이 더 클수록 렌즈 속으로 보이는 시야가 넓어지므로, 같은 배율이라도 직경이 더 큰 렌즈를 사용하면 렌즈 속에 더 많은 글자를 볼 수 있다.

ⓒ 확대경이 고배율일수록 렌즈의 곡률 문제로 렌즈의 직경이 작아지고, 렌즈 가장자리에서 물체 상의 왜곡 현상이 증가하므로 렌즈 중앙으로 보게 한다.

ⓒ 확대경 사용자세

ⓐ 확대경은 그 종류에 따라 손잡이에 해당하는 부분을 잡도록 하여 렌즈를 가리지 않도록 해야 한다.

ⓑ 읽기 활동을 할 때에는 주로 오른손(오른손잡이 기준)으로 잡지만 읽기와 쓰기 활동을 병행할 때는 왼손으로 확대경을 잡고 오른손으로는 필기구를 쥐어야 하는 경우가 있으므로, 양손을 번갈아가며 확대경을 능숙하게 사용할 수 있도록 지도하는 것이 필요하다.

ⓒ 확대경을 사용하여 장시간 읽기 활동을 할 때 눈과 신체의 피로를 줄이고 바른 독서 자세를 취하도록 독서대에 읽기 자료를 올려놓고 확대경을 사용하도록 한다.

ㄹ 확대경 사용거리 ★ 21 중등, 17 중등

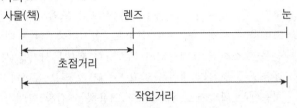

[그림 2-5] 확대경 사용거리

ⓐ 초점거리: 학습자료와 확대경 렌즈 간의 거리를 말하며, 초점거리를 맞추고 유지해야 학습자료의 글자를 해당 배율에 맞게 크고 선명하게 볼 수 있다. 초점거리는 [100cm/D(디옵터)] 계산식으로 구할 수 있으며, 확대경 배율이 높을수록 짧아진다. 학생이 10디옵터를 사용한다면 100/10 = 10cm의 초점거리를 유지해야 한다. → 1X(배율) = 4D(디옵터)

ⓑ 확대경 초점거리 맞추는 방법
- 확대경 렌즈를 자료에 댄 후 천천히 떨어뜨리면서 가장 크고 선명한 상이 보일 때 멈추도록 한다.
- 확대경 렌즈를 눈에 가까이 댄 후 천천히 자료에 다가가면서 가장 크고 선명한 상이 보일 때 멈추도록 한다.
- 자료와 눈 간의 거리를 20~25cm 정도로 유지한 상태에서 자료로부터 확대경의 거리를 증감시키면서 가장 크고 선명한 상이 보일 때 멈추도록 한다.

ⓒ 확대경 렌즈와 눈 간의 거리는 시야와 관련이 있다. 확대경의 렌즈로부터 눈이 멀리 떨어질수록 렌즈 속에 보이는 글자 수가 적어지고 렌즈 주변의 왜곡 현상을 더 많이 느끼게 되어 읽기 가독성이 떨어질 수 있다. 따라서 확대경 배율이 높을수록 렌즈에 더 다가가는 것이 필요하다.

ⓜ 확대경 사용문제와 해결
ⓐ 확대경의 배율에 맞는 초점거리를 유지하고 있는지 확인하여 교정한다.
ⓑ 중심부 암점이 있는지를 확인하고, 확대경을 볼 때 중심외보기 방향으로 보도록 교정한다.
ⓒ 조명의 밝기 수준이 부적절하거나 조명이 직접 눈에 비추어 눈부심을 일으키는지 확인하고, 조명의 밝기와 위치를 조정한다.
ⓓ 현재 사용 중인 확대경 배율이 해당 자료의 글자크기를 읽는 데 적합한 배율인지 확인하고, 배율을 증가시킨다.
ⓔ 학생의 시력 변동으로 확대경 배율의 증감이 필요한지 확인하고 시력 변동에 적합한 배율의 확대경을 다시 추천한다.
ⓕ 현재 보는 자료의 명도대비나 색상대비 수준이 낮다면 확대독서기를 사용하도록 한다.

② 망원경
　　㉠ 망원경의 종류과 특징
　　　ⓐ 단안 망원경: 양안의 시력 차이가 큰 경우의 좋은 쪽 눈에 사용한다.
　　　ⓑ 쌍안경: 양안의 시력 차이가 없는 경우에 사용한다.
　　　ⓒ 가변 초점식 망원경: 초점의 개념을 이해하고 경통을 돌려 초점을 맞출 수 있는 학생이 사용하고, 너무 어리거나 지적장애나 수지운동 기능의 제한으로 초점을 맞추기 어려운 학생은 일정한 거리에서 사용할 수 있는 고정 초점식 망원경이나 가격이 비싸지만 거리 변화에 따라 자동으로 초점이 맞춰지는 자동초점식 망원경을 사용할 수 있다.
　　　ⓓ 손잡이형 단안 망원경: 손으로 잡고 보는 망원경으로, 도로 표지판, 버스 노선표, 상점이나 물체 찾기처럼 단시간 동안 사용할 때 가장 보편적으로 사용한다.
　　　ⓔ 안경부착형 망원경
　　　　• 안경렌즈의 상단 부분에 양안 또는 단안으로 망원경을 부착하는 것으로, 양손을 사용하거나 긴 시간 동안 망원경을 사용해야 할 때 유용하다.
　　　　• 근거리 보기를 할 때는 망원경 아래의 안경 렌즈로 보고, 원거리 보기를 할 때는 안경 상단에 부착된 망원경을 통해 본다.
　　㉡ 망원경의 구조와 배율
　　　ⓐ 구조: 망원경 몸체에는 사양을 나타내는 '8×21 7.2'와 같은 숫자 표기가 되어 있다. 이는 8배율, 대물렌즈 직경 21mm, 시야각 7.2°를 의미한다.
　　　　• 접안렌즈: 눈에 대는 렌즈로 보통 고무 재질로 마감되어 있으며, 안경에 댈 때는 고무를 뒤집어 안경에 댄다.
　　　　• 대물렌즈: 물체를 향해 있는 렌즈로 딱딱한 재질로 마감되어 있다.
　　　　• 경통: 물체와의 거리에 따라 선명한 상을 얻기 위해 돌려가면서 초점을 조절하는 부위이다.
　　　ⓑ 배율: 망원경의 배율은 2배율부터 16배율 이상까지 다양하며, 배율이 증가할수록 시야가 좁아지는 문제가 있다.

---

**보충+α** **망원경 사용 및 적용 시 유의점** [20 중등]

• 단안 망원경을 사용하는 학생은 양쪽 눈 중 좋은 눈에 사용하는데, 그 이유는 더 낮은 배율을 사용함으로써 더 넓은 시야로 편안하게 볼 수 있기 때문이다. ★
• 망원경을 사용할 때 눈과 접안렌즈 간의 거리가 가까울수록 렌즈 속으로 보이는 시야가 넓어지는 효과가 있으므로 가능한 한 접안렌즈를 눈에 붙이는 것이 좋다.
• 높은 조도를 선호하는 학생은 대물렌즈의 직경이 큰 것을 선택하면 렌즈로 들어오는 빛의 양을 증가시켜 좀 더 밝은 상을 얻을 수 있다.

© 망원경 사용자세
  ⓐ 망원경은 바른 자세로 잡아야 안정적으로 초점을 맞추고 유지할 수 있다.
  ⓑ 망원경은 좋은 눈에 대고 보기 때문에 일반적으로 좋은 눈 쪽의 손으로 잡되, 엄지손가락과 나머지 손가락으로 접안렌즈와 경통 부위를 감싸듯이 잡아야 한다.
  ⓒ 접안렌즈를 눈에 **최대한 붙이는 이유**: 빛은 대물렌즈로만 들어오고 접안렌즈와 눈 사이의 공간으로는 불필요한 빛이 들어오지 않도록 차단해야 보다 선명하고 넓은 시야로 볼 수 있기 때문이다.
② 망원경 사용거리
  ⓐ 망원경의 종류와 배율에 따라 초점거리가 다를 수 있으므로 사용할 망원경의 초점거리를 확인하는 것이 필요하다.
  ⓑ 망원경은 일정 거리를 벗어나면 초점을 맞추어도 물체가 선명하게 보이지 않는데, 그 이유는 너무 멀리 있거나 너무 작은 물체는 초점을 맞추어도 해당 배율의 망원경으로 확대되는 물체의 상이 작기 때문일 수 있다.
  ⓒ 이 경우 더 높은 배율의 망원경으로 보거나 물체에 좀 더 가까이 다가가서 보는 것이 도움이 될 수 있다.
  ⓓ 망원경은 물체와의 거리에 따라 접안렌즈와 대물렌즈 간의 거리(경통거리)를 조절하여 초점을 맞추게 된다.
⑩ 망원경 사용문제와 해결
  ⓐ 망원경의 대물렌즈를 눈에 대고 본다면 접안렌즈를 눈에 대도록 교정한다.
  ⓑ 망원경의 경통을 돌려 초점을 제대로 맞추었는지 확인하고, 초점을 다시 맞추어준다.
  ⓒ 중심부 암점이 있는지 확인하고, 망원경을 사용할 때 중심 외 보기 방향으로 보도록 교정한다.
  ⓓ 현재 사용 중인 망원경 배율이 해당 크기의 목표물을 보는 데 적합한 배율인지 확인하고, 배율을 증가시키거나 목표물에 더 다가가서 보도록 한다.
  ⓔ 학생의 시력 변동으로 망원경 배율의 증감이 필요한지 확인하고, 변동된 시력에 적합한 배율의 망원경을 다시 추천한다.
  ⓕ 현재 사용 중인 망원경 배율이 나안 기준인지 안경 착용 기준인지를 확인하고, 기준에 맞게 사용하도록 한다.

시각장애인 보행의 이론과 실제, 정인욱복지재단, 시그마프레스

**보충+α** **망원경 사용 훈련단계**

### 1. 망원경 기초 이해하기

망원경 사용 훈련을 실시하기 전에 교육생은 망원경의 구조와 특징을 이해하고 있어야 한다.

첫째, 망원경은 근거리 시력보다 원거리 시력을 향상시킬 목적으로 사용되는 기구이다.

둘째, 망원경의 배율은 2~10배율까지 다양하지만 배율이 증가하면 시야가 감소한다.

셋째, 망원경은 양 눈 중에 좋은 눈으로 사용하므로, 이를 기준으로 망원경 배율을 결정한다.

넷째, 망원경에는 숫자 표기가 되어 있는데, '8×21 7.2'는 8배율, 대물렌즈 직경 21mm, 시야 7.2도를 의미한다.

다섯째, 물체의 거리에 따라 접안렌즈와 대물렌즈 간의 거리(경통거리)를 조절하여 초점을 맞춘다. 즉, 가까운 물체는 경통을 길게 하고, 먼 물체는 경통을 짧게 한다.

여섯째, 망원경의 사용으로 광량이 감소하므로, 보다 높은 조도를 선호하는 경우 대물렌즈의 직경이 큰 것을 선택한다.

> 망원경 배율(x) = Sa/Sb 20 중등
> = 읽기를 바라는 시표 크기의 해당 시력/현재 읽을 수 있는 시표 크기의 해당 시력
> = 목표 원거리 시력/현재 원거리 시력

예 원거리의 원본 자료를 3배 확대해야 볼 수 있거나 또는 원거리 시력표에서 현재 읽을 수 있는 글자 크기에 해당하는 시력이 0.1이고 읽어야 하는 목표 글자 크기에 해당하는 시력이 0.3이라면 3배율(3x) 망원경을 추천할 수 있다.

### 2. 바른 자세와 잡기

망원경은 바른 자세로 잡아야 초점을 맞추고 유지하기 쉽다. 망원경은 좋은 눈에 대고 보기 때문에 좋은 눈 쪽의 손으로 잡는다. 망원경을 잡을 때 엄지손가락과 나머지 손가락으로 접안렌즈와 경통 부위를 감싸듯이 잡는다. 그리고 집게손가락과 엄지손가락으로 만든 원을 눈에 밀착하여 눈과 접안렌즈를 최대한 붙인다. 그 이유는 눈에 불필요한 빛이 들어오는 것을 차단하고, 눈과 접안렌즈의 거리를 더 가깝게 하여 보다 넓은 시야를 확보할 수 있기 때문이다. 훈련 초기에는 보다 안정적인 자세 유지를 위해 양 팔꿈치를 책상에 지지하거나 반대쪽 손바닥으로 팔꿈치를 지지하게 할 수 있다. 특히 어린 아동이나 노인은 이렇게 지도하는 것이 좋다.

### 3. 목표대상 위치 찾기

이 기술은 망원경을 사용하지 않고 나안이나 안경을 쓰고 목표물의 대략적인 전체 상을 바라보고 위치와 방향을 잡는 것이다. 실내 훈련실에서 고대비 목표물을 사용하거나 목표물과 함께 소리 단서(예 "11시 방향을 보세요.", 박수소리)를 주면서 훈련을 시작할 수 있다. 시력이 매우 나빠 직접 목표물을 찾기가 어렵다면 목표물 주변의 큰 사물을 이용하여 위치를 찾는 방법을 지도할 수 있다. 예를 들어, 방문의 호실 번호 팻말 위치를 찾기 어렵다면 팻말이 붙어 있는 방문을 이용하는 것으로, 일반적으로 팻말은 방문의 상단 가운데에 위치한다. 이 훈련은 목표물에 대한 인식 능력에 따라 큰 대상물에서 작은 대상물로, 근거리에서 원거리로 발전하도록 구성한다.

### 4. 목표대상 고시하기

이 기술은 나안으로 목표물의 위치를 찾은 후에 망원경으로 목표물을 세부적으로 정확히 확인하고자 초점을 맞추고 유지하는 것이다. 실내 훈련실에서 2~3m 거리에 대비가 잘 되는 커다란 목표물을 놓고 훈련을 시작한다. 목표물로는 다양한 크기의 물체, 시력표, 카드 등이 사용될 수 있다. 처음에는 보행지도사가 망원경의 초점을 맞추어주고 목표물이 어떻게 보이는지를 알려준다. 훈련 중에 저시각인이 계속하여 목표물이 흐릿하게 보인다고 말한다면 초점을 잘 맞추지 못하는 것이므로, 옆에 서서 초점 맞추는 것을 도와준다. 목표물의 거리가 변화함에 따라 경통의 길이, 즉 대물렌즈와 접안렌즈 간의 거리가 증감되는 것을 반복 훈련을 통해 알게 하는 것이 중요하다. 자신과 목표물의 거리가 가까워지면 두 렌즈 간의 거리가 길어지는 데 반해, 자신과

목표물의 거리가 멀어지면 두 렌즈 간의 거리는 짧아진다. 보행지도 훈련 중간마다 저시각인이 초점을 제대로 맞추고 있는지를 점검해야 한다.

고시하기의 훈련 순서는 망원경 초점의 최소거리에서 최대거리로 증가시켜나감으로써 물체 거리와 경통 길이의 관계를 이해하고 초점을 맞출 수 있도록 지도한다. 저시각인이 인지적 문제나 수지 기능의 문제로 인해 초점 맞추기에 어려움이 있다면, 안경부착용 망원경을 사용하거나 주로 봐야 하는 목표물과의 거리에서만 초점이 맞도록 망원경의 두 렌즈거리(경통)를 고정시켜놓거나, 고정초점식 망원경을 사용한다. 무엇보다 이 훈련 단계에서는 저시각인이 조명에 대한 선호도가 있다면 광량을 증감시키면서 보기 능력에 변화가 있는지를 평가할 필요가 있다.

### 5. 목표대상 식별하기

이 기술은 물체의 위치 찾기와 고시하기를 연속적으로 하여 물체의 정체를 확인하는 것으로, 각각의 기술이 익숙해진 후에 실시한다. 초기 훈련을 위한 목표물은 벽과 대비되는 색의 종이에 그림, 숫자, 글자를 그려넣는다. 이때 그림이나 숫자나 글자의 크기는 저시각인이 원거리 시력표에서 볼 수 있는 가장 작은 시표의 글자 크기보다 2배 정도로 크게 함으로써, 나안으로도 물체의 위치 찾기가 가능하도록 해야 한다. 목표물을 2~3m 거리에서 제시한 후 목표물의 색과 그 안에 쓰인 숫자나 글자를 말하게 한다. 훈련 순서는 실내의 익숙한 지역과 익숙하지 않은 지역에 있는 물체를 단계적으로 도입하여 기술을 발전시킨다.

### 6. 목표대상 추시하기

이 기술은 환경에서 정지된 목표물의 윤곽(예 거리 표지판 내용)을 따라가면서 목표물을 확인하는 것이다. 먼저 훈련실의 2~3m 거리에서 칠판이나 벽에 숫자가 표시되어 있는 도형을 그려놓고, 이 도형의 윤곽선을 따라가면서 숫자를 읽도록 하는 것부터 시작할 수 있다. 이때 안정적인 추시가 이루어지려면 머리와 보조기구가 함께 움직이는 것이 중요하다. 저시각인이나 상지나 머리의 운동기능에 제한이 있다면 머리와 몸을 의자나 벽에 기대도록 하거나 머리와 몸통이 같이 움직이도록 하면 보다 안정적인 자세를 유지할 수 있다. 훈련 순서는 추시하는 능력에 따라 단순한 모양의 도형에 숫자를 쓴 그림에서 불규칙한 직선에 숫자를 쓴 그림으로, 실내(창문, 다양한 물체의 모양, 벽과 바닥 경계선 등)에서 실외(공원 주차장 라인 따라가기, 인도 연석을 따라가서 정류소 찾기, 길가의 가로수 세기, 상가 간판 읽기 등)로 발전시켜 나간다.

### 7. 목표대상 추적하기

이 기술은 움직이는 목표물을 시각적으로 따라가면서 정체를 확인하는 것이다. 먼저 실내 훈련실에서 교육생과 2~3m 정도의 거리를 두고 교사가 숫자나 글자가 쓰여진 고대비의 카드를 들고 움직이는 것으로 시작한다. 저시각인은 카드의 움직임을 따라 자신의 머리와 몸의 방향을 조정하며, 이때 망원경이 눈에서 떨어지지 않도록 밀착을 유지하는 것이 중요하다. 훈련 순서는 추적 능력에 따라 종이경통이나 저배율 망원경에서 고배율 망원경으로, 고대비의 느리게 움직이는 목표물에서 저대비의 빠르게 움직이는 목표물로, 목표물의 움직임은 수평방향 → 수직방향 → 대각선방향 → 곡선방향으로 하되 목표물이 저시각인을 기준으로 점차 먼 곳에서부터 접근하는 방향으로, 실내(방이나 복도에서 움직이는 사람이나 물체)에서 실외로(운동장이나 공원에서 사람 추적하기), 버스 번호 추적하기는 교차로에서 움직이는 차량 따라가기 → 움직이는 차량의 번호판 따라가기 → 움직이는 차량 번호판 숫자 읽기 순서로 발전시켜 나간다.

### 8. 목표대상 주사하기

이 기술은 환경에서 특정 목표물을 찾기 위해 목표물이 있을 것으로 예상되는 경계 사이를 체계적으로 훑어보는 것이다. 초기 훈련은 훈련실 2~3m 거리의 칠판이나 벽에 가로, 세로, 대각선 형태의 선과 숫자를 써넣고, 이 선을 주사하면서 숫자를 읽는 것으로 시작할 수 있다. 일부 숫자를 읽지 않고 지나친다면 중간의 선을 건너뛰고 부적절하게 주사한 것이다. 특히 주사할 때는 사물의 일부를 계속 중첩하면서 훑어보아야 공간에서 목표물을 놓치지 않고 찾을 수 있다는 점을 주지시켜야 한다. 훈련 순서는 주사능력에 따라 훑어보는 패턴을 가로방향 → 세로방향 → 대각선방향으로, 실내(교실이나 복도에서 물체 찾기)에서 실외(운동장에서 기구 찾기, 인도에서 공중전화 찾기, 특정 상점 찾기 등)로 발전시켜 나간다. 주사하기 방향을 결정할 때는 자신과 목표물 간의 상대적 위치 관계를 고려하여 결정한다.

### 9. 기술의 적용과 통합

모든 단계의 기술에 익숙해지면 저시각인이 망원경을 사용할 필요가 있는 실제 보행장소와 활동에서 지속적인 훈련과 평가가 이루어져야 한다. 주요 장소와 활동으로는 칠판 보기, 도로 표지판 확인하기, 교통 신호등 확인하기, 상점 찾기와 간판 읽기, 버스 번호 확인하기, 지하철의 입구와 노선 확인하기 등이 있다.

③ 확대독서기(CCTV) ★ <sup>22</sup> 초등

    ㉠ 경도 저시력 학생은 확대경만으로도 읽기 활동에 어려움이 없지만, 고배율의 확대가 필요한 중도 저시력 학생은 확대독서기가 더 유용할 수 있다.

    ㉡ 확대독서기는 고배율의 확대가 가능하고, 대비 조절 기능이 있어 낮은 대비의 자료를 고대비로 바꾸어주고, 모니터의 밝기를 자신의 선호 수준이나 눈부심 여부에 따라 조절할 수 있다.

    ㉢ 크게 휴대용과 데스크용 확대독서기로 구분할 수 있다. 휴대용 확대독서기는 주로 근거리용이지만 일부 제품은 칠판 보기 같은 원거리 보기도 가능하다.

    ㉣ 기능

| 구분 | 내용 |
|---|---|
| 배율 조절 | 확대(+) 및 축소(−) 버튼을 이용하여 책의 글자를 불편 없이 읽을 수 있는 최소 배율로 조절함 |
| 모니터 밝기 조절 | 밝기 조절 버튼을 이용하여 자신의 조명 선호도와 눈부심 여부에 따라 자신에게 맞는 모니터 밝기로 조절함 |
| 색상대비 조절 | • 색상대비 버튼을 사용하여 자신이 선호하는 바탕색과 글자색을 찾음<br>• 낮은 대비 자료를 볼 때 대비 조절 기능을 적극적으로 사용하도록 함<br>• 눈부심이 심한 학생은 검정색 바탕에 흰색 글자가 도움이 될 수 있음 |
| 마커 기능 | • 화면에 줄을 표시하거나 불필요한 영역을 가려 원하는 부분만을 볼 수 있음<br>• 시야가 좁아 줄을 놓치거나 문장을 따라가며 읽는 능력이 부족한 학생에게 도움이 될 수 있음 |
| 화면 캡처 | 시간 내에 보기 어려운 내용은 스마트폰의 사진 촬영이나 캡처 기능처럼 화면 내용을 저장했다가 다시 불러내어 확대하여 볼 수 있음 |

④ 화면 확대 프로그램
  ㉠ 컴퓨터 화면의 내용을 보기가 어려운 학생을 위해 화면의 내용을 확대해주는 소프트웨어이다.
  ㉡ 컴퓨터 운영체제에 내장된 '돋보기 기능'을 사용하거나 줌텍스트(ZoomText)와 같은 화면 확대 프로그램을 별도로 설치하여 사용할 수 있다.
  ㉢ 최신 사양의 화면 확대 프로그램은 화면의 확대 배율, 대비 조절 기능 외에도 화면의 내용을 음성으로 읽어주는 화면 읽기 기능까지 갖추고 있다.
  ㉣ 화면 읽기 기능은 화면을 확대해주더라도 읽기 속도가 느리거나 화면을 오랜 시간 볼 때 피로를 많이 느끼는 저시력 학생이 사용할 수 있다.
  ㉤ 윈도우에 내장된 돋보기 프로그램은 돋보기 대화 상자를 통해 확대 배율을 500%까지 조절할 수 있으며, 확대 방법도 전체 화면 확대, 렌즈 화면 확대, 도킹 화면 확대 중에 선택할 수 있다.
    ⓐ 렌즈 화면 확대: 마우스로 이동하는 사각형 렌즈 화면을 통해 일부 내용만 확대한다.
    ⓑ 도킹 화면 확대: 화면 가장자리에 확대된 내용을 보여준다.
  ㉥ 스마트폰도 운영체제에 저시력인을 위한 화면 확대 기능을 보유하고 있으며, 별도의 화면 확대 앱을 설치하여 사용할 수 있다.
    ⓐ iOS의 '확대기'는 화면 확대, 색상 조절, 조명 설정, 화면저장 및 재생 기능이 있다.
    ⓑ 스마트폰용 화면 확대 앱인 'ChunES APP'의 '돋보기 Super Magnifier' 등도 확대 기능, 조명 기능, 밝기조절 기능, 화면저장 기능이 있다.
⑤ 컴퓨터의 환경 설정과 주변 기기
  ㉠ 고대비 모드: 검정색 바탕에 글자색을 흰색이나 노란색으로 조절한다. ✻
  ㉡ 마우스 포인터: 포인터의 크기는 크고 대비는 높은 색으로, 포인터의 이동속도는 느리게로 조절한다.
  ㉢ 키보드 커서: 커서를 넓게 조절하면 커서 위치를 확인하기 쉽다.
  ㉣ 인터넷 익스플로러를 사용할 때: 〈Ctrl〉과 마우스 휠을 위·아래쪽으로 돌려 화면내용을 확대·축소한다.
  ㉤ 화면 디스플레이: 해상도를 낮추어 화면의 글자나 그림을 크게 조절한다.
⑥ 스마트 기기 환경 설정
  ㉠ 스마트폰도 저시력인을 위한 다양한 기능을 포함한다. 학생의 잔존 시각에 따라 확대/축소, 화면 밝기 조절, 색상 변환 등의 기능을 사용할 수 있다.
  ㉡ iOS 기반인 애플은 '손쉬운 사용', 안드로이드 기반인 삼성 갤럭시는 '접근성'에서 이와 같은 기능을 자신에게 맞게 재설정할 수 있다.
  ㉢ 경도 저시력 학생은 스마트폰의 카메라 기능을 원거리 보기 활동에 활용할 수 있다.

# 제 5 절  맹아동 교육

## 01  촉각 활용

시각장애 학생 교육 개론,
이태훈, 도서출판 점자

### 1. 촉각 활용 교수방법 ★ 22 초등, 19 초등

| 구분 | 내용 |
|---|---|
| 촉각적 모델링<br>(tactile modeling) | 특정 기술을 수행하는 데 필요한 신체 자세나 동작을 지도할 때 교사가 올바른 신체 자세나 동작을 시범 보이면 학생이 손으로 만져 탐색하고 모방하도록 하는 방법 |
| 신체적 안내법<br>(physical guidance) | 특정 기술을 수행하는 데 필요한 신체 자세나 동작을 지도할 때 교사가 자신의 손을 사용하여 학생의 신체의 각 부위를 접촉하여 적절한 자세와 동작을 취하도록 돕는 방법 |
| 손 위 손 안내법<br>(hand-over-hand<br>guidance) | • 학생의 손 위에 교사의 손을 놓고, 교사가 학생의 손 움직임을 조정하여 학습 기술을 지도하는 방법<br>• 교사의 적극적인 개입이 이루어지는 촉각 교수방법으로, 중복장애 학생에게 많이 사용됨<br>• 다른 사람의 접촉에 예민하거나 거부감을 보이는 학생에게는 사용하지 말아야 하며, 교사는 학생의 손을 접촉하여 안내할 때 강압적으로 다루지 않도록 유의해야 함 |
| 손 아래 손 안내법<br>(hand-under-hand<br>guidance) | • 학생의 손 아래에 교사의 손을 두고 교사의 손 움직임을 학생이 인식하도록 하여 학습 기술을 지도하는 방법<br>• 교사가 학생의 손을 잡아끌지 않아 덜 개입적이므로 촉각적 민감성이 심하거나 친숙하지 않은 물체를 접촉하는 것을 주저하거나 물체를 탐색하는 데 거부감이나 문제행동을 보이는 학생에게 효과적임<br>• 교사는 학생이 손 아래 손 안내법으로 물체에 대한 거부감 또는 저항이 감소하면, 손 위 손 안내법으로 바꾸어 지도할 수 있음 |

## 2. 촉각자료

### (1) 촉각지도

① 도드라진 표면과 서로 다른 질감을 활용하여 지리나 지도 읽기와 관련된 기술을 가르칠 때 사용한다.

② 교사는 털실 등의 기타 재료를 이용하여 일반자료를 촉각자료로 수정할 수 있다.

### (2) 촉각 그래픽

① 교실에서는 그림, 사진, 지도, 도표, 그래프, 도형 등의 형식으로 그래픽적인 정보를 자주 접하는데 이 정보에 시각장애학생이 접근 가능하게 하는 가장 흔한 방법은 촉각 그래픽의 사용이다.

② 촉각 그래픽은 시각적 정보를 촉각 형태로 바꾼 것을 말한다.

　　예 선으로 된 그림이 있을 때, 시각장애학생을 위해 교사가 그림의 중요한 직선 부분을 따라 끈을 붙여놓는 경우

③ 입체복사기도 촉각 그래픽의 제작에 도움이 될 수 있다.

　　예 픽셀마스터(Pixelmaster)는 '점자, 돌출된 묵자, 촉각 그래픽'의 3가지 출력이 가능한 프린터이다. 그래픽이 인쇄되면 촉각으로 느낄 수 있도록 종이에서 그림이 돌출된다. 이 프린터는 또한 그래픽, 묵자, 점자를 같은 페이지에 동시에 나타낼 수 있어, 그래픽 일부를 점자나 돌출된 묵자로 표시할 수 있다. 예를 들어, 교사가 학교 주위 동네의 지도를 그리고 난 다음, 각 거리 이름을 점자로 표시할 수 있다.

### (3) 양각그림 자료를 제작할 때 준수해야 할 지침★

① 원본 그림이 본문 내용이나 개념을 이해하는 데 필요한 자료인지 확인한다. 장식적인 목적의 그림이거나 구어 설명만으로 충분한 이해가 가능하면 생략할 수 있다.

② 원본 그림을 양각그림으로 만들 때 점자 프린터나 입체복사기로 출력할지, 여러 사물과 재료로 제작할지 결정한다. 단순한 시각자료(예 단순한 모양의 차트)는 점자 프린터나 입체복사기로도 제작할 수 있다.

③ 양각그림의 크기는 양손으로 확인할 수 있는 크기(30×30cm 내외)가 적절하다. 너무 크거나 작으면 촉각자료의 전체 모양이나 세부요소 간의 관계를 파악하기 어렵다. 촉각자료의 세부요소는 손으로 지각하고 구별할 수 있는 최소 크기 이상이 되어야 한다.

④ 양각그림을 만들 때 원본 그림과 똑같이 만드는 데 주안점을 둘 필요가 없다. 원본 그림에서 필수적이지 않은 요소는 제거하거나 단순화하여 양각그림을 만들면 더 잘 이해할 수 있다.

　　예 우리나라 지도 모양을 이해하는 데 있어, 남도의 많은 섬을 배울 목적이 아니라면 작은 섬들을 생략하거나 보다 단순화하여 제시할 수 있다.

⑤ 양각그림은 원본 그림과 동일한 크기로 제시하는 데 주안점을 둘 필요가 없다.

　　㉠ 다만 원본 그림을 정확한 비례로 확대·축소해야 한다.

　　㉡ 필요에 따라 그림의 확대·축소 비율을 명시할 수 있다.

⑥ 복잡한 원본 그림의 모든 세부정보가 필요하면 원본 그림을 한 장에 제시하기보다 여러 장으로 분리하여 책자형으로 제작할 수 있다. 첫 장에 원본 그림의 전체 윤곽이나 형태를 나타내는 양각그림을 배치하고, 다음 장부터 원본 그림을 몇 개로 나누어 만든 세부 양각그림들을 제시한다.

⑦ 양각그림의 주요 특징을 손으로 탐색할 때 그림 이해를 돕기 위한 짧은 설명의 점자 글을 함께 제시할 수 있다.

⑧ 원본 그림의 형태를 단지 양각의 윤곽선만으로 나타내기보다 선의 안쪽을 채운 양각면 형태로 제시하면 대상의 모양, 형태 등을 더욱 잘 지각할 수 있다.

⑨ 중증의 저시력 학생은 촉각 탐색뿐만 아니라 잔존 시각도 활용할 수 있도록 그림의 양각윤곽선에 대비가 높은 색을 입히면 양각그림 자료를 더 잘 이해할 수 있다.

⑩ 양각그림에 너무 많은 촉각 심벌, 무늬, 질감이 들어가면 오히려 이해하기 어렵고 혼동을 줄 수 있다.

⑪ 양각그림에 여러 개의 양각선을 사용해야 할 때는 양각선들을 촉각으로 구별할 수 있도록 5mm 정도의 간격을 두고, 그림의 양각선과 점자글자 간의 간격도 3mm 이상이 되도록 한다.

⑫ 양각그림에 점자글자를 적기 어려운 경우 안내선(유도선)을 사용하기보다 기호나 주석을 사용한다. 안내선을 사용해야 한다면 안내선으로 사용하는 양각선이 양각 그림에서 사용하는 양각선과 구별되어야 한다.

⑬ 양각그림을 개발할 때 학생의 연령과 경험을 고려해야 한다. 학생의 연령과 기술 수준이 낮을수록 양각그림에 사용하는 양각면, 양각선, 양각점, 양각기호의 수를 줄여주는 것이 좋다.

⑭ 복잡한 원본 그림을 양각그림으로 제작하는 방법
  ㉠ 전체−부분 방식과 단계별 방식이 있다.
    ⓐ 전체−부분 방식: 전체 그림을 2개 이상의 부분 양각그림으로 나누어 제작하는 것이다.
    ⓑ 단계별 방식: 원본 그림의 전체 윤곽과 세부 내용을 나누어 제작하는 것이다.
  ㉡ 복잡한 원본 그림을 여러 부분으로 분리하여 양각그림 자료를 제작할 때 그림의 분리점(또는 분리선)을 더욱 명확하고 도드라지게 표시해야 분리된 양각 그림 자료를 탐색한 후에 이를 하나로 통합하여 이해하기 쉽다.
  ㉢ 복잡한 원본 그림을 분리할 때는 논리적인 분할이 이루어져야 하고, 각 분리된 부분을 잘 나타내는 제목을 다시 붙여야 한다.
  ㉣ 분할은 수평이나 수직으로 절반을 나누거나 1/4로도 나눌 수 있으며, 자연의 랜드마크(강, 산맥 등)에 따라서도 나눌 수 있다.

⑮ 양각그림을 개발할 때 학생의 연령과 경험을 고려해야 한다. 학생의 연령과 기술 수준이 낮을수록 양각그림에서 사용하는 양각면, 양각선, 양각점, 양각기호의 수를 줄여주는 것이 좋다.

시각장애아 교육, 임안수,
학지사

### 1. 듣기지도

**(1) 장점**

① 듣기는 말하기·읽기·쓰기보다 더 많은 양을 차지한다.

② 듣기는 말하기·읽기·쓰기의 발달에 도움을 준다.

③ 중복장애학생과 묵독이나 점독에 어려움이 있는 학생에게는 듣기가 중요한 학습 수단이 된다.

④ 속도가 빨라 자료를 구하고 처리하는 데 효과적이다.

⑤ 경우에 따라 듣기가 점자보다 학습에 더 효과적인 수단은 아닐 수 있지만 점자도서를 제작·보급하는 것보다 녹음도서를 제작하는 것이 더욱 쉽고 빠르다.

**(2) 단점**

① 듣기(청독)는 일부 내용을 전달하기 어렵다.

② 특히 그림, 차트, 그래프, 도형 등은 듣기에 의해 정확하게 전달될 수 없다.

③ 듣기는 앞의 내용을 다시 듣거나 건너뛰거나, 자세히 분석하거나 원하는 장이나 페이지를 찾기 어렵기 때문에 참조하기가 어렵다.

④ 녹음도서의 인덱싱 방법도 정독, 표제어, 문단, 특수한 체제를 통해 다시 읽거나 전체를 훑어 읽는 데 시간이 많이 걸린다.

⑤ 자료를 통제하기가 어렵다.

　㉠ 속도, 억양, 고저, 간격 등은 낭독자가 결정한다.

　㉡ 전자공학의 발달로 압축어, 속도와 음색의 다양한 조절, 그 밖의 기기를 통해 다양한 변화와 발전이 이루어졌으나 아직 자료를 통제하는 데 어려움이 있다.

⑥ 듣기는 수동적이다.

　㉠ 녹음도서는 가만히 앉아서 듣기 때문에 수동적이 되기 쉽다.

　㉡ 집중력을 높이기 위해서는 능동적인 듣기를 해야 한다.

⑦ 자료를 구하기가 어렵다.

　㉠ 정안 학생이 사용하는 청각자료를 시각장애학생도 사용할 수 있다.

　㉡ 다만 이러한 자료는 시각적 자료와 함께 사용하는 경우가 많아 시각장애학생이 사용하기가 어렵다.

⑧ 시각장애학생이 교과서와 참고서의 대체자료로 녹음도서를 구하기가 어려우므로 듣기학습이 제한된다.

시각장애 학생 교육 개론, 이태훈, 도서출판 점자

## (3) 음성자료 제작 ★ [19 초등]

① 소음이 적은 시간과 장소에서 녹음한다.

② 읽는 속도를 일부러 늦추지 말고 보통 속도로 최대한 명확하게 발음하여 읽는다.

③ 자료를 녹음할 때 원본 자료에 기재된 표지, 목차, 저자 소개 등을 빠뜨리지 않고 녹음하는 것을 기본으로 한다.

④ 쉼표, 마침표 같은 구두점은 특별한 경우가 아니면 듣기 가독성과 이해도를 돕기 위해 생략한다.

⑤ 녹음자료를 체계적으로 관리할 수 있도록 일정한 규칙에 따라 파일 이름을 붙인다.

⑥ 도서는 한 개의 챕터를 한 개의 파일로 제작하는 것이 일반적이나 한 개의 파일이 60분이 넘어가면 두 개 파일로 나누어 저장하고 이를 알기 쉽게 파일이름에 번호를 달아준다.

⑦ 제목번호 낭독은 보편적으로 로마자 단위는 '단원'을 붙여 낭독하고(II-2단원), 1.1은 '1장 1절'으로, 1.1.1은 '1장 1절 1'으로, ①은 '동그라미 일'로, (1)은 '괄호 일'로, 1)은 '반괄호 일'로 낭독한다.

⑧ 괄호 안에 있는 글을 읽는 방법으로는 여러 가지가 있다.
  ㉠ 괄호 안의 글이 길거나 문장인 경우: '괄호 열고-내용 낭독-괄호 닫고' 순서로 읽는다.
  ㉡ 괄호 안의 글이 한두 단어 정도인 경우: 괄호 밖으로 빼서 자연스러운 연결 문장으로 만들어 읽을 수 있다.
    예 '노년기의 20년간 시간 수는(수면시간 제외함) 하루 16시간으로'를 '노년기의 20년간 시간 수는 수면시간을 제외한 하루 16시간으로'라고 읽을 수 있다.

⑨ 문장 중에 주가 나오면 해당 문장을 마친 후에 '주석 시작-주석 내용-주석 끝'의 순서로 읽는다.
    예 '다만 규범적 일원체인 사법인은 기본권 주체가 될 수 있다. 주 시작. 그러나 권리능력 없는 단체의 기본권 주체성은 부인된다. 주 끝'이라고 읽을 수 있다.

⑩ 표는 각 항목을 어떤 순서로 읽을지 알려준 후에 항목별 내용을 읽어준다.
    예 다음 표는 '구분, 오메가-3, 수은, 수은 대비 오메가-3의 비율 순으로 낭독해드리겠습니다. 먼저 연어, 2.7, 0.05, 54.0 다음 정어리 1.57, 0.04, 39.3 다음 훈제 연어 1.54, 0.04, 38.5 마지막으로 송어 1.15, 0.06, 19.2입니다.'라고 읽을 수 있다.

⑪ 원 그래프는 현재 몇 시 방향(보통 12시 방향이 기준)에서 시작하여 시계 또는 반시계 방향으로 어떤 항목이 어느 정도 비율을 차지하는지 읽어준다.

⑫ 막대 그래프는 가로축과 세로축의 제목을 읽고, 가로축의 항목별로 세로축의 크기를 설명한다.

⑬ 선 그래프는 x축과 y축의 제목을 읽고, x축과 y축의 범위와 간격이 어떠한지를 먼저 이야기한다. 그 다음에 각 좌표의 점을 x축, y축 순서로 읽어준다. 이때 각 그래프의 변화 경향성이 어디서부터 감소하고 증가하는지를 설명한다.

---

**보충+α** **녹음도서 제작의 실제**

- 녹음도서는 음절 단위로 제시되며, 내용에 따라서는 책의 내용과 직접적인 관계가 없어도 필요한 부분에 대한 설명도 함께 녹음한다.
- 외국어로 된 용어나 이름은 정확한 발음과 함께 철자도 읽어주고 한문으로 표기된 단어는 글자의 토를 읽어주거나 낱말의 뜻을 녹음해준다.
  예 사상(事像)을 녹음할 때 사상이라고 읽은 뒤에 '일 사', '형상 상'이라고 녹음한다.
- 희귀한 낱말, 어려운 낱말, 문맥 속에서 혼동을 줄 수 있는 낱말 등은 반드시 뜻도 함께 읽어주어야 한다.
- 도표, 차트, 그래프, 그림 등은 낭독자가 완전히 이해한 뒤 그 뜻을 풀어서 간결하게 설명해 준다.
- 책 전체의 위계를 알 수 있도록 책의 부, 장, 절, 순서를 나타내는 숫자부터 책의 제목, 출판사, 출판 연월일, 트랙의 수까지 모든 정보를 녹음한다.
- 괄호, 따옴표 등의 중요한 부호도 녹음하고, 페이지를 바꿀 때는 읽던 문장을 완전히 다 읽은 후에 그 다음 페이지를 읽는다.
- 녹음도서를 제작하는 경우 한 명은 녹음실에서 책을 읽고, 모니터하는 다른 한 명은 밖에서 그 책을 정확하게 읽는지 조사한다. 따라서 공용으로 사용되는 녹음도서를 녹음할 때는 두 명이 한 조가 되어 낭독하는 것이 원칙이다.

## 03 맹학생 보조도구

### 1. 촉각 활용 보조공학기기

(1) 점자정보단말기 ✱ 22 중등

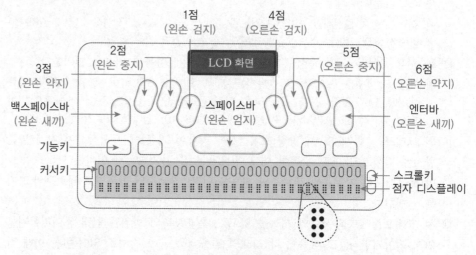

[그림 2-6] 점자정보단말기

① 점자로 읽고 쓸 수 있는 전자기기이다.
② 본체에 있는 6개의 점자 입력 버튼으로 점자를 입력하고, 음성합성장치와 점자 디스플레이를 통해 음성과 점자로 출력할 수 있다.

③ 노트북처럼 파일과 폴더 관리, 문서 작성, 독서, 녹음과 재생, 인터넷 등의 다양한 기능이 있으며, 컴퓨터나 스마트폰과 연결하여 사용할 수도 있다.

④ 구성

   ㉠ 점자정보단말기는 본체 중앙에 위치한 〈space〉 키를 기준으로 좌측으로 1점, 2점, 3점, 우측으로 4점, 5점, 6점의 점자 입력 키가 배열된다.

   ㉡ 본체 하단에는 플라스틱 재질의 점자가 출력되는 점자 디스플레이가 있는데, 점 칸이 6개 점이 아닌 8개 점으로 구성되어 있다.

   ㉢ 점 칸의 제일 아래 두 점은 컴퓨터 커서에 해당하는 것으로, 커서를 이동하여 원하는 위치에 점자의 입력이나 수정을 할 수 있다.

⑤ 점자정보단말기 종류 중에는 점자를 모르거나 익숙하지 않은 시각장애인을 위해 일반 묵자 자판을 사용하여 입력할 수 있는 제품(한소네 U2 쿼티 등)도 있다.

⑥ 점자정보단말기의 음성합성장치

   ㉠ 음성 크기, 속도, 고저를 학생에 맞게 설정할 수 있다.

   ㉡ 일반적으로 처음 사용하는 경우 음성 속도를 느리게 설정하여 듣다가 점차 빠른 속도로 조정하여 듣게 된다.

   ㉢ 여러 사람이 있는 곳에서는 이어폰을 사용해야 한다.

⑦ 자체적인 점자 학습 프로그램을 탑재하고 있으므로 점자를 배우는 단계의 학생이 점차 학습동기를 높이고 점자를 숙달하는 데 활용할 수 있다.

⑧ 주요 기능

| 기능 | 내용 |
|---|---|
| 워드프로세서 | 점자정보단말기의 문서 작성 프로그램으로는 점자정보단말기 문서(hbl), 점자 문서(brl) 외에 MS 워드 문서(doc), 한글(hwp), 텍스트(txt)의 파일 형식도 사용할 수 있음 |
| 독서기 | • 음성 독서를 위한 프로그램으로는 점자정보단말기 작성 문서(hbl), 점자 문서(brl), MS워드(doc), 한글(hwp), 텍스트(txt), E-book 파일 형식의 문서를 열어 음성으로 들을 수 있음<br>• 읽기 방법<br>  – 연속 읽기를 선택하면 자동으로 줄을 이동하면서 문서 끝까지 읽어줌<br>  – 수동 읽기를 선택하면 단어, 줄, 페이지 단위로 읽을 수 있음<br>• 이전에 읽던 곳을 찾기 쉽게 '마크' 기능을 사용할 수 있음 |
| 미디어 플레이어 | • 디지털 녹음기와 같은 기능을 함<br>• 수업강의 등의 원하는 소리를 녹음하고 재생할 수 있음<br>• mp3 같은 오디오 파일도 열어서 들을 수 있음 |
| 인터넷 설정 | 컴퓨터 없이 인터넷을 사용할 수 있어 웹페이지, 이메일 이용이 가능함 |
| 온라인 데이지 | • 데이지 도서를 읽을 수 있는 기능<br>• 국립중앙도서관에 회원으로 가입한 후에 온라인으로 데이지 도서를 내려받아 이용할 수 있음 |
| 기타 기능 | 주소록 관리, 계산기, 일정 관리, 달력, 알람 등의 기능을 가짐 |

### (2) 점자 프린터와 점역 프로그램

① 점자 프린터
- ㉠ 컴퓨터에서 작성된 문서를 점자 인쇄물로 출력해주는 기기이다.
- ㉡ 종류: 대형 점자 프린터와 개인용 점자 프린터, 대량 출판과 특수 인쇄를 목적으로 하는 점자 제판기, 그림 등을 인쇄할 수 있는 그래픽용 점자 프린터, 점자와 묵자를 동시에 출력할 수 있는 프린터 등이 있다.
- ㉢ 점자 프린터를 사용하기 위해서는 컴퓨터에 묵자를 점자로 바꾸어주는 점역 프로그램을 설치해야 한다.

② 점역 프로그램
- ㉠ 우리나라에서 많이 사용하는 점역 프로그램으로는 점사랑과 실로암 브레일, 하상 브레일 등이 있다.
- ㉡ 본문에 직접 한글을 입력하거나 텍스트(txt), 한글(hwp), MS 워드(doc) 등의 파일을 불러온 후 점자로 변환하여 점자 프린터로 출력할 수 있다.

### (3) 점자 라벨러

① 점자 프린터 없이도 간단한 점자 자료를 점자 라벨지에 출력할 수 있는 기기이다.
② 컴퓨터에 연결하여 사용하는 종류(점자 라벨러 BL-1000)와 컴퓨터 없이 독립형으로 사용할 수 있는 종류(예 식스닷 점자 라벨 메이커)가 있다.
③ 독립형 점자 라벨러는 제품 윗면에 위치한 점자 키보드를 사용하거나 일반 키보드를 연결하여 점자를 찍을 수 있으며, 국내에서도 판매된다.
④ 엘리베이터, 사무실 문, 도서, 우편물, 가전제품, 자판기 등에 출력한 점자 라벨을 부착하여 사용할 수 있다.

### (4) 입체복사기

① 시각장애인을 위한 촉지도, 다이어그램, 텍스트, 그래픽 등의 촉각 이미지를 간단하고 빠르게 제작하는 기기이다.
② 특수한 전용용지에 원하는 이미지를 직접 그리거나 프린터로 출력한 다음 입체복사기에 통과시키면 열과 반응된 검정색 잉크 부분만 부풀어 올라서 촉각 이미지가 생성된다.

### (5) 옵타콘(optacon) [17] 중등

① 소형 촉지판에 있는 핀들이 문자 모양대로 도출되어 맹학생이 일반 활자를 읽을 수 있게 해주는 장치이다.
② 활자를 점자로 바꿔주는 것이 아니라 카메라에 비친 글자 모양을 읽도록 해주는 것이다.

## 2. 청각 활용 보조공학 기기

청각 활용 보조공학 기기는 맹학생과 저시력 학생 모두에게 유용할 수 있다. 점자를 사용하는 학생은 짧은 시간 내에 많은 분량의 자료를 읽어야 하는 경우에 효과적이며, 저시력 학생은 읽기 속도가 느리거나 오랜 시간 읽으면 눈의 피로가 심한 경우에 도움이 된다.

### (1) 화면 읽기 프로그램 – 소프트웨어 ★

① 컴퓨터 화면의 내용을 확대해도 보는 데 어려움이 있는 학생이 컴퓨터에 설치하는 소프트웨어로, '화면 낭독 프로그램', '스크린 리더'라고도 부른다. 컴퓨터용 화면 읽기 프로그램으로 센스리더(국산 제품), Jaws for window, WindowEyes 등이 있다.

② 맹학생이 많은 학습자료를 빠른 속도로 듣기를 통해 학습하거나, 컴퓨터로 문서를 작성하거나, 인터넷에서 필요한 자료를 검색하거나, SNS를 하는 등 다양한 컴퓨터 기반의 여가활동에 활용할 수 있다.

③ 음성출력 기능은 음성 속도, 고저, 크기를 자신에게 맞게 조절할 수 있으며, 공용 장소에서는 이어폰을 착용하고 사용하도록 해야 한다.

④ 텍스트(txt)나 한글(hwp) 문서 파일을 읽을 때 문서 내용을 글자, 단어, 줄 단위로 읽거나, 문서 처음부터 끝까지 연속하여 읽는 등의 읽기 방식을 선택할 수 있으며, 읽다가 멈춘 지점을 표시하기 위한 책갈피 기능도 있다.

⑤ 화면 읽기 설정에서 읽기 가독성을 위해 구두점을 생략하고 읽을 수 있고, 정확한 글쓰기를 위해서는 구두점 읽기를 선택할 수 있다.

⑥ 우리나라에서 개발된 센스리더와 센스월드는 문서 작성(한글, 엑셀, 파워포인트), 인터넷 사용 등을 음성으로 지원하며 데이지 플레이어 기능까지 갖추고 있다.

---

**보충+α 윈도우 내장 프로그램 – 내레이터**

• 내레이터는 화면의 내용을 설명하는 화면 읽기 프로그램으로, 사용자는 해당 정보를 사용하여 장치를 탐색할 수 있다. 키보드, 터치 및 마우스로 내레이터를 제어할 수 있다.

• 윈도우 10 프로 기준으로 내레이터에 대한 설정은 단축키 'Windows 로고 키 + Ctrl + N'을 누르거나 '윈도우 설정 → 접근성 → 내레이터'에서 할 수 있다.

### (2) 음성합성장치 - 하드웨어

① 음성합성장치(speech synthesizer)란 문자, 숫자, 구두점 형태의 텍스트 정보를 음성으로 들려주는 기기를 말한다.

② 시각장애 학생은 컴퓨터에 저장된 자료나 모니터에 나타나는 텍스트 정보를 읽을 수 없기 때문에 이를 읽을 수 있도록 해 주는 하드웨어와 소프트웨어가 필요한데, 이와 같이 텍스트 자료를 소리 내어 읽는 하드웨어에 해당하는 부분이 음성합성장치다.

③ 특징

㉠ 텍스트를 음성으로 전환할 수 있는 소프트웨어와 함께 작동한다.

㉡ 합성된 음성의 질은 기기마다 차이가 있다.

㉢ 볼륨 조절이 용이하다.

㉣ 스피커나 헤드폰 등을 이용할 수 있도록 외부 연결장치가 있다.

㉤ 제품에 따라 음조나 음색의 조절이 가능하다

㉥ 제품에 따라 특수한 발음 규칙을 규정하고 합성기의 사전에 단어를 추가할 수 있다.

### (3) 데이지 플레이어 ★ 20 초등, 18 중등

① 과거에는 사람이 직접 도서를 읽어 테이프에 육성으로 녹음하면 시각장애 학생이 녹음기를 활용하여 독서했다. 최근에는 전자도서 형태로 제작이 증가하고 그 파일을 다양한 기기로 읽을 수 있게 되었는데, 대표적인 기기가 데이지 플레이어이다.

② 데이지 플레이어로 책마루, 리니오포켓 등의 제품이 있다.

③ 데이지 플레이어의 음성 속도, 크기, 고저 등도 자신에게 맞게 설정할 수 있으며, 독서 기능 외에도 녹음하고 재생할 수 있는 녹음 기능, 와이파이(WiFi)를 통해 웹라디오나 팟캐스트를 청취할 수 있는 기능도 있다.

④ 기본적으로 데이지 도서를 이용하도록 만들어졌으나 다양한 문서 파일 형식(hwp, doc, pdf 등)도 읽을 수 있다.

㉠ 데이지 도서(DAISY): 시각장애인 등 일반 활자 이용에 어려움이 있는 사람들을 위한 표준화된 형식의 디지털 도서이다.

㉡ 텍스트, 녹음, 점자 파일 등을 포함하므로 시각장애 정도에 따라 자신에게 적합한 것을 선택할 수 있다.

㉢ 국가대체자료공유시스템 DREAM을 통해 데이지 도서를 검색하고 내려받아 이용할 수 있다.

## (4) 광학문자인식시스템(OCR; Optical Character Recognition system) ★ [19] 중등

① 광학문자인식시스템은 인쇄자료를 확대해도 읽을 수 없고 인쇄자료를 점자나 음성으로 다시 변환해야 읽을 수 있는 맹학생에게 유용하다.

② 스캐너 또는 카메라로 인쇄물을 스캔하여 저장한 후에 문자인식프로그램을 통해 이미지를 제외한 문자만을 추출하여 텍스트 파일로 변환한다.

  ㉠ 맹학생은 이 텍스트 파일을 음성이나 점자로 출력하여 이용하게 된다.

  ㉡ 일반적으로 문자가 많은 소설책보다 그림, 사진과 같은 이미지가 많은 도서의 문자 인식률이 떨어진다.

③ 광학문자인식시스템은 일체형 기기와 컴퓨터에 설치하는 소프트웨어형이 있다.

  ㉠ 일체형 기기는 광학문자판독기라고도 하는데 카메라, 문자인식프로그램, TTS 기능이 기기 안에 모두 통합되어 있는 것으로 리드이지무브가 있다.

  ㉡ 문자인식프로그램으로도 불리는 소프트웨어형은 컴퓨터에 설치하고 별도의 스캐너를 연결하여 사용해야 하는데 소리안, 파인 리더 등이 있다. 최근에는 노트북, 화면 읽기 프로그램, 카메라, 문자 인식 소프트웨어를 한 세트로 판매하는 소리안 썬더, 책마루2 등도 있다.

④ 스마트폰에서 'TextGrabber translator', 'TapTapSee' 같은 OCR 앱을 내려받아 설치하면 카메라로 찍은 이미지에서 문자를 추출하여 음성으로 읽을 수 있다.

## (5) 보이스아이(VOICEEYE)

① 문자 정보를 바코드 심벌로 저장하고, 전용 리더기나 보이스아이 앱을 설치한 스마트폰을 이용해 바코드를 음성으로 변환하여 듣거나 확대해서 볼 수 있는 기기이다.

② 바코드는 가로와 세로 1.5cm 정도 크기로, 바코드 한 개에 책 두 페이지 분량 정도가 저장된다.

③ '보이스아이 메이커'라는 소프트웨어를 컴퓨터에 설치하여 사용하면 한글(hwp)과 MS워드 문서의 페이지 우측 상단에 보이스아이 바코드를 자동으로 생성하여 삽입할 수 있다.

④ 최근에는 보이스아이 전용 기기가 없어도 스마트폰에 보이스아이 앱을 설치한 후, 바코드 심벌에 스마트폰 카메라를 대면 바코드에 저장된 문서 내용을 음성으로 변환하여 들을 수 있다.

**⑹ 스마트 기기 환경 설정**

① 스마트폰 화면을 화면확대 기능을 통해서도 보기 어려운 학생은 음성지원 기능을 활용할 수 있다.

② iOS 폰은 보이스 오버(VoiceOver), 안드로이드 폰은 톡백(TalkBack) 등으로 불리는 시각장애인을 위한 화면 읽기 프로그램이 내장되어 있으며, 이들 프로그램 모두 음성 속도, 크기, 고저를 조절할 수 있다.

③ 점자를 사용하는 학생은 스마트폰을 보이스 오버, 톡백, 보이스 어시스턴트 등을 통해 사용하며, 이를 위해 손으로 터치하는 기술과 쓸어넘기는 기술을 익혀야 한다.

　예 한 손가락으로 화면을 터치하면 음성으로 읽어주고, 두 손가락으로 화면을 터치하면 읽기를 일시 멈추고, 한 손가락으로 오른쪽으로 쓸어넘기면 다음 항목으로 이동하고, 화면을 왼쪽으로 쓸어넘기면 이전 항목으로 되돌아간다.

④ 스마트폰의 보이스 오버와 톡백 기능을 활용하여 전화 걸기, 문자 입력, 인터넷 정보 검색 등을 할 수 있다.

⑤ 스마트폰의 마이크 버튼을 활용하여 음성으로 내용을 입력할 수도 있다.

　예 마이크 버튼에서 "이서린에게 전화 걸기"라고 말하거나 문자 입력창에 "내일 10시에 학교에서 보고 싶습니다."라고 말하면 입력된다.

---

**보충+α  화면해설 서비스**

시각장애인을 위해 대사나 음향을 방해하지 않고 시각적 요소를 해설해주는 서비스이다. 우리나라는 2000년 7월 15일에 '시각장애인 방송 접근 환대를 위한 세미나'를 개최하여, 화면해설 서비스의 중요성을 인식시켰고, 2000년 10월 1일 장애인영화제에서 화면해설 영화를 상영했다. MBC는 2001년 4월 20일 장애인의 날을 맞이하여 공중파 방송으로는 처음으로 화면해설 방송을 시작했는데, 주 1회 다큐멘터리 재방송에 한해 실시했다. 이후 KBS, SBS도 드라마를 선정하여 화면해설 방송을 실시했다. 2005년 12월 29일에는 한국 시각장애인연합회 내에 화면해설 방송센터를 설립하고, 드라마나 영화의 화면해설 서비스를 제작하고 있다.

# 제 6 절 보행교육

## 01 방향정위

방향정위란 잔존감각을 활용하여 주어진 환경에서 자신의 위치를 설정하는 능력을 말한다.

### 1. 방향정위의 기본요소

시각장애아동의 이해와 교육,
박순희, 학지사

| 종류 | 내용 |
|---|---|
| 지표 ★ | • 친숙한 사물, 소리, 냄새, 온도 또는 촉각 단서<br>• 재확인하기가 쉽고 항상 활용 가능함<br>　예 문, 계단, 자동판매기, 우체통 등<br>• 지표(landmarks)는 고정되어 있어 항상 활용이 가능함 |
| 단서 ★ | • 청각, 후각, 촉각(온도 포함), 근육감각이나 시각(색, 밝기와 대조) 자극물<br>• 자신의 위치를 파악하거나 이동 방향을 결정하는 데 쉽게 활용할 수 있음<br>• 단서(cues)의 예로는 사람 발자국 소리나 말소리, 음식점에서 나는 음식 냄새, 창문으로 들어오는 빛 등을 들 수 있음<br>• 단서는 지표와 달리 변화가 심하여 항상 활용할 수는 없음<br>• 음식점에서 요리를 할 때는 음식 냄새를 활용할 수 있으나 영업이 끝나면 더 이상 음식 냄새가 나지 않는 것처럼, 음식 냄새 같은 단서들은 위치 파악에 중요하나 항상 활용할 수는 없음 |
| 번호체계 | • 번호체계(numbering system, 건물 내부와 외부 환경)는 환경이 어떤 순서로 구성되어 있는지를 알게 해줌<br>　- 건물 안의 방들은 특정 숫자체계에 의해 배열되어 있음<br>　- 건물 밖의 거리나 건물들도 특정 숫자체계에 따라 구성되어 있음을 알고 이동 시에 활용함<br>　예 건물은 1층부터 순서대로 2층, 3층, 4층, 5층으로 이루어져 있고, 각 층마다 방은 번호 순서대로 한편에서 다른 편으로 배정되어 있다. 아파트 단지에서는 한 단지 안에 아파트 건물들이 번호 순서에 맞춰 동 이름이 401동에서 412동까지 붙어 있다. |
| 측정 | • 단위를 사용하여 사물이나 공간의 치수를 정확히 또는 대략적으로 파악할 수 있음<br>　- 표준화된 단위로 미터, 센티미터, 피트, 인치를 활용할 수 있음<br>　- 비교측정으로 -보다 길다, -보다 넓다, -보다 좁다 등을 사용할 수 있음<br>　- 비표준화된 측정으로 걸음 수, 무릎높이, 팔길이를 사용할 수 있고 손뼘을 사용하여 길이를 재는 방법도 있음 |
| 나침반 방위 | • 이동하는 데 있어 방위의 사용이 아주 중요함<br>• 나침반 방향(compass directions)인 동서남북이 주로 사용되며, 북서, 북동, 남서, 남동을 포함시켜 팔방을 사용할 수도 있음<br>• 더 자세한 방향을 나타내기 위해 시계방향(1~12시 방향)을 사용할 수 있음 |

시각장애인 보행의 이론과
실제, 정인욱복지재단, 시그
마프레스

> **보충+α** 정보점
>
> • 랜드마크와 같이 방향정위를 형성하는 데 유용하다.
> • 정보점이란 다른 사물의 특징과 결합하여 보행자의 정확한 위치를 알려주는 특징을 말한다.
> 예 대형 건물의 복도에는 엘리베이터가 여러 곳에 설치되어 있을 수 있다. 엘리베이터는 각각 랜드마크로
>   활용될 수 있는데, 예를 들어 소화전이 비치되어 있는 엘리베이터는 건물의 남쪽 복도라는 것을 알려
>   주는 정보점이다. 마찬가지로 대형 건물에는 계단이 여러 곳에 설치되어 있을 수 있다. 한 곳의 계단과
>   다른 곳의 계단을 구분하기 위해서는 정보점이 필요하다. 특정 위치의 계단은 손잡이가 설치되어 있는
>   데 반해, 다른 장소의 계단에는 손잡이가 설치되어 있지 않을 수 있다.

## 2. 인지지도와 공간갱신

### (1) 인지지도 ✱

① 정의

  ㉠ 환경의 공간구조나 사물의 위치와 공간관계에 대한 정신적 이미지이다.

  ㉡ 인지지도는 사물 중심의 기준위치에 따라 랜드마크, 보행경로, 사물들 간의
     거리와 방향을 표상화한 것이다.

  ㉢ 시각장애인이 환경 내에서 독립적으로 보행한다면 그 환경에 대한 인지지도를
     이미 형성하고 있음을 의미한다.

② 유형

| 구분 | 내용 |
|---|---|
| 경로<br>인지지도 | 출발지점과 목표지점의 두 지점을 연결하는 경로에 대한 방향, 거리, 경로<br>중에서 랜드마크 등에 대한 정신적 표상을 가리킴<br>예 시각장애유아가 교실 출입구에서 자신의 사물함을 스스로 찾아가서 옷을<br> 걸어두고 자기 자리에 찾아간다면 출입구, 사물함, 의자까지의 경로에 대한<br> 인지지도를 형성하고 있다는 것을 의미함 |
| 총체<br>인지지도 | 특정 환경 전체, 환경 내 사물들 간의 위치 관계 등에 대한 인지적인 표상<br>예 교실 출입구에서 자신의 사물함을 지나서 의자까지 가는 일상적인 경로를<br> 선택하지 않고 앞서 걷는 친구 발자국 소리를 들으면서 다른 쪽으로 돌아<br> 사물함을 찾아감 |

③ 인지지도 촉진 방법(관찰 시)

| 구분 | 내용 |
|---|---|
| 자기대화 | • 교육생이 보행하는 과정 동안, 내내 자신이 생각하고 행동하는 것을 말로<br>  표현하는 것<br>• 이는 L.S.Vygotsky의 내적 언어에 관한 이론에 근거한 지도전략<br>• 보행지도사는 교육생의 자기대화를 들음으로써 인지지도를 정확하게 형성<br>  하고 있는지, 정확하지 않다면 무엇이 교정되어야 하는지 파악할 수 있음 |
| 평행대화 | • 보행지도사가 교육생의 보행과정을 말로 진술하는 것<br>• 교육생이 자신의 움직임이나 신체언어를 자각하지 못할 때에 특히 유용한<br>  지도전략 |

④ 방향정위를 위한 정보 수집 및 분석 절차 [22 중등]

시각장애 학생 교육 개론, 이태훈, 도서출판 점자

| 구분 | 내용 |
|---|---|
| 지각 | 잔존시력, 후각, 청각, 촉각, 근육감각을 사용하여 환경정보를 수집함 |
| 분석 | • 수집된 지각정보들을 분석하고, 정보들이 일관적으로 나타나는지 믿을 만한지 자신에게 익숙한 것인지에 따라 분류함<br>• 또는 지각정보를 제공하는 출처, 정보를 얻어내는 감각의 유형과 강도(세기)에 따라 분류함 |
| 선별 | 출발점에서 목표점까지 방향정위하는 데 가장 적합하다고 여겨지는 정보들만을 선별함 |
| 계획 | 출발점에서 목표점까지의 행로에서 관련이 깊다고 선별된 정보들을 기초로 하여 이동 계획을 짬 |
| 실행 | 이동 계획을 실행에 옮김 |

⑵ 공간갱신(spatial updating)

① 정의

㉠ 보행자가 보행경로를 따라 이동하면서 자신과 사물 간의 거리와 방향 변화를 지속적으로 파악하는 과정이다.

㉡ 책상이 보행자의 몸 바로 앞에 놓여 있는 상황일 때, 몸을 오른쪽으로 90도 회전하면 책상은 자신의 앞이 아닌 왼쪽에 놓이게 된다.

㉢ 이와 같이 자신과 사물의 관계가 보행자 자신이 이동하면 달라진다는 것을 이해하는 것이 공간갱신이다.

## 3. 친숙화 과정( = 자기익숙화) ✷

시각장애인 보행의 이론과 실제, 정인욱복지재단, 시그마프레스

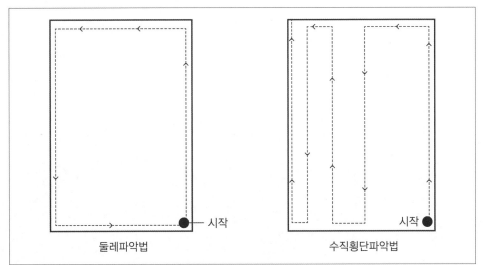

둘레파악법 수직횡단파악법

[그림 2-7] 친숙화 과정

### (1) 주변 탐색(둘레파악법)

① 보행자가 특정 환경의 전체적인 윤곽을 이해하기 위해 특정 공간의 주위 경계를 각각 탐색하고 각 경계면의 특징을 반영한 이름을 붙여 기억하는 것이다.

② 어느 복지관 1층에 있는 강당의 구조를 파악하기 위해 강당 전체를 탐색하면서, 출입구가 있는 왼쪽 벽면, 정수기가 배치된 뒷쪽 벽면, 내빈을 위한 안락의자가 배열된 오른쪽 벽면, 무대 단상이 있는 앞쪽 벽면 등을 기억하면서 탐색하는 것이 주변 탐색을 활용하여 자기익숙화를 하는 것이다.

### (2) 격자 탐색(수직횡단파악법)

① 특정 환경을 바둑판과 같이 구획을 설정하여 전후 또는 좌우 방향으로 체계적으로 이동하면서 사물의 위치를 파악하는 것이다.

② 앞서 예로 든 강당을 상세히 탐색하고자 할 경우, 단상 왼쪽 앞에서 정수기가 놓인 뒷쪽으로 이동한 후 오른쪽으로 몇 발자국 옮겨 다시 단상 앞으로 오면서 보행경로마다 어떤 사물이 있는지를 파악하는 것이다. 이와 같은 패턴으로 강당의 앞뒤를 반복적으로 탐색하는 것이 격자 탐색 전략을 활용한 자기익숙화의 예시이다.

### (3) 기준점 [23 중등]

① 환경 전체를 탐색하기 위한 기준으로, 어느 지점이 있든지 간에 쉽게 되돌아와서 활용할 수 있다.

② 앞서 예로 든 강당을 익히고자 하는 시각장애인은 출입구를 기준점으로 삼아 강당 내 어느 지점에 있든지 간에 사물들 간의 배열을 파악하기 위해 필요할 때마다 기준점을 재확인하면서 방향정위하는 전략이다.

## 4. 청각 활용 훈련

### (1) 독립보행을 위한 청각기술 훈련

| 훈련 | 내용 |
|---|---|
| 소리 인식 | • 보행 환경 주변에서 나는 소리를 들을 수 있는 것<br>• 현재 보행 환경에 다양한 청각 단서가 있으나 주변 소음이 크거나 청력에 문제가 있으면 소리를 듣지 못하고, 청각 단서를 그냥 지나칠 수 있음 |
| 소리 식별 | • 수돗물 소리, 체육관에서 공 튀기는 소리, 엘리베이터 소리, 오토바이 소리 등처럼 소리의 정체가 무엇인지 아는 것<br>• 학생과 자주 이용하는 보행 장소를 다니면서 소리 식별 훈련을 실시해야 함 |
| 소리 변별 | • 소리가 나는 여러 사물 중에서 같은 소리, 다른 소리, 특정 사물이 내는 소리를 구분해 내는 것<br>• 교차로에서 차량의 흐름이 직진인지, 좌회전인지, 우회전인지를 구분하는 훈련 등이 해당됨<br>• 소리 식별 훈련이 이루어지면 비슷한 소리들을 구별할 수 있는 소리 변별 훈련을 실시해야 함 |
| 소리 위치 추정 | • 소리가 나는 곳을 알고 도달할 수 있는 것<br>• 소리의 방향과 크기를 통해 거리를 가능한 한 정확하게 판단하는 것이 중요함<br>• 탁 트인 공간에서 소리 나는 물체를 학생 주변에 떨어뜨리고 학생이 소리 나는 물체를 찾도록 하는 훈련 등이 해당됨 |
| 소리 추적 | • 사람이나 차량처럼 소리 나는 대상을 따라가는 것<br>• 보행교사가 박수를 치면서 앞서가면 학생이 박수 소리를 듣고 따라가기 등이 해당됨<br>• 소리 추적 기술은 인도에서 직선 보행을 하기 위해 앞서가는 사람을 따라가거나 인도와 평행한 도로를 지나가는 차량의 소리를 따라갈 때 활용될 수 있음 |

### (2) 청각 단서를 방해하는 원인

| 원인 | 내용 |
|---|---|
| 사운드 마스크 | • 청각 단서가 주변의 소음으로 인해 들리지 않는 현상<br>　예 인도 보행 중에 주변 공사 소음으로 인해 차량의 진행음, 카페 음악, 횡단보도 신호음 등을 들을 수 없는 경우<br>• 소음이 일시적인 것(예 응급구조 차량의 사이렌 소리)이라면 소음이 사라질 때까지 기다리거나 촉각, 후각 같은 다른 감각정보를 이용하여 천천히 이동하거나 행인에게 도움을 요청할 수 있음 |
| 사운드 섀도 | • 보행 도중 청각단서가 나오는 곳(음원)과 시각장애학생 사이에 큰 물체나 구조물이 있어 청각단서가 차단되어 잘 들리지 않는 현상<br>　예 인도를 걷는 도중 음원과 시각장애학생 사이에 공사를 위한 대형 칸막이가 있는 경우<br>• 청각단서를 차단하는 것이 일시적인 것(예 잠시 정차한 대형 트럭)이면 지나갈 때까지 기다리거나 촉각이나 후각 같은 다른 감각정보를 이용하여 천천히 이동하거나 행인에게 도움을 요청할 수 있음<br>• 다만 사운드 섀도는 버스 정류장 등을 찾을 때 활용할 수 있는데, 인도에서 버스 정류소를 지나치는 동안 버스 정류소 유리벽으로 인해 차도의 차량 소리가 잠시 작아지기 때문임 |

## 1. 안내견 보행

### (1) 활용

① 시각장애인이 안내견을 사용하려면 방향정위와 이동기술을 잘 터득해야 한다.

② 일반적으로 16세 이상의 시각장애인이 사용한다.

③ 시각장애인이 안내견에게 가야 할 방향 및 지시를 내리는 역할과 함께 안내견을 돌보는 역할을 수행해야 한다.(안내견은 보호의 역할을 담당한다.)

### (2) 보편화되지 못하는 이유

① 많은 시각장애인이 보행 시력을 가지고 있다.

② 안내견은 시속 5~7km의 빠른 속도로 걷기 때문에 신체적으로 허약하거나 연로한 시각장애인은 사용하기 어렵다.

③ 안내견 학교가 개를 보호할 책임감 때문에 16세 이상의 시각장애인에게만 훈련을 제공한다.

④ 일부 시각장애인은 개를 좋아하지 않거나 다른 보행수단을 더 선호한다.

### (3) 장단점

| | |
|---|---|
| 장점 | • 머리 높이나 통로에 있는 장해물을 피할 수 있음<br>• 안전하지 못한 상황에서 지적으로 불복종할 수 있음<br>• 빠른 속도로 자신감을 가지고 보행하는 것을 즐길 수 있음<br>• 방향정위에 집중할 수 있어 익숙하지 않은 지역에서의 보행에 편리함<br>• 안내견을 사용하면 사회적 접촉과 상호작용이 촉진됨 |
| 단점 | • 안내견을 빗질하고 먹이고 돌보는 데 시간이 많이 걸림<br>• 안내견을 사용하지 않을 때 기다리게 하기가 어려움<br>• 시각장애인보다 안내견이 더 주위 사람의 주목을 끔 |

## 2. 안내법

### (1) 정의

안내인의 도움을 받아 이동하는 방법을 말한다.

### (2) 장단점

| 장점 | • 보행이 안전하고 효율적임<br>• 안내자가 환경에 대한 정보를 대신 처리함<br>• 운동감각적 인식, 방향정위, 개념과 같은 기술을 발전시킬 수 있음 |
|------|------|
| 단점 | • 안내자가 안내법을 정확히 모르는 경우 시각장애인이 불편할 수 있음<br>• 의존성을 기를 수 있음<br>• 시각장애인이 환경적 정보와 방향정위에 주목하지 않게 됨 |

### (3) 기본 안내법

① 기본자세

  ⊙ 시각장애인은 안내인의 팔꿈치 바로 위쪽 상박 부위를 계란을 쥐듯 가볍게 잡는다.

  ⓒ 안내인은 자신의 팔을 몸통 가까이에 붙이고 시각장애인은 안내인의 반보 옆, 반보 뒤에 선다.

  ⓒ 안내인이 팔을 몸통에 붙이지 않으면 팔에서 느끼는 정보에 혼란을 줄 수 있으므로 유의한다.

② 안내의 일시중지

  ⊙ 안내인이 잠깐 화장실을 가야 하는 것과 같이 일시중지를 해야 하는 상황에는 서로의 합의하에 잡은 손을 놓을 수 있다.

  ⓒ 안내인은 멈춘 장소에 대해 설명해주는 것이 바람직하며, 시각장애인이 혼자 기다려야 하는 상황에는 가능하면 오픈된 공간보다 주변의 의자, 책상, 벽과 같은 것을 느낄 수 있으면서도 안전한 곳에서 기다리게 하는 것이 중요하다.

③ 도움 수락과 거절(하인즈 브레이크)

  ⊙ 시각장애인이 일시적인 상황에서 안내를 요청하거나 또는 안내 받기를 거절할 때 사용하는 방법이다.

  ⓒ **도움을 받기 원할 때(거절할 때)**

    ⓐ 시각장애인은 개방된 장소에 편안한 자세로 서 있는다.

    ⓑ 안내를 해주고자 하는 사람이 시각장애인 뒤에서 접근하여 옆에 서서 시각장애인의 팔꿈치 위를 잡으면서 도움을 주겠다고 말하고 앞으로 민다.

    ⓒ 도움을 받아들이는 경우 기본 안내법 자세를 바르게 취하기 위해 자신의 팔을 가슴 높이로 들어올려 안내인의 손을 놓게 한다.

    ⓓ 동시에 자유로운 손으로 들고 있는 팔 아래에서 안내인의 손목을 아래 부분부터 감싸쥐고 전체적으로 편하게 잡은 후 손목을 밑으로 내리며, "감사합니다. 그런데 제가 팔을 잡도록 하겠습니다."라고 말한 후 안내인의 팔꿈치 위를 잡아 기본 안내법 자세를 취한다.

ⓔ 거절해야 하는 경우를 대비하여 맨 마지막 부분에 "고맙습니다만, 잘 아는 길이라 혼자 가도록 하겠습니다." 또는 "고맙습니다만, 안내해줄 친구를 기다리고 있으니 괜찮습니다."라고 말하는 연습을 하도록 한다.

> **보충+α | 잠깐 멈춤**
>
> '잠깐 멈춤'은 시각장애인이 환경의 변화를 미리 예측하게 하는 기능을 한다. 계단 앞에서 잠깐 멈출 수 있고 계단이 끝나는 지점에서 잠깐 멈추어 계단이 끝났음을 알려줄 수도 있는 유용한 방법이다.

시각장애인 보행의 이론과 실제, 정인욱복지재단, 시그마프레스

④ 다양한 상황에서의 안내법 [18 중등]

| 방법 | 순서 |
|---|---|
| 좁은 통로 통과하기 | ① 기본적인 안내법으로, 좁은 통로를 지나갈 때에 안내인은 안내하던 팔을 뒤로 보낸다.<br>② 맹인은 안내인의 비언어적 신호에 따라 팔을 펴고 안내자의 등 뒤로 통로를 지나간다.<br>③ 안내인이 뒤로 돌렸던 팔을 정상적인 위치로 정립한 후에 맹인이 원래 위치로 돌아온다. |
| 계단 오르내리기 ★ | ① 안내인이 계단의 숫자에 대해 설명하지 않고도 안전하고 효율적인 안내가 가능하다.<br>② 안내인은 계단의 가를 향해 직각으로 접근하여 첫 계단 앞에서 잠깐 멈춘다.<br>③ 맹인은 안내인의 옆에 나란히 선다.<br>④ 안내인은 첫 발을 내딛고 맹인은 안내인을 따라 걷는다.<br>⑤ 마지막 계단에서 안내인은 약간 멈추고, 맹인에게 한 계단 한 칸이 남아 있다고 말한다. |
| 의자에 앉기 | ① 안내인은 의자 앞에 가서 멈춘 후 맹인의 손을 의자 등받이나 의자로 안내한다.<br>② 맹인은 의자를 조사한 다음 앉는다. |
| 출입문 통과하기 | ① 안내인은 문의 손잡이를 잡고 문을 연다.<br>② 열린 문의 손잡이를 안내하고 있는 손으로 바꾸어 쥔 후, 손잡이를 맹인 손에 쥐어준다.<br>③ 맹인은 다른 손으로 갈아 쥐고 문을 통과한 다음 문을 닫는다.<br>④ 안내인은 맹인이 문을 완전히 닫을 때까지 기다린다. |

## 3. 실내 단독 이동기술

### (1) 트레일링 ★ 23 중등, 21 초등, 19 중등

① 손의 자세: 벽에 대는 손의 위치는 손등 또는 손의 측면이 가장 일반적이며, 벽의 재질이나 매끄러움 정도에 따라 선택할 수 있다.

② 손 스쳐가기: 벽과 반보 떨어져 나란히 서서 벽과 가까운 쪽 팔을 전방 $45°$ 각도로 뻗은 후 손의 측면이나 손등을 가볍게 벽에 대고 이동한다. 벽을 따라 이동할 때 벽에 댄 손이 몸통보다 항상 앞에 있어야 단서나 장애물을 먼저 확인할 수 있다.

### (2) 자기 보호법 ★

① 상부 보호법: 벽에 등을 대고 서서 한 팔을 들어 반대편 어깨에 손을 갖다댄 후에 팔꿈치의 각도가 $120°$ 정도 되도록 손바닥을 전방으로 내민다. 장애물의 위치에 따라 내민 손바닥의 위치를 얼굴 쪽으로 조정할 수 있다.

② 하부 보호법: 벽에 등을 대고 서서 한 손을 몸 중앙으로 내려뻗은 후 손등이 바깥을 향하도록 몸으로부터 20~25cm 정도 떨어뜨린다. 장애물의 위치에 따라 내민 손의 위치를 조정할 수 있다.

### (3) 비어링 및 방향잡기 23 중등

① 비어링(veering): 직선보행을 할 때 자신도 모르게 왼쪽이나 오른쪽으로 굽어져 걷는 현상이다.

② 방향잡기(taking directions): 비어링이 포착될 때 보행자가 실시해야 하는 것이 방향잡기 기술이다. 방향잡기는 목표지점을 향해 일직선으로 갈 수 있는 기술이며, 이를 위해 소리나 사물로부터 방향을 가늠한다.

    ㉠ 수직 정렬(perpendicular alignment): 사물이나 소리를 활용하여 그 흐름과 90도 각도를 유지하는 것을 말한다.

    ㉡ 수평 정렬(parallel alignment): 사물이나 소리를 활용하여 그 흐름과 평행을 유지하는 것을 의미한다.

## 4. 지팡이 보행법

### (1) 장점

① 지팡이는 물체와 보행 표면에 대한 정보를 제공한다.
② 기동성이 있다.
③ 지팡이는 가격이 싸고 관리하기 편리하다.

### (2) 단점

① 지팡이는 (나뭇가지, 입간판 등으로부터) 상체를 보호하지 못한다.
② 세찬 바람이 불 때 사용하기 어렵다.

### (3) 지팡이의 선택 [18 중등]

| 조건 | 내용 |
|---|---|
| 길이 | • 적합한 길이는 사용자의 체격, 보폭, 보행속도에 따라 다름<br>• 일반적으로 사용자의 겨드랑이 높이 정도인 것이 좋음<br>• 최대로 긴 것도 자기의 어깨 높이보다 더 길지 않아야 하며, 짧은 것도 자기의 팔꿈치 높이보다 짧으면 좋지 않음 |
| 무게 | • 지나치게 무겁거나 가벼운 것은 사용하기 적합하지 않음<br>• 보편적으로 170~200g 정도의 것이 성인용으로 적합함 |
| 접촉 탐지 능력 | 지팡이로 전달되는 소리와 진동으로 장애물을 탐지하고 지면 상태를 알아내기 때문에, 소리나 진동이 잘 전달되어야 함 |
| 내구성 | • 튼튼하고 오래 사용할 수 있어야 함<br>• 충격이나 압력에도 견딜 수 있어야 함<br>• 오래 사용해도 변질되거나 약화되지 않는 것이어야 함 |
| 팁 | • 예민하여 사물을 잘 탐지할 수 있어야 함<br>• 잘 닳지 않고 울퉁불퉁한 지면에서도 유연하게 잘 미끄러져야 함 |
| 손잡이 | • 잡기 편해야 하고 오래 사용해도 피로를 느끼지 않게 하는 것이어야 함<br>• 기후 변화에도 이상이 없는 것이어야 함. 우리나라에서 제작되는 지팡이의 손잡이 재질은 폴리우레탄을 사용함 |

**(4) 유형** <sup>21 초등, 19 중등</sup>

① 대각선법 ★

    ⊙ 몸 전면 하부에 있는 장해물을 미리 알려주며, 보호법과 같은 역할을 한다.

    ⊙ 주로 익숙한 건물 내에서 사용한다.

    ⊙ 방법

        ⓐ 지팡이는 골반 바깥쪽으로 내밀어 주먹을 쥔 모양으로 잡고 엄지를 뻗게 된다.

        ⓑ 몸을 가로질러 지팡이를 뻗치고 지팡이 끝은 어깨에서 약 2.5cm 정도 더 나오게 한다.

        ⓒ 지팡이 끝을 지면에서 약간 위로 띄운 상태에서 이동하게 된다.

        ⓓ 실내에서 벽을 이용하는 경우 지팡이 끝을 벽에 붙이면서 가는 대각선법과 트레일링 기법을 동시에 사용하면 신속하고 편하게 목적지에 도달할 수 있다.

오른손: 트레일링

왼손: 대각선법

[그림 2-8] 대각선법과 트레일링 기법을 동시에 사용하는 경우

② 2점 촉타법

    ⊙ 보행 중에 떨어지는 곳과 보행할 때 장해물을 탐지한다.

    ⊙ 익숙한 환경이나 익숙하지 않은 환경에서 사용한다.

    ⊙ 방법

| 구분 | 내용 |
|---|---|
| 쥐는 법 | • 검지를 펴서 손잡이 부분에 붙임<br>• 나머지 손가락은 악수를 할 때처럼 손잡이 부분을 감싸줌 |
| 팔의 위치 | • 팔꿈치를 펴고 팔을 앞쪽 아래로 뻗어 손이 몸의 정중선에 오도록 함<br>• 측면에서 볼 때 팔과 지팡이가 일직선이 되도록 잡음 |
| 팔목 동작 | • 지팡이가 좌우로 움직일 때 팔을 고정시키고 팔목만 좌우로 운동함<br>• 시계추가 고정되어 왕복하는 모습과 같음 |
| 호 | • 지팡이가 움직일 때 지팡이의 끝이 그리는 포물선<br>• **폭**: 양쪽 어깨 또는 몸의 가장 넓은 부분보다 약간 더 넓게 유지함<br>• **높이**: 지면에서 5cm 이하로 유지함 |
| 보조 | • 걸음을 자연스럽게 걸으며 지팡이와 발은 서로 반대쪽으로 이동함<br>• 오른발이 나가면 지팡이는 왼쪽으로 나감 |
| 리듬 | 보행 시 지팡이 끝의 마찰 소리와 발이 닿는 소리가 동시에 들려야 함 |

③ 2점 촉타법의 응용기법 [22 중등]

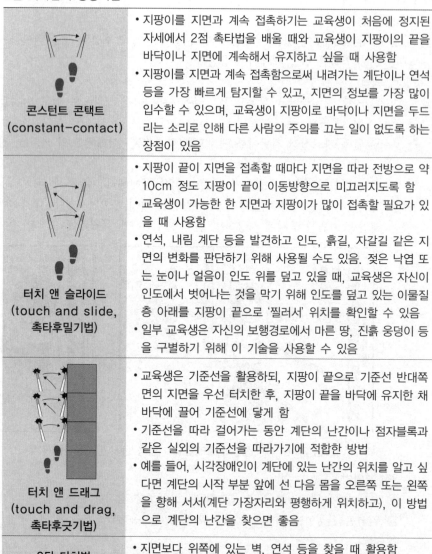

| | |
|---|---|
| 콘스턴트 콘택트<br>(constant-contact) | • 지팡이를 지면과 계속 접촉하기는 교육생이 처음에 정지된 자세에서 2점 촉타법을 배울 때와 교육생이 지팡이의 끝을 바닥이나 지면에 계속해서 유지하고 싶을 때 사용함<br>• 지팡이를 지면과 계속 접촉함으로써 내려가는 계단이나 연석 등을 가장 빠르게 탐지할 수 있고, 지면의 정보를 가장 많이 입수할 수 있으며, 교육생이 지팡이로 바닥이나 지면을 두드리는 소리로 인해 다른 사람의 주의를 끄는 일이 없도록 하는 장점이 있음 |
| 터치 앤 슬라이드<br>(touch and slide,<br>촉타후밀기법) | • 지팡이 끝이 지면을 접촉할 때마다 지면을 따라 전방으로 약 10cm 정도 지팡이 끝이 이동방향으로 미끄러지도록 함<br>• 교육생이 가능한 한 지면과 지팡이가 많이 접촉할 필요가 있을 때 사용함<br>• 연석, 내림 계단 등을 발견하고 인도, 흙길, 자갈길 같은 지면의 변화를 판단하기 위해 사용될 수도 있음. 젖은 낙엽 또는 눈이나 얼음이 인도 위를 덮고 있을 때, 교육생은 자신이 인도에서 벗어나는 것을 막기 위해 인도를 덮고 있는 이물질 층 아래를 지팡이 끝으로 '찔러서' 위치를 확인할 수 있음<br>• 일부 교육생은 자신의 보행경로에서 마른 땅, 진흙 웅덩이 등을 구별하기 위해 이 기술을 사용할 수 있음 |
| 터치 앤 드래그<br>(touch and drag,<br>촉타후긋기법) | • 교육생은 기준선을 활용하되, 지팡이 끝으로 기준선 반대쪽 면의 지면을 우선 터치한 후, 지팡이 끝을 바닥에 유지한 채 바닥에 끌어 기준선에 닿게 함<br>• 기준선을 따라 걸어가는 동안 계단의 난간이나 점자블록과 같은 실외의 기준선을 따라가기에 적합한 방법<br>• 예를 들어, 시각장애인이 계단에 있는 난간의 위치를 알고 싶다면 계단의 시작 부분 앞에 선 다음 몸을 오른쪽 또는 왼쪽을 향해 서서(계단 가장자리와 평행하게 위치하고), 이 방법으로 계단의 난간을 찾으면 좋음 |
| 3단 터치법 | • 지면보다 위쪽에 있는 벽, 연석 등을 찾을 때 활용함<br>• 두 지점을 두드린 후 벽, 연석 등을 한 번 더 두드리는 방법 |

④ 상황에 따른 지팡이 사용법

| 계단 오르기와 내려가기★ | • 계단을 오를 때는 지팡이 손잡이 바로 아랫부분을 연필 쥐듯이 잡고 올라가야 할 계단 바로 위에 있는 계단의 윗부분을 가볍게 치면서 올라가며, 지팡이 끝으로 계단 턱이 확인되지 않으면 모두 올라왔음을 확인할 수 있음<br>• 계단을 내려갈 때는 조심스럽게 계단이 시작되는 부분을 확인해야 함. 지팡이를 지면에 대고 슬라이딩시켜서 지면이 낮아지는 계단의 턱을 확인하면, 발을 지면에 대고 미끄러뜨려 계단의 끝 부분을 발바닥으로 확인하고 섬. 이렇게 몸을 움직이는 동안 지팡이를 계단의 끝부분에 대고 있어야 낙상을 방지할 수 있음<br>• 계단을 내려갈 때는 대각선법을 사용하여 지팡이를 잡고, 지팡이 끝은 내려가야 할 계단의 다음 단 모서리 부분에서 약간 위로 올려서 공중에 띄움. 지팡이의 끝이 지면에 미끄러지는 느낌을 받게 되면 계단이 끝남을 알 수 있음 |
|---|---|
| 문 통과하기★ | • 지팡이 끝이 문에 닿으면 지팡이를 세워 문에 갖다댐<br>• 지팡이를 문에 댄 채 좌우로 문지르면 손잡이가 걸림<br>• 지팡이를 잡지 않은 손으로 문 손잡이를 잡고 문을 열고 나감 |
| 사물 확인하기 | 지팡이를 사물에 수직으로 갖다 붙이고, 지팡이를 따라 내려가 손으로 사물을 접촉하는 방법을 사용함 |

## 5. 전자보행보조구 이동기술

### (1) 정의

① 전자보행보조구들은 시각장애 아동에게 환경에 대한 정보를 소리와 진동을 통해 청각과 촉각정보로 전달해준다.

② 보통 흰지팡이나 안내견을 기본 이동수단으로 보고, 보조적인 2차 수단으로 전자보행보조구를 이용한다.

### (2) 흰지팡이에 추가해 전자보행보조구를 사용하는 기법

① 가위 기법: 흰지팡이의 손잡이 부분과 전자보행보조구를 가위 모양으로 교차시켜 사용하는 방법이다.

② 전방수직 기법: 흰지팡이로 2점 터치법을 사용하면서 보조구로 전방을 똑바로 가리켜 장애물이 있는지 확인하는 방법으로, 장애물을 피하는 데 효과적이다.

## 6. 지역사회 보행기술

### (1) 인도 직선 보행과 비어링 수정

① 인도 직선 보행: 인도에서 직선 이동이 이루어지려면 먼저 바른 자세로 이동해야 하며, 2점 촉타법을 사용할 때 팁이 신체 좌우를 균등한 거리로 두드려야 한다. 긴 거리를 직선으로 계속 이동하기 위해서는 이동 중에 차도의 차량 진행 방향이나 앞서 가는 사람들의 소리를 활용하는 것이 필요하다.

② 비어링 수정: 인도 보행 중에 차량 소리가 가까워지거나 지팡이 팁이 인도 아래로 떨어지는 느낌이 든다면 인도 중앙에서 차도 쪽으로 비어링한 것임을 알고 멈춰서야 한다. 비어링을 수정하려면 연석에서 평행 서기를 한 후 인도 중앙을 향해 옆으로 3~4걸음 이동한 후 차량 소리를 이용해 방향과 자세를 정렬해야 한다.

### (2) 기준선 보행★

① 기준선 보행은 보행자의 진행 방향과 같은 방향으로 뻗어 있는 벽, 펜스(울타리), 화단, 담벼락 등이 있을 때 이들을 기준선으로 활용하여 따라가는 기술이다.

② 기준선 종류에 따라 대각선법, 2점 촉타법, 촉타 후 긋기법, 3점 촉타법 등을 이용하여 기준선과 기준선 반대쪽으로 번갈아 접촉하며 따라가게 된다.

③ 기준선 보행은 보행자가 방향을 잃지 않고 심리적 안정감을 갖도록 할 수 있다는 장점이 있다.

④ 기준선의 종류와 바닥 상태에 따른 흰지팡이 기술

　㉠ 복도 벽 기준선 보행: 실내에서는 흰지팡이를 두드리는 소리가 시끄러울 수 있어 대각선법이나 지면 접촉 유지법을 이용하여 기준선 보행을 한다.

　㉡ 실내 화단이나 펜스: 실내 화단이나 펜스를 따라갈 때에는 2점 촉타법, 3점 촉타법을 사용할 수 있다. 지면 상태가 좋지 않아 바닥 상태까지 확인하며 따라가야 할 때는 2점 촉타법 보다 3점 촉타법을 사용하는 것이 좋다.

　㉢ 점자블록: 2점 촉타법을 사용하면 점자블록을 감지하기 어려우므로, 촉타 후 긋기법이나 지면 접촉 유지법을 사용하여 점자블록을 따라가는 것이 좋다.

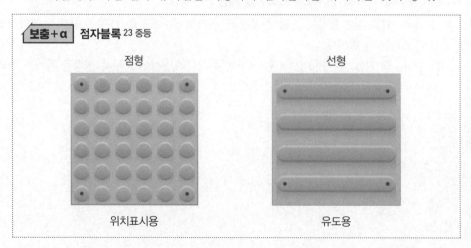

보충+α 점자블록 23 중등

점형 　　　　　　　　　　선형

위치표시용 　　　　　　　유도용

## (3) 도로 횡단

① 횡단보도는 횡단보도 근처의 점자 블록과 인도 경사면, 횡단보도 앞의 사람 소리나 차량 정차 소리, 횡단보도 인근 지형지물(상가 건물 등) 등을 종합적으로 이용하여 찾아야 한다.

② 횡단보도를 찾으면 횡단보도 앞의 연석과 지나가는 차량 소리를 이용하여 직각 서기를 하고 지팡이 팁이 도로에 들어가지 않도록 연석 위에 수직으로 세워 놓아야 한다.

③ 신호등의 보행자 신호음, 다른 보행자의 움직임, 차량의 정차 소리 등을 통해 횡단 시점을 파악하여 직선으로 건너서 반대쪽 연석을 확인한 후 인도로 올라서야 한다.

## 01 한글 점자

시각장애아 교육, 임안수,
학지사

### 1. 한글 읽기, 쓰기

1점 ← ○○ → 4점
2점 ← ○○ → 5점
3점 ← ○○ → 6점

[읽기]

4점 ← ○○ → 1점
5점 ← ○○ → 2점
6점 ← ○○ → 3점

[쓰기]

※ 읽기는 좌측에서 우측 방향으로 읽으며, 쓰기는 우측에서 좌측 방향으로 표기함

[그림 2-9] 점자의 표기

### 2. 한국 점자 표기의 기본 원칙

**제1항** 한국 점자는 한 칸을 구성하는 점 여섯 개(세로 3개, 가로 2개)를 조합하여 만드는 예순
세 가지의 점형으로 적는다.
**제2항** 한 칸을 구성하는 점의 번호는 왼쪽 위에서 아래로 1점, 2점, 3점, 오른쪽 위에서 아래
로 4점, 5점, 6점으로 한다.
**제3항** 글자나 부호를 이중으로 적지 않도록 여기에서 정한 한국 점자를 표준 점자로 정한다.
**제4항** 한글 이외의 점자는 세계 공통으로 사용하는 점자와 일치하게 표기함을 원칙으로 한다.
**제5항** 한국 점자는 풀어쓰기 방식으로 적는다.
**제6항** 한국 점자는 책의 부피를 줄이고, 정확하고 빠르며, 간편하게 사용할 수 있도록 정한다.
**제7항** 한국 점자의 물리적 규격은 아래와 같다.
  1. 점 높이: 반구형 점의 중심점에서 밑면까지의 거리
  2. 점 지름: 반구형 점의 밑면 중심을 지나 점의 둘레와 만나는 직선거리
  3. 점간 거리: 점칸 내 한 점의 중심점에서 인접한 다른 점의 중심점까지의 거리
  4. 자간 거리: 수평으로 나열된 두 점칸에서 같은 점 번호에 해당하는 두점의 중심점
     사이의 거리
  5. 줄간 거리: 수직으로 나열된 두 점칸에서 같은 점 번호에 해당하는 두점의 중심점
     사이의 거리

6. 한국 점자 사용 규격
   가. 점 높이: 최솟값 0.6mm 최댓값 0.9mm
   나. 점 지름: 최솟값 1.5mm 최댓값 1.6mm
   다. 점간 거리: 최솟값 2.3mm 최댓값 2.5mm
   라. 자간 거리
      종이, 스티커: 최솟값 5.5mm 최댓값 6.9mm
      피브이시(pvc): 최솟값 5.5mm 최댓값 7.3mm
      알루미늄, 스테인리스: 최솟값 5.5mm 최댓값 7.6mm
      기타 재질: 위의 규격을 준용하여 사용
   마. 줄간 거리: 최솟값 10.0mm 최댓값 정하지 않음
   바. 점자 규격 그림(예시)

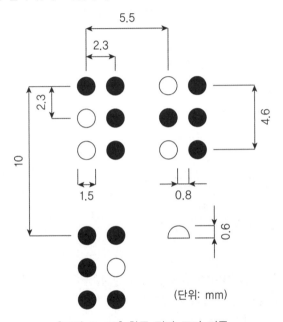

(단위: mm)

[그림 2-10] 한국 점자 표기 기준

### 3. 한국 점자의 특성

① 초성자음과 종성자음이 다르게 제자(製字)되어 있다.
② 초성 'ㅇ'은 생략한다.
③ 초성 'ㄲ', 'ㄸ', 'ㅃ', 'ㅆ', 'ㅉ'을 쓸 때, 앞의 'ㄱ', 'ㄷ', 'ㅂ', 'ㅅ', 'ㅈ' 대신 된소리표 (6점)를 적는다.
④ 부피를 줄이고 읽기와 쓰기 속도를 증가시키기 위하여 27개 약자와 7개 약어를 사용한다.
⑤ 약자 '영'은 그 앞에 'ㅅ', 'ㅆ', 'ㅈ', 'ㅉ', 'ㅊ'이 올 때는 '엉'이 된다.
⑥ 모음 겹글자 '얘'는 '야 + 이'가 아니라 '야 + 애'로, '위'는 '우 + 이'가 아니라 '우 + 애'로 쓴다.
⑦ 모음 겹글자 '왜'는 '오 + 애'가 아니라 '와 + 애'로, '웨'는 '우 + 에'가 아니라 '워 + 애'로 쓴다.
⑧ 모아쓰지 않고 풀어쓴다.

### 4. 한국 점자의 장단점

**(1) 장점**

① 맹인의 중요한 의사소통 수단이다.
② 맹인이 쉽게 쓸 수 있다.
③ 맹인을 위한 실질적인 의사소통 수단이다.
④ 정독과 재독을 할 수 있다.
⑤ 철자를 익히는 데 도움이 된다.

**(2) 단점**

① 읽기속도가 목독(目讀)이나 청독(聽讀)보다 현저하게 느리다.
② 점자도서나 간행물을 구하기 어렵다.
③ 점자도서의 제작비가 비싸다.
④ 점자는 공간을 많이 차지하므로 휴대와 보관이 어렵다.
⑤ 부호의 중복 사용으로 혼동과 난도가 발생한다.
⑥ 약자를 사용하므로 철자법에 특별한 주의가 필요하다.
⑦ 어구, 문장, 도서체계, 그림 등 책의 전체적인 형태를 파악하기가 어려워 상당한 기억력과 종합력이 필요하다.
⑧ 일부 중복장애아동은 점자를 학습하는 것이 어렵다.
　　예 중도 지적장애가 있는 경우 점자 습득이 어려우며, 뇌졸중이나 당뇨병이 있는 경우도 촉각의 상실로 점자 읽기가 곤란함

## 5. 점자기호

### (1) 자음 기호(읽기점 ①④②⑤③⑥ 기준)

| 자음 | | ㄱ | ㄴ | ㄷ | ㄹ | ㅁ | ㅂ | ㅅ | ㅇ | ㅈ | ㅊ | ㅋ | ㅌ | ㅍ | ㅎ |
|---|---|---|---|---|---|---|---|---|---|---|---|---|---|---|---|
| | 초성 | 4 | 14 | 24 | 5 | 15 | 45 | 6 | 1245 | 46 | 56 | 124 | 125 | 145 | 245 |
| | 종성 | 1 | 25 | 35 | 2 | 26 | 12 | 3 | 2356 | 13 | 23 | 235 | 236 | 256 | 356 |

| | ㄲ | | ㄸ | | ㅃ | | ㅆ | | ㅉ | |
|---|---|---|---|---|---|---|---|---|---|---|
| 된소리 | 6 | 4 | 6 | 24 | 6 | 45 | 6 | 6 | 6 | 46 |

※ ●은 볼록하게 찍힌 점임

### (2) 모음 기호(읽기점 ①④②⑤③⑥ 기준)

| 모음 | ㅏ | ㅐ | ㅑ | ㅒ | ㅓ | ㅔ | ㅕ | ㅖ | ㅗ | ㅘ | ㅙ | ㅚ |
|---|---|---|---|---|---|---|---|---|---|---|---|---|
| | 126 | 1235 | 345 | 345 | 234 | 1345 | 156 | 34 | 136 | 1236 | 1236 | 13456 |

| | ㅛ | ㅜ | ㅝ | ㅞ | ㅟ | ㅠ | ㅡ | ㅢ | ㅣ |
|---|---|---|---|---|---|---|---|---|---|
| | 346 | 134 | 1234 | 1234 | 1235 | 146 | 246 | 2456 | 135 |

※ ●은 볼록하게 찍힌 점임

(3) 약자와 약어

① 약자(읽기점 ①④ ②⑤ ③⑥ 기준)

| 약자 1종 | | 가 | 나 | 다 | 마 | 바 | 사 | 자 | 카 | 타 | 파 | 하 | 것 | 받침 ㅆ |
|---|---|---|---|---|---|---|---|---|---|---|---|---|---|---|
| | | 1246 | 14 | 24 | 15 | 45 | 123 | 46 | 124 | 125 | 145 | 245 | 456 | 234 | 34 |
| | | 억 | 옹 | 울 | 옥 | 연 | 운 | 온 | 언 | 얼 | 열 | 인 | 영 | 을 | 은 |
| | | 1456 | 123 456 | 123 46 | 1346 | 16 | 1245 | 123 56 | 234 56 | 2345 | 1256 | 123 45 | 124 56 | 2346 | 1356 |

※ ●은 볼록하게 찍힌 점임

② 약어(읽기점 ①④ ②⑤ ③⑥ 기준)

| 약어 | 그래서 | | 그러나 | | 그러면 | | 그러므로 | | 그런데 | | 그리고 | | 그리하여 | |
|---|---|---|---|---|---|---|---|---|---|---|---|---|---|---|
| | 1 | 234 | 1 | 14 | 1 | 25 | 1 | 26 | 1 | 1345 | 1 | 136 | 1 | 156 |

※ ●은 볼록하게 찍힌 점임

## (4) 문장부호 및 기타 기호(읽기점 ①④ ②⑤ ③⑥ 기준)

| | . | , | ! | / | ? | – | ~ | | · | ...... | | |
|---|---|---|---|---|---|---|---|---|---|---|---|---|
| **문장부호 및 기타 기호** | 온점 | 반점 | 느낌표 | 빗금 | 물음표 | 붙임표 | 물결표 | | 가운뎃점 | 말줄임표 | | |
| | 256 | 5 | 235 | 456 | 34 | 236 | 36 | 36 | 5 23 | 6 | 6 | 6 |

| | ; | : | ★ | 수표 | " " | | ' ' | |
|---|---|---|---|---|---|---|---|---|
| | 쌍반점 | 쌍점 | 별표 | 수표 | 큰따옴표 | | 작은따옴표 | |
| | | | | | 열기 | 닫기 | 열기 | 닫기 |
| | 56 23 | 5 2 | 35 35 | 3456 | 236 | 356 | 6 236 | 356 3 |

| | : | ( ) | | { } | | [ ] | |
|---|---|---|---|---|---|---|---|
| | 긴소리표 | 영문표 | 소괄호 | | 중괄호 | | 대괄호 | |
| | | 시작 / 종결 | 열기 | 닫기 | 열기 | 닫기 | 열기 | 닫기 |
| | 6 3 | 356 / 256 | 236 3 | 6 356 | 236 2 | 5 356 | 236 23 | 56 356 |

※ ●은 볼록하게 찍힌 점임

## (5) 숫자와 알파벳 (읽기점 ①④ ②⑤ ③⑥ 기준)

### 숫자

| | 1 | 2 | 3 | 4 | 5 | 6 | 7 | 8 | 9 | 0 | 125 | | |
|---|---|---|---|---|---|---|---|---|---|---|---|---|---|
| 숫자 | 1 | 12 | 14 | 145 | 15 | 124 | 1245 | 125 | 24 | 245 | 3456 | 1 | 12 | 15 |

### 알파벳

| a | b | c | d | e | f | g | h | i | j | a에서 j까지는 숫자 1에서 0까지와 동일 |
|---|---|---|---|---|---|---|---|---|---|---|
| 1 | 12 | 14 | 145 | 15 | 124 | 1245 | 125 | 24 | 245 | |

| k | l | m | n | o | p | q | r | s | t | a에서 j까지의 점기호에 3점 추가 |
|---|---|---|---|---|---|---|---|---|---|---|
| 13 | 123 | 134 | 1345 | 135 | 1234 | 12345 | 1235 | 234 | 2345 | |

| u | v | x | y | z | | w | a에서 e까지의 점기호에 36점 추가 (w는 제외) |
|---|---|---|---|---|---|---|---|
| 136 | 1236 | 1346 | 13456 | 1356 | | 2456 | |

※ ●은 볼록하게 찍힌 점임

# 제1장 자모

## 제1절 첫소리 자리에 쓰인 자음자

제1항 기본 자음자 14개가 첫소리 자리에 쓰일 때에는 다음과 같이 적는다.

| 자음자 | ㄱ | ㄴ | ㄷ | ㄹ | ㅁ | ㅂ | ㅅ | ㅇ | ㅈ | ㅊ | ㅋ | ㅌ | ㅍ | ㅎ |
|---|---|---|---|---|---|---|---|---|---|---|---|---|---|---|
| 첫소리 글자 | ⠈ | ⠉ | ⠊ | ⠐ | ⠑ | ⠘ | ⠠ | ⠛ | ⠨ | ⠰ | ⠋ | ⠓ | ⠙ | ⠚ |

제2항 'ㅇ'이 첫소리 자리에 쓰일 때에는 이를 표기하지 않으며, 이와 같이 적는 것을 정자로 삼는다.

아이 ⠣⠕    우유 ⠍⠩    중앙 ⠨⠍⠶⠣⠶    발음 ⠘⠣⠂⠪⠢

[다만] 첫소리 자리에 쓰인 'ㅇ'을 표기하고자 할 때에는 ⠛ 으로 적는다.

제3항 된소리 글자 'ㄲ, ㄸ, ㅃ, ㅆ, ㅉ'이 첫소리 자리에 쓰일 때에는 각각 'ㄱ, ㄷ, ㅂ, ㅅ, ㅈ' 앞에 된소리 표(⠠)를 적어서 나타낸다. ★

ㄲ ⠠⠈    ㄸ ⠠⠊    ㅃ ⠠⠘    ㅆ ⠠⠠    ㅉ ⠠⠨

## 제2절 받침으로 쓰인 자음자

제4항 기본 자음자 14개가 받침으로 쓰일 때에는 다음과 같이 적는다.

| 자음자 | ㄱ | ㄴ | ㄷ | ㄹ | ㅁ | ㅂ | ㅅ | ㅇ | ㅈ | ㅊ | ㅋ | ㅌ | ㅍ | ㅎ |
|---|---|---|---|---|---|---|---|---|---|---|---|---|---|---|
| 받침 글자 | ⠁ | ⠒ | ⠔ | ⠂ | ⠢ | ⠃ | ⠄ | ⠶ | ⠅ | ⠆ | ⠖ | ⠦ | ⠲ | ⠴ |
| 첫소리 글자 | ⠈ | ⠉ | ⠊ | ⠐ | ⠑ | ⠘ | ⠠ | ⠛ | ⠨ | ⠰ | ⠋ | ⠓ | ⠙ | ⠚ |

제5항 쌍받침 'ㄲ'은 ⠁⠁으로 적고, 쌍받침 'ㅆ'은 약자인 ⠌으로 적는다. ★

낚시 ⠉⠣⠁⠁⠠⠕          있다 ⠕⠌⠊⠣

안팎 ⠣⠒⠙⠣⠁⠁          보았다 ⠘⠥⠣⠌⠊⠣

제6항 겹받침으로 쓰인 'ㄳ, ㄵ, ㄶ, ㄺ, ㄻ, ㄼ, ㄽ, ㄾ, ㄿ, ㅀ, ㅄ'은 각 자음자의 받침 표기를 이용해 어울러 적는다.

| ㄳ | ㄵ | ㄶ | ㄺ | ㄻ | ㄼ | ㄽ | ㄾ | ㄿ | ㅀ | ㅄ |
|---|---|---|---|---|---|---|---|---|---|---|

삯     앉다     않다     읽다

옮기다     밟다     외곬     핥다

읊다     옳다     없다

### 제3절  모음자

제7항 기본 모음자 'ㅏ, ㅑ, ㅓ, ㅕ, ㅗ, ㅛ, ㅜ, ㅠ, ㅡ, ㅣ'는 다음과 같이 적는다.

| ㅏ | ㅑ | ㅓ | ㅕ | ㅗ | ㅛ | ㅜ | ㅠ | ㅡ | ㅣ |
|---|---|---|---|---|---|---|---|---|---|

제8항 그 밖의 모음자인 'ㅐ, ㅒ, ㅔ, ㅖ, ㅘ, ㅙ, ㅚ, ㅝ, ㅞ, ㅟ, ㅢ'는 다음과 같이 적는다. [18 중등]

| ㅐ | ㅒ | ㅔ | ㅖ | ㅘ | ㅙ | ㅚ | ㅝ | ㅞ | ㅟ | ㅢ |
|---|---|---|---|---|---|---|---|---|---|---|

### 제4절  단독으로 쓰인 자모

제9항 자음자나 모음자가 단독으로 쓰일 때는 해당 글자 앞에 온표(⠿)를 적어 나타낸다.

| ㄱ | ㄴ | ㄷ | 받침 ㄱ | 받침 ㄴ | 받침 ㄷ | ㅏ | ㅑ | ㅓ |
|---|---|---|---|---|---|---|---|---|

### 제5절  모음 연쇄

제10항 모음자에 '예'가 이어 나올 때는 그 사이에 붙임표(⠿)를 적어 나타낸다. ✲ [21 초등]

아예     도예     뭐예요     서예

→ 해설 예⠿와 종성 ㅆ⠿의 점형이 같아 붙임표를 사용하지 않으면 '서예'가 '섰'이 된다.

제11항 'ㅑ, ㅘ, ㅜ, ㅝ'에 '애'가 이어 나올 때는 그 사이에 붙임표를 적어 나타낸다.

야애     소화액     구애

→ 해설 붙임표를 사용하지 않으면 두 칸으로 이루어진 점형과 헷갈린다.

# 제2장 약자와 약어

## 제6절 약자

제12항 다음 글자가 포함된 글자들은 아래 표에 제시한 약자 표기를 이용하여 적는 것을 표준으로 삼는다.

| 가 | 나 | 다 | 마 | 바 | 사 | 자 | 카 | 타 | 파 | 하 |
|---|---|---|---|---|---|---|---|---|---|---|
| ⠫ | ⠉ | ⠊ | ⠑ | ⠘ | ⠇ | ⠨ | ⠋ | ⠓ | ⠙ | ⠚ |
| 억 | 언 | 얼 | 연 | 열 | 영 | 옥 | 온 | 옹 | 운 | 울 |
| ⠹ | ⠾ | ⠞ | ⠡ | ⠳ | ⠻ | ⠭ | ⠷ | ⠿ | ⠛ | ⠯ |
| 은 | 을 | 인 | 것 | | | | | | | |
| ⠵ | ⠮ | ⠟ | ⠸⠎ | | | | | | | |

가자 ⠫⠨　　바다 ⠘⠊　　자동차 ⠨⠊⠿⠰⠣

제13항 제12항에 제시된 약자는 그것의 앞이나 뒤에 다른 자음자가 함께 쓰일 때에도 정자로 풀어 쓰지 않고 약자로 쓴다.

강산 ⠫⠶⠇⠒　　난방 ⠉⠒⠘⠶　　달밤 ⠊⠂⠘⠢

제14항 '까, 싸, 껏'은 각각 '가, 사, 것'의 약자 표기에 된소리 표를 덧붙여 적는다.

까치 ⠠⠫⠰⠕　　깡충깡충 ⠠⠫⠶⠰⠍⠶⠠⠫⠶⠰⠍⠶

쌍둥이 ⠠⠇⠶⠊⠍⠶⠕　　쌍쌍이 ⠠⠇⠶⠠⠇⠶⠕

한껏 ⠚⠒⠠⠸⠎　　힘껏 ⠚⠕⠢⠠⠸⠎

[붙임] '껐'은 '꺼'와 '받침 ㅆ'을 어울러 적는다.

불을 껐다. ⠘⠯⠮ ⠠⠈⠎⠌⠊⠲

제15항 다음과 같이 글자 속에 모음으로 시작하는 약자 '억, 언, 얼, 연, 열, 영, 옥, 온, 옹, 운, 울, 은, 을, 인'이 포함되어 있을 때에는 해당 약자를 이용하여 적는다.

| 약자 | 예 | | | | | |
|---|---|---|---|---|---|---|
| 억 | 꺾다 | ⠠⠈⠹⠁⠊ | 넋 | ⠉⠹⠄ | 덕망 | ⠊⠹⠑⠶ |
| 언 | 건전 | ⠈⠾⠨⠾ | 얹다 | ⠾⠅⠊ | 천하 | ⠰⠾⠚ |
| 얼 | 넓다 | ⠉⠞⠃⠊ | 얽다 | ⠞⠁⠊ | 젊다 | ⠨⠞⠢⠊ |
| 연 | 견학 | ⠈⠡⠚⠁ | 변화 | ⠘⠡⠚⠧ | 현황 | ⠚⠡⠚⠧⠶ |
| 열 | 별 | ⠘⠳ | 엷다 | ⠳⠃⠊ | 혈기 | ⠚⠳⠈⠕ |
| 영 | 경성 | ⠈⠻⠠⠻ | 병원 | ⠘⠻⠏⠒ | 평화 | ⠙⠻⠚⠧ |
| 옥 | 곡식 | ⠈⠭⠠⠕⠁ | 볶다 | ⠘⠭⠁⠊ | 폭포 | ⠙⠭⠙⠥ |
| 온 | 논 | ⠉⠷ | 돈 | ⠊⠷ | 손 | ⠠⠷ |
| 옹 | 공사 | ⠈⠿⠇ | 송이 | ⠠⠿⠕ | 홍삼 | ⠚⠿⠇⠢ |
| 운 | 군대 | ⠈⠛⠊⠗ | 눈물 | ⠉⠛⠑⠯ | 문화 | ⠑⠛⠚⠧ |

| | | | | | |
|---|---|---|---|---|---|
| ㄺ | 굵다 | ⠿ | 굶다 | ⠿ | 훑다 | ⠿ |
| ㄵ | 끊다 | ⠿ | 큰언니 | ⠿ | 튼튼한 | ⠿ |
| ㄹ | 굵다 | ⠿ | 늙다 | ⠿ | 읊다 | ⠿ |
| ㄴ | 민족 | ⠿ | 신라 | ⠿ | 진실 | ⠿ |

제16항 '성, 썽, 정, 쩡, 청'은 'ㅅ, ㅆ, ㅈ, ㅉ, ㅊ' 다음에 'ㅕ'의 약자(⠿)를 적어 나타낸다. ✻

성가 ⠿          말썽 ⠿          정성 ⠿

어정쩡 ⠿          청년 ⠿

제17항 한 단어 안에서 '나, 다, 마, 바, 자, 카, 타, 파, 하' 뒤에 모음이 이어 나올 때에는 'ㅏ'를 생략하지 않고 적는다. ✻ [20] 중등

나이 ⠿          다음 ⠿          마을 ⠿

바위 ⠿          자아 ⠿          하얀 ⠿

[붙임] '팠'을 적을 때에는 'ㅏ'를 생략하지 않고 적는다.

땅을 팠다. ⠿ ⠿

### 제7절 약어

제18항 다음의 단어들은 약어로 적어 나타낸다.

| 단어 | 그래서 | 그러나 | 그러면 | 그러므로 | 그런데 | 그리고 | 그리하여 |
|---|---|---|---|---|---|---|---|
| 약어 | ⠿ | ⠿ | ⠿ | ⠿ | ⠿ | ⠿ | ⠿ |

[붙임] 위에 제시된 말들의 뒤에 다른 음절이 붙어 쓰일 때에도 약어를 사용하여 적는다. ✻

그래서인지 ⠿          그러면서 ⠿

그런데도 ⠿          그리하여도 ⠿

[다만] 위에 제시된 말들의 앞에 다른 음절이 붙어 쓰일 때에는 약어를 사용하여 적지 않는다. ✻

쭈그리고 ⠿          우그리고 ⠿

오그리고 ⠿          찡그리고 ⠿

# 제5장 숫자

## 제11절 국어 문장 안의 숫자

**제37항** 숫자는 수표(⠼)를 앞세워 다음과 같이 적는다. <sup>16 중등</sup>

| 1 | 2 | 3 | 4 | 5 | 6 | 7 | 8 | 9 | 0 |
|---|---|---|---|---|---|---|---|---|---|
| ⠼⠁ | ⠼⠃ | ⠼⠉ | ⠼⠙ | ⠼⠑ | ⠼⠋ | ⠼⠛ | ⠼⠓ | ⠼⠊ | ⠼⠚ |
| 10 | 23 | 45 | 77 | 86 | 100 | 120 | 375 | 555 | 999 |
| ⠼⠁⠚ | ⠼⠃⠉ | ⠼⠙⠑ | ⠼⠛⠛ | ⠼⠓⠋ | ⠼⠁⠚⠚ | ⠼⠁⠃⠚ | ⠼⠉⠛⠑ | ⠼⠑⠑⠑ | ⠼⠊⠊⠊ |

**제38항** 숫자 다음에 한글이 이어 나올 때에는 숫자와 한글을 붙여 쓴다.

| 1가 | 2권 | 3반 |
|---|---|---|
| 4선 | 5월 | 6일 |
| 7자루 | 8꾸러미 | |

1평은 3.3m²이다.

[다만] 숫자와 혼동되는 'ㄴ, ㄷ, ㅁ, ㅋ, ㅌ, ㅍ, ㅎ'의 첫소리 글자와 '운'의 약자가 숫자 다음에 이어 나올 때에는 숫자와 한글을 띄어 쓴다. ★ <sup>21 중등</sup>

| 1년 | 2도 | 3명 |
|---|---|---|
| 4칸 | 5톤 | 6평 |
| 7항 | 5운6기 | |

**제40항** 숫자가 물결표로 이어질 때에는 물결표 뒤에도 수표를 적어 나타낸다.

(02) 222-7777~8

**제41항** 묵자에서 흔히 쓰이는 원문자 번호와 네모 번호는 다음과 같이 적는다.

① ▢

**제42항** 로마 숫자는 해당 알파벳을 이용하여 적되, 로마자 표를 앞세워 적는다. 이때 소문자는 로마자 표만, 대문자는 로마자 표와 대문자 표(⠨)를 적어 나타낸다.

Ⅰ. Ⅴ. Ⅹ.

i. v. x.

[붙임] 둘 이상의 대문자로 이루어진 로마 숫자는 그 앞에 로마자 표를 적고, 대문자 표를 두 번 적어 나타낸다.

Ⅱ. Ⅲ.

ⅩⅡ. Ⅳ.

Ⅸ.

제43항 한글의 자음자가 순서를 나타내는 번호로 쓰일 때에는 온표 다음에 이들을 받침으로 적어 나타낸다.

ㄱ. 유아기 ⠿⠿　⠿⠿　　　　ㄴ. 아동기 ⠿⠿　⠿⠿⠿

ㄷ. 청년기 ⠿⠿　⠿⠿⠿⠿　　ㄹ. 장년기 ⠿⠿　⠿⠿⠿⠿

ㅁ. 노년기 ⠿⠿　⠿⠿⠿

# 제6장 문장 부호 및 기타 부호
## 제12절 문장 부호

제44항 마침표( . )는 ⠿으로 적는다.

젊은이는 나라의 기둥이다. ⠿⠿⠿⠿　⠿⠿　⠿⠿⠿⠿

제45항 물음표( ? )는 ⠿으로 적는다.

이름이 뭐지? ⠿⠿⠿⠿　⠿⠿⠿

제46항 느낌표( ! )는 ⠿으로 적는다.

아, 달이 밝구나! ⠿⠿　⠿⠿⠿　⠿⠿⠿⠿⠿

이게 누구야! ⠿⠿⠿　⠿⠿⠿⠿⠿

제47항 쉼표( , )는 ⠿으로 적는다.

근면, 검소, 협동은 우리 겨레의 미덕이다.

⠿⠿⠿　⠿⠿⠿　⠿⠿⠿⠿　⠿⠿⠿⠿
⠿⠿⠿⠿⠿

[다만] 수의 자릿점을 표시하는 쉼표는 ⠿으로 적는다. ★ 16 중등

14,314　　⠿⠿⠿⠿⠿⠿

제48항 가운뎃점( · )은 ⠿⠿으로 적되, 앞말과 뒷말을 모두 붙여 쓴다.

정치 · 경제 ⠿⠿⠿⠿⠿⠿⠿

사과 · 배, 배추 · 무 ⠿⠿⠿⠿⠿⠿　⠿⠿⠿⠿⠿

제49항 쌍점( : )은 ⠿⠿으로 적되, 앞말은 붙여 쓰고 뒷말은 띄어 쓴다.

일시: 2006년 2월 28일 13시

⠿⠿⠿⠿⠿⠿　⠿⠿⠿⠿　⠿⠿⠿⠿　⠿⠿⠿⠿⠿

제50항 쌍반점( ; )은 ⠆⠰으로 적되, 앞말은 붙여 쓰고 뒷말은 띄어 쓴다.

상점에는 배추, 시금치, 당근과 같은 야채; 미역, 생선, 젓갈 등과 같은 수산물이 있었다.

(점자)

김정례, 2003; 이명수, 1997; 홍길동, 2005

(점자)

제51항 빗금( / )은 ⠌⠌으로 적되, 앞말과 뒷말을 모두 붙여 쓴다.

남궁만/남궁 만     (점자)

착한 사람/악한 사람     (점자)

제52항 여는 큰따옴표(" )는 ⠦으로, 닫는 큰따옴표(" )는 ⠴으로 적는다.

예로부터 "민심은 천심이다."라고 하였다.

(점자)

제53항 여는 작은따옴표(' )는 ⠠⠦, 닫는 작은따옴표(' )는 ⠴⠄으로 적는다. ★[17] 초등

"여러분! 침착해야 합니다. '하늘이 무너져도 솟아날 구멍이 있다.'고 합니다."

(점자)

제54항 여는 소괄호( ( )는 ⠦⠴으로, 닫는 소괄호( ) )는 ⠦⠴으로 적는다.

니체(독일의 철학자)는 이렇게 말했다.

(점자)

제55항 여는 중괄호( { )는 ⠦⠴으로, 닫는 중괄호( } )는 ⠦⠴으로 적는다.

국가의 3요소 { 국토 / 국민 / 주권 }

(점자)

第56항 여는 대괄호( [ )는 ⠦⠆으로, 닫는 대괄호( ] )는 ⠰⠴으로 적는다.

나이[연세] ⠉⠣⠕⠦⠆⠡⠠⠝⠰⠴

낱말[단어] ⠉⠦⠑⠂⠦⠆⠊⠒⠎⠰⠴

수족[손발] ⠠⠍⠨⠭⠦⠆⠠⠷⠘⠂⠰⠴

第57항 여는 겹낫표(『)와 여는 겹화살괄호( ≪ )는 ⠰⠦으로, 닫는 겹낫표( 』)와 닫는 겹화살괄호( ≫ )는 ⠴⠆으로 적는다.

우리나라 최초의 민간 신문은 『독립신문』이다.

⠍⠐⠕⠉⠐⠣ ⠰⠽⠰⠥⠺ ⠑⠟⠫⠒ ⠠⠟⠑⠛⠵
⠰⠦⠊⠭⠐⠕⠃⠠⠟⠑⠛⠴⠆⠕⠊⠲

≪훈민정음≫은 유네스코 세계 기록 유산으로 지정되었다.

⠰⠦⠚⠛⠑⠟⠨⠻⠪⠢⠴⠆⠵ ⠩⠉⠝⠠⠪⠋⠥ ⠠⠝⠈⠌ ⠈⠕⠐⠭
⠩⠇⠒⠪⠐⠥ ⠨⠕⠨⠻⠊⠽⠎⠌⠊⠲

第58항 여는 홑낫표(「)와 여는 홑화살괄호( 〈 )는 ⠐⠦으로, 닫는 홑낫표( 」)와 닫는 홑화살괄호( 〉)는 ⠴⠂으로 적는다.

이 곡은 베르디가 작곡한 「축배의 노래」이다.

⠕ ⠈⠭⠵ ⠘⠝⠐⠪⠊⠕⠫ ⠨⠁⠈⠭⠚⠒ ⠐⠦⠰⠍⠁⠘⠗⠺
⠉⠥⠐⠗⠴⠂⠕⠊⠲

현행 〈국어의 로마자 표기법〉은 2000년에 고시된 것이다.

⠚⠡⠚⠗⠶ ⠐⠦⠈⠍⠁⠎⠺ ⠐⠥⠑⠨ ⠙⠬⠈⠕⠘⠎⠃⠴⠂⠵
⠼⠃⠚⠚⠚ ⠉⠡⠝ ⠈⠥⠠⠕⠊⠽⠒ ⠸⠎⠕⠊⠲

第59항 붙임표( - )는 ⠤으로 적되, 앞말과 뒷말을 모두 붙여 쓴다.

겨울-나그네 ⠈⠱⠯⠤⠉⠈⠪⠉⠝

불-구경 ⠘⠯⠤⠈⠍⠈⠻

손-발 ⠠⠷⠤⠘⠂

第60항 줄표( — )는 ⠤⠤으로 적되, 띄어쓰기는 묵자를 따른다.

사과—과일의 일종—는 빨간색이다.

⠇⠈⠧⠤⠤⠈⠧⠕⠂⠺ ⠕⠂⠨⠿⠤⠤⠉⠵ ⠠⠘⠂⠫⠒⠠⠗⠁⠕⠊⠲

제61항 물결표(~)는 ⠿⠿으로 적되, 앞말과 뒷말을 모두 붙여 쓴다.

　　9월 15일 ~ 9월 25일　　⠿⠿⠿⠿⠿⠿⠿⠿⠿⠿⠿⠿⠿⠿⠿⠿⠿⠿

　　~ 운동　　⠿⠿⠿⠿⠿

　　~ 노래　　⠿⠿⠿⠿⠿

　　[붙임] 물결표는 해당 줄의 끝이나 다음 줄의 첫머리에 쓸 수 있다.

　　　9월 15일~9월 25일

　　　⠿⠿⠿⠿　⠿⠿⠿⠿⠿

　　　⠿⠿⠿⠿⠿⠿　⠿⠿⠿⠿⠿

제62항 드러냄표(˚)나 밑줄표( _ )로 강조된 글자는 해당 글자의 앞에 ⠿을, 뒤에 ⠿⠿을 적어 나타낸다.

　　한글 점자의 본 이름은 훈맹정음이다.

　　⠿⠿⠿　⠿⠿⠿⠿　⠿⠿⠿⠿　⠿⠿⠿⠿

　　⠿⠿⠿⠿⠿⠿⠿⠿⠿⠿⠿⠿

　　다음 보기에서 명사가 아닌 것은?

　　⠿⠿⠿　⠿⠿⠿⠿⠿⠿　⠿⠿⠿⠿⠿⠿　⠿⠿⠿

제63항 'ㅤ×' 모양의 숨김표는 ⠿⠿⠿으로 적는다.

　　그 말을 듣는 순간 ×란 말이 목구멍까지 치밀었다.

　　⠿　⠿⠿⠿　⠿⠿⠿⠿　⠿⠿⠿⠿⠿⠿⠿⠿　⠿⠿⠿

　　⠿⠿⠿⠿⠿　⠿⠿⠿⠿⠿　⠿⠿⠿⠿⠿⠿⠿

　　[붙임] 이 숨김표가 여럿일 때에는 ⠿을 ⠿과 ⠿ 사이에 그 개수만큼 적어 나타낸다.

　　　이 ×××야!　　⠿⠿　⠿⠿⠿⠿⠿⠿⠿

제64항 'ㅇ' 모양의 숨김표는 ⠿⠿⠿으로 적는다.

　　모집 인원: ㅇ명　　⠿⠿⠿⠿⠿⠿　⠿⠿⠿⠿⠿⠿　⠿⠿⠿⠿

　　[붙임] 이 숨김표가 여럿일 때에는 ⠿을 ⠿과 ⠿ 사이에 그 개수만큼 적어 나타낸다.

　　　육군 ㅇㅇㅇ 부대　　⠿⠿⠿⠿⠿　⠿⠿⠿⠿⠿⠿⠿　⠿⠿⠿⠿

　　　김ㅇㅇ 씨　　⠿⠿⠿⠿⠿⠿　⠿⠿⠿⠿⠿

제65항 '△' 모양의 숨김표는 ⠿⠿⠿으로 적는다.

　　2016년 △월 △일　　⠿⠿⠿⠿⠿⠿⠿⠿　⠿⠿⠿⠿⠿⠿⠿　⠿⠿⠿⠿⠿⠿

　　[붙임] 이 숨김표가 여럿일 때에는 ⠿을 ⠿과 ⠿ 사이에 그 개수만큼 적어 나타낸다.

　　　△△고등학교　　⠿⠿⠿⠿⠿⠿⠿⠿⠿⠿⠿⠿⠿⠿⠿⠿⠿

제66항 빠짐표( □ )는 ⠨⠿⠀으로 적는다.

> [붙임] 빠짐표가 여럿일 때에는 ⠿을 ⠨과 ⠀ 사이에 그 개수만큼 적어 나타낸다.

> 훈민정음의 초성 중에서 아음은 ㅁㅁㅁ의 석 자다.

(점자)

제67항 가운뎃점으로 쓴 줄임표( …… , … )는 ⠐⠐⠐으로, 마침표로 쓴 줄임표( ...... , ... )는 ⠲⠲⠲으로 적되, 띄어쓰기는 묵자를 따른다.

> "어디 나하고 한번……." 하고 철수가 나섰다.

(점자)

> "실은…… 저 사람… 우리 아저씨일지 몰라."

(점자)

### 제13절 기타 부호

제68항 별표( * )는 ⠲⠲으로 적되, 앞말과 뒷말을 모두 띄어 쓴다.

> * 야애: 들에 낀 안개    (점자)

> [다만] 각주를 적을 때 사용하는 별표는 그 앞말과 뒷말을 모두 붙여 쓴다.

> 가우디의 건축물들은 자연에서 작품의 모티프*를 따와 대부분 수학적인 곡선이 주를 이룬다.

(점자)

제69항 아포스트로피( ' )는 ⠄으로 적는다.

> '88 서울 올림픽    (점자)

제70항 위와 같음 표( 〃 )는 ⠶⠶으로 적는다.

> 제1 작업실    (점자)

> 제2  〃    (점자)

제71항 긴소리표( : )는 ⠐⠆으로 적되, 앞말과 뒷말을 모두 붙여 쓴다.

> 밤: 나무    (점자)

제72항 흔히 쓰이는 아래의 화폐 단위들은 화폐 기호를 사용하여 다음과 같이 적어 나타낸다.

| ₩ | ⠿⠿ | 원 | ¢ | ⠿⠿ | 센트 | $ | ⠿⠿ | 달러 |
| £ | ⠿⠿ | 파운드 | ¥ | ⠿⠿ | 엔 | € | ⠿⠿ | 유로 |

₩100  ⠿⠿⠿⠿⠿

$50  ⠿⠿⠿⠿

[붙임] 화폐 단위가 단독으로 쓰이거나 숫자 다음에 올 때는 화폐 기호 앞에 로마자표를 적어 나타낸다.

500¥  ⠿⠿⠿⠿⠿⠿　　　70€  ⠿⠿⠿⠿⠿

제73항 연산 기호가 한글 사이에 나올 때는 연산 기호의 앞뒤를 한 칸씩 띄어 적는다.

| 묵자 | 점자 |
|---|---|
| 나루+배 → 나룻배 | ⠿⠿⠿　⠿⠿　⠿⠿　⠿⠿⠿ |

제74항 점역자 주를 삽입할 필요가 있을 때에는 점역자 주 기호(⠿⠿)를 적고, 그 뒤에 '점역자 주:'와 필요한 내용을 적은 뒤에 점역자 주 기호를 다시 쓴다.

점역자 주: 표의 가로와 세로를 바꾸어 점역하였음.

⠿⠿⠿⠿⠿　⠿⠿⠿　⠿⠿⠿　⠿⠿⠿　⠿⠿⠿⠿　⠿⠿⠿⠿

⠿⠿⠿⠿⠿⠿⠿⠿⠿⠿⠿⠿⠿⠿

**청각장애 Preview**

'청각장애'는 시각과 같은 감각장애라 쉬운 영역이라 생각할 수 있으나, 생각보다 난이도가 높은 영역입니다. 대학교에서 수업을 듣지 않은 경우, 필히 들을 것을 추천하는 영역입니다. 단순히 외워서 해결을 하기 어려운 영역이므로, 초반에 공부할 때엔 반복적으로 여러 번 읽고 이해할 것을 추천합니다. '주관적 청력검사'의 '순음청력검사', '어음청력검사'의 비중이 아주 높고, 단순히 '검사 실시 방법', '해석 방법'을 넘어서 왜 그렇게 해야 하는지, 그것의 배경들까지 질문함으로써, 내용 범위에 비해 깊이가 상당한 영역입니다. 초반에 기출분석을 한다면, 수박 겉핥기 될 가능성이 높은 영역이므로, 2~3회 이상 분석하며 이해를 하는 것이 도움이 됩니다. 또한 수어법의 제정 이후 '수어의 특징', '수어일기', '지화'의 비중과 '2Bi'의 비중이 높아졌음을 알 수 있습니다.

**최근 4개년간의 기출출제 추이**를 보면, '주관적 청력검사의 해석', '검사 실시 방법'이 반복적으로 출제되었으며, '수어의 특성', '지화', '2Bi'의 비중이 높아졌으며, 전형적인 기출 범위인 '청능훈련'과 '독화의 어려움'도 계속 출제되고 있습니다. 특히, '공학 기기'의 명칭뿐만 아니라 '기능'과 '사후관리'까지 깊이 있게 출제되고 있습니다.

# 제3장

# 청각장애

## 정의

## 유형

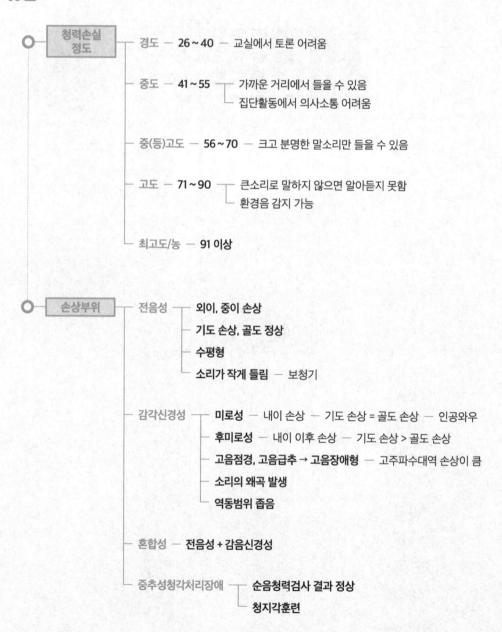

청력손실 정도
- 경도 — **26~40** — 교실에서 토론 어려움
- 중도 — **41~55** — 가까운 거리에서 들을 수 있음
  - 집단활동에서 의사소통 어려움
- 중(등)고도 — **56~70** — 크고 분명한 말소리만 들을 수 있음
- 고도 — **71~90** — 큰소리로 말하지 않으면 알아듣지 못함
  - 환경음 감지 가능
- 최고도/농 — **91 이상**

손상부위
- 전음성
  - **외이, 중이 손상**
  - **기도 손상, 골도 정상**
  - **수평형**
  - **소리가 작게 들림** — 보청기
- 감각신경성
  - **미로성** — 내이 손상 — 기도 손상 = 골도 손상 — 인공와우
  - **후미로성** — 내이 이후 손상 — 기도 손상 > 골도 손상
  - **고음점경, 고음급추 → 고음장애형** — 고주파수대역 손상이 큼
  - **소리의 왜곡 발생**
  - **역동범위 좁음**
- 혼합성 — **전음성 + 감음신경성**
- 중추성청각처리장애
  - **순음청력검사 결과 정상**
  - **청지각훈련**

# 진단 – 객관적 검사

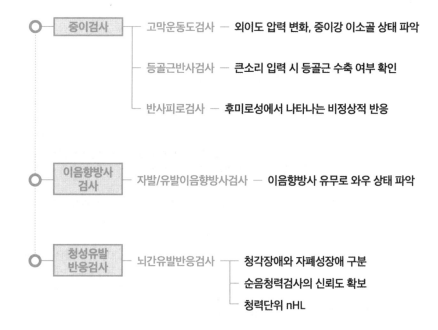

중이검사
- 고막운동도검사 ― **외이도 압력 변화, 중이강 이소골 상태 파악**
- 등골근반사검사 ― **큰소리 입력 시 등골근 수축 여부 확인**
- 반사피로검사 ― **후미로성에서 나타나는 비정상적 반응**

이음향방사검사
- 자발/유발이음향방사검사 ― **이음향방사 유무로 와우 상태 파악**

청성유발반응검사
- 뇌간유발반응검사 ― **청각장애와 자폐성장애 구분**
  - **순음청력검사의 신뢰도 확보**
  - **청력단위 nHL**

# 한눈에 보는 이론 베이스맵 – 청각장애(2)

## 진단 – 주관적 검사

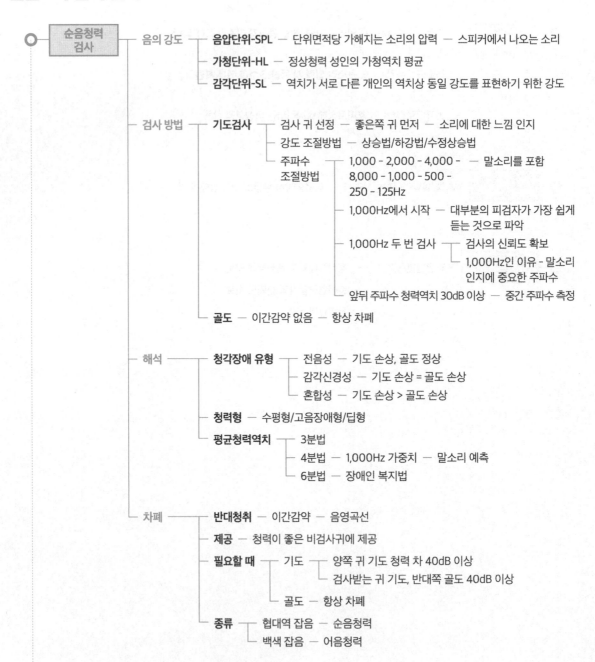

- **순음청력검사**
  - 음의 강도
    - **음압단위-SPL** — 단위면적당 가해지는 소리의 압력 — 스피커에서 나오는 소리
    - **가청단위-HL** — 정상청력 성인의 가청역치 평균
    - **감각단위-SL** — 역치가 서로 다른 개인의 역치상 동일 강도를 표현하기 위한 강도
  - 검사 방법
    - **기도검사**
      - 검사 귀 선정 — 좋은쪽 귀 먼저 — 소리에 대한 느낌 인지
      - 강도 조절방법 — 상승법/하강법/수정상승법
      - 주파수 조절방법
        - 1,000 - 2,000 - 4,000 - 8,000 - 1,000 - 500 - 250 - 125Hz — 말소리를 포함
        - 1,000Hz에서 시작 — 대부분의 피검자가 가장 쉽게 듣는 것으로 파악
        - 1,000Hz 두 번 검사 — 검사의 신뢰도 확보
          - 1,000Hz인 이유 – 말소리 인지에 중요한 주파수
        - 앞뒤 주파수 청력역치 30dB 이상 — 중간 주파수 측정
    - **골도** — 이간감약 없음 — 항상 차폐
  - 해석
    - **청각장애 유형**
      - 전음성 — 기도 손상, 골도 정상
      - 감각신경성 — 기도 손상 = 골도 손상
      - 혼합성 — 기도 손상 > 골도 손상
    - **청력형** — 수평형/고음장애형/딥형
    - **평균청력역치**
      - 3분법
      - 4분법 — 1,000Hz 가중치 — 말소리 예측
      - 6분법 — 장애인 복지법
  - 차폐
    - **반대청취** — 이간감약 — 음영곡선
    - **제공** — 청력이 좋은 비검사귀에 제공
    - **필요할 때**
      - 기도
        - 양쪽 귀 기도 청력 차 40dB 이상
        - 검사받는 귀 기도, 반대쪽 골도 40dB 이상
      - 골도 — 항상 차폐
    - **종류**
      - 협대역 잡음 — 순음청력
      - 백색 잡음 — 어음청력

○── 어음청력 ── 어음청취 ── **순음청력검사 신뢰도 확보에 이용** ── 역치차 15dB 이상이면 위난청, 기능성 난청 의심
　　검사　　 역치검사 ── **검사어음의 50%를 정확히 청취할 수 있는 최소어음 강도**

　　　　　 ── 어음변별도 ── **미로성과 후미로성 구분**
　　　　　　 검사　　 ── **결과** ── 정상
　　　　　　　　　　　　　　 ── 전음성 ── 어음 강도가 증가함에 따라 어음명료도 100%에 도달
　　　　　　　　　　　　　　 ── 미로성 ── 어음 강도가 증가해도 일정 수준까지만 증가, 100% 도달 못함
　　　　　　　　　　　　　　 ── 후미로성 ── 말림현상

○── 6개음검사 ── 보청기 착용 시 학생의 상태 점검 ── **말소리바나나 안에 아동 청력역치 포함되도록 조정**

　　　　　 ── 6개의 말소리는 말소리바나나 영역 내 각 주파수 대표

　　　　　 ── **검사방법** ── **그림카드 제시 → 입을 가린 상태에서 음 제공하여 카드 선택 → 그림을 통해 음소 연상**

　　　　　 ── 청력도에서
　　　　　　 6개음 위치

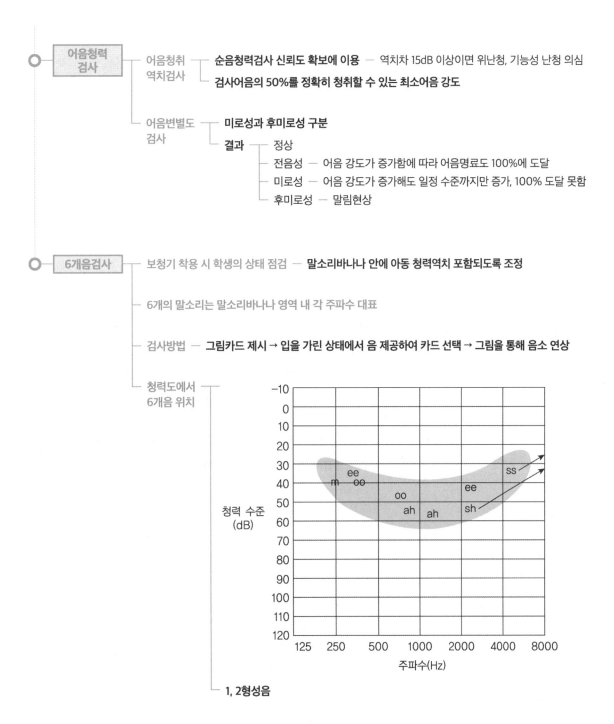

　　　　　 ── 1, 2형성음

## 교육 – 구화법

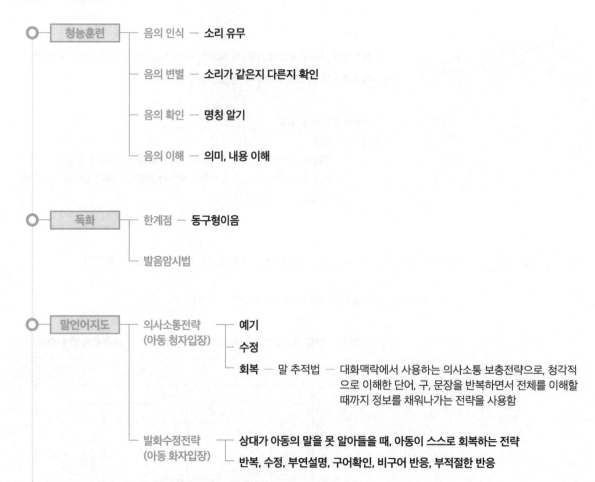

○ 청능훈련 ─ 음의 인식 ─ **소리 유무**

음의 변별 ─ **소리가 같은지 다른지 확인**

음의 확인 ─ **명칭 알기**

음의 이해 ─ **의미, 내용 이해**

○ 독화 ─ 한계점 ─ **동구형이음**

발음암시법

○ 말언어지도 ─ 의사소통전략 ─ **예기**
　　　　　　　(아동 청자입장) ─ **수정**
　　　　　　　　　　　　　　 ─ **회복** ─ 말 추적법 ─ 대화맥락에서 사용하는 의사소통 보충전략으로, 청각적으로 이해한 단어, 구, 문장을 반복하면서 전체를 이해할 때까지 정보를 채워나가는 전략을 사용함

발화수정전략 ─ **상대가 아동의 말을 못 알아들을 때, 아동이 스스로 회복하는 전략**
(아동 화자입장) ─ **반복, 수정, 부연설명, 구어확인, 비구어 반응, 부적절한 반응**

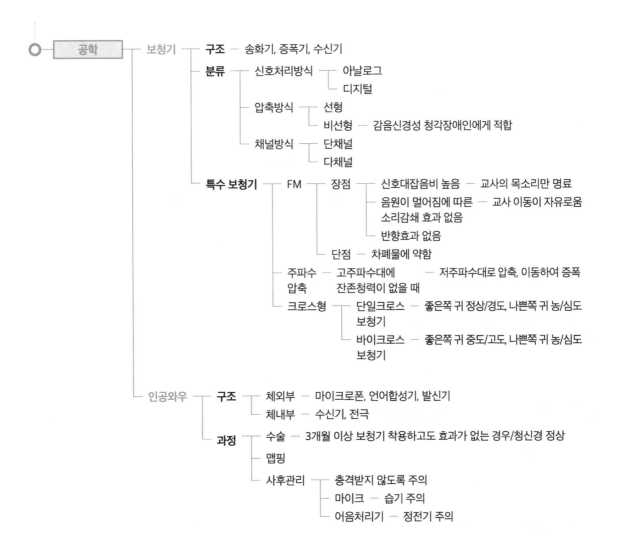

공학
├─ 보청기
│   ├─ **구조** ─ 송화기, 증폭기, 수신기
│   ├─ **분류**
│   │   ├─ 신호처리방식 ┬ 아날로그
│   │   │              └ 디지털
│   │   ├─ 압축방식 ┬ 선형
│   │   │          └ 비선형 ─ 감음신경성 청각장애인에게 적합
│   │   └─ 채널방식 ┬ 단채널
│   │              └ 다채널
│   └─ **특수 보청기**
│       ├─ FM
│       │   ├─ 장점 ┬ 신호대잡음비 높음 ─ 교사의 목소리만 명료
│       │   │       ├ 음원이 멀어짐에 따른 ─ 교사 이동이 자유로움
│       │   │       │  소리감쇄 효과 없음
│       │   │       └ 반향효과 없음
│       │   └─ 단점 ─ 차폐물에 약함
│       ├─ 주파수 압축 ─ 고주파수대에 잔존청력이 없을 때 ─ 저주파수대로 압축, 이동하여 증폭
│       └─ 크로스형 ┬ 단일크로스 보청기 ─ 좋은쪽 귀 정상/경도, 나쁜쪽 귀 농/심도
│                  └ 바이크로스 보청기 ─ 좋은쪽 귀 중도/고도, 나쁜쪽 귀 농/심도
└─ 인공와우
    ├─ **구조** ┬ 체외부 ─ 마이크로폰, 언어합성기, 발신기
    │          └ 체내부 ─ 수신기, 전극
    └─ **과정**
        ├─ 수술 ─ 3개월 이상 보청기 착용하고도 효과가 없는 경우/청신경 정상
        ├─ 맵핑
        └─ 사후관리 ┬ 충격받지 않도록 주의
                   ├ 마이크 ─ 습기 주의
                   └ 어음처리기 ─ 정전기 주의

## 교육 – 수화법

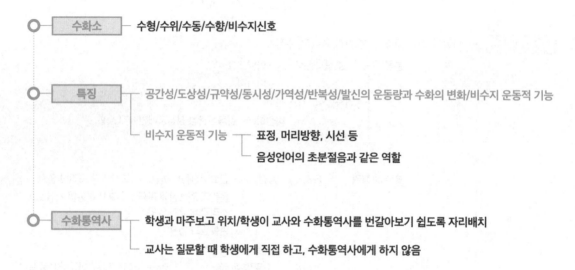

○─ 수화소 ─ 수형/수위/수동/수향/비수지신호

○─ 특징 ─ 공간성/도상성/규약성/동시성/가역성/반복성/발신의 운동량과 수화의 변화/비수지 운동적 기능

└ 비수지 운동적 기능 ─┬ **표정, 머리방향, 시선 등**
　　　　　　　　　　　└ **음성언어의 초분절음과 같은 역할**

○─ 수화통역사 ─ **학생과 마주보고 위치/학생이 교사와 수화통역사를 번갈아보기 쉽도록 자리배치**
　　　　　　　└ **교사는 질문할 때 학생에게 직접 하고, 수화통역사에게 하지 않음**

## 교육 – 토털 커뮤니케이션(TC)

## 교육 – 이중언어-이중문화 접근(2Bi)

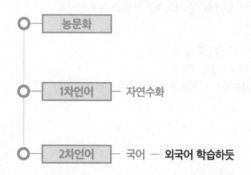

○─ 농문화

○─ 1차언어 ─ 자연수화

○─ 2차언어 ─ 국어 ─ **외국어 학습하듯**

# 제1절 청각장애 정의

## 01 정의

### 1. 「장애인 등에 대한 특수교육법」

'청력손실이 심하여 보청기를 착용해도 청각을 통한 의사소통이 불가능 또는 곤란한 상태이거나, 청력이 남아 있어도 보청기를 착용해야 청각을 통한 의사소통이 가능하여 청각에 의한 교육적 성취가 어려운 사람'으로 정의한다.

→ 청력손실로 인한 의사소통에 초점을 맞추어 청각장애를 정의한다.

| 용어 | 내용 |
|------|------|
| 청각장애 | 청각기관 손상으로 인해 청각보조기기 없이는 청각을 통한 의사소통이 어렵거나 불가능한 경우 |
| 농 | 보청기를 착용하고도 청각을 통한 언어적 정보교환이 불가능한 경우 |
| 난청 | 보청기를 착용하면 청각을 통한 언어적 정보교환이 가능하지만 어려움을 갖는 경우 |

### 2. 「장애인 복지법」

#### (1) 정의

> 가. 두 귀의 청력 손실이 각각 60데시벨(dB) 이상인 사람
> 나. 한 귀의 청력 손실이 80데시벨 이상, 다른 귀의 청력 손실이 40데시벨 이상인 사람
> 다. 두 귀에 들리는 보통 말소리의 명료도가 50퍼센트 이하인 사람
> 라. 평형 기능에 상당한 장애가 있는 사람

#### (2) 장애 판정기준 일부

① 청력장애의 장애정도 평가는 순음청력검사의 기도순음역치를 기준으로 한다.
② 장애등급을 판정하기 위해서는 청성뇌간반응검사를 이용한 역치를 확인하여 기도순음역치의 신뢰도를 확보해야 한다.
③ 평균치는 6분법에 의하여 계산한다. ✱

$$6분법 = \frac{a + 2b + 2c + d}{6}$$

500Hz(a), 1,000Hz(b), 2,000Hz(c), 4,000Hz(d)

# 제 2 절  청각기관 구조 및 청각장애 분류

## 01 청각기관 구조

청각장애아동 교육의 이해
(2판), 이필상 외, 학지사

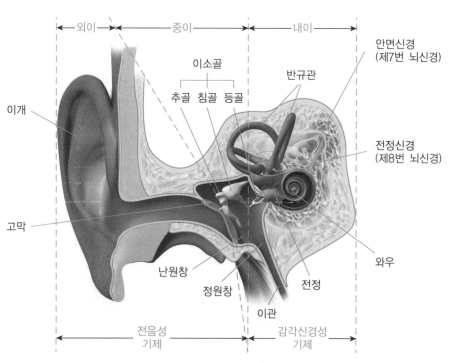

[그림 3-1] 청각기관의 구조

## 1. 외이

### (1) 구조와 소리의 전달과정

| 구조 | 이개, 외이도 |
|---|---|
| 소리의<br>전달과정 | • 이개는 소리를 모아서 외이도로 전달함<br>• 이 소리가 외이도를 거치면서 공명됨<br>• 외이도에서 공명된 음파는 중이의 시작 부위인 고막으로 전달됨 |

**(2) 기능**

① 귓바퀴는 음파를 모아서(집음 작용) 외이도로 전달하고, 외이도는 집음된 소리를 고막까지 전달하는 작용을 한다.

② 외이는 방어(보호) 기능을 수행한다. 외이도의 굴곡과 외이도 내의 털 등은 외부 이물질의 침입을 막아주고 온도와 습도를 조절하는 기능이 있어 고막을 보호한다.

③ 귓바퀴와 외이도는 공명 작용을 한다. 귓바퀴의 공명 효과로 인한 음압 증강 작용은 고음역, 특히 4~5KHz에서 약 10dB 정도 증가한다.

④ 외이는 소리의 방향성 분별에 큰 역할을 한다. 소리의 위치나 방향의 분별은 양쪽 귀에 도달하는 소리의 강도와 시간 차이에 의해 결정되는데, 이 차이에 대한 정보는 귓바퀴로부터 얻어진다.

## 2. 중이

**(1) 구조와 소리의 전달과정**

| 구조 | 고막, 이소골, 이관 |
|---|---|
| 소리의 전달과정 | • 외이도의 음파가 중이의 시작점인 고막을 치면 고막이 진동하고, 고막의 떨림은 우리 몸에서 가장 작은 뼈들인 이소골(추골-침골-등골)로 전달됨<br>• 고막의 진동이 이소골을 움직이게 하며, 이 과정에서 외이의 음파는 중이에서 기계에너지로 바뀜<br>• **이관**: 공기가 중이강으로 들어가서 고막 내외의 기압의 평형을 유지시켜줌 |

**(2) 기능**

① 고막은 중이의 방어벽인 동시에 소리 전달에 중요한 역할을 한다.

　㉠ 고막에 도달한 음파는 고막을 진동시키고 그 진동은 중이의 이소골에 충실히 전달된다.

　㉡ 그러나 소리가 외이에서 중이를 거쳐 내이로 전달되는 과정에서 각각 소리를 전달하는 물질, 즉 매질의 차이로 인해 많은 음향에너지가 소실된다.

　㉢ 이러한 이유로 중이는 음향에너지를 효율적으로 전달하기 위해 외이와 내이의 임피던스(저항)를 조절하는 기능을 한다.

② 이관은 고실의 환기로 역할을 한다.

　㉠ 이 때문에 고막의 안팎이 항상 같은 기압으로 유지되며 고막에 도달한 음의 진동이 아무런 장애를 받지 않고 이소골을 거쳐 내이로 전달될 수 있다.

　㉡ 이관의 기능장애는 고실 내의 기압 변화를 일으켜서 중이강의 경직성을 증가시키고, 음이 외이도-중이-내이로 전달되는 과정에 장애를 초래한다.

## 3. 내이 [19 초등]

### (1) 구조와 소리의 전달과정

| 구조 | 와우, 반규관, 전정기관, 청신경 |
|------|------|
| 소리의 전달과정 | • 와우는 중이의 기계에너지를 전기에너지로 바꾸어 소리가 인식되도록 함<br>• 중이의 등골 끝 부위인 등골판의 진동은 내이의 시작 부위인 난원창을 움직이게 함<br>• 등골판의 진동은 상방의 난원창과 하방의 정원창으로 이어져 와우 안의 림프액을 출렁이게 만듦<br>• 림프액이 출렁이고 와우 안의 코르티기가 상하로 움직이는 동안 중이의 기계에너지가 전기에너지로 바뀌며, 와우의 자극 부위와 강도에 대한 정보가 전정와우신경을 거쳐 중추신경계로 전달됨 |

### (2) 기능

① 음향을 전달하는 기능을 갖는다.

② 전정계의 파동은 라이스너막을 통해 와우관 내의 내림프액을 거쳐 기저막으로 전달되어 전정계와 유사한 진행파(travelling wave)를 형성하며, 이로 인해 유모세포가 움직인다. 유모세포가 움직이면 전기에너지가 발생하여 청신경으로 전달된다. 기저막의 운동 크기에 따라 외유모세포에서 방출되는 화학에너지의 양이 달라진다.

③ 와우의 가장 핵심적인 기능은 음조 체계(tonotopic organization)이다.
  ㉠ 와우 내의 유모세포는 부위에 따라 인지하는 음의 주파수가 다르다.
  ㉡ 기저부 쪽에서는 고주파수를 감지하며 첨단부 쪽으로 갈수록 저주파수를 인지한다.

④ 반규관과 전정기관은 몸의 균형을 유지하는 역할을 한다.

## 02 청각장애 분류

### 1. 손실 시기에 따른 분류

**(1) 기준**

3~4세 유아가 자신의 모국어를 이해하고 말하기 시작하는 시점을 기준으로 한다.

**(2) 유형**

| 언어습득 전 | • 언어습득 전에 청력손실을 갖게 된 경우<br>• 대부분 선천성 청각장애에 해당함<br>• 언어를 경험하지 못했기 때문에 구어를 통한 의사소통 능력이 현저히 떨어짐 |
|---|---|
| 언어습득 후 | • 모국어의 음운체계, 말의 형식과 내용 간의 관계를 터득한 이후 청각장애가 발생한 경우<br>• 구어발달의 예후가 상대적으로 좋음 |

### 2. 손실 정도에 따른 분류

| 청력 손실 정도 | 분류 | 듣기 특성 |
|---|---|---|
| 25dB | 정상 | • 15~25dB 정도 손실이 있는 경우<br>• 소음이 있는 환경에서 희미한 말소리를 이해하기 어려움 |
| 26~40dB | 경도 | • 언어발달의 지체<br>• 조용한 환경에서도 희미하거나 원거리에서 들려오는 말소리를 듣기 어려움<br>• 여러 사람이 말을 하는 상황(예 교실에서 진행되는 토론)을 따라 가려면 노력이 필요함 |
| 41~55dB | 중도 | • 일상 대화 말소리는 듣기 어려우나, 아주 가까운 거리에서는 들을 수 있음<br>• 교실에서의 집단활동에 상당한 노력이 요구됨 |
| 56~70dB | 중(등)고도 | • 수업시간에 교사의 말을 듣고 이해하기가 어려움<br>• 아주 큰 소리는 들을 수 있으나, 말소리를 듣고 이해하는 데 어려움이 있음(청력손실이 클수록 말소리 명료도가 낮아져, 같은 크기의 환경음은 들을 수 있어도 말소리는 정확하게 인지하기 어려움)<br>• 말소리 명료도는 알아들을 수 있는 정도이지만 두드러지게 손상됨 |
| 71~90dB | 고도 | • 큰 말소리도 들리지 않으며, 많은 단어가 인지되지 않음<br>• 환경음을 감지할 수 있으나 무슨 소리인지 정확히 알 수 없음<br>• 말소리 명료도는 알아들을 수 없을 정도 |
| 91dB 이상 | 최고도/농 | • 대화 말소리를 들을 수 없음<br>• 일부 큰 환경음은 들을 수도 있음<br>• 말소리 명료도는 이해하기 어려울 정도이며, 전혀 발달되지 않음 |

## 3. 손실 부위에 따른 분류★

청각장애아 교육, 고은, 학지사

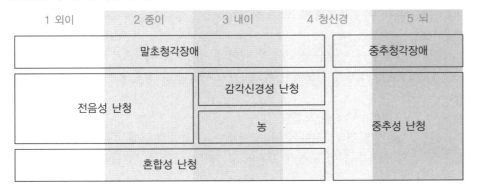

[그림 3-2] 손실 부위에 따른 분류

| 유형 | 분류 | 손실 부위 | 특성 |
|---|---|---|---|
| 말초 청각장애 | 전음성 난청 | 외이 또는 중이의 이상 | • 일반적으로 청력손실이 60~70dB을 넘지 않음<br>• 보청기로 소리를 증폭시켜줌으로써 어느 정도 효과를 기대할 수 있음<br>• 골도청력은 거의 정상에 가까움 |
| | 감각신경성 난청 | 내이(유모세포) 또는 청신경의 이상 | • 청력손실이 많고, 기도청력과 골도청력에 모두 결함을 보임<br>• 골도청력역치와 기도청력역치 간의 차이가 거의 없음 |
| | 혼합성 난청 | 중이의 증폭 기능과 내이의 이상 | • 전음성 난청과 감각신경성 난청의 혼합<br>• 청력손실이 많고 기도청력과 골도청력이 모두 손상됨<br>• 골도청력역치와 기도청력역치 간의 차이가 있고, 기도청력의 손실이 더 많음 |
| 중추청각 처리 장애 | 중추성 난청 | 중추신경계의 이상 | 청각신호 정보처리과정에서의 결함으로 말소리를 종합·분석하여 이해하는 데 문제를 보임 |

→ 말초청각장애는 외이에서 청신경까지의 경로에서 병변이 발생하여 소리의 감지와 전달에 문제를 보이는 반면, 중추청각처리장애는 뇌간에서 청각피질까지의 중추청각계의 병변으로 인해 청각정보를 지각하고 분석하여 종합하는 처리과정에 어려움을 보이는 장애이다.

### (1) 전음성 청각장애

① 손상 부위: 외이(이개, 외이도) 또는 중이(고막, 이소골)
② 특성
  ㉠ 외이나 중이의 경로에서 이상이 발생하고, 내이는 정상 청력이다.
  ㉡ 청력손실 정도는 최대 70dB 이하로 심하지 않다.
  ㉢ 기도청력은 손실되어 있으나 골도청력은 거의 정상 범위에 있다.
  ㉣ 수평형 또는 저음장애형의 상승형 청력도형을 보인다.
  ㉤ 음의 증폭 전달이 필요하므로 보청기 착용이 필요하고, 매우 효과적이다.

### (2) 감음신경성 청각장애

① 손상 부위: 내이(유모세포) 또는 청신경
② 특성
    ⊙ 외이와 중이는 정상 청력이고, 내이나 청신경의 이상으로 발생한다.
    ⓒ 청력손실 정도가 경도에서 최고도까지 다양하고, 양측 또는 편측 손실을 보일 수 있다.
    ⓒ 골도청력의 손실을 보인다.
    ⓔ 고음점경형 청력도형을 보이며, 저주파수대보다 고주파수대 청력손실이 크다.
    ⓜ 음의 증폭을 위한 보청기 착용의 효과가 미미할 수 있다.
③ 유형

| 구분 | 내용 |
|---|---|
| 미로성 난청 | 감각계통의 병변으로 인한 와우의 문제 때문에 청각신호로 변환되는 과정에 문제가 발생한 경우 |
| 후미로성 난청 | • 신경계통의 병변으로 인해 청각신경 그 자체 또는 신경에 연결하는 과정에 문제가 발생한 경우<br>• 유모세포에서 전달되는 청각신호에는 문제가 없음 |

**집중 point** 전음성 청각장애와 감음신경성 청각장애의 비교

| 구분 | 전음성 청각장애 | 감음신경성 청각장애 |
|---|---|---|
| 손상 부위 | 외이, 중이 | 내이, 청신경 |
| 진단 | 기도 손상, 골도 정상 | 기도 손상 = 골도 손상 |
| 현상 | 소리가 작게 들림 | 소리의 왜곡 |
| 보청기 | 보청기의 효과가 있음 | 보청기의 효과가 적음 |
| 역동 범위 | 넓음 | 좁음 |
| 음의 명료도 | 소리의 강도가 커지면 명료도가 100%에 도달함 | • **미로성**: 소리의 강도가 커져도 명료도가 100%에 도달하지 못함<br>• **후미로성**: 일정 강도까지는 증가하다가 말림현상이 나타남 |
| 자·모음 | 수평형으로, 전체적으로 음을 작게 들음 | 고주파수로 갈수록 잘 듣지 못해 (고음장애형) 자음을 구별하기가 더욱 힘든 반면, 비음은 잘 들음 |

### (3) 혼합성 청각장애

① 손상 부위: 전음성 + 감음신경성
② 특성
    ⊙ 전음성 난청과 감각신경성 난청이 혼합된 경우의 이상으로 발생한다.
    ⓒ 기도청력과 골도청력 모두에 손실이 나타난다.
    ⓒ 저주파수대에서 전음성 난청의 특성을 보이고, 고주파수대에서 감음신경성 난청의 특성을 보이는 경우가 일반적이다.

## (4) 중추청각처리장애(CAPD)

① 손상 부위: 대뇌 이상, 신경계 문제

② 정의(ASHA)

> 음의 방향정위(sound localization), 편재화(lateralization), 청각변별(auditory discrimination), 청각패턴 인식(auditory pattern recognition), 시간적 통합(integration), 시간간격 감지(gap detection), 청각 순서화(temporal ordering), 시간적 차폐(temporal masking)와 같은 청각의 시간적 처리, 경쟁 음향자극에서의 청각수행력, 불명료한 음향자극에 대한 청각수행력 가운데 1가지 이상에 문제가 있는 경우를 말한다.

③ 특성
  ㉠ 말초청각은 이상이 없으나 청신경에서 대뇌 청각피질까지의 전달경로의 이상으로 청각정보 처리와 변별 능력에 문제를 나타낸다.
  ㉡ 주변 환경에 소음이 있을 때 말소리를 변별하여 이해하는 것이 곤란하다.
  ㉢ 순음청력검사에서는 정상이나, 말소리를 듣고 이해하는 등의 언어처리과정에 문제를 보인다.
  ㉣ 청각장애나 지적장애가 없음에도 말소리에 비정상적인 반응을 보인다.

④ 문제를 보이는 영역
  ㉠ 소리가 어느 방향에서 나는지를 알기 어렵다.
  ㉡ 소리를 변별하기 어렵다.
  ㉢ 소리의 리듬, 높이 등을 인식하는 것이 어렵다.
  ㉣ 소리 정보의 시간적 측면을 파악하는 것이 어렵다.
  ㉤ 양쪽 귀에 각각 다른 소리자극을 줄 때 동시에 듣는 것이 어렵다.
  ㉥ 불충분한 청각정보를 통합하여 듣는 것이 어렵다.

⑤ 행동적 특성

  - 청력이 정상이다(정상 청력도).
  - 주의집중 단위가 작다.
  - 청각 자극에 일관된 반응을 보이지 않는다.
  - 지시를 따르는 데 어려움이 있다.
  - 구어 자극에 느린 반응 또는 지체된 반응을 보인다.
  - 말을 반복해줄 것을 자주 요구한다.
  - 들은 말을 자주 잘못 이해한다.
  - 청각 및 시각 자극에 쉽게 산만해진다.
  - 배경 소음이 있으면 잘 듣지 못한다.
  - 장기기억 및 단기기억 장애를 보인다.
  - 언어 결함을 보인다.
  - 정상 지능임에도 학업 성취, 특히 읽기와 쓰기에 어려움을 보인다.
  - 귀로 들은 단어와 인쇄된 단어를 연결하는 데 어려움이 있다.
  - 자신의 목소리 크기를 감지하고 조정하는 데 어려움이 있다.
  - 청각정보를 빠르게 처리하는 데 어려움이 있다.
  - 말할 때 적절한 단어 인출이 어렵다.

- 행동문제를 나타낸다.
- 의사소통 시 시각 단서에 의지한다. 예 화자의 얼굴을 가까이에서 보려 한다.
- 소리가 난 곳을 찾는 데 어려움이 있다.
- 자존감이 낮은 편이다.

⑥ 청지각 훈련 프로그램
  ㉠ 들리는 소리가 무엇인지 안다는 것은 소리를 지각한다는 의미이다.
  ㉡ 소리가 잘 안 들린다는 것은 말초청각기관 이상으로 인한 청력손실을 뜻하며, 소리는 들리는데 무슨 소리인지 잘 모르겠다고 하는 것은 중추청각신경계 이상으로 인한 청지각의 문제이다.
  ㉢ 청지각 훈련은 15~20분씩 날마다 실시하는 것이 효과적이다.
  ㉣ 단계

| 단계 | 내용 |
|---|---|
| 1단계 | **청각적 자극에 주의집중하기**<br><br>• 가정, 교실 상황에서 관련 카드를 가리키고 이름을 말할 수 있는 활동<br>[예시 단어: 신, 발, 손, 문, 시계]<br>　- 예문 1: 그림과 실제 사물을 짝지을 수 있다. 예 신. 발. 손. 문. 시계<br>　- 예문 2: 의문사 질문에 일상 사물의 이름을 말할 수 있다. 예 '이거 뭐야?'<br>　- 예문 3: 마지막 글자에서 다른 소리가 나는 것은? 예 '발, 시계'<br>　- 예문 4: '시계' 단어에서 첫 음절을 생략하면 무엇이 되지? 예 '계' |
| 2단계 | **말소리 지각하기**<br><br>　- 예문 1: '신' 단어에서 /ㅅ/음을 빼면 어떤 단어가 되지? 예 '인'<br>　- 예문 2: 다음 중에서 첫 글자가 다른 단어? 예 '발, 문'<br>　- 예문 3: 첫 글자를 빼고 말하면? 예 '인, 알, 온, 운, 이계' |
| 3단계 | **말소리 분리·합성하기**<br><br>　- 예문 1: '신' 글자를 분리하면 어떻게 되지? 예 'ㅅ + ㅣ + ㄴ'<br>　- 예문 2: 'ㅅ + ㅣ + ㄴ'을 합치면 어떻게 되지? 예 '신' |

4단계 **말소리 종결하기**

| 단어 수준 | 문장 수준 |
|---|---|
| 토 - (끼) | 어( ) 놀이터( ) 갔습니다. |
| 비행 - (기) | 비( ) 오면 우산( ) 써요. |
| 슈퍼-(마켓) | 나( ) 생일선( )로 자전( )를 가지( ) 싶어요. |

⑦ 중재 방법

㉠ 교사

- 교실 안을 조용하게 유지하고 학생들과 교사도 작은 소리로 말하는 태도를 갖는다.
- 교실은 주변 소음에서 차단될 수 있어야 하며, 교실이 크지 않은 것이 좋다.
- 내부 소음을 감소시킨다.
- 아동과 말할 때는 가까이 다가가서 또렷한 발음(과장되지 않은)으로 말한다.
- 아동의 이름을 부를 때는 반드시 눈을 맞추거나 가볍게 몸을 만져서 신호를 준다.
- 앞쪽으로 자리를 배치하되 중간보다는 모서리 쪽에 앉히는 것이 좋다. 그러나 창가나 문 옆은 피해야 한다.
- 아동이 소음에 예민하거나 조용한 시간이 필요한 경우 때때로 소음차단 귀마개를 사용하도록 한다.
- 교사의 말에만 집중하지 않아도 되도록 시각자료를 부가적으로 활용한다.
- 아동이 정말로 맞게 이해했는지 수시로 확인한다.
- 한 명이 말하고 다른 한 명이 듣는다는 원칙을 지킨다.
- 말할 때는 천천히 하고, 긴 문장을 피하고 가급적 짧은 문장으로 말해준다.
- 즉시 집중을 요구하거나 말을 받아쓰도록 하는 것은 피하는 것이 좋다.
- 녹음을 해서 수업내용을 다시 확인하도록 하는 것도 좋다.
- 과제 수준이 너무 어려운 경우 쉬운 과제로 바꿔준 후, 그것을 수행하고 나면 다시 원 과제를 제시한다.
- 난청을 동반하는 경우 마이크로폰으로 교사가 말을 하고, 무선으로 학생에게 전달되는 FM 보청기도 도움을 줄 수 있다.

ⓛ 부모

- 아동이 말할 때는 집중하고, 아동이 이해하지 못했다고 생각되면 단순화하여 다시 말해준다.
- 하루에 몇 분이라도 의식적으로 아동과 완전히 집중하여 말하는 시간을 갖는다.
- 아무런 문제가 없는 것처럼 행동하는 것보다 다르다는 것을 인정하고 적극적으로 지원할 방법을 모색한다.
- 날마다 아동과 함께 보내는 시간을 정한다. 이때 다른 사람, 미디어, 세탁기 등의 어떤 방해물도 없는 곳일수록 효과가 좋다.
- 아동의 시각적 또는 청각적 주의집중을 끄는 것이 가장 먼저 이루어져야 한다.
- 짧은 연습시간으로 시작하여 점차 늘려가는 것이 좋다.
- 조용하고 분명한 발음으로 말한다.
- 지시할 때는 짧고 간단하게 말한다. 특히 과제를 제시할 때 단계별로 쪼개어 말해주는 것이 좋다.
- 가끔 난청을 가지고 있는 것처럼 행동할 수 있으나, 의도적인 것이 아니므로 다시 한번 천천히 말해주면서 아동에게 시간을 준다.
- 아동이 이해했는지 수시로 확인하되, 압박하는 느낌을 받지 않도록 주의한다.
- 아동이 잘 이해하지 못한 경우 다른 단어를 사용하거나 문장을 재구성하여 다시 말해준다.
- 말을 듣고 처리하는 데 다른 아동보다 조금 더 시간이 필요하다는 점을 잊지 않는다.
- 아동이 다른 방에 있을 때는 부르거나 무엇을 물어보지 않는다.
- 숙제나 놀이를 할 때 아동이 방해받지 않는 조용한 공간을 만들어 준다.
- 화가 나거나 감정적인 상태에서 말할 때 아동이 이해하는 데 더 어려움을 겪을 수 있으므로, 짧고 명확한 문장으로 말한 후 다시 천천히 자세히 설명해주는 것이 좋다.
- 주변 환경의 소음 정도를 확인하고 배경 소음을 제거하거나 줄이는 것이 필요하다.
- 계속 음악을 틀어놓는 것은 피하는 것이 좋다.
- 이름을 부르고 잠시 시간간격을 둔 후 중요한 이야기를 시작하는 것이 좋다.
- 말의 강도, 속도, 길이, 단어의 친숙도 등을 늘 고려해야 한다.

# 제 3 절 청각장애 특성

## 01 언어발달 특성

청각장애학생 교육, 권순우 외, 창지사

- 청력손실로 인해 청각정보에 대한 자극이 감소하고, 청각적 피드백이 부족하여 환경음이나 상대방의 말소리에 대한 소리의 입력이 약하거나 왜곡되면 언어발달에도 지속적인 영향을 미쳐 부정적인 결과를 초래한다.
- 청각장애학생은 자신의 소리에 대한 적절한 청각적 피드백을 받지 못하고, 성인으로부터 적절한 언어적 강화를 받지 못하며, 성인의 언어적인 시범을 적절하게 듣지 못하기 때문에 언어 능력, 어휘 능력, 조음 능력 등에서 어려움을 겪게 되어 언어발달이 지체된다.

## 1. 언어발달 특성

### (1) 음운론적 발달 20 중등, 16 중등

① 일반적으로 생후 6개월 전후의 옹알이 단계에서 점차적으로 나타나는 음소확장과 음소축소 현상이 뚜렷하게 나타나지 않는다.

② 청인학생은 옹알이 단계에서 자·모음을 결합하여 여러 소리를 만들어 반복하는 반면, 청각장애학생은 똑같은 소리를 반복하는 경향을 보인다.

③ 청각장애학생은 분절적 요소뿐만 아니라 초분절적 요소에서도 오류를 보이는데, 음성의 지속시간이 짧고 소리의 크기, 장단, 고저를 적절하게 조절하여 발성하지 못하며 강세, 억양, 리듬도 자연스럽지 못하다. ★
  ㉠ 분절적 요소: 자음, 모음과 같은 음소를 말한다.
  ㉡ 초분절적 요소: 말의 억양, 장단, 속도, 쉼, 강세 등을 말한다.

④ 일반적인 조음·음운장애학생은 대부분 자음에서만 오류를, 청각장애학생은 모음과 자음 모두에서 오류를 보인다.

⑤ 모음의 중성화 현상이 나타나는데, 이는 일종의 모음 변형이다.
  예 전설 모음인 /i/를 발음할 때 중성음인 [a]를 섞어서 발음하는 것

⑥ 모음보다 자음에서 오류가 많은데, 특히 마찰음과 파찰음에서 오류를 보인다.

⑦ 혀를 지나치게 후반부 인두 쪽으로 당겨 위치하여 발음하는 경향이 있어, 코 막힘 소리가 나는 맹관공명 현상이 나타나고 모음의 정확도가 낮다.

> **개념 check | 모음의 중성화**
> - 일종의 모음 변형으로, 전설모음 [i]를 발음할 때 중성음 [a]를 섞어 발음하는 것을 말한다.
> - 혀를 입안 중앙에 위치하여 각 모음에 따라 조금씩만 움직이며 발음하기 때문에 모음의 중성화 현상이 나타난다.
>   → 말 산출 시 조음운동 범위가 줄어드는 현상

### (2) 형태론적 발달

① 부족한 어휘 지식으로 인해 명사, 동사와 같은 내용어를 과다하게 사용하고, 문법적 기능어의 사용은 부족하다.
② 문법 형태소 사용의 결함은 들리는 음소를 일관성이 없거나 왜곡된 음소로 받아들이기 때문이라고 여겨진다.
③ 청인학생보다 문법 형태소 습득이 지체되며 문법 형태소의 사용에도 오류가 많다.
④ 청력이 좋을수록 청각적인 피드백으로 인해 음소 변별력과 발음 명료도가 높아져 형태론적 발달에 긍정적인 영향을 미친다.

### (3) 구문론적 발달

① 복문 산출 시 적절한 연결어미를 찾는 데 어려움을 보인다.
② 특정 단어만 반복되어 나타나는 짧은 문장 형식을 사용한다.
③ 시제 사용에 많은 어려움을 보인다.
④ 부족한 어휘 지식으로 인해 명사, 동사와 같은 내용어를 과다하게 사용하고, 문법적 기능어의 사용은 부족하다.
⑤ 문법 구조에 대한 지식의 부족으로 인해 정형화된 문법 구조를 과다하게 사용하는 경향이 있다.
⑥ 연결어미 중에서도 '-고(나열)', '-여서(인과)'가 주로 사용된다.
⑦ 조사 대치 등의 문법 형태소 오류가 많이 나타난다.
   예 "나는 친구와 채팅한다."를 "나는 친구를 채팅한다."라고 말하는 것
⑧ 문맥에 맞지 않는 잘못된 조사의 사용과 생략이 많다.

### (4) 의미론적 발달

① 명사보다 동사의 습득이 어렵고, 일상생활과 관련이 적은 어휘는 습득이 힘들다.
② 문맥에 적절하지 않은 어휘를 사용하며, 다의어에 대한 이해가 어렵다.
③ 구체적인 단어보다 추상적인 어휘를 습득하는 데 어려움을 보인다.
④ 명사를 중심으로 어휘가 발달하며 동사, 형용사, 문법 형태가 순차적으로 출현하는 등의 어휘발달 양상은 청인학생과 동일하다.

### (5) 화용론적 발달

① 순서 교대: 한 명이 대화를 시작하면 기다렸다가 자신의 순서가 오면 말을 한다.
② 주제 유지: 주제를 일관성 있게 끌어가는 규칙으로, 청자에게 반드시 대답을 요구하지 않은 문장이라도 청자는 화자가 말한 맥락을 벗어나지 않는 범위에서 대화를 이어갈 수 있다.
③ 피드백: 화자의 눈을 맞추거나 고개를 끄덕이거나 적절한 추임새 등을 통해 상대의 말을 경청하고 있다는 것을 보여준다.
④ 자기주장 맥락에서 벗어나는 음운상의 오류나 어휘, 높임법 등이 잘못 사용된 경우 자신의 말을 적절하게 조절하는 기술이 필요하다.

## 02 지적능력

청각장애아동의 지적능력은 일반 아동에 비해 양적 평균이 약간 낮지만 정상 범위 안에 있다고 할 수 있다. 물론 검사가 높은 언어수준을 요구하는 경우에는 평균 이하의 지적능력을 보인다. 중요한 점은 이러한 열등한 능력이 효과적인 교육과 경험을 통해 향상될 수 있다는 점이다.

## 03 학업성취

1. 청각장애아동은 지적능력이 정상범위 안에 있음에도 학업성취는 지체되어 나타난다. 청각장애아동은 학력지체를 보이며 일반적으로 산수에 비해 읽기 영역의 성취수준이 더 낮게 나타난다.
2. 청각적 정보 수용의 제한으로 인한 부호화 문제, 낮은 어휘력, 낮은 구문 지식, 비효율적인 전략 사용 등의 요인이 복잡하게 얽혀 농학생의 읽기 능력에 영향을 준다.
3. 글을 잘 쓰는 사람이 글을 잘 못 쓰는 사람보다 읽기를 더 잘하는 경향이 있으며, 농아동의 경우 읽기보다 쓰기에서 더 많은 어려움을 겪는다.

## 04 사회적 적응

1. 청각장애아동이 사회적 성숙은 같은 또래의 일반 아동에 비해 낮다. 청각장애아동의 사회성숙도는 10~20% 정도가 지체되며, 이러한 경향은 연령이 증가할수록 더 커진다. 특히 12~15세의 청각장애학생은 이 시기의 사회·심리적인 영향이 크기 때문에 일반 학생보다 낮은 사회성숙을 보인다.
2. 농부모를 가진 농아동은 건청인 부모를 가진 농아동보다 사회성숙도가 높고, 부모의 태도와 양육방법도 사회적 성숙에 영향을 미친다.
3. 언어의 습득 및 발달 정도와 사회성 간에는 깊은 관계가 있다. 언어 발달이 지체된 아동은 사회적 상호작용의 기회가 줄어들고, 그로 인하여 좌절감을 느끼기도 한다.
4. 청각장애아동의 성격 특성은 일반 아동에 비해 더 신경질적이고 내성적이며, 외적통제에 대해 더욱 자기중심적이고 성급하며 충동적인 반응을 보인다고 한다. 정서적인 미성숙, 위축감 등의 문제를 가지고 고립감으로 인해 외로움을 겪을 수 있는데 이러한 고립감에 작용하는 요인은 통합환경, 부모의 청력상태이다.

## 1. 특성

① 청각장애아동은 작동기억에서 1개 부호만을 배타적으로 사용하기보다 2개 이상의 부호를 상호 보완적으로 사용한다.

② 각 부호는 정보처리의 효율성에 차이를 보이는데, 가장 일반적으로 사용되는 부호는 음운(speech)과 수어기호(sign)이다.

③ 작동기억 용량은 청각−음성적 부호화를 사용하는 정도와 관계가 있다.

④ 작동기억의 2가지 하위체계인 중앙처리 장치와 음성적 시연 장치 중 청각장애아동의 중앙처리 장치는 정상적이나 음성적 시연 장치에는 결함이 있으며, 이것이 청각장애아동의 단기기억 결함을 설명한다.

## 2. 교수법이 주는 시사점과 언어문제

① 대부분의 청각장애아동은 음운, 수어기호와 문자의 시각적인 특성, 지문자 등을 부호화에 이용하지만, 학력과 언어능력이 그보다 높은 아동은 음운적 부호화를 사용한다.

② 언어는 발음 명료도가 낮을지라도 음운적 부호화에 이용된다.

③ 학력이 높은 아동의 시각적 부호화는 특정한 정보처리의 목적이 있을 때만 선택적으로 사용된다.

④ 어휘능력은 작동기억의 용량 및 부호화 과정과 관련이 적다.

⑤ 통사론적 능력은 작동기억 용량 및 부호화 과정과 밀접한 관련이 있으며, 즉 문법적 구조를 파악할 때까지 문장 구성요소들을 음운적으로 파지해야 한다.

⑥ 의존 형태소(예 조사, 용언의 활용형)는 작동기억 용량, 부호화 과정과 밀접한 관련이 있다.

# 제 4 절  객관적 청력검사

피검자의 반응에 의존하지 않고 피검자의 생리학적 반응을 통해 청력의 이상 유무와 정도를 파악하는 검사로, 의사소통에 어려움이 있는 영유아, 노인을 대상으로 위난청, 메니에르병 진단, 기능성 난청 판별에 효과적으로 사용되며, 특히 영유아의 청각선별검사에 많이 이용된다.

## 01 중이검사

### 1. 정의

① 음향에너지의 흐름, 압력 변화 등을 통해 중이의 상태와 기능을 간접적으로 평가하는 객관적 검사이다.

② 고막운동도(tympanometry) 검사: 외이도의 압력 변화에 따른 음향에너지의 반사 정도를 측정하여 중이강이나 이소골의 상태를 간접적으로 파악한다.

③ 등골근반사(stapedial reflex) 검사, 등골근반사 소실(reflex decay) 검사: 내이나 청신경의 상태를 알 수 있기 때문에 미로성(내이성) 청각장애와 후미로성(신경성) 청각장애의 유형을 판별하는 데 사용된다.

## 2. 유형

### (1) 고막운동도 검사

① 개요
    ⊙ 외이도를 통해 전달된 음향에너지가 내이로 전달되는 과정에서 중이 내 음향
       에너지를 받아들이는 정도를 측정하는 검사로, 음향에너지가 전달되는 상태를
       고막에서 반사되어 돌아오는 에너지로 측정한다.
    ⓒ 중이의 질병 유무, 질병 유형, 청력손실 정도 파악을 위한 보충자료로 활용된다.

② 실시 방법: 검사는 프로브로 외이도를 밀폐한 상태에서 외이도의 압력을 +200/
    +400daPa에서 −200/−600daPa로 변화시키면서 220/226Hz의 저주파수
    음을 85dB(SPL)로 지속적으로 제시하여, 압력의 변화에 따라 고막에서 반사되는
    에너지를 측정한다.

③ 고실도 해석

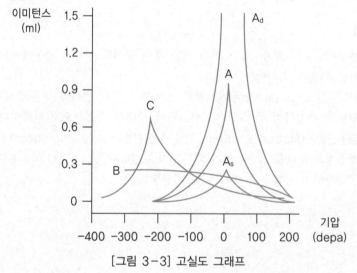

[그림 3-3] 고실도 그래프

    ⊙ A: 정상인 경우
    ⓒ B: 중이강이 액체로 가득 차 있는 경우 예 삼출성 중이염
    ⓒ C: 중이강의 압력이 낮은 경우 예 이관 폐쇄
    ⓔ As: 고막이 경직되어 있는 상태 예 이소골 유착, 이경화증
    ⓜ Ad: 고막의 움직임이 지나치게 큰 경우 예 고막 천공, 이소골 단절

## (2) 등골근반사 검사

① 등골근반사: 강한 소리자극으로부터 내이를 보호하기 위해 등골근이 수축하여 발생하는 생리적 작용이다.

② 강한 소리자극에 대해 등골근이 수축하면, 등골을 외측으로 끌어당기고 고막은 바깥쪽으로 밀어 외이도 용적에 변화를 발생시키는데, 이때 발생하는 외이도 용적의 변화를 측정하는 것이 등골근반사 검사이다.

③ 등골근반사 역치(ART; Acoustic Reflex Threshold): 등골근 수축으로 외이도 전체 용적에 변화가 생기는 가장 작은 소리의 강도를 말한다.

④ 정상 청력인 경우, 등골근반사 역치는 약 70~100dB HL에서 나타난다.

⑤ 등골근반사의 유무를 통해 중이의 질병, 청신경이나 안면신경 손상, 내이 손상 등을 진단한다.

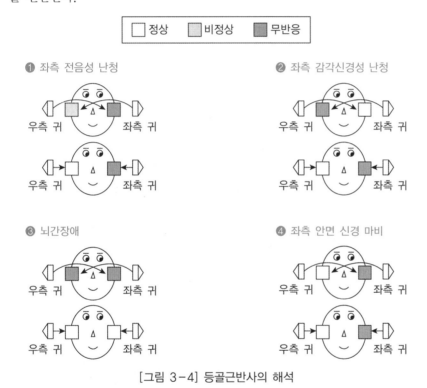

[그림 3-4] 등골근반사의 해석

청각장애아동교육의 이해,
권순우, 권순복 외, 창지사

### (3) 반사피로 검사

① 강한 소리자극을 지속적으로 들려주어서 등골근이 끊임없이 반사를 일으키도록 자극하는 원리에 기초한 방법이다.

② 실제 검사에서는 500Hz나 1,000Hz에서 등골근반사 역치(ART)보다 10dB 더 강한 소리를 10초간 지속적으로 들려주면서 등골근반사의 변화 정도를 측정한다.

③ 정상에서는 소리를 주는 10초 동안 등골근반사가 최고 크기로 유지된다.

④ 등골근반사가 유지되지 않고 50% 이하로 감퇴되면 양성으로 판정하며, 후미로성 난청의 10~30% 정도에서 반사피로 검사 양성이 나타난다.

⑤ 따라서 후미로에 발생하는 난청인 경우 반사피로 현상을 확인할 수 있다.

청각장애아동교육의 이해, 권순우, 권순복 외, 창지사

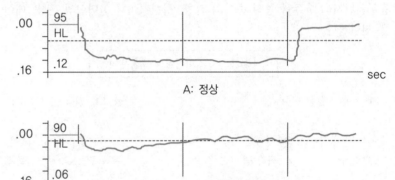

[그림 3-5] 반사피로 검사의 해석

## 02 이음향방사 검사(otoacoustic emission)

### 1. 정의

① 이음향방사: 와우의 외유모세포에서 자발적으로 또는 소리자극에 의해 증폭되어 발생하는 소리에너지이다. 외유모세포의 수축과 진동에 의해 0.5mm 간격으로 최대 소리에너지가 발생하고 이것이 중이와 고막을 통해 외이도로 전달된다.

② 이음향방사 검사: 소리를 주어 와우의 외유모세포에서 자발적 또는 소리자극에 대한 반응으로 발생하는 와우의 능동적인 미세 에너지가 중이와 외이도를 통해 전달되는 음향 진동파를 측정하여 와우의 이상 유무를 확인하는 검사이다.

### 2. 사용

① 이음향방사 검사는 임상적으로는 청각기능에 해를 미치지 않으면서도 짧은 시간에 간단하게 와우와 외유모세포의 이상 유무를 확인할 수 있다.

② 난청의 조기진단, 신생아와 영유아 청력검사를 위한 객관적 검사로 널리 사용된다.

### 3. 유형

| 구분 | 내용 |
|---|---|
| 자발이음향방사<br>(SOAE) | 음 자극이 없는 상태에서 측정되는 좁은 대역의 음향에너지 |
| 유발이음향방사<br>(EOAE) | • 특정 소리자극에 의해 발생되는 이음향방사<br>• 정상 청력을 가진 신생아에서는 대부분 나타나고 청력손실이 25~30dB 이상인 경우에는 방사음이 나타나지 않음<br>• 따라서 신생아청각선별검사에 유용하게 사용됨 |

## 03 전기생리학적 검사(청성유발전위 검사)

### 1. 목적

① 소리자극에 의해 유발되는 전기적 신경 변화인 유발전위를 측정하기 때문에 청성 유발전위검사라고도 한다.

② 소리자극에 의해 와우의 유모세포에서 발생된 전기적 신경자극은 청신경 경로의 신경체마다 생물학적으로 전달되므로, 두피에 전극을 부착하여 이러한 신경체의 전기적 신경자극을 기록하면 청력손실 유무, 정도, 손상 부위를 진단할 수 있다.

### 2. 유형

| 시간 | 초기(10~15ms) | 중기(10~80ms) | 말기(80~750ms) |
|---|---|---|---|
| 청성유발전위<br>(AEP) | • 와우전기도 반응<br>• 뇌간유발 반응 | • 청성중기 반응<br>• 40Hz 반응 | • 청성후기 반응<br>• P300 반응<br>• MMN |

(1) 와우전기도 반응(EcochG; ElectrocochleoGraphy) 검사

① 청각유발전위 중 가장 먼저 나타나는 반응으로, 자극 후 2~3ms 사이에 나타난다.

② 와우전기도 반응검사는 외이도나 중이에 주요한 전극을 부착한 후 와우 및 와우에 가장 근접한 말초청신경의 기능을 측정하는 것이다.

③ 전극의 부착 위치에 따라 침습적 방법과 비침습적 방법이 있으며, 와우 가까운 곳에 전극을 부착할수록 더욱 정확한 와우전기도를 얻을 수 있다.

④ 임상적으로 와우전기도 반응은 메니에르병 진단에 사용되고, 뇌간유발반응의 진단에 보조적인 정보로 활용되기도 하며, 청각역치를 측정하기 어려운 피검자의 역치 추정도 가능하다.

## (2) 뇌간유발반응 검사 ★

① 개요

ⓐ 뇌간유발반응(ABR; Auditory Brainstem Response): 소리 자극 후 1~10ms 이내에 청신경과 뇌간부에서 나타나는 유발전위이며, 검사는 두개골의 두정부, 유양돌기, 이마에 전극을 부착하여 실시한다.

ⓑ 각성 상태에 큰 영향을 받지 않고 재현성이 높아 객관적 청각검사로 널리 활용 되며, 특히 신생아청력선별검사 등의 유소아 청력 측정에 널리 사용된다.

② 실시절차

- 주변에 모든 (전기)잡음을 제거한다.
- 조용하고 정지된 분위기를 위해 조명을 끄거나 줄인다.
- 의자에 편안하게 앉거나 눕힌다.
- 검사절차를 상세하게 설명한다.
- 알코올 등으로 전극 부착 지점을 깨끗이 닦는다.
- 전극을 전극 몽타주(montage)에 따라 정해진 위치에 고정한다.
  → 활성전극(+, active)은 두정부에, 기준전극(-, reference)은 양측 유양돌기부 에, 접지전극(ground)은 전두부 중앙에 밀착한 후 소리자극에 대한 전기적 반응 을 기록한다. 단, 신생아는 두정부 대신 이마 위쪽 부분에 활성전극을 부착시킨다.
- 장비를 켜고 검사를 실시한다.
- 일반적으로 자극음의 강도는 100dB HL부터 시작하여 10dB 또는 20dB 간격으로 점차 줄인다.
- V번 파형이 나타나는 가장 낮은 자극음의 강도를 피검자의 역치로 한다.
  → [그림 3-6]은 자극음의 강도에 따른 파형의 변화이다. 자극음의 강도가 낮아질수 록 잠복기가 길어질 뿐만 아니라 V번 파형이 관찰되지 않는다는 것을 볼 수 있다. 여기서는 25dB에서 최초로 V번 파형이 관찰되었으므로 25dB nHL이 역치가 되 며, 정상 청력으로 간주된다.

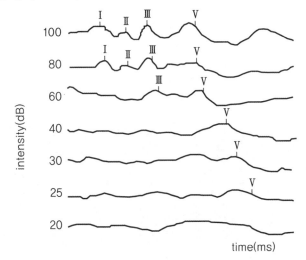

[그림 3-6] ABR 판독 예시

- 자극음 빈도는 초당 10회, 자극 횟수는 최소 1,000회 이상으로 한다.
- 반대측 귀에는 동일한 클릭음의 차폐를 준다.
- 자극에 대한 반응은 nHL(normal Hereraring Level)로 표기한다.

청각장애아 교육, 고은, 학지사

> **개념 check | dB nHL**
>
> 지속시간이 긴 순음(pure tone)의 경우 자극음의 강도를 dB HL 또는 dB SPL 단위로 표기한다. 가청역치의 평균은 dB HL로, 음압에 대한 비는 dB SPL로 나타낸다. 1,000Hz 자극음을 기준으로 할 때 정상청력을 가진 성인의 가청역치인 dB HL은 7.5dB SPL에 해당한다. 반면 클릭음이나 톤 버스트 음과 같이 짧은 지속시간을 가진 자극음의 단위는 dB nHL을 사용한다. 0dB nHL은 정상청력을 가진 성인에게 초당 10~20회의 물리적 클릭음을 주고 구한 가청역치를 말한다.

③ 해석 ✱: ABR 결과, 순음역치와의 차이가 10~20dB 정도이면 정상으로 간주한다.
　→ ABR의 역치는 순음청력역치보다 대체로 높게 나타난다. 성인은 5~10dB 정도 높게 나타나며, 소아는 20dB까지 차이를 보이는 경우도 있다.
④ 단점: 청신경에서 뇌간 일부에 이르는 청각전달로를 기록할 뿐, 청각피질의 병변은 발견할 수 없다.

# 제 5 절 주관적 청력검사 ★

주관적 청력검사는 피검자가 소리를 듣고 그에 대한 주관적인 반응을 보임으로써 이루어지는 검사로, 주어지는 자극음에 따라 음차검사, 순음청력검사, 어음청력검사로 구분된다.

## 01 음차검사

### 1. 개요

① 음차검사: 128Hz, 256Hz, 512Hz, 1024Hz, 2048Hz의 소리굽쇠(음차)를 이용하여 난청 유무와 난청 유형을 간단히 알 수 있는 선별검사이다.
② 장점: 특별한 장소에 구애받지 않으며, 소리굽쇠만 있으면 언제나 검사할 수 있기 때문에 손쉽게 활용된다.
③ 단점: 정확한 청각장애 유형을 판별할 수 없고, 역치값을 구할 수 없다는 점에서 진단검사로는 부적합하다.

### 2. 종류

| 구분 | 내용 |
|---|---|
| 린네검사<br>(Rinne Test) | • 좌/우 양측 귀를 따로 검사함<br>• 전음성 난청 유무를 알 수 있음 |
| 웨버검사<br>(Weber Test) | • 편측성 난청자에게 유용하게 사용되는 검사<br>• 단독으로는 청력손실 유무를 해석하기는 어렵기 때문에 린네검사와 함께 실시해야 함 |
| 슈바바검사<br>(Schwabach Test) | • 골도전도의 청각민감도를 상대적 기준으로 예측하는 검사<br>• 골도전도를 통한 음을 피검자는 듣지 못하고 검사자가 더 오래 듣는다면 피검자에게 감음신경성 난청이 있는 것으로 해석함 |
| 빙검사 | • 폐쇄효과가 나타나는지의 여부를 알기 위한 검사<br>• **폐쇄효과**: 귀를 막을 때 저주파수대역의 소리가 더 잘 들리는 현상 |

### 1. 순음

① 하나의 주파수로 이루어진 음이다.

② 말소리와 같은 자연음은 복합음이기 때문에 주파수별 가청역치 값을 구할 수 없다.

쉽게 풀어가는 청각학과 언어, 최성규 외, 양서원

| **보충+α** 음의 종류 | |
| --- | --- |
| **구분** | **내용** |
| 순음 | • 소리굽쇠의 진동으로 발생되며, 청력검사 등을 위해 기계에서 생성하는 순수한 음<br>• 대기에서는 소리의 진동이 배수로 증가하며, 소리는 1, 2, 4, 8, 16, 32, 64, 128, 256, 512, 1024, 2048, 4096, 8192Hz 등으로 증폭됨<br>• 순음청력검사를 할 때 측정하는 주파수를 125, 250, 500, 1000, 2000, 4000, 8000Hz 로 결정하는 이유도 여기에 있음 |
| 복합음 | • 사람의 말소리는 순음이 아닌 복합음<br>• 말소리는 성문에서 생성되어 입 밖으로 터져나오는 과정에서 4대 공명강에 의해 새로운 주파수가 생기고, 성문주파수와 공명주파수가 함께 합성되어 나타나므로 복합음이라고 함 |
| 잡음 | 파형이 주기적으로 나타나지 않으므로 소리 변화가 불규칙하게 나타남 |
| 악음 | • 악기에서 생성되는 음<br>• 도, 레, 미 등의 소리 차이는 특정 주파수의 정점에서 달라지므로 계명의 구분이 가능함 |

### 2. 청력역치

① 피검자가 들을 수 있는 가장 작은 강도의 소리를 말한다.

② 이때 '들을 수 있는' 수준은 검사음을 3번 주었을 때 2번 반응하는 것으로 하며, 50% 이상 반응할 수 있는 소리가 역치가 된다.

| **보충+α** 소리의 강도를 나타내는 단위 | |
| --- | --- |
| **구분** | **내용** |
| dB SPL (Sound Pressure Level) | • 소리가 발생하지 않은 평형 상태로부터 소리의 발생으로 인해 변화된 압력의 변동을 말함<br>• 즉, SPL은 소리를 만들어내는 물리적인 공기 압력을 측정한 값<br>• 보청기의 전기음향학적 특성 또는 소음, 청력검사기 등의 기계 정확도를 측정하는 음압측정기는 dB SPL 단위로 나타냄 |
| dB HL (Hearing Level) | • 인간이 들을 수 있는 청력의 크기를 표시하는 단위<br>• dB HL은 정상 성인인 인간이 들을 수 있는 볼륨 단위이므로, 개인의 청력역치를 말해주는 청력검사 단위도 dB HL이 됨 |
| dB SL (Sensation Level) | • 개인의 절대역치를 초과한 만큼의 감각레벨<br>• dB SL은 감각레벨로서 피험자의 귀에서 듣는 소리의 세기를 말함<br>예 가청역치가 50dB HL인 사람에게 70dB의 소리가 주어진다면 그 사람의 dB SL은 검사음에서 피검자의 가청수준을 뺀 값인 20dB SL이 됨 |

## 3. 검사목적

### (1) 청력손실 유무

① 순음청력검사 결과를 통해 청력손실의 유무를 알 수 있다.

② 일반적으로 청력역치가 20~25dB HL인 경우 정상범위로 간주하는데, 그 이유는 의사소통을 하는 데 큰 영향을 받지 않기 때문이다.

### (2) 편측성과 양측성

원칙적으로 좌우 귀를 따로 검사하기 때문에 양쪽 귀의 청력을 알 수 있다.

### (3) 청력손실 정도 [20 중등, 19 유아, 16 중등]

① 순음청력검사의 가장 큰 장점은 평균순음역치를 통해 청력손실 정도를 정확하게 알 수 있는 것이다.

② 평균순음역치(PTA; Pure Tone Average): 500Hz(a), 1,000Hz(b), 2,000Hz(c), 4,000Hz(d)에서의 역치값을 가지고 3분법, 4분법 또는 6분법으로 산출한다.

> 예 500Hz에서 30dB, 1000Hz에서 40dB, 2000Hz에서 40dB, 4000Hz에서 50dB 의 역치를 가지는 경우, 피검자의 평균 역치값을 구하시오.

| 방법 | 3분법 | 4분법 | 6분법 |
|---|---|---|---|
| 계산식 | (a+b+c)/3<br>110 ÷ 3 = 36dB(HL) | (a+2b+c)/4<br>150 ÷ 4 = 37dB(HL) | (a+2b+2c+d)/6<br>240 ÷ 6 = 40dB(HL) |
| 활용 | - | 청력손실 평가에 활용 | 장애인 복지법,<br>직업성 난청 진단에 활용 |

### (4) 청력손실의 종류 및 병변 부위 [21 초등, 20 초등]

① 순음청력검사를 통해 난청의 유형을 알 수 있다.

② 기도검사와 골도검사 결과를 통해 피검자가 전음성 난청, 감음신경성 난청, 혼합성 난청 중 어떤 유형인지를 판별할 수 있다.

③ 검사결과에 따른 난청 유형, 병변 부위

| 순음청력검사 결과 | 난청 유형 | 병변 부위 |
|---|---|---|
| AC 청력손실 있음, BC 청각손실 없음 | 전음성 난청 | 외이, 중이 |
| AC 청각손실 있음, BC 청각손실 있음<br>(AC 역치값 = BC 역치값) | 감음신경성 난청 | 내이<br>(또는 청신경) |
| AC 청각손실 있음, BC 청각손실 있음<br>(AC 역치값 > BC 역치값) | 혼합성 난청 | 외이, 중이, 내이<br>(또는 청신경) |

* AC: 기도전도, BC: 골도전도

### (5) 청력형

① 동일한 평균청력역치를 가지고 있더라도 어떤 주파수대에서 어느 정도의 손실을 가지는지는 개인의 청력 특성을 결정하는 중요한 요소이다.

② 특히 청력형은 보청기를 제작하는 데 매우 중요한 단서를 제공한다.

### (6) 청능재활 정보

청력검사 결과를 바탕으로 수준에 맞는 보청기를 선택할 수 있으며, 착용 후 의사소통의 예후를 알려준다.

## 4. 검사환경

### (1) 공간

순음청력검사는 반드시 소음이 차단된 공간에서 실시해야 한다.

### (2) 설명

① 검사 실시 전, 피검자에게 검사 진행에 대해 충분히 설명해야 한다.

② 특히 순음청력검사는 가장 작은 소리에 대한 반응을 요구하므로, 환자에게 이를 설명하는 것이 필요하다.

### (3) 검사자와 피검자의 위치

① 피검자와 검사자가 서로 마주보고 앉는 경우: 검사자가 피검자의 반응을 정확하게 관찰할 수 있다는 장점이 있는 반면, 피검자가 신호음 제시 버튼을 인지하고 앞서 반응하는 등의 위험도 있다.

② 피검자가 등을 돌리고 검사하는 경우: 의도치 않은 단서를 차단할 수 있다는 장점이 있는 반면, 검사자가 피검자의 미세한 행동단서를 놓칠 수 있다.

③ 피검자가 45도 각도로 앉는 경우: 검사자가 피검자의 행동을 볼 수 있고 피검자는 검사자의 행동을 볼 수 없다는 장점이 있어 임상에서 많이 사용된다.

## 5. 순음청력검사 방법 [17 중등]

### (1) 기도검사

① 기도전도: 외이와 중이를 거쳐 내이로 전달되는 소리 전달경로이다.

② 개요

    ㉠ 헤드셋 또는 이어폰을 이개나 외이도에 착용시켜 검사한다.

    ㉡ 자극음을 주면 그 소리는 외이도와 중이, 내이, 청신경(8번 뇌신경)까지의 청각 경로를 모두 거치는데, 피검자가 그 소리가 '들린다'고 반응하는 가장 작은 소리를 찾는 검사이다.

    ㉢ 외이에서 청신경까지 중 어느 한 부분에 이상이 있는 경우 역치가 높게 나타난다.

③ 자극음 제시방법: 자극음은 1~2초 정도가 가장 적당하다.

    ㉠ **자극음이 너무 짧은 경우**: 우리 뇌가 소리 정보를 충분히 받아들일 수 없다.

    ㉡ **자극음이 너무 긴 경우**: 역치가 실제보다 좋게 나타날 수 있다.

④ 검사 귀 선정

    ㉠ 좋은 쪽 귀를 먼저 검사하는 것이 좋은데, 그 이유는 좋은 쪽 귀를 먼저 실시할 경우, 피검자가 소리에 대한 느낌을 알 수 있기 때문이다.

    ㉡ 어느 쪽 귀가 더 좋은지를 알 수 없는 경우는 오른쪽 귀부터 실시하는 것이 일반적이다.

⑤ 주파수 조절방법

    ㉠ 기도검사에서는 250Hz에서 8,000Hz까지의 범위를 측정한다.

    ㉡ **주파수는 1,000Hz에서 시작**: 1,000Hz는 대부분의 피검자가 가장 쉽게 듣는 것으로 파악되기 때문이다.

    ㉢ **주파수 조절**: 1,000Hz - 2,000Hz - 4,000Hz - 8,000Hz - 1,000Hz - 500Hz - 250Hz로 한다. 다음 주파수를 검사할 시에는 인접 주파수 청력 역치보다 10~20dB 낮은 강도부터 측정하는 것이 효율적이다. (대한청각학회, 2008)

    ㉣ 1,000Hz를 두 번 검사하는 이유는 검사의 신뢰도를 점검하기 위해서이다.

        ⓐ **역치가 ±5dB 이내인 경우**: 신뢰 ➡ 좋은 역치를 역치값으로 설정한다.

        ⓑ **역치가 ±5dB 이상인 경우**: 모든 주파수에 대한 재검사를 실시한다.

    ㉤ 3,000Hz와 6,000Hz는 앞뒤 주파수의 청력역치가 30dB 이상 차이가 나는 경우에 검사한다.

⑥ 강도 조절방법
  ㉠ 피검자가 정상청력을 가지고 있다고 판단되는 경우는 30dB HL보다 작은 소리로, 청각장애가 의심되거나 현재 보청기를 착용하고 있는 경우는 70dB HL에서 1~2초간 연속음을 제시하여 검사음에 대한 친숙화 과정이 필요하다.
  ㉡ 기도검사에서는 검사자에 따라 조금씩 차이가 있으나 최대 90dB~100dB까지 자극음을 준다.
  ㉢ 반응을 하지 않는 경우 무반응으로 표기하고, 평균값을 구할 경우에는 100dB로 간주한다.
  ㉣ 강도 조절 방식

| 구분 | 내용 |
|---|---|
| 상승법 | 듣지 못하는 작은 소리부터 점차 강도를 높이는 방법 |
| 하강법 | 반대로 들을 수 있는 큰 강도에서 점차 강도를 낮추는 방법 |
| 수정상승법 | 0dB HL에서 시작하여 20dB 단위로 높여가면서 처음 응답한 값을 확인한 후, 소리에 대한 반응이 있는 경우 10dB을 낮추고, 반응이 없는 경우 5dB을 높이는 방법 |

(2) **골도검사**
① 골도전도: 외이나 중이를 거치지 않고 바로 두개골을 진동시켜 내이로 전달되는 소리 전달경로를 말한다.
② 개요
  ㉠ 골도검사는 외부의 소리가 두개골의 진동을 유발시켜 내이로 전달되어 소리를 듣는 과정에서의 이상 유무를 확인하고 역치를 측정하는 검사이다.
  ㉡ 기도검사역치와 골도검사역치를 비교하면 청각장애 유형을 판별할 수 있다.
  ㉢ 골도검사는 유양돌기에 진동자를 착용한 후 각 주파수별 역치를 찾는다.
  ㉣ 기도검사와 동일한 방법으로 시행한다.
③ 주파수 조절방법
  ㉠ 주파수 조절: 기도검사와 달리 250Hz(500Hz)에서 4,000Hz까지만 검사한다.
  ㉡ 1,000Hz에서 시작하고 2,000Hz − 4,000Hz − 1,000Hz − 500Hz 순으로 하며, 그 외의 검사절차는 기도검사와 동일하다.
④ 강도 조절방법
  ㉠ 기도검사와 거의 동일하나, 자극음을 최대 70dB까지만 준다는 차이가 있다.
  ㉡ 기도역치가 1,000Hz에서 40dB HL이면 골도역치는 1,000Hz에서 최소한 40dB HL을 초과하지 않는 것을 전제로 한다.

# 6. 청력도

## (1) 청력도 기호

| 표시 내용 | 오른쪽 | 왼쪽 |
|---|---|---|
| 비차폐기도(unmasked AC) | ○ | × |
| 차폐기도(masked AC) | △ | □ |
| 비차폐골도(unmasked BC) | 〈 | 〉 |
| 차폐골도(masked BC) | [ | ] |
| 최적역치(most comfortable loudness level) | M(빨강) | M(파랑) |
| 불쾌역치(uncomfortable loudness level) | U(빨강) | U(파랑) |
| 맨 귀 음장 최소가청역치(free field) | S | |
| 보청기 교정 최소가청역치(aided) | A(빨강) | A(파랑) |
| 인공와우 교정 최소가청역치(implanted) | CI(빨강) | CI(파랑) |
| 무반응(no response) | ╱ | ╲ |

---

**개념 check** **최적역치와 불쾌역치**

• **최적역치(쾌적음량역치, MCL; Most Comfortable Level)**
  어음청취역치(SRT)에서부터 음강도를 높이면서 들려주었을 때, 피검자가 가장 편안히 느끼는 강도를 말한다. 일반적으로 MCL은 SRT보다 35~40dB 높은 강도에서 나타난다.
• **불쾌역치(불쾌음량역치, UCL; UnComfortable Level)**
  MCL에서부터 음 강도를 높이면서 들려주었을 때 피검자가 자극음으로부터 불쾌감, 압박감, 통증 등을 느끼는 강도를 말한다.

(2) **청력도 해석** ★ [18 중등]

> 순음청력검사의 결과인 기도역치와 골도역치를 바탕으로 청력손실 유무, 청력손실 정도,
> 청각장애 유형, 청력형을 진단한다.

① 청력손실 정도
  ㉠ 개인의 청력수준이나 청력손실 정도는 기도역치의 평균값으로 나타낸다.
  ㉡ 평균순음역치(PTA) 산출 계산식

| 구분 | 계산식 | 활용 |
|---|---|---|
| 3분법 | (a+b+c)/3 | – |
| 4분법 | (a+2b+c)/4 | 청력손실 평가 |
| 6분법 | (a+2b+2c+d)/6 | 장애등급 판정, 직업성 난청 진단 |

  \* a = 500Hz, b = 1000Hz, c = 2000Hz, d = 4000Hz
  \* 500Hz, 1000Hz, 2000Hz: 어음주파수
  \* PTA(Puretone Threshold Average): 주요 회화음역에 해당하는 500Hz, 1,000Hz, 2,000Hz
    역치값을 3분법으로 산출한 평균값을 말한다.

  ㉢ 순음평균청력역치를 기준으로 한 청력손실 정도(ANSI)

| 분류 | 청력손실 정도(dB) | 참고 |
|---|---|---|
| 정상 | 25 이하 | 15 이하 (유소아의 경우만 해당) |
| 미도 | 16~25 | 혹은 미세 난청 (유소아의 경우만 해당) |
| 경도 | 26~40 | |
| 중도 | 41~55 | |
| 중고도 | 56~70 | |
| 고도 | 71~90 | |
| 최고도/농 | 91 이상 | 혹은 심도 |

② 청각장애 유형
  ㉠ 정상청력

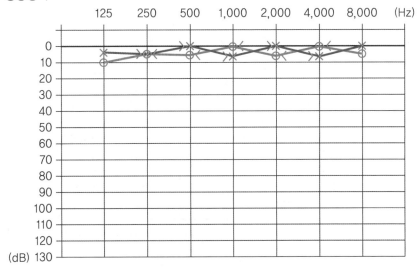

[그림 3-7] 정상청력 청력도 예시

  ⓐ 좌우 기도역치와 좌우 골도역치가 모두 20dB 이하이기 때문에 정상청력에
     해당한다.
  ⓑ 일반적으로 기도청력검사에서 역치가 20dB 이하인 경우 골도청력검사를
     시행할 필요가 없다.
  ㉡ 전음성 난청

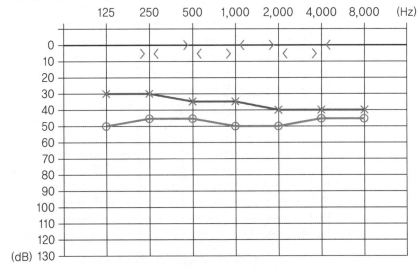

[그림 3-8] 전음성 난청 청력도 예시

  ⓐ 좌우 기도역치는 비정상이지만 좌우 골도역치는 정상 범위에 있다.
  ⓑ 전형적인 전음성 난청에 해당한다.

ⓒ 감음신경성 난청

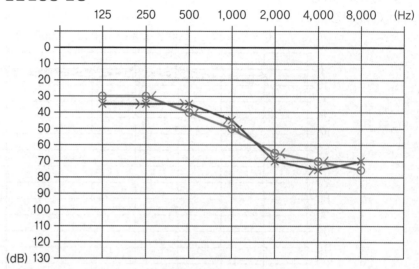

[그림 3-9] 감음신경성 난청 청력도 예시

ⓐ 좌우 기도역치가 비정상이며 골도역치도 손실이 있고, 모든 주파수에서 기도역치와 골도역치 간 차이가 없으므로 감음신경성 난청에 해당한다.

ⓑ 고주파수로 갈수록 청력이 약해지는 경사형을 보이는데, 이는 노인성 난청에서 주로 나타난다.

ⓔ 혼합성 난청

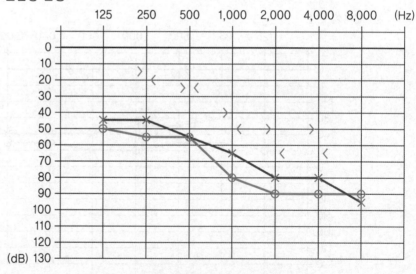

[그림 3-10] 혼합성 난청 청력도 예시

ⓐ 6분법을 기준으로 우측 기도차폐 결과 70dB, 좌측 기도차폐 결과 80dB로 양측 모두 고도난청에 해당하며, 골도검사에서는 우측 40dB, 좌측 45dB로 기도역치와 골도역치 값 간에 차이가 있는 것으로 나타났다.

ⓑ 내이의 손상뿐만 아니라 외이나 중이에서의 청력손실이 약 30~40dB로 추정되므로, 혼합성 난청에 해당한다.

ⓜ 소음성 난청

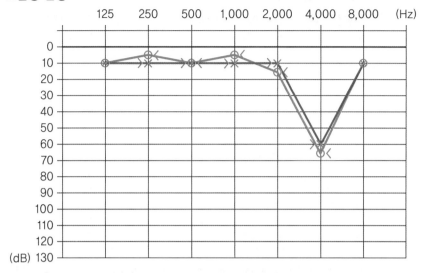

[그림 3-11] 소음성 난청 청력도 예시

ⓐ 다른 주파수 영역에서는 정상 청력역치를 보이지만 3,000Hz에서 6,000Hz
까지의 영역, 특히 4,000Hz 부근에서 급격한 청력손실이 나타난다.
ⓑ 소음성 난청의 전형적인 청력도에 해당한다.

ⓑ 농

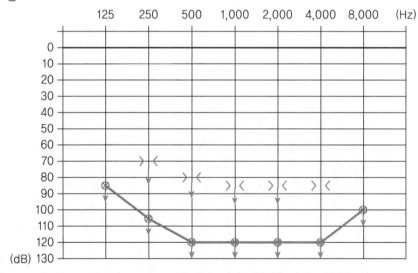

[그림 3-12] 농 청력도 예시

ⓐ 좌측과 우측 기도검사 결과, 대부분 120dB의 최대 강도에서 모두 무반응
을 보이고 있다.
ⓑ 골도검사에서도 최대 검사 강도인 70dB에서 무반응을 보이므로, 청력이
거의 없는 농에 해당한다고 볼 수 있다.

③ 청력형(청력손실 패턴에 따른 분류)

| ⊙ 수평형: 모든 주파수대역에서 청력손실이 비슷하게 나타나는 경우 | ⊙ 경사형: 고주파수대역으로 갈수록 청력손실이 커지는 경우 |
|---|---|
| 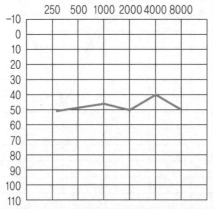 | 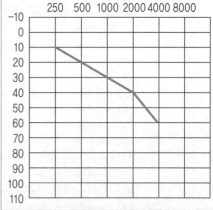 |
| ⊙ 역경사형: 저주파수대역에서 청력손실이 커지는 경우 | ⊙ 고음급추형: 2,000Hz 정도에서 급격하게 청력손실이 커지는 경우 |
| 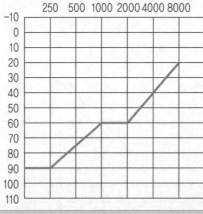 | 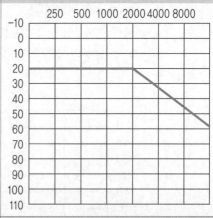 |
| ⊙ 산형: 산 모양처럼 중주파수 대역에서만 청력이 좋고, 저주파수와 고주파수대역에서 청력손실이 큰 경우 | ⊙ 곡형: 중주파수대역의 청력손실이 상대적으로 크고 저주파수와 고주파수대역에서는 청력손실이 적은 경우 |
| 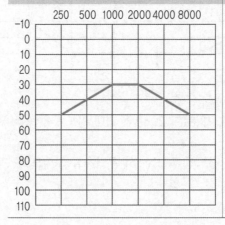 | 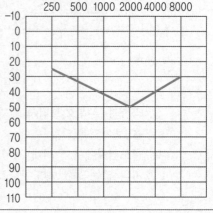 |

## 7. 순음청력검사의 차폐 ★ <sup>19 유아, 19 초등</sup>

### (1) 정의

① **차폐**: 양쪽 귀의 청력에 차이가 있고 청력손실이 큰 쪽 귀(나쁜 쪽 귀, 검사 귀)를 검사할 때 자극음이 두개골 진동을 통해 검사하지 않는 좋은 쪽 귀(비검사 귀)로 전달되어 발생하는 음영청취를 막고자 좋은 쪽 귀(비검사 귀)에 차폐음을 들려주는 것이다.

② **반대청취(음영청취)**: 좋은 쪽 귀에서 나쁜 쪽 귀에 제시된 소리를 대신 듣는 현상이다.

③ 즉, 반대청취 때문에 발생하는 잘못된 검사결과를 막기 위한 목적으로 좋은 쪽 귀에 차폐를 위한 소음을 들려주는 것이 차폐이다.

④ 차폐음으로는 청력검사에 사용된 순음의 주파수와 일치하는 협대역잡음을 사용한다.

⑤ **협대역잡음**: 검사음의 주파수를 중심으로 위아래로 좁은 범위의 주파수만을 밴드 형태로 포함하는 잡음으로, 특정 주파수에서만 에너지가 높은 특성을 가지며, 검사 상황에서 다양한 주파수별 소리를 제공할 수 있다는 장점이 있다.

### (2) 차폐에 영향을 주는 요인 <sup>20 초등, 15 중등</sup>

① 이간감쇠(IA; 이간감약, 양이감쇠)

  ㉠ 한쪽 귀를 자극한 소리가 반대쪽 귀로 전달될 때 발생하는 소리에너지의 소실 정도를 이간감쇠라고 한다.

  ㉡ 소리가 반대쪽 귀로 전달되는 과정에서 음의 강도가 줄어드는 이간감쇠 현상으로 인해 반대쪽에서는 일정 부분의 소리가 소실된다.

  ㉢ 기도전도 이간감쇠와 골도전도 이간감쇠

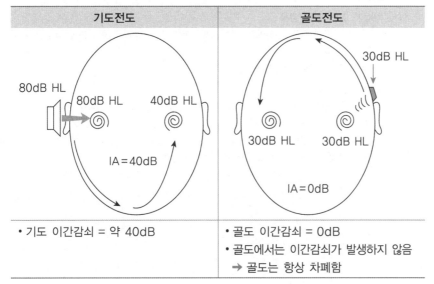

② 폐쇄효과
　　㉠ 골도전도청력검사 시 양쪽 달팽이관의 분리가 없으므로 골도진동체는 양이감
　　　쇠 값을 갖지 않는다.
　　㉡ 그러나 차폐 시 좋은 귀(비검사 귀)에 일반 이어폰 또는 삽입형 이어폰을 통해
　　　소음을 기도전도로 전달하는데, 이때 일반 이어폰 또는 삽입형 이어폰이 외이
　　　도를 막아서 소리가 더 잘 들리는 폐쇄효과(OE)가 나타난다.
　　㉢ 골도전도 차폐검사 시 비검사 귀에 이어폰이나 삽입형 이어폰을 착용함으로써
　　　외이도 내의 음압이 증가하여 소리를 더 잘 듣게 되는 것이다.
　　㉣ 주로 1,000Hz 이하의 저주파수에서 나타나며, 250Hz와 500Hz에서 각각
　　　15dB씩, 1,000Hz에서는 10dB씩 청력이 증강된다.
　　㉤ 증강된 청력만큼 소음으로 차폐해주어야 하므로 주파수별 폐쇄효과 값을 더해
　　　비검사 귀에 차폐음을 제시한다.
　　㉥ 폐쇄효과는 정상 청력 혹은 감각신경성 난청을 지닌 피검자에게만 발생하며,
　　　중이병변에 문제가 있는 전음성 난청을 가진 피검자에게는 발생하지 않는다.

(3) **차폐가 필요한 경우**

| 기도 | • 검사 귀 기도와 비검사 귀의 기도청력역치 차이가 40dB 이상인 경우<br>• 검사 귀 기도와 비검사 귀의 골도청력역치 차이가 40dB 이상인 경우 |
|---|---|
| 골도 | 골도검사를 하는 경우 |

---

> **보충+α**　**차폐**
>
> 1. **차폐가 필요 없는 경우**
>    ① 비검사 귀에 전도성 장애가 없는 것이 분명하고, 양쪽 귀의 기도청력수준 차이가 40dB
>    　미만인 경우
>    ② 양쪽 귀가 모두 감음성 난청이 확실한 경우
> 2. **차폐가 곤란한 경우**
>    ① **반대쪽 귀에 전음성 난청이 있는 경우**: 전음성 난청은 골도역치가 좋아 반대청취가 발생
>    　하기 쉽고 난청이 있어 차폐음을 듣기 어렵다는 이중의 핸디캡이 있기 때문이다.
>    ② **반대쪽 귀가 전음성 난청인 경우**: 검사 귀가 실제로는 감각신경성 난청임에도 차폐 부족
>    　으로 전음성 난청으로 오진할 수 있는 위험성이 있다.

# 03 어음청력검사 *

## 1. 개요 [20 중등]

① 청각 기능을 평가하기 위해 어음자극을 사용하여 어음을 듣는 민감도(회화 어음에 대한 역치)와 명확도(회화 어음에 대한 이해능력)를 평가하는 검사이다.

② 순음청력검사는 어음에 대한 청취와 이해능력을 추정할 수 있으나 정확한 정보를 제공하지 못하므로, 회화에서 사용되는 어음에 대한 청취와 이해능력을 보다 정확하게 측정하려면 어음을 자극음으로 사용하여 검사를 실시해야 한다.

## 2. 검사목적

① 보청기, 인공와우와 같은 청각보조장치의 착용효과를 평가한다.

② 후미로성 난청을 감별할 수 있다.

③ 일상생활에서의 의사소통 능력을 평가한다.

④ 순음청력검사를 보완하여 종합적인 청각능력을 판단한다.

⑤ 순음청력검사 역치와의 일치 여부를 확인하여 검사 신뢰도를 확보한다.

## 3. 어음청력검사 유형

### (1) 어음탐지역치검사(SDT)

① 개요

㉠ 어음탐지역치(어음인식역치): 말소리 신호가 있을 때 50% 정도를 들을 수 있는 가장 낮은 레벨을 말한다. (김진동 외 역, 2015) 즉, 소리 유무를 알 수 있는 가청수준이다.

㉡ 임상적으로는 영유아나 단어를 말하거나 표현하기 어려운 사람, 외국인 또는 어음인지가 매우 나빠서 단어를 거의 알아듣기 어려운 대상에게 유용하다. (대한청각학회, 2013)

② 검사방법

㉠ 피검자에게 친근한 어음을 들려주고 어음이 들릴 때만 반응하도록 한다.

㉡ 순음청력검사와의 차이점은 자극음이 순음이 아니라 어음이라는 것이다.

㉢ 말의 의미를 이해하는 것과는 상관없이 자극음이 있다고 인식되면 반응하도록 한다.

㉣ 들려주는 어음에서 50%를 탐지(감지)할 수 있는 가장 낮은 강도를 역치로 결정한다.

(2) **어음청취역치검사** ★ [16] 초등

① 개요

　ⓐ 어음청취역치란 어음인지역치(SRT; Speech Recognition Threshold)와 동일하게 사용되는 용어이며, 어음청취역치검사란 제시된 이음절의 단어를 정확히 50% 확인할 수 있는 가장 작은 강도(dB HL)를 측정하는 검사이다. (이정학 외, 2010)

　ⓑ **미국표준협회(ANSI)**: 어음청력검사의 0dB SRT란 정상 청력을 가진 사람에게 19dB SPL에서 양양격 단어(spondee word)를 들려줄 때 50%를 들을 수 있는 수준을 말한다.

　ⓒ 대개 SRT는 SDT에 비해 역치가 8~10dB가량 높다. (대한청각학회, 2013)

　ⓓ 일반적으로 PTA에 10dB을 더한 값이 어음청취역치 값이 되며, 그 차이가 15dB 이상인 경우 검사 자체가 신뢰도가 없거나 위난청을 의심할 수 있다.

　　➔ 순음청력검사의 신뢰도 확보

② 방법

　ⓐ 검사어음: 일상생활에서 자주 사용하는 쉽고 친근한 낱말로 구성되며, 양양격 단어이어야 한다.

　ⓑ 검사방법 [20] 중등

> • CD 플레이어를 사용하는 경우 청력검사기의 모드를 전환하고, 검사기의 볼륨 등을 확인한다.
> • 피검자가 검사 단어를 알고 있는지 확인한다.
> • 친숙화 단계에서 검사 강도는 평균순음역치(PTA)보다 30~40dB 더 큰 소리 또는 최적역치(MCL)에서 제시한다.
> 　➔ 평균순음역치(PTA)보다 30~40dB 더 큰 소리 또는 최적역치(MCL)를 미리 제시하여 모르거나 틀린 단어를 표시하며 확인할 수 있도록 한다.
> • 피검자가 검사방법을 충분히 이해했다고 판단되면 본 검사에 들어간다.
> • "아주 작은 소리부터 큰 소리까지 다양한 소리 크기의 단어가 들릴 거예요. 단어가 확실하지 않을 때는 유추해서 대답해도 됩니다. 단어가 들릴 때마다 그 단어를 소리내서 말해주세요."라는 지시문을 준다.
> • PTA 값보다 일반적으로 20~25dB 더 큰 강도의 어음을 들려준다.
> • 제시되는 단어 간격은 약 4초로 한다.
> • 자극 강도의 조절은 약 5dB 간격으로 점점 올리거나(상승법), 내리거나(하강법) 할 수 있다.

③ 결과

| 자극 강도<br>(dBHL) | 이음절어 | | | | | 정반응률<br>(%) |
|---|---|---|---|---|---|---|
| | 맞춤(+), 틀림(−) | | | | | |
| 60 | 동생(+) | 사람(+) | 과일(+) | 토끼(+) | 아들(+) | 100 |
| 55 | 나무(+) | 목욕(+) | 달걀(−) | 등대(+) | 신발(+) | 80 |
| 50 | 편지(+) | 시간(−) | 안개(−) | 노래(+) | 저녁(+) | 60 |
| 45 | 그림(−) | 목표(−) | 마음(+) | 송곳(−) | 딸기(+) | 40 |
| 40 | 권투(−) | 느낌(−) | 자연(−) | 참새(−) | 논밭(+) | 30 |

→ 50%를 넘은 가장 작은 강도 50dB HL이 어음청취역치가 된다.

## (3) 어음명료도검사(SD) ★ 23 중등, 22 중등, 21 유아

① 개요

  ㉠ 어음명료도 값(speech discrimination score): 역치를 측정하는 것이 아니라 단어를 듣고 정확하게 따라 말하는 단어의 백분율을 말한다.

  ㉡ 어음명료도검사: 가장 듣기 편안한 소리 강도를 주었을 때 검사어음을 얼마나 정확히 이해하는지를 측정한다.

  ㉢ 난청은 어음을 듣는 민감도뿐만 아니라 회화어음에 대한 정확한 이해능력도 떨어지기 때문에 의사소통 정도를 파악하는 데 유용하게 활용된다.

  ㉣ 어음명료도검사의 가장 큰 임상적 의의는 순음청력검사와 달리 미로성 난청과 후미로성 난청을 구별할 수 있다는 점이며, 후미로성 난청에 대한 보다 정확한 진단을 위해 ABR 검사를 추가 실시할 수 있다.

② 방법

  ㉠ 검사어음: 어음명료도검사에 사용하는 어음은 일상생활에서 흔하게 사용되는 단음절어(monosyllable)로 이루어진다.

  ㉡ 검사방법 (이정학 외, 2010)

> • CD 플레이어를 사용하는 경우 청력검사기의 모드를 전환하고, 검사기의 볼륨 등을 확인한다.
> • 피검자에게 검사방법을 설명한다. 단어가 들릴 때마다 소리내어 따라 말하거나 소리나는 대로 종이에 쓰도록 한다.
> • 피검자가 검사방법을 숙지했다고 판단되면 본 검사에 들어간다.
> • 청력이 좋은 쪽 귀를 먼저 검사한다.
> • 어음청력역치(SRT)보다 30~40dB 더 큰 강도 또는 최적역치(MCL)로 어음을 들려준다.
> • 제시되는 단어 간격은 약 4초 정도로 한다.
> • 10dB 혹은 20dB 간격으로 명료도를 구하고, 이 점들을 연결하면 어음명료도 곡선이 된다.
> • 검사결과가 50dB HL/Score 100%라면 50dB HL에서 들려준 어음의 100%를 정확하게 인지했음을 의미한다.

ⓒ 검사 해석방법
ⓐ 피검자가 정확히 들은 검사어음 수를 백분율로 환산한다.
예 50개의 검사어음 가운데 40개를 맞은 경우 40/50×100으로 계산한다.
ⓑ 어음명료도 곡선은 피검자의 어음 이해능력을 보다 정확하게 보여준다.
ⓒ 어음명료도 곡선★

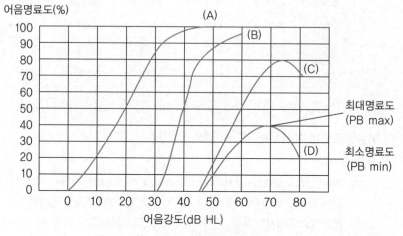

[그림 3-13] 어음명료도 곡선

• 정상(A) 또는 전음성 청각장애(B): 어음청취역치보다 약 40dB 높은 어음 강도에서 최대 명료치를 구할 수 있다.
• 미로성(C): 소리 강도를 높이더라도 최대명료도(PB max)가 약 80%를 넘지 못한다.
• 후미로성(D): PB max가 매우 낮고, 말림현상이 뚜렷하게 관찰된다.
→ 최대명료도 이후 어음 강도가 더 커지면 오히려 명료도가 더 떨어진다.

> 개념 check | **말림현상(rollover)**
> • 최대명료도에서 소리 강도를 높이면 오히려 명료도가 낮아지는 현상을 말한다.
> • 최대명료도(PB max)는 강도가 계속해서 상승해도 점수가 더 이상 향상되지 않는 지점이다.
> • 최소명료도(PB min)는 PB max를 얻은 강도보다 더 높은 강도의 지점에서 나타난 가장 낮은 어음명료도 점수이다.
> • 말림지수(RI; Rollover Index)가 0.45 이상이면 후미로성 난청을 의심할 수 있다.
>
> $$RI = (PB\ max - PB\ min)/PB\ max$$

## 4. 어음청력검사의 차폐

① 순음청력검사와 마찬가지로 어음청력검사도 검사 귀의 청력에 비해 반대쪽 귀의 청력이 좋은 경우 음영청취가 발생할 가능성이 있어 차폐를 실시해야 한다.
② 차폐 방법은 순음청력검사와 동일하다.
③ 검사에 사용되는 소리가 순음이 아닌 어음이므로 백색잡음을 제공한다.
④ 백색잡음
　㉠ TV 방송 시작 전 또는 종료 시에 영상과 음성이 사라지고 '치~' 하는 잡음과 함께 만들어지는 잡음을 말한다.
　㉡ 10~10,000Hz의 전 주파수에 걸쳐서 거의 동일한 강도의 에너지를 가지는 신호음이다.

## 04 6개음 검사

교사와 부모를 위한 청각장애 아동 교육, 김수진, 학지사

### 1. 6개음 검사

① 보청기나 인공와우 착용 후 아동이 어음을 잘 듣고 있는지를 간편하게 알 수 있다.
② 교육현장에서 교사가 직접 아동의 청능수준에 대한 정보를 얻을 수 있다.

### 2. 바나나 스피치

#### (1) 개념

① 말소리는 250~8,000Hz의 범위 안에 놓인다.
② 바나나 스피치는 말소리에 포함된 음소를 오디오그램에 표시한 것이다.
③ 순음청력검사에서 250~8,000Hz를 검사하는 이유는 해당 부분이 말소리가 분포되어 있는 주파수 대역이기 때문이다.

## (2) 바나나 스피치를 통해 알 수 있는 내용

① 모든 말소리는 250~8,000Hz에 놓여 있다.
② 250Hz에는 초분절적 요소(강세, 억양, 속도, 어조)와 /ㅁ/, /ㄴ/과 같은 비음 등이 분포되어 있다.
③ 대부분의 모음은 1,000Hz 이하의 주파수 대역에 위치하며, 강도가 자음보다 비교적 큰 특성을 가진다.
④ 대부분의 자음은 1,000Hz 이상의 고주파수 대역에 분포한다.
⑤ 주파수와 말소리 요소

| 주파수 | 말소리 요소 |
|---|---|
| 125Hz | 남자의 기초 주파수 |
| 250Hz | • 여자와 아동의 기초 주파수(운율에서 중요함)<br>• 남자의 가장 낮은 배음<br>• 비음 /ㅁ/, /ㄴ/, /ㅇ/의 웅얼거림<br>• 후설고모음 /우/와 전설고모음 /이/의 제1음형대 |
| 500Hz | • 자음의 조음방법에 대한 일차적 단서<br>• 대부분 음성의 배음(운율적 정보 전달에서 중요함)<br>• 대부분 모음의 제1음형대<br>• 반모음과 측음 /ㄹ/의 제1음형대 전이 |
| 1,000Hz | • 자음의 조음방법에 대한 부가적 단서<br>• 대부분 음성의 배음(음질에서 중요)<br>• 비음의 제2음형대<br>• 후설모음과 중설모음에 대한 제2음형대<br>• 대부분 파열음의 소음 파열<br>• 반모음의 제2음형대 전이 |
| 2,000Hz | • 자음의 조음위치에 대한 일차적 단서<br>• 자음의 조음방법에 대한 부가적 단서<br>• 대부분의 음성의 배음<br>• 전설모음의 제2음형대 전이(자음 변별에서 중요함)<br>• 대부분의 파열음과 파찰음 /ㅊ, ㅈ/의 소음 파열<br>• 마찰음의 난기류<br>• /ㄹ/에 대한 제2음형대 전이 |
| 4,000Hz | • 조음위치의 이차적 단서<br>• 대부분 음성에 대한 고주파수 범위의 배음<br>• 대부분 모음에 대한 제3음형대<br>• 파열음과 파찰음의 소음 파열<br>• 마찰음의 난기류(/ㅅ/의 인지에서 매우 중요함) |
| 8,000Hz | 마찰과 파찰음의 난기류(고주파수 요소를 가진 자음) |

**(3) 해석**

① 바나나 스피치는 청각장애 아동의 청능수준과 어음능력을 예측하는 단서가 될 수 있다.

② 바나나 스피치에 위치한 주파수 대역에서 청력손실이 큰 경우, 해당하는 어음을 식별하는 데 어려움을 보인다.

③ 순음청력검사 결과, 특정 주파수의 청력역치가 바나나 스피치 영역 바깥에 있으면 그에 해당하는 음소를 듣는 데 문제를 보인다.

④ 보청기나 인공와우를 착용한 후에도 특정 말소리를 듣지 못한다면, 해당 주파수 대역에서의 이득이 충분하지 못하다는 것을 의미한다.

## 3. 링의 6개음 검사 <sup>23 중등, 17 초등</sup>

**(1) 개요**

① 바나나 스피치에 근거하여 모든 말소리를 검사하는 대신 6개의 말소리만을 가지고 주파수 대역의 청취능력을 알 수 있는 검사이다.

② 6개음: 5개음 /ee/, /oo/, /ah/, /sh/, /ss/에 /m/가 추가된다.

③ 6개의 말소리는 말소리 바나나 영역 내의 각 주파수를 대표한다고 할 수 있다.

④ 1.8m 거리에서 대화할 때 나타나는 대약적인 강도에 따른 주파수 대역을 청력도에 표기한 것으로, 30~60dB 영역을 CLEAR라고 부른다.

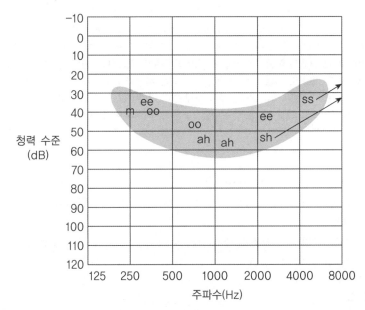

[그림 3-14] 청력검사표에서 6개음의 위치 ✱

---

**개념 check** | **포먼트(formant)**

- 우리말로 음형대라고 하며, 소리가 공명되는 특정 주파수 대역을 말한다.
- 성도의 공명주파수로서 모음 및 다른 공명 소리에서의 음향 에너지에 대한 주파수 영역을 말한다. 공명주파수 대역은 낮은 주파수 쪽에서부터 제1포먼트(formant1: F1), 제2포먼트(formant2: F2), 제3포먼트(formant3: F3) 등으로 부른다.
- 첫 번째 포먼트와 두 번째 포먼트는 모음 포먼트라고 불리는데, 이는 첫 번째와 두 번째 포먼트가 어떻게 형성되는지에 따라 사람들이 모음을 인식하기 때문이다.
  → 모음의 경우에는 자음 음소에 비해 비교적 에너지가 크지만, 청력손실이 발생할 경우에는 모음을 들을 수 있다 하더라도 모음의 일부만 들을 수 있기 때문에 구분이 어렵다.

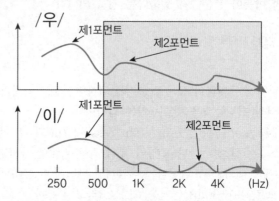

[그림 3-15] 모음 '우'와 '이'의 제1포먼트와 제2포먼트

[그림 3-15]은 /우/와 /이/의 주파수에 대한 스펙트럼을 나타낸 것이다. 모음 /우/와 /이/의 제1포먼트는 300Hz 내외로 두 음소 모두 거의 같은 주파수에서 형성된다. 모음의 구분은 제1포먼트 그리고 제2포먼트를 동시에 들을 수 있어야 구분이 가능하다. 만약, 청력손실로 인하여 제1포먼트만 듣게 된다면, 모음 /우/와 /이/를 비슷한 음으로 지각하게 되어 말소리 구분에 상당한 지장을 초래하게 된다. 즉, 청력손실이 전체 주파수에서 같은 역치를 보인다 하더라도 에너지가 약한 제2포먼트를 들을 수 없게 된다면, 모음의 구분이 어려워진다.

---

### (2) 목적

① 링의 6개음 검사는 저주파수, 중주파수, 고주파수 범위에 대한 정보를 제공하며, 자극음의 제시 거리와 강도 수준을 달리 하여 아동의 탐지와 확인 반응을 평가할 수 있다.

② 말소리를 들려주고 말소리에 해당하는 그림을 찾거나 따라 말하게 함으로써 어음지각 능력을 알 수 있다.

### (3) 검사방법

① 6개음이 들어 있는 그림카드를 보여준다.

② 입을 가린 상태에서 특정음을 들려주고 해당 카드를 고르도록 한다.

③ 이때 아동은 그림을 통해 음소를 연상한다.

## ⑷ 6개음 검사 활용

① 청력도에 A-A로 표시된 것은 보청기를 착용한 상태에서의 청력역치이며, 청력도 'b'는 보청기의 재적합과 학생의 청각 특성에 맞는 새 이어 몰드(ear mold)로 교체한 후의 검사 결과이다.

청각장애아동교육의 이해, 학지사, 권순우, 권순복 외, 창지사

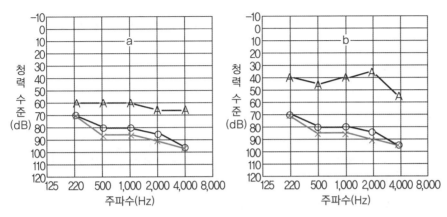

[그림 3-16] 보청기 조정 전/후의 청력도

② 청력도에 의한 예측
  ㉠ 학생의 청력역치는 250Hz에서 가장 좋으며(70dB), 4,000Hz에서 가장 나쁘다(95dB).
  ㉡ 학생은 일반적으로 저주파수 대역에서의 청취는 가능하나, 고주파수 대역에서의 청취는 곤란을 겪을 것이다. 또한 보청기를 착용한 후에도 청력 수준이 크게 개선되지 않았다. 보청기의 평균적인 음향 이득에 비추어 너무 작은 증폭으로 보인다.

③ 5개음 검사에 의한 예측: 학생의 청력은 1,000Hz에서만 어음 청취 가능 범위에 들어가 있으므로 5개음 검사의 /a/음만 들을 수 있으며, /s/음의 청취는 곤란할 것이다.

④ 발성 발화지도를 위한 조치
  ㉠ 보청기를 재조정하고, 특히 2,000Hz의 음향 이득이 가능하다면 10dB 정도 낮춘다.
  ㉡ 4,000Hz에서의 청취 역치는 약 55dB이므로 /s/음을 들을 수 없다. 10~20dB 정도의 음향 이득이 더 필요하며, 시각 및 촉각을 활용하여 지도하는 것이 효과적이다.

- 유아 청각검사는 순음청력검사를 정상적으로 시행하기 어려운 영유아 또는 중증장애를 가진 사람에게 주로 사용된다.
- 청각손실 유무와 정도를 측정하기 위한 목적으로도 시행되지만, 보청기의 착용 효과를 확인하기 위해서도 사용된다.

## 1. 행동관찰 청력검사

### (1) 특징

① 반사기능이 나타나는 신생아기부터 실시할 수 있다.
② 영유아의 청각행동 발달 및 듣기능력 수준에 근거하여 기대되는 반응으로 청력을 판단한다.
③ 자극 후 2초 이내에 보이는 반응을 측정하며, 이때 반응행동으로는 눈꺼풀반사와 모로반사 등이 있다.
④ 반응행동

| 눈꺼풀반사<br>(눈깜빡임반사) | 아기의 눈에 갑자기 밝은 빛을 주고 머리 가까이에서 손뼉을 치면 눈을 감는 반응을 보임 |
|---|---|
| 모로반사 | 큰 소리가 나면 신생아의 머리는 뒤로 젖혀지고 등이 활처럼 휘며, 두 팔과 다리를 벌림과 동시에 손가락을 쭉 펴서 허공에서 무언가를 잡으려는 행동을 보이다가 다시 금방 손을 모음 |

## 2. 시각강화 청력검사(VRA)

### (1) 특징

① 고개 돌리기가 가능한 6개월부터 약 24개월까지의 유아에게 실시할 수 있다.
② 소리자극을 주고 반응을 나타내면 강화물을 보여주는 간단한 원리이다.
③ 스피커를 통해 소리자극을 주고, 머리를 돌리는 등의 반응을 보이면 유아가 좋아하는 장난감 등이 시각적 강화물로 제시된다.
④ '음향자극'과 '시각적 보상' 간에 하나의 조건형성을 이룬다는 것이 전제된다.
⑤ 검사 시, 어머니와 떨어지는 것을 거부한다면 어머니가 안고 검사를 실시하되 단서를 주는 일이 없도록 해야 한다.

### (2) 검사과정

① 스피커를 통해 소리자극을 제시한다.
② 조건형성을 위해 처음에는 소리 강도를 약 70~100dB로 한다.
③ 음향자극이 들어오면 스피커 위에 놓인 상자 안에 있는 장난감 동물에 조명이 들어오거나 모니터 화면에 유아가 좋아하는 그림들이 나타난다.
④ 음향자극과 시각적 강화물 간에 조건형성이 이루어지면, 주파수와 강도를 조절하여 대략적인 청력역치를 측정한다.

## 3. 놀이 청력검사

### (1) 개요

① 행동유희 청력검사라고도 불린다.

② 약 2세 이상의 유아에게 자주 적용되는 검사방법이다.

③ 소리자극에 재미있는 놀이로써 반응하도록 한다.

### (2) 검사방법

① 소리가 나면 빈 깡통 속에 블록 떨어뜨리기, 고리 끼우기 등의 놀이를 한다.

② 이때 놀이는 유아가 흥미를 보이는 것이어야 한다.

③ 목표행동을 수행하면 칭찬과 같은 강화물을 준다.

④ 소리자극에 대한 반응이 지속적으로 이루어지면 검사용 이어폰을 착용하고 역치를 적용한다.

# 제 6 절 구화법

## 01 보장구

### 1. 보청기

#### (1) 보청기의 기본 구조

① 보청기: 증폭기로서 외부에서 입력되는 소리를 증폭시켜주는 전기적 장치이다.

② 대부분의 보청기는 크게 송화기, 증폭기, 수화기의 세 부분으로 구성된다.

③ 여기에 증폭의 동력원을 공급하는 전원, 즉 배터리와 전기적 신호를 조절하는 조절기 등이 추가된다.

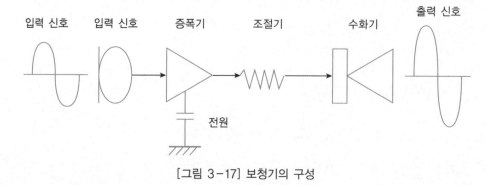

[그림 3-17] 보청기의 구성

## (2) 보청기의 종류

① **착용 위치, 형태에 따른 분류**: 보청기를 착용하는 위치나 외관상의 특징에 의해 분류하며, 상자형, 귀걸이형, 귓속형 등으로 구분할 수 있다.

② **음전도 방식에 따른 분류**

| 구분 | 내용 |
|---|---|
| 기도 보청기 | • **기도**: 외부 소리가 외이, 중이를 거쳐 내이로 입력되는 경로<br>• 일반적으로 사용되는 보청기로, 기도전도를 통해 증폭된 신호를 전달함 |
| 골도 보청기 | • **골도**: 외부 소리가 두개골을 진동시켜 진동이 직접 내이로 전달되는 경로<br>• 골도전도를 사용하여 증폭된 소리를 전달함<br>• 진동체는 주로 두개골의 유양돌기에 부착하여 안경, 머리띠 형태로 사용됨<br>• 특히 골도보청기는 기도보청기의 사용이 어려운 외이도 폐쇄 및 협착, 만성중이염, 이어몰드 알레르기 등이 있는 사람에게 적용되는 특수보청기 중 하나 |

③ **신호처리 방식에 따른 분류** [21 초등]

| 구분 | 내용 |
|---|---|
| 아날로그 보청기 | 입력된 전기신호를 변환과정 없이 증폭하여 수화기로 전달하는 가장 일반적인 방식의 보청기 |
| 디지털 보청기 | • 변환된 전기신호를 디지털 신호처리(증폭, 여과, 분석 등) 과정을 통해 원하는 신호로 처리하는 과정을 거치는 보청기<br>• **장점**: 보청기 크기를 줄일 수 있고 내부의 잡음이 적으며, 건전지의 소모가 적으면서도 안정된 소리를 출력할 수 있음 |

④ 증폭 방식에 따른 분류 ★
  ㉠ 선형증폭기

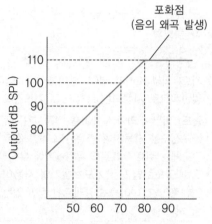

[그림 3-18] 선형증폭 시스템

ⓐ 선형증폭기는 모든 강도의 입력음압에 대해 출력음압의 증가 비율이 동일
   하다.
ⓑ 즉, 이득을 모두 일정하게 하는데, 여기서 이득은 증폭기로 들어간 입력과
   증폭에서 나온 출력 간의 차이를 말한다.
ⓒ 선형증폭기는 이처럼 모든 입력신호에서 동일한 이득을 주어 출력하는 방
   식으로, 청력손실이 크지 않은 전음성 난청의 경우에 적합한 방식이다. 전
   음성 난청은 청력역치가 높은 만큼 불쾌역치도 함께 높아지므로 역동범위
   가 정상청력과 비교하여 큰 차이가 나지 않기 때문이다.

ⓛ 비선형증폭기

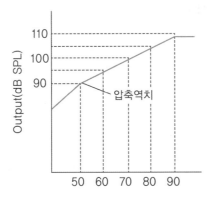

[그림 3-19] 비선형증폭 시스템

ⓐ 비선형증폭기는 입력음압과 출력음압의 증가 비율을 서로 다르게 적용한 방식이다.

ⓑ 작은 소리에는 이득을 크게 주고, 큰 소리에는 이득을 조금 주기 때문에 역동범위가 좁은 감음신경성 난청의 경우 비선형증폭기가 바람직하다.

ⓒ 비선형증폭기의 장점

• 음의 왜곡현상을 방지할 수 있다.

　예 최대출력이 110dB SPL일 경우 80dB SPL 이상에서는 왜곡현상이 발생한다. 그러나 비선형 증폭시스템에서는 50dB SPL에서부터 이득을 점차 줄여주기 때문에 90dB SPL이 되어야 출력음압이 포화점에 도달하게 되고, 따라서 그 이하에서는 음의 왜곡이 발생하지 않는다.

• 감각신경성 난청에게서 발생할 수 있는 누가현상을 보완할 수 있다.

　→ 정상청력의 경우 0~20dB은 소리가 작다고 느끼고, 약 50dB은 적절한 소리 크기로, 약 70dB을 큰 소리로, 100dB에서 매우 큰 소리로 지각한다. 그러나 누가현상의 경우에는 70dB의 소리 크기를 적절하다고 느끼는 반면에 80dB에서는 크다고 느끼고, 100dB SPL에서는 정상청력과 마찬가지로 불쾌수준에 도달하게 된다. 이러한 와우의 누가현상으로 인하여 역동 범위가 좁아지면 보청기의 착용효과가 줄어든다.

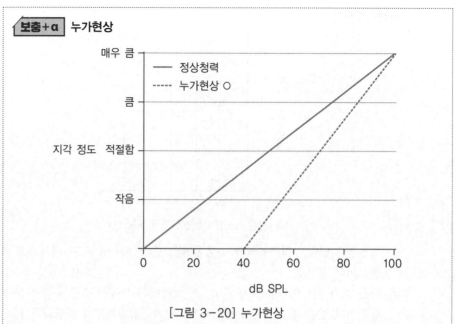

보충+α 누가현상

[그림 3-20] 누가현상

누가현상은 청력역치는 높지만, 불쾌수준은 정상청각과 비슷하거나 오히려 약간 감소된 상태를 말한다. 즉, 청력역치는 증가하지만 불쾌수준은 증가하지 않는 것이다. 작은 소리는 듣지 못하고, 보통 크기의 소리는 약하거나 매우 작게 들으며, 큰 소리에 대해서는 (정상청각과) 비슷한 크기나 오히려 더 큰 소리로 지각하게 된다. 따라서 감음신경성난청의 경우에는 작은 소리에서는 이득을 많이 주고 큰 소리는 이득을 조금만 주어서 큰 소리를 불편하지 않게 들을 수 있도록 조절해 주어야 한다.

⑤ 특수보청기

　　㉠ FM 보청기※ 21 유아, 20 유아

　　　　ⓐ 라디오 주파수를 이용한 청각보조기기로서 인공와우, 보청기, 블루투스 등에 결합하여 사용하는 무선 송수신장치이다.

　　　　ⓑ 사용방법

> • 화자는 마이크를 착용하고 말을 하며, 수신자는 보청기나 인공와우에 결합된 수신기를 통해 듣는다.
> • 멀리 있는 화자가 무선용 마이크로폰에 대고 말하면, 청자는 수신기를 통해 그 소리를 전파를 이용한 무선방식으로 듣게 된다.
> • 개인 보청기에 FM 수신기를 연결하여 사용하며, 인공와우 등의 여러 기기와도 연결하여 사용할 수 있다.
> • 이 경우 청자는 화자가 가까이서 말하는 것처럼 들을 수 있다.

　　　　ⓒ 일반 보청기는 조용한 환경에서는 최고의 이득을 주지만 소음이 많은 환경에는 제약이 따르는 반면, FM 보청기는 회의석상이나 소음이 많은 교실 상황에서 화자의 말소리만 증폭해서 들음으로써 신호대잡음비가 높아지는 효과가 있으며, 최근 블루투스를 이용한 무선통신 방식도 개발되고 있다.

　　　　ⓓ 수업 중 듣기능력이나 집중력 향상에 도움이 되며, 교사가 목소리를 크게 하지 않아도 되므로 수업 진행이 수월하다는 장점이 있다.

## 보충+α  FM 보청기 17 초등

청각장애를 가진 학생은 물론 일반적인 보청기를 사용하는 학생도 교실의 소음으로 인해 의사소통에 많은 어려움을 경험하는 것으로 나타났다. 보청기는 소음과 소리가 반사되는 교실 환경에서는 이득이 감소하기 때문이다. 일반적으로 말소리를 변별할 수 있는 가장 좋은 환경은 SNR(신호대잡음비)이 적어도 15dB 이상일 때이며, 이러한 환경에서 보청기와 잔존 청력의 이득을 최대화할 수 있는 것으로 본다. 보통 교실에서의 SNR이 5dB임을 감안한다면 교사는 20dB 이상 크게 신호음을 제시해야 한다는 것을 의미한다. 그뿐만 아니라 소리가 교실 안의 벽에 반사되어 길게 늘어나는 반향(reverberation) 역시 소음 수준과 상호작용하여 청각장애학생이 말을 인식하는 데 어려움을 주는 요소로 작용한다. 이와 같은 일반적인 보청기의 소음과 거리, 반향효과의 부작용을 최대한 줄여서 청취하기 위한 목적으로 제작된 것이 FM 보청기이다.

주파수 변조 방식의 라디오 송수신 원리를 이용하여 SNR을 현저히 개선한 FM 보청기의 활용은 청각장애학생의 청각손실 정도, 교실환경, 나이, 교육방식 등에 상관없이 효과적인 것으로 나타났다. 특히, 교사가 앞에서 말을 하고 학생들이 줄을 맞추어 앉는 구조에서 더욱 효과적으로 나타났다.

### 1. 소음

소음이 조금만 존재해도 보청기의 수신기로 전달되는 음을 인지하는 데 상당한 방해를 받는다. 즉, 소음은 저주파수의 음을 이해하는 데 결정적인 방해요소가 되며, 소음이 없어야 합리적인 음의 인지가 이루어진다고 할 수 있다. 교실은 보통 55dB 정도의 상당한 소음에 둘러싸여 있는데 이와 같은 수준의 소음은 보청기를 통해 청각장애학생의 귀로 전달되는 소리의 명료도에 많은 방해를 한다. 이러한 소음의 문제를 해결하기 위해서는 발화자와 청취자 간의 거리를 일정하게 유지할 필요가 있었다. 그러나 FM 보청기는 발화자와 청취자가 심하게 움직이고 있다고 하더라도 항상 최적의 거리를 유지하는 효과를 가짐으로써 일정한 음압을 유지하게 한다. 따라서 소음의 문제를 최소화할 수 있다.

### 2. 거리

FM 보청기의 또 다른 장점은 발화자와 청취자인 교사와 학생 간의 청취거리이다. FM 보청기는 음을 전달하는 데 있어 거리와는 관계없이 최상의 상태를 유지시키는 역할을 한다. 즉, 교사와 학생과의 거리가 항상 일정하게 유지되기 어려울 뿐만 아니라 아동에게 전달되는 음압도 다른 보청기에 비해 뛰어나므로 FM 보청기는 거리에 관계없이 음을 전달하는 데 효율적이다.

### 3. 반향효과

보청기로 전달되는 또 다른 원하지 않는 소리는 반향효과, 즉 음의 반사에 의한 것이 있다. 반향효과는 울림이 없도록 설계한 방음실을 제외한 모든 교실이나 방에서 일어난다. 즉, 교실이나 방의 벽, 바닥, 천장, 가구 등을 통해 소리가 반사되는 것이다. 반향효과가 일어나는 시간이 길면 길수록 건청인이나 청각장애학생의 단어인지 점수가 낮아지는데, 이는 곧 반향효과가 청각장애학생이 음을 인지하는 데 부정적인 작용을 함을 의미한다. 일반적으로 개인용 보청기는 소음이 심한 곳에서의 언어인지가 거의 불가능한데, 이는 소음 그 자체 외에도 소음이나 소리가 반사되는 반향효과와도 깊은 관련이 있다고 할 수 있다. 이에 반해 FM 보청기는 소음에서나 방음에서 다른 보청기에 비해 탁월하게 음성언어를 인지할 수 있다.

### 4. 문제점

주파수의 혼선, 즉 다른 전파의 방해로 인해 소음이 생길 수 있다는 점이 가장 큰 단점이며, 이는 FM 라디오를 청취하는 과정에서 다른 주파수와의 혼선으로 인해 잡음이 생기는 경우와 유사하다. 또 다른 문제점은 FM 신호체계가 차폐물에 매우 약하다는 점이다. 따라서 발화자와 청취자 사이에 신호를 가로막는 물건/환경이 존재하는 경우 FM 보청기의 성능에 많은 제약을 받을 수밖에 없다.

ⓒ 적외선 보청기(infrared light)
　　ⓐ 구조와 원리는 FM 보청기와 유사하나 TV 리모컨처럼 적외선에 해당하는 전자기파를 사용한다는 차이가 있다.
　　ⓑ 무선 송화기(wireless microphone), 적외선 변환기(converter), 적외선 수신장치로 구성된다.
　　ⓒ 장점: 전기와 전자기기의 영향을 받지 않는다.
　　ⓓ 단점: 수신 거리가 짧고, 건물의 벽과 같은 물체의 방해를 받을 수 있고, 햇빛의 영향을 받기 때문에 야외나 밝은 곳에서는 사용하기 어려우므로 실내와 태양광선이 차단되는 곳에서만 사용할 수 있다.

ⓒ 크로스 보청기
　　ⓐ 편측성 청각장애는 크로스 보청기를 이용하여 소리 증폭효과를 볼 수 있다.
　　ⓑ 크로스 보청기는 청력이 나쁜 쪽 귀로 소리가 입력이 되면 그 소리를 좋은 쪽 귀로 보내주어 좋은 쪽 귀에서 청취할 수 있는 방식이다.
　　ⓒ 좌우 청력 차가 커서 한쪽에만 보청기를 착용하는 경우, 한쪽이 양호해도 잡음이 있으면 어음이해력이 크게 떨어지고 방향분별이 어렵기 때문에 크로스 보청기의 착용이 필요하다.
　　ⓓ 유형

| 내용 | 구분 |
|---|---|
| 단일-크로스 | • 나쁜 쪽 귀는 마이크로폰(송화기)을, 좋은 쪽 귀는 수화기(수화기)를 착용함<br>• 한쪽 귀는 농 또는 고도난청이고 다른 한쪽 귀는 청력이 좋아야 함<br>• 송화기와 수화기가 따로 있어 피드백 현상이 감소한다는 장점을 가짐 |
| 바이-크로스 | • 편측성이면서 좋은 쪽 귀도 난청 정도가 심한 경우에 착용함<br>• 좋은 쪽 귀에 일반 보청기를 착용하고, 나쁜 쪽 귀에 입력된 소리신호를 좋은 쪽 귀로 보내줌<br>• 청력이 좋은 쪽 귀에서는 양쪽 귀에서 보낸 소리가 증폭된 후 고막으로 전달됨<br>• 양쪽에서 입력된 소리가 증폭되어 방향감각이 좋다는 장점을 가짐 |

ⓔ 주파수 압축 보청기
　　ⓐ 고도의 청력손실이 있으면서 고주파수대역과 저주파수대역에서의 청력 차이가 큰 경우 사용된다.
　　ⓑ 저주파수대역의 청력은 어느 정도 보존되고 고주파수대역에서 거의 잔존청력이 없는 경우에 효과적이다.
　　ⓒ 어음이 들어 있는 고음 성분을 저주파수대역으로 이동시켜서 증폭시키는 원리를 이용한다.

ⓜ 촉각 보청기
　　ⓐ 일반 보청기의 증폭효과를 기대할 수 없는 경우 음향학적 신호를 청각이 아닌 진동자극, 전기자극으로 변환해주는 촉각 보청기를 사용할 수 있다.
　　ⓑ 최근에는 인공와우로 대체되는 경향이 있다.

(3) **보청기의 선택**

① 보청기는 양측 착용을 하는 것이 좋음: 양이효과를 얻기 위한 목적으로, 양이효과는 두 귀로 소리를 들음으로써 얻는 효과를 말한다.

  ⊙ 소리의 방향을 감지하기 쉽다.

  ⓒ 소리의 크기가 건청인의 경우 약 3dB 증가하는 양이합산 현상이 나타난다.

  ⓒ 양이진압 현상으로 잡음의 감소현상이 커지고, 신호대잡음비가 향상된다.

  ② 같은 소리를 2번 반복하여 청취하는 것과 같은 양이중복이 발생한다.

  ⓜ 어음 명료도를 향상시킨다.

② 단측 착용이 불가피할 경우

| 조건 | 착용 위치 |
| --- | --- |
| 양쪽 귀의 청력역치가 55dB보다 좋은 경우 | 나쁜 쪽 귀 |
| 양쪽 귀의 청력역치가 55dB보다 나쁜 경우 | 좋은 쪽 귀 |
| 비슷한 역치를 가진 경우 | 어음인지도가 좋고 역동범위가 넓은 귀 |
| 양쪽 귀의 청력 차이가 없는 경우 | 오른쪽 귀 |

## 2. 인공와우

> 인공와우(cochler implant)는 고도난청을 가진 사람에게 소리를 잘 듣게 해주기 위해 수술적 과정을 통해 와우에 전극을 삽입하여 청신경을 직접적으로 자극하는 방식의 인공이식 방법 중 하나이다.

### (1) 구성요소 ★

| 구성 | 명칭 | 기능 |
|------|------|------|
| 외부기기 | 마이크 | 주변 소리를 감지하여 어음처리기로 보냄 |
| | 어음처리기 | 입력된 소리를 프로그램에 따라 전기신호로 변환함 |
| | 헤드셋 (코일과 자석) | 측두골에 위치한 헤드셋은 자석과의 접촉을 통해 내부기기와 연결되어 있음 |
| 내부기기 | 수신기 | 수신기에 전달된 신호는 달팽이관 내에 삽입된 전극으로 전달됨 |
| | 전극 | 신호에 알맞은 전극이 청신경을 자극함 |

### (2) 전달과정

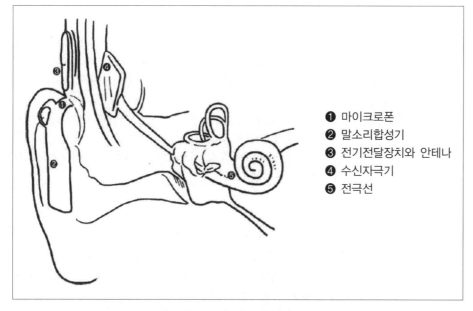

❶ 마이크로폰
❷ 말소리합성기
❸ 전기전달장치와 안테나
❹ 수신자극기
❺ 전극선

[그림 3-21] 인공와우의 구조

① 마이크로폰(❶)은 음파를 잡아서 전기신호로 바꾸고 전선을 통해 외부에 착용하는 말소리합성기(❷)에 전달한다.
② 말소리합성기는 해당 기구의 특수한 암호화 전략을 사용하여 정보를 암호화하고 외부 착용 전기전달장치와 안테나(❸)에 보낸다.
③ 전기전달장치와 안테나는 FM 라디오파로 피부를 통과시킨 정보를 내부 수신자극기(❹)에 전달한다.
④ 수신자극기는 잔존 청신경 섬유를 자극하는 전극선(❺)에 해당 정보를 보낸다.

⑤ 청신경은 사람이 음 자극을 인지할 수 있도록 뇌에 정보를 전달하는데, 이 과정은 몇 마이크로초(ms, 100만 분의 1초) 안에 일어난다.

### (3) 수술절차

① 적격성 심사: 인공와우 수술을 받기 전에 의사, 청능사, 언어치료사 등으로 구성된 인공와우 팀이 대상자가 인공와우 수술에 적합한지를 평가해야 한다.
  ㉠ 청신경이 건재해야 한다.
  ㉡ 보청기로는 일정한 이득을 얻을 수 없을 정도로 청력손실이 커야 한다.
  ㉢ 단어인지능력이 약 30% 이하로, 어음능력에 충분히 문제가 있어야 한다.
  ㉣ 의학적·방사선학적 평가를 통해 건강상 문제가 없는지 확인해야 한다.
  ㉤ 인지적 장애 여부를 확인해야 한다.
  ㉥ 연령, 청각장애 지속기간 등을 고려한다.
② 인공와우 세부 급여기준

| 구분 | 내용 |
|---|---|
| 2세 미만 | • 양측 심도(90dB) 이상의 난청환자로서 최소한 3개월 이상의 보청기 착용에도 청능발달의 진전이 없는 경우<br>• 뇌막염의 합병증 등으로 시급히 시행하지 않으면 수술시기를 놓치게 되는 경우에는 예외적으로 시행할 수 있음 |
| 2세 이상 19세 미만 | • 양측 고도(70dB) 이상의 난청환자로서 최소한 3개월 이상의 보청기 착용과 집중교육에도 어음변별력과 언어능력의 진전이 없는 경우<br>• 수술 후 의사소통 수단으로 인공와우를 사용하지 못할 것으로 예상되는 경우는 제외함 |
| 19세 이상 | • 양측 고도(70dB) 이상의 난청환자로서 보청기를 착용한 상태에서도 문장언어평가가 50% 이하인 경우<br>• 수술 후 의사소통 수단으로 인공와우를 사용하지 못할 것으로 예상되는 경우는 제외함 |

### (4) 매핑

① 인공와우 수술 후 약 4주차부터 외부기기를 착용할 수 있다.
② 외부기기 착용 전까지의 시기를 오프 스위치(off-switch), 외부기기를 착용하는 시기를 온 스위치(on-switch)라고 한다. 온 스위치는 기기를 켜는 순간부터이며, 이로써 내부기기와 외부기기가 서로 연결된다.
③ 청능사는 언어합성기에 프로그래밍을 하는 과정인 매핑을 하는데, 궁극적인 목적은 이식된 전극이 편하고 적절한 음 자극을 할 수 있도록 하는 것이며, 이를 위해 여러 변수를 조절하고 이들 정보를 언어합성기에 저장한다.
④ 매핑에 어려움이 있는 아동의 경우, 전기뇌간유발반응검사를 통해 작동 여부를 확인하고, 행동관찰을 통해 역치를 추정하는 방법을 사용한다.
⑤ 일반적으로 처음 매핑을 하기까지 4~6주가 걸리며, 인공와우 수술 후의 재활은 차후 언어발달에 매우 중요하다.

## (5) 인공와우 착용 아동을 위한 지도 – 교육적 지원 [20] 유아

① 아동의 자리배치를 고려한다. 인공와우를 착용한 아동의 자리는 소음으로부터 먼 곳이 좋으며, 뒷자리보다 교사의 입 모양을 잘 볼 수 있는 앞자리에 앉히는 것이 좋다.

② 소음을 통제한다. 외부 소음이 크면 창문을 닫고, 교실 내 지나친 소음도 통제한다.

③ 교실에서는 FM 시스템을 함께 사용하여 교사의 말을 더 잘 들을 수 있도록 할 수 있다.

④ 아동이 쉽게 이해할 수 있게 문장을 간단히 재구성하거나 반복하여 말해준다.

⑤ 독화를 돕기 위해 입모양을 보여주거나 시각적 단서, 자료를 제시한다.

⑥ 일상적인 활동에는 지장이 없으나 과격한 체육활동에 참여할 시 헬멧을 착용하게 하거나 수술부위에 충격을 받지 않도록 한다.

⑦ 건전지가 없거나 헤드셋이 떨어지는 경우가 있을 수 있으므로, 아동이 평소와 다른 태도를 보이는 경우 반드시 확인한다.

⑧ 정전기에 노출되는 경우 어음처리기의 맵(map)이 변조될 수 있으니 플라스틱으로 된 기구는 피하는 것이 좋다. 플라스틱 제품보다 목재 장난감을 제공하고, 정전기가 불가피한 경우 외부기기를 빼놓도록 한다.

⑨ 바닥에서의 활동이 많은 유아의 경우 정전기가 많이 발생하는 카펫은 피하는 것이 좋으며, 경우에 따라 정전기용 스프레이 등을 뿌리는 것이 좋다.

---

**집중 point** **인공와우의 사후관리**

- 아침에 일어날 때는 기기의 전원을 켰는지 확인하고, 볼륨과 민감도를 조절해준다.
- 박스형인 경우 활동 중에 옷 속에서 조절기가 감길 수 있으므로 테이프 등을 감아두거나 잠금기능을 사용할 수도 있다.
- 대부분의 제품은 건전지 소모가 LED 액정에 표시되므로, 표시 내용을 수시로 확인한다.
- 건전지를 교체하는 경우 전원을 끄고 도어를 연 다음 새 것으로 교체하는데, +극과 −극 방향을 반드시 확인한 다음 전원을 다시 켠다.
- 건전지 수명은 어음처리기의 프로그램 유형, 착용시간, 볼륨크기에 따라 다르다. 귀걸이형이 박스형보다 건전지 소모량이 많으며, 충전식 건전지는 평균 12~15시간, 일회용인 알카라인 건전지는 24시간 정도 사용 가능하다.
- 가급적 여분의 건전지를 소지하는 것이 좋다.
- FM 보청기나 텔레코일(telecoil)을 사용할 경우 모드 설정 버튼을 'T'로 조절하여 사용한다.
- 이식한 부위에 충격이나 강한 자극을 받지 않도록 주의한다.
- 어음처리기를 떨어뜨리거나 충격 받지 않도록 한다. 특히 귀걸이형은 분실의 위험이 있으므로 주의한다.
- 물에 닿지 않도록 하며, 습기를 조심한다. 물놀이 등의 활동에서는 외부기기를 빼야 한다.
- 습기는 인공와우 외부기기, 특히 마이크에 손상을 줄 수 있으므로 인공와우용 습기 제거 통을 사용할 수 있다.
- 정전기에 주의해야 한다.
- MRI 촬영 등을 하는 경우 반드시 인공와우를 착용하고 있다는 사실을 알리고 외부기기의 자석을 제거하거나 특별한 방법으로 촬영하는 등의 의사 지시를 따르도록 한다.
- 비행기를 탈 경우 인공와우 착용자라는 시술 확인 카드를 지참한다.
- 인공와우의 마이크는 습기에 노출되면 고장이 날 수 있으니 정기점검이 필요하다.
- 인공와우의 코일은 오래 사용하거나 기타 요인으로 손상될 수 있으니 정기점검이 필요하다.

## 02 청능훈련 23 중등, 21 중등, 20 초등, 17 유아, 16 중등

### 1. 개요

① **청능훈련**: 청각장애를 가진 농·난청 아동 또는 성인에게 남은 잔존청력을 최대한 활용하여 음향이나 말소리를 듣는 청각적인 수용력을 발달시키는 훈련이다.
② **청각적 수용력**: 소리를 듣고 의미를 알고 말을 듣고 이해하는 능력을 말한다.
③ 청능훈련은 듣기능력의 단계, 과제의 난이도, 활동의 방법, 자극단위의 접근법을 고려하여 지도한다.

### 2. 단계 ✱

| 단계 | 내용 | 활동 예시 |
|------|------|-----------|
| 청각적 감지 | 소리의 유무를 알고, 소리의 on/off에 바르게 반응하는 것을 학습하는 단계 | • 놀이를 통한 조건 형성<br>• 무의식적인 민첩한 반응하기 |
| 청각적 변별 | 특정한 소리와 같은지 다른지를 알고, 서로 다르게 반응하는 것을 학습하는 단계 | 같다/다르다 |
| 청각적 확인 | 새로운 청각정보를 이미 알고 있는 범주에 비추어 인식하고 알아맞히는 반응을 학습하는 단계 | • 제시자극에 맞는 그림 지적하기<br>• 제시자극 따라 하기 |
| 청각적 이해 | 변별이나 확인을 바탕으로 청각정보가 지닌 의미와 내용을 이해하여 바르게 반응하는 것을 학습하는 단계 | • 제시자극에 맞게 행동하기<br>• 대답하기 |

#### (1) 청각적 감지(auditory awareness)

① 소리의 존재에 주의하고 지각하여 소리의 유무(on/off)에 맞추어 반응하는 것을 학습하는 단계이다.
② 다양한 소리자극을 제공하여 경험시키면서 제시된 소리에 집중하도록 돕는다.
③ 자연스럽게 혹은 의도적으로 소리에 대한 아주 작은 반응이라도 나타나면 즉시 반응(강화)하여 소리가 들리는 것을 표현 또는 반응한다는 청각적 메커니즘을 인식할 수 있도록 지원한다.

#### (2) 청각적 변별(auditory discrimination)

① 연속적으로 제시되는 2가지 이상의 소리를 듣고 같은지 다른지를 구별하여 반응하는 것을 학습하는 단계로, 소리의 차이에 맞추어 서로 다른 반응을 해야 한다는 것을 배운다.
② 훈련 초기에는 아동이 충분히 들을 수 있는 소리 가운데 음향적 변별 특성의 차이가 큰 소리를 이용하여 학습하고, 활동이 진행될수록 음향적 차이가 적은 소리로 난이도를 높여가며 청각적 민감도(auditory acuity)를 키워주는 것이 중요하다.

## (3) 청각적 확인(auditory identification)

① 새롭게 입력되는 청각정보를 이미 알고 있는 정보와 비교하여 인식하고 반응하는 단계이다.

② 제시된 청각정보를 정확하게 인식하여 청각정보가 가리키는 사물을 연상하거나 찾아내는 기술을 학습한다.

## (4) 청각적 이해(auditory comprehension)

① 입력되는 청각 정보에 담긴 내용을 통합하고 사고과정을 통해 처리하여 전체적인 의미를 이해하고 적절하게 반응하는 것을 학습하는 단계이다.

② 청능 혹은 청각적 지각 능력 발달의 가장 상위 단계이며, 청각적 이해를 위해서는 청각적 변별, 확인 능력의 습득이 선행되고 이를 활용할 수 있어야 한다.

## 3. 과제의 난이도

① 청능훈련에 사용되는 자극이나 과제는 쉬운 것에서 어려운 것 순으로 난이도를 조절하여 제공한다.

② 난이도 조절: 학생이 80% 이상 정반응을 보일 때 상향하며, 정반응이 50% 미만인 경우 하향 조절한다.

③ 변인에 따른 난이도 조절

| 변인 | 낮은 난이도 | 높은 난이도 |
|---|---|---|
| 환경 요소 | • 배경 소음이 없는 장소<br>• 화자의 거리가 가까움<br>• 구조화된 구성 | • 배경 소음이 있는 장소<br>• 화자의 거리가 멀어짐<br>• 환경 중심의 구성 |
| 자극 요소 | • 단어나 짧은 구<br>• 반복하여 제시<br>• 말의 길이가 짧고 단순한 말<br>• 말의 속도를 천천히<br>• 초분절적 요소를 많이 사용<br>• 친숙한 음성<br>• 통합적인 방법<br>• 자극의 유사성이 적음 | • 완전한 문장<br>• 한 번만 제시<br>• 말이 길고 내용이 복잡한 말<br>• 말의 속도를 빠르게<br>• 초분절적 요소를 적게 사용<br>• 친숙하지 않은 음성<br>• 분석적인 방법<br>• 자극의 유사성이 큼 |
| 상황적 맥락 | • 폐쇄형 과제<br>• 맥락에 의해 예측이 가능함 | • 개방형 과제<br>• 맥락에 의해 예측이 어려움 |
| 활동 방법 | • 수업을 통한 구조화<br>• 교사와 1 : 1 또는 소집단<br>• 형식적 활동 | • 자연스러운 의사소통 상황<br>• 일상생활 활용<br>• 비형식적 활동 |

## 4. 활동 방법

| 구분 | 내용 |
|------|------|
| 형식적 방법 | • 구조화된 환경에서 정해진 시간에 학생과 교사가 1 : 1로 진행함<br>• 교사가 중심이 되어 제시하는 목표내용에 대해 반복적이고 집중적으로 이루어지는 계획된 활동<br>• 청능의 기능적 활용이 어려운 청각장애학생에게 적합한 지도방법 |
| 비형식적 방법 | • 구조화되지 않은 일상생활의 다양한 장면과 환경에서 이루어지는 자연스러운 활동<br>• 영유아, 경도의 청각장애학생에게 적합한 지도방법 |

## 5. 자극 단위의 접근법

| 구분 | 내용 |
|------|------|
| 분석적 훈련 접근 | • 언어를 구성하는 자음과 모음의 작은 단위를 구별하는 목표에서 시작함<br>• '음소 → 음절 → 단어 → 구 → 문장' 순으로 진행됨 |
| 종합적 훈련 접근 | • 언어가 실제로 사용되는 환경적 맥락을 중심으로 하는 의사소통 상황을 구성하여 전체적인 의미를 파악하는 데 목표를 둠<br>• 문맥을 통한 자극의 전체 패턴을 이해하도록 접근함 |

청각장애아 교육, 고은, 학지사

## 03 독화

## 1. 개요

### (1) 정의

① 말을 시각을 통해 이해하는 의사소통 양식으로 '말 읽기'라고도 한다.

② 독화는 대화상황에서 화자가 말을 할 때 청자가 자신의 눈으로 화자의 입술모양, 혀의 움직임, 얼굴표정 등 의사소통 전달 기능의 모든 시각적인 요소에 대한 정보를 인지하여 말의 의미를 이해하는 능력이다.

> **보충+α** 독화 VS 독순 [23 중등]
>
> • speech reading: 시각(얼굴 전체, 제스처, 상황, 심리 상태)을 통하여 말을 이해하는 의사소통 양식 ➜ 독화
> • lip reading: 시각(입술 움직임)을 통하여 말을 이해하는 의사소통 양식 ➜ 독순
>
> '독순'은 시각의 초점을 주로 입술 운동에 두어 정보를 이해한다는 점을 중요시하는 용어인 반면, '독화'는 상대방의 말을 읽을 때, 입술 운동만 보고 이해하는 것이 아니라 말소리와 더불어 얼굴 표정, 몸동작, 주어진 상황, 심리 상태 등을 종합적으로 고려해 이해하는 것으로 볼 수 있다.

### (2) 독화소

① 독화의 시각적 최소 단위이다.

② 말소리의 청각적 특성은 다르지만 시각적으로 유사한 음소들을 하나로 묶은 것이다.

　예 /ㅍ/, /ㅁ/, /ㅂ/, /ㅃ/는 말소리가 다르나 하나의 독화소

### (3) 동구이형음

/바/, /마/, /파/와 같이 입모양은 같지만 다른 의미를 가지는 음을 말한다.

## 2. 독화의 구성요소

### (1) 독화자 요인

| 구성요소 | 내용 |
|---|---|
| 지각능력 | • 시지각 말소리의 인식 능력(시지각 능력의 시력과 시지각 주의집중)<br>• **지각 속도**: 말 요소의 지각 속도<br>• **주변 지각**: 입에 초점을 두면서 얼굴표정이나 환경 맥락으로부터 정보를 얻는 주변 시력 |
| 종합능력 | • **지각 종결**: 단어나 어구의 일부분만으로 전체적인 형태를 인식하는 능력<br>　– 요소와 조직의 분류<br>　– 추측에 의한 조작사고를 이용하여 누락된 요소 보충<br>　– 전체적인 형태의 잠정적인 인식<br>• **개념 종결**: 전달 내용을 인식하는 능력<br>　– 개념의 연상<br>　– 추측에 따른 종결사고에 의한 보충<br>　– 전달 내용의 인식(잠정적·최종적) |
| 융통성 | • **지각 종결**: 시각 기억, 추상적·귀납적 추리, 리듬을 통한 수정<br>• **개념 종결**: 언어적·귀납적 추리, 사회적 인식을 통한 개념 종결의 수정 |

### (2) 화자 요인 – 대화 시 유의사항

① 자연스럽게 말소리를 내야 하며, 과장된 입모양은 부자연스럽다.

② 청각을 최대한 이용할 수 있게 목소리 크기는 조금 높이고 말의 속도는 늦춘다.

③ 말할 때 조음기관을 지나치게 과장하지 않는다.

④ 얼굴표정은 풍부하게 하되 불필요한 몸짓은 자제한다.

⑤ 짧은 문장으로 간결하게 표현한다.

### (3) 환경 요인 – 거리, 속도, 조명, 소음 등

① 독화 시 적정 조도는 대략 400~700룩스(Lux)이다.

② 화자가 해를 등지고 말을 하면 독화 시에 눈부심이 발생하기 때문에 피해야 하며, 입 모양이 잘 보이는 밝은 곳이 좋다.

③ 말의 속도는 조금 느리게, 거리는 2~3m 정도 유지하도록 한다.

④ 여러 사람이 말하는 상황에서는 화자가 누구인지 확인하고 독화하기가 어려울 수 있으므로 화자는 손을 들어 알려준다.

## 3. 독화의 한계점 ★ [20] 중등

| 구분 | 내용 |
|---|---|
| 말소리의 낮은 가시도 | 독화는 자·모음의 조음적 특징을 익히는 것이지만 치조음(ㄷ, ㄸ, ㅌ 등), 경구개음(ㅈ, ㅉ, ㅊ 등), 연구개음(ㄱ, ㄲ, ㅋ 등) 등의 조음운동은 시각적으로 확인이 어려움 |
| 동구형이음 | /바/, /파/, /마/와 같이 소리와 철자는 다르지만 입모양이 비슷하게 보일 수 있는 경우로, 독화만으로는 의미 파악이 어려움 |
| 빠른 구어 속도 | • 정상적인 회화어의 속도는 빠르므로 독화자가 자기에게 필요한 정보를 빠짐없이 눈으로 받아들이는 것이 어려움<br>• 독화자와 대화할 때는 정상적인 구형으로 말하고 보통 말하기 속도보다 약간 느린 속도로 말하는 것이 좋음 |
| 음운환경에 따른 전이효과 | 한국어는 선·후행하는 음소에 따라 자음과 모음이 다르게 발음됨<br>예 '굳이'로 쓰고 /구지/로 발음하는 것 |
| 조음운동의 개인차 | 동일한 음소를 말하더라도 사람마다 입을 더 크게 벌리기도 하고 더 적게 벌리기도 하며, 혀의 위치도 차이가 있을 수 있음 |
| 환경적 제약 | 독화자가 화자의 얼굴이나 입을 계속 주시하는 것도 어렵고, 화자나 독화자가 등을 돌리거나 조명상태가 좋지 않거나 물체 등에 의해 시야가 방해받으면 독화자는 정보를 부분적으로 놓치게 됨 |

## 4. 발음암시법(큐드 스피치, cued speech)

### (1) 정의

뺨 근처에서 자·모음의 말소리를 나타내는 수신호를 추가하는 것이다.

### (2) 특성

① 발음암시법은 독화의 보조 단서로 활용하거나 초기 언어 학습지도 시 시각적으로 식별이 어려운 음의 발성 형태를 지도하기 위해 고안되었다.

② 따라서 순구화법의 단점을 보완하기 위한 방법으로, 음소와 입의 모양에 기초한 것이지 언어 또는 언어적 개념은 아니다.

③ 언어 학습과 발성·발어훈련 시 발성 요령과 소리값을 함께 인지하므로 자연스럽게 음성언어를 습득하게 된다.

④ 독화로 구별하기 어려운 음소들을 인식할 수 있게 함으로써 구어의 시각적 단서를 제공하는 수신호로, 수어나 지문자가 아니며 혼자서는 쓰임새가 없다.

⑤ 구어언어를 음소 단위로 변환하여 전달한다.

　예 지화는 '꽃잎'으로 전달되는 반면, 큐드 스피치는 소리나는 대로 /꼰닙/으로 전달됨

청각장애학생 교육, 권순우, 창지사

## 5. 독화지도법 – 말 추적법

### (1) 정의

말 추적법은 드 필리포와 스코트(De Filippo&Scott, 1978)가 대화의 맥락에서 사용하는 의사소통 담화에 대한 인지도를 측정하고 훈련하기 위해 독창적으로 사용한 기술이다.

### (2) 특성

① 기본 절차: 전달자인 화자가 미리 준비된 내용을 짤막짤막하게 읽어주고, 수신자인 독화자는 전달자가 말한 그대로를 되풀이해서 말한다.

② 즉, 말 따라하기 방법으로써 독화자인 학생에게 의미 있고 동기를 부여할 수 있는 흥미로운 주제를 제시하여 대화 유지가 지속되도록 한다.

예 '학교 현장학습 이야기'를 주제로 한 말 추적법

> 교사: 내일 현장학습 가는 장소는 서울 식물원입니다.
> 학생: 내일 … 현장 …? 선생님 잘 못 들었습니다.
> 교사: 내일 현장학습 가는 장소는 서울 식물원입니다.
> 학생: 내일 현장학습 가는 장소는 서울 식 … 서울 식 다음에 다시 말해주세요.
> 교사: 식물원
> 학생: 식물원! 아~
> 교사: 맞아요! 식물원
> 학생: 내일 현장학습 가는 장소는 서울 식물원이다.
> 교사: ○○아. 다시 들어봐. 서울 식물원입니다.
> 학생: 아~ 내일 현장학습 가는 장소는 서울 식물원입니다.
> 교사: ○○아. 맞아요! (맞다는 손동작의 제스처도 함께) 잘 따라 말했어요!

➡ 학생은 대화 내용을 모두 이해할 때까지 문장 전체 또는 일부분을 다시 반복하여 말해달라고 요청하는 다양한 전략을 사용할 수 있어야 한다.

## 6. 독화지도 시 고려사항 ★ 20 유아, 19 유아

① 학급의 수업 진행상황에서 사용 가능한 독화 단서를 모두 활용하도록 지도한다.
② 교사는 말을 과장하지 않고 자연스럽게 표현하며, 차폐물이 없는 밝은 곳에서 약 2~3m 내외의 거리를 유지한다.
③ 교사는 독화 과정에 대한 지식을 가지고 있어야 한다. 시각적으로 분명하게 보이는 말소리와 그렇지 않은 말소리를 구분할 줄 알고 그에 따른 혼란이 없도록 한다.
④ 학생들의 정서적 문제와 요구에 교사는 민감하게 대처해야 한다. 학생이 독화에 긍정적인 반응을 보이지 않을지라도 교사는 독려하면서 함께 노력해야 한다.
⑤ 교사는 말할 때 가만히 서서 하되, 가능하면 학생과 눈높이를 맞추어 비슷한 위치를 유지하도록 노력하여 학생으로 하여금 독화의 효율성을 높이도록 배려한다.
⑥ 교사는 말하는 습관을 개선해야 한다. 입모양을 좀 더 분명하게 하고 정상적인 형태를 유지하면서 명확한 발음을 산출하는 방법을 익혀야 한다.
⑦ 학생의 독화 수준에 따라 난이도를 조절해야 한다. 또한 처음 사용하는 단어는 가시도가 높고 친숙한 단어이어야 하며, 내용을 연상할 수 있는 사전단서를 제시하는 것이 좋다.
⑧ 독화에는 가시도, 친숙도, 연상이 중요한 요소이다. 초기 단계에서는 가시도가 높고 친숙한 어휘나 문장, 쉽게 연관되는 내용을 제시하여 의사소통에 성취감을 가질 수 있도록 지도한다.
⑨ 수업에서 말할 때는 항상 좀 더 큰 소리로 말해야 하며, 1~2개의 핵심 단어를 칠판에 써놓으면 독화를 하는 데 단서제시의 정보로 도움이 된다.
⑩ 교사는 말하면서 판서하지 않으며, 학생의 위치를 고려하여 좌석배치를 해야 한다. O형이나 U형 배치는 집단토의를 할 때 독화를 좀 더 용이하게 하는 장점이 있다.
⑪ 필기 시간을 별도로 배정하여 수업 중에 이해하지 못하고 넘어가는 일이 없도록 살펴야 한다.
⑫ 교과서를 읽을 때 입을 가리지 않고, 말을 할 때 교사의 위치를 고정시켜 독화하는 학생에게 방해요인을 최소화해주어야 한다.
⑬ 학습내용을 좀 더 알기 쉽고 폭넓게 전달하기 위해 필요시 자료를 수정한다.
　예 가시도와 친숙도가 더 높은 단어나 어휘로 구성된 문장을 제시함

## 04 의사소통 전략 ★ 22 초등, 20 중등, 18 중등

### 1. 개념

① 화자와 청자가 의사소통하는 데 있어 과정을 쉽게 하거나 강화 또는 회복하도록 하는 전략이다.

② 사용 가능한 의사소통 사건을 예측하여 의사소통을 미리 준비할 수 있게 돕는다.

③ 의사소통하는 동안 발화 내용이나 형태를 수정하여 의사소통을 자연스럽게 유지하도록 돕고, 의사소통이 중단되었을 때 의사소통 과정을 재확립하도록 한다.

### 2. 의사소통 전략 유형

#### (1) 예기 전략

① 의사소통의 내용과 상호작용을 사전에 준비한다.

② 사용 가능한 어휘, 질문과 의사소통에서 예측되는 어려움을 미리 검토한다.

#### (2) 수정 전략

① 아동이 의사소통하는 데 화자의 부적당한 행동 또는 환경의 어려움이 있는 경우 수정하도록 요구한다.

② 화자의 말이 지나치게 빠를 때, 화자가 입을 가리는 행동을 할 때, 주변 소음이 너무 클 때, 조명이 너무 어두워서 화자의 얼굴을 제대로 볼 수 없을 때와 같은 곤란을 주는 문제를 확인하여 수정하도록 요구한다.

#### (3) 회복 전략

① 메시지의 내용과 구조 또는 화자의 의사소통 행동을 모두 수정한다.

　예 더 천천히 더 분명하게 해달라고 요구하기

② 부분적으로 반복하기, 바꾸어 말하기, 핵심단어 말하기, 철자 말하기, 허공 또는 손바닥에 쓰기와 같은 부가설명을 요구한다.

③ 회복 전략의 유형

| 유형 | 예시 |
|---|---|
| 반복 | 화자: 주말에 연습 열심히 하고 오세요.<br>청자: 다시 한 번 이야기해주시겠어요?<br>화자: 주말에 연습 열심히 하고 오세요. |
| 바꾸어 말하기 | 화자: 내가 생각했던 것과는 너무 상이한 결과였어.<br>청자: 다른 단어로 말해주시겠어요?<br>화자: 내가 생각했던 것과 결과가 많이 달랐어. |
| 간략화 | 화자: 차라리 그 인간이 황홀한 지경이 되도록 칭찬을 해주는 거야.<br>청자: 쉬운 말로 해줄래?<br>화자: 그 인간에게 칭찬을 많이 해주라고. |

### 3. 발화수정 전략 - 청각장애 아동이 화자 입장

① 청각장애아동의 말을 상대방이 잘 알아듣지 못했을 때 청각장애아동이 스스로 회복할 수 있는 발화수정 전략으로, 여기서는 청각장애 아동이 화자 입장이 된다.
② 서로 의사소통이 단절되었을 때 메시지를 수정 · 변경하여 의사소통을 유지하기 위한 목적을 갖는다.
③ 발화수정 전략 유형

| 유형 | 정의 | 예시 |
|------|------|------|
| 반복 | 이전 발화 내용을 똑같이 반복함 | A: 칭찬 받았어요.<br>B: 뭐라고?<br>A: 칭찬 받았어요. |
| 수정 | 발화를 새로운 단어나 구문으로 반복함 | A: 오늘 영화는 다 매진이래.<br>B: 뭐라고?<br>A: 오늘 영화는 자리가 없대. |
| 부연 설명 | 이전 발화를 자세히 설명함 | A: 홍준이 봤어?<br>B: 뭐라고?<br>A: 아까 모임에서 홍준이 봤냐고. |
| 구어 확인 | 청자가 요청한 정보만을 구어로 제시함 | A: 그 집은 짜장면 값 얼마야?<br>B: 짜장면?<br>A: 응. 짜장면. |
| 비구어 반응 | 몸짓으로 청자의 질문에 대답함 | A: 그 중국집 최고야.<br>B: 양이 많아서?<br>A: (고개 끄덕임) |
| 부적절한 반응 | 반응하지 않거나 이전 발화와 관련없는 단어나 구문으로 반응함 | A: 칭찬 받았어요.<br>B: 뭐라고?<br>A: - |

# 제 7 절 수어법

## 01 수어

수어란 손의 움직임과 비수지 신호를 사용하여 공간적 차원에서 표현하는 시각언어인 동시에 문법체계를 갖춘 농인들의 일차언어이다.

## 02 수화의 종류

### 1. 자연수화[농식수화, 한국수화(KSL)] ★

① 농인들이 문화와 관습 속에서 자연발생적으로 만들어낸 수화이다.
② 자연수화는 문법이 국어와 다르고, 자체의 문법과 규칙을 가지고 있다.
③ 관용적 표현이 많은 것이 특징이다.

### 2. 문법수화(표준수화)

① 각국의 언어 문법에 맞게 인위적으로 만들어낸 수화를 말한다.
② 자연수화가 관용적 표현 중심인 반면, 문법수화는 문장 형식의 수화가 중심이 되기 때문에 '문장식 수화'라고도 불린다.
③ 국어 문법에 맞도록 개발되었다고 하여 '국어대응식 수화'라고도 불린다.

### 3. 자연수화와 문법수화 비교 [19 유아]

| 자연수화 | 문법수화 |
| --- | --- |
| • 축약하여 표현함 | • 말이나 문장을 그대로 표현함 |
| • 구조, 어순 등이 음성언어와 매우 다름 | • 구조, 어순이 음성언어와 유사함 |
| • 지화를 거의 활용하지 않음 | • 지화를 적극 활용함 |
| • 국어에 대한 이해가 필요 없음 | • 국어 문법지식을 필요로 함 |
| • 문법형태소를 생략함 | • 문법형태소를 지문자나 수화어휘로 표현함 |

## 1. 수어의 6가지 특징 [23 초등]

| 특징 | 내용 |
|---|---|
| 도상성(사상성) | 상징하는 형태가 사물이나 활동의 어떤 모양을 반영한 것 |
| 자의성(규약성) | 낱말과 대상 간에 직접적인 관계가 없이 임의적인 약속기호인 것 |
| 동시성 | 음성언어는 순서대로 소리가 나는 반면, 수어는 동시에 표현할 수 있음<br>예<br>음성언어: '예쁘다' ⇨ 'ㅇ + ㅖ + ㅃ + ㅡ + ㄷ + ㅏ'순서대로 읽고 쓰기<br>수어: 검지를 볼에 찍어주는 동작 한 번으로 '예쁘다' 표현 |
| 가역성 | • 수어의 한 동작에 반대되는 동작이 반대 의미를 나타내는 것<br>　예 '낮'과 '밤'을 표현할 때 '낮' 수어의 반대 동작이 '밤'이 되는 것<br>• 수어는 음성언어와 달리 가역성을 가지고 있는 언어이다. |
| 축약성 | • 수화는 통사론적 측면에서 축약성이 매우 두드러짐<br>• 특히 자연수화는 문법수화에 비해 축약성이 훨씬 큼 |
| 공간성 | 메시지가 공간에서 이루어질 뿐만 아니라 수화가 어떤 공간에서 만들어지는지에 따라 그 의미와 문법이 달라짐<br>예 A와 B가 경기를 했는데 A는 이기고 B는 졌다. ➜ A는 위로, B는 아래로 |

## 1. 개요

① 음성언어는 자모음과 같은 분절음을 사용하여 단어를 만드는 반면, 수화는 수화소를 사용하여 어휘를 구성한다.

② 음성언어에서 소리 차이를 가져오는 가장 작은 단위인 음소에 해당한다.

## 2. 수어의 구성요소 [21 중등, 19 중등]

| 수화소 유형 | 내용 |
|---|---|
| 수형 | 수화를 하는 손의 모양 |
| 수위 | 수화를 하는 손의 위치 |
| 수동 | 수형의 움직임에 따라 분류함 |
| 수향 | 손바닥과 손가락의 방향이 어디를 향하는지에 따라 분류함 |
| 비수지 신호 | • 얼굴표정, 입 모양, 머리와 상체 움직임과 같이 손동작 외의 몸짓이 주는 신호<br>• 음성언어에서의 초분절음과 같은 역할을 하며, 이때 초분절음은 강세, 고저, 장단에 의해 만들어지는 소리로서 뜻이 구별되는 기능을 함<br>• 문장을 이해하는 데 중요한 역할을 하며, 문법적 기능을 담당함 |

> **집중 point**  최소대립쌍 [18 초등]
>
> • 음성언어에서는 말소리 하나를 교체함으로써 의미의 변별이 생기는 음절이나 단어의 쌍을 말한다.
> • 수화에서의 최소대립쌍은 수형, 수위, 수동, 수향에 해당하는 수화소 가운데 하나에서만 대조를 보임으로써 의미가 달라지는 것을 말한다.
> 예 수형에서만 대조를 보이는 '예쁘다', '어렵다'

## 1. 지화

① 문자를 손가락을 사용하여 나타내는 것을 말한다.
② 건청인이 사용하는 문자언어를 옮겨놓은 것이다.

## 2. 한글지화 22 초등, 18 중등

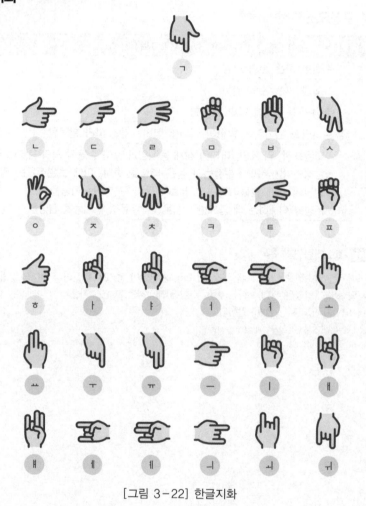

[그림 3-22] 한글지화

## 3. 지숫자 <sup>21 초등</sup>

3. **지숫자** [21 초등]

[그림 3-23] 지숫자

## 4. 영어지화 <sup>17 초등</sup>

**4. 영어지화** [17 초등]

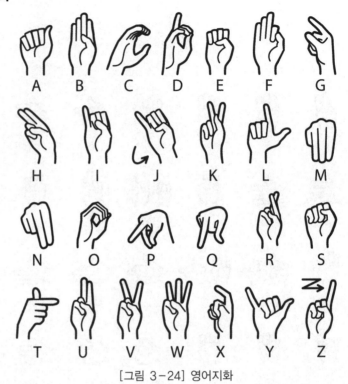

[그림 3-24] 영어지화

# 06 수화통역자 활용 시 유의점

## 1. 수업 전

① 청각장애학생이 교사, 수화통역자와 다른 시각적 교수자료를 번갈아가면서 보기 쉽도록 자리배치에 유의하며, 소집단 토의 시에는 반원형이 좋다.

② 칠판, 지도, OHP 등의 시각적 자료를 다양하게 활용하여 수화통역자의 설명을 이해하기 쉽도록 하고, 불을 꺼야 할 때도 부분조명을 이용하여 수화통역자를 잘 볼 수 있도록 한다.

③ 수화통역자의 역할을 확실히 정한다.

## 2. 수업 중

① 가능한 한 고정된 위치에서 청각장애학생을 마주 보고 수업해야 하는데, 수화통역자가 있어도 교사의 말을 독화하거나 제스처 등을 봐야 하기 때문이다.

② 학생들의 행동지도, 학급관리는 교사가 관할하고 수화통역자에게 맡기지 않는다.

③ 학생이 이해하는지의 책임은 수화통역자가 아닌 교사 자신에게 있음을 인식한다.

④ 수화통역자가 용어, 개념을 설명할 때 충분한 시간을 준다.

　예 특히 난이도 높은 문장으로 된 교재, 시험 문제 등

⑤ 질문할 때는 학생에게 직접 하고 통역자에게 하지 않는다.

　예 수화통역자에게 '진우에게 어떻게 생각하는지 물어봐주세요.'라고 말하는 대신 진우에게 직접 '진우는 어떻게 생각하니?'라고 물음

청각장애아동 교육의 이해
(2판), 이필상 외, 학지사

## 01 토털 커뮤니케이션(TC; Total Communication) [23 초등]

### 1. 정의

① 통합법, 총체적 의사소통법, 종합적 의사소통법 등으로도 불린다.
② 청각장애인이 구어, 수화, 지문자, 큐드 스피치 등을 종합적으로 활용하여 의사를 충분히 표현하고, 이를 건청인이 시각, 청각 등으로 수용하고 이해하는 의사소통 방법을 말한다.
③ 수화와 구화 모두를 인정하고 청각장애학생의 욕구에 맞게 접근시키자는 취지로 만들어졌으나 실효성을 거두진 못했다.

## 1. 이중문화 접근

① 농인의 정체성을 확립하도록 하고 일차언어로서의 수어의 발달을 촉진한다.

② 농아동은 가청학생에 비해 전반적인 언어수행 능력과 학업 성취도가 낮은데, 그 원인을 일차언어로서의 수어를 바탕으로 한 언어가 정착되지 않은 결과로 보며, 해결방안으로 이중문화 접근을 통해 언어발달을 촉진하는 것이다.

③ 이중문화 접근에서는 농교육의 성공을 위해 농문화의 실체를 이해하려는 노력이 함께 수반되어야 한다고 본다.

④ 이중언어 – 이중문화 접근은 농아동에게 있어 농인의 언어와 문화에 대한 지원체제라고 할 수 있다.

## 2. 이중언어 접근

① 수어를 농아동의 모국어로 인정하고 음성언어와 문자언어를 이차언어로 이해하는 것이다.

② 이중언어 접근의 교수법은 국어를 효율적으로 가르치기 위한 것으로, 인지발달에 따른 수어 지도를 우선적으로 고려한다.

## 3. 이중언어 – 이중문화 접근 중심의 교수 전략

① 이중언어-이중문화 접근 프로그램은 가청인의 문화와 농문화를 동등한 문화로 인정하는 것에서 출발한다.

② 이중언어-이중문화 접근 프로그램은 농교육의 성패를 위해 농인의 정체성 회복에 주목한다.

③ 이중언어-이중문화 접근 프로그램 개발의 중요한 구성요소는 농아동이 자신의 농문화를 받아들여 자아정체감을 형성하도록 하고, 그들의 모국어인 자연수어에 접근하도록 유도하여 학습방법을 개선하고 궁극적으로 사회통합을 이루도록 지원하는 내용으로 접근하는 것이다.

# 제 9 절 농-맹

## 01 정의

청각과 시각장애를 모두 가지고 있는 상태로, 장애 정도에 따라 맹농, 맹난청, 약시농, 약시난청과 같은 다양한 유형이 있다. 대부분의 경우 청각과 시각은 상호 보완적 역할이 어려운 감각 양식이므로 청각 혹은 시각 한쪽의 단일 장애와는 전혀 다른 교육적 접근과 재활이 필요하다.

## 02 청각시각장애인의 의사소통 방법

| 방법 | 내용 |
|---|---|
| 촉수화 | • 청각장애가 먼저 발생하고 그 이후에 시각장애가 발생하여 아동이 수어언어를 모국어로 습득 또는 학습한 경우에 수어언어로 의사소통이 가능함<br>• 잔존시력이 없는 경우 수어언어 표현을 농-맹이 손으로 접촉하여 수어언어로 의사소통하는 방법이 촉수어임 |
| 지문자 | • 청각시각장애인이 수어언어를 습득하지 못한 경우 대신 지문자를 사용할 수 있음<br>• 잔존시력이 있는 경우 수어자가 보이도록 거리를 조정하여 제시하고, 시각청각장애인이 수어언어를 이해하기 위해서는 우선 수어자의 위치를 파악해야 하므로 수어자는 농-맹이 수어자의 위치를 파악했는지를 먼저 점검해야 함 |
| 손가락점자 | • 점자를 주된 의사소통 수단으로 학습한 농-맹이 점자 타자기에 점자를 입력하는 것과 같은 방법으로 점자를 직접 양손의 손가락 위를 접촉하여 의사소통함<br>• 보통 왼손가락과 오른손가락을 각각 3점씩 사용함<br>• 농-맹이 사용하는 촉각언어 중에서 배우기 쉽고 사용도 쉬운 방법 |
| 손문자 | 손바닥에 문자를 적어 의사소통하는 방법 |
| 필담 | 점자, 묵자를 이용하여 기록함으로써 의사소통하는 방법 |
| 구어 | 보청기, 인공와우를 활용하여 의사소통하는 방법 |

**의사소통장애 Preview**

　'의사소통장애'는 처음부터 마지막까지 수험생들이 가장 부담스러워하는 영역입니다. 우선 내용이 굉장히 많기 때문에 의사소통장애 하위 유형별로 정확히 구분을 하고, 유형별 '정의, 세부유형, 원인, 교수법' 등으로 정리해서 공부하는 것이 좋습니다. 특히 '조음음운장애'의 '오류분석'과 '자발화 검사'가 특히 어려운 부분이니, 두 영역을 겹치지 않게 공부 계획을 세우는 것이 공부를 할 때 부담을 적게 하는 방법입니다. '자발화 검사'의 경우, 마지막까지 학습이 잘 되지 않는 부분이나, 요즘은 거의 기본적인 학습 내용으로 포함된 부분이기 때문에 간단한 부분이라도 분석할 수 있도록 내용을 익혀두는 것이 좋습니다. 한동안 기출출제 범위가 고정적이었다가, 최근 들어 '아동 언어발달'로 범위가 확장되었으므로, '교수법'뿐만 아니라 '아동 언어발달'까지도 중요하게 봐두는 것이 좋습니다.

　**최근 4개년간의 기출출제 추이**를 보면, 전통적으로 출제되던 '교사의 발화전략과 언어의 5가지 구성요소, 조음음운장애의 오류 유형과 언어인지적 교수법, 유창성장애의 유형과 교수법, EMT'가 출제되었으며, '아동의 언어발달 과정', 특히 '화용론'에 관한 부분이 깊이 있게 출제되었음을 알 수 있습니다.

# 제4장

# 의사소통장애

**한눈에 보는 이론 베이스맵 – 의사소통장애(1)**

## 정의

○─── 말, 언어

○─── 의사소통 ─── 언어적 요소

├── 준언어적 요소 ─ **초분절적 요소**

└── 비언어적 요소

## 기관

○─── 호흡/발성/공명/조음/신경

○─── 연인두 폐쇄부전 ─ 과대비성

## 평가

○─── 역동적 평가

## 유형

○─── 신경장애 ─── 언어장애 ─ **실어증** ─┬─ 브로카/베르니케

│                        └─ 유창성/청각적 이해력/따라 말하기/이름대기

└── 말장애(운동말장애) ─┬─ 말 실행증 ─ 조음을 하는 프로그래밍상의 오류

└─ 마비말장애 ─ 말 산출기관의 근육조정 장애

○─── 말장애 ─┬─ 조음장애 ─ **VS 음운장애**

├─ 유창성장애

└─ 음성장애

○─── 언어장애 ─┬─ 아동언어장애 ─┬─ **자폐** ─ VS 화용적 의사소통장애

│                 ├─ **지적장애**

│                 └─ **뇌성마비**

└─ 단순언어장애 ─┬─ **낱말찾기 훈련**

└─ **상위언어인식**

# 조음 · 음운장애

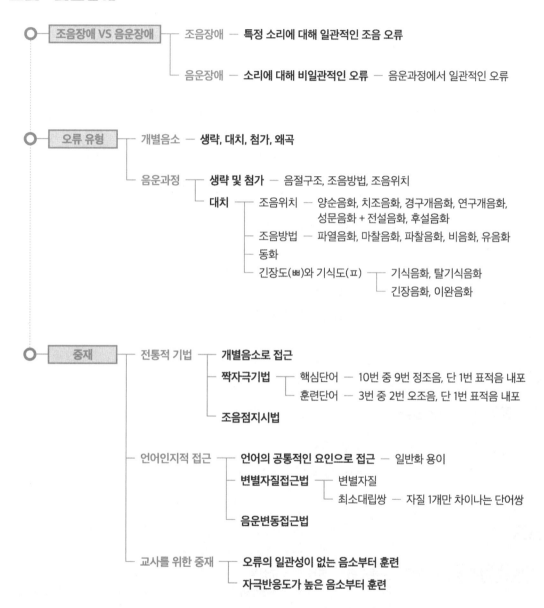

○ **조음장애 VS 음운장애** ── 조음장애 ── **특정 소리에 대해 일관적인 조음 오류**

└─ 음운장애 ── **소리에 대해 비일관적인 오류** ── 음운과정에서 일관적인 오류

○ **오류 유형** ── 개별음소 ── **생략, 대치, 첨가, 왜곡**

└─ 음운과정 ┬─ **생략 및 첨가** ── 음절구조, 조음방법, 조음위치

└─ **대치** ┬─ 조음위치 ── 양순음화, 치조음화, 경구개음화, 연구개음화, 성문음화 + 전설음화, 후설음화

├─ 조음방법 ── 파열음화, 마찰음화, 파찰음화, 비음화, 유음화

├─ 동화

└─ 긴장도(ㅃ)와 기식도(ㅍ) ┬─ 기식음화, 탈기식음화

└─ 긴장음화, 이완음화

○ **중재** ── 전통적 기법 ── **개별음소로 접근**

├─ **짝자극기법** ┬─ 핵심단어 ── 10번 중 9번 정조음, 단 1번 표적음 내포

│ └─ 훈련단어 ── 3번 중 2번 오조음, 단 1번 표적음 내포

└─ **조음점지시법**

├─ 언어인지적 접근 ── **언어의 공통적인 요인으로 접근** ── 일반화 용이

├─ **변별자질접근법** ┬─ 변별자질

│ └─ 최소대립쌍 ── 자질 1개만 차이나는 단어쌍

└─ **음운변동접근법**

└─ 교사를 위한 중재 ── **오류의 일관성이 없는 음소부터 훈련**

└─ **자극반응도가 높은 음소부터 훈련**

## 유창성장애

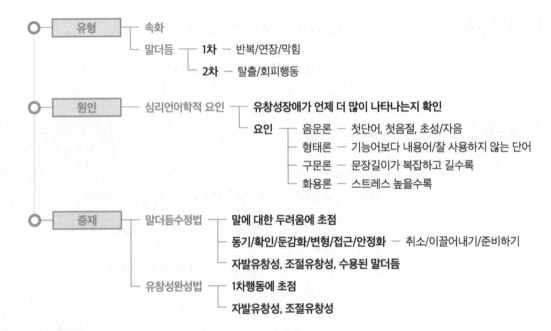

- **유형**
  - 속화
  - 말더듬 ── **1차** ─ 반복/연장/막힘
             └ **2차** ─ 탈출/회피행동
- **원인**
  - 심리언어학적 요인 ── **유창성장애가 언제 더 많이 나타나는지 확인**
                   └ **요인** ── 음운론 ─ 첫단어, 첫음절, 초성/자음
                              ├ 형태론 ─ 기능어보다 내용어/잘 사용하지 않는 단어
                              ├ 구문론 ─ 문장길이가 복잡하고 길수록
                              └ 화용론 ─ 스트레스 높을수록
- **증재**
  - 말더듬수정법 ── **말에 대한 두려움에 초점**
              ├ **동기/확인/둔감화/변형/접근/안정화** ─ 취소/이끌어내기/준비하기
              └ **자발유창성, 조절유창성, 수용된 말더듬**
  - 유창성완성법 ── **1차행동에 초점**
              └ **자발유창성, 조절유창성**

## 음성장애

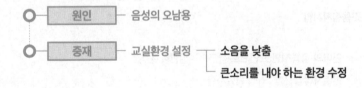

- **원인**
  - 음성의 오남용
- **증재**
  - 교실환경 설정 ── **소음을 낮춤**
              └ **큰소리를 내야 하는 환경 수정**

## 언어장애

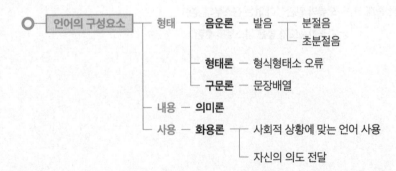

- **언어의 구성요소**
  - 형태 ── **음운론** ─ 발음 ── 분절음
        │                  └ 초분절음
        ├ **형태론** ─ 형식형태소 오류
        └ **구문론** ─ 문장배열
  - 내용 ─ **의미론**
  - 사용 ─ **화용론** ── 사회적 상황에 맞는 언어 사용
                   └ 자신의 의도 전달

# 아동 언어발달

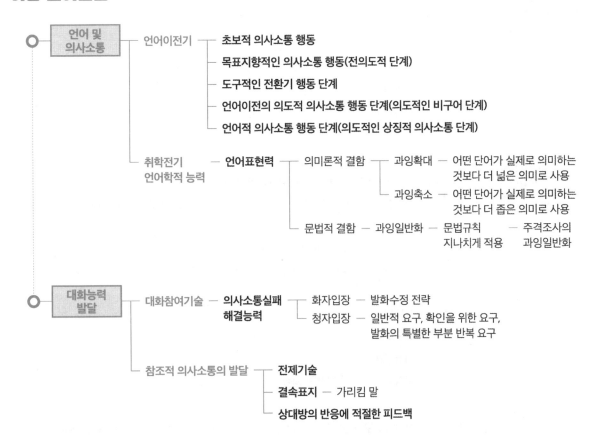

**언어 및 의사소통**
- 언어이전기
  - 초보적 의사소통 행동
  - 목표지향적인 의사소통 행동(전의도적 단계)
  - 도구적인 전환기 행동 단계
  - 언어이전의 의도적 의사소통 행동 단계(의도적인 비구어 단계)
  - 언어적 의사소통 행동 단계(의도적인 상징적 의사소통 단계)
- 취학전기 언어학적 능력
  - **언어표현력**
    - 의미론적 결함
      - 과잉확대 — 어떤 단어가 실제로 의미하는 것보다 더 넓은 의미로 사용
      - 과잉축소 — 어떤 단어가 실제로 의미하는 것보다 더 좁은 의미로 사용
    - 문법적 결함 — 과잉일반화 — 문법규칙 지나치게 적용 — 주격조사의 과잉일반화

**대화능력 발달**
- 대화참여기술
  - **의사소통실패 해결능력**
    - 화자입장 — 발화수정 전략
    - 청자입장 — 일반적 요구, 확인을 위한 요구, 발화의 특별한 부분 반복 요구
- 참조적 의사소통의 발달
  - **전제기술**
  - **결속표지** — 가리킴 말
  - **상대방의 반응에 적절한 피드백**

# 중재

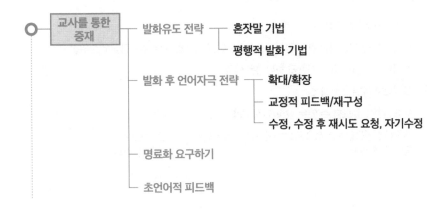

**교사를 통한 중재**
- 발화유도 전략
  - **혼잣말 기법**
  - **평행적 발화 기법**
- 발화 후 언어자극 전략
  - **확대/확장**
  - **교정적 피드백/재구성**
  - **수정, 수정 후 재시도 요청, 자기수정**
- 명료화 요구하기
- 초언어적 피드백

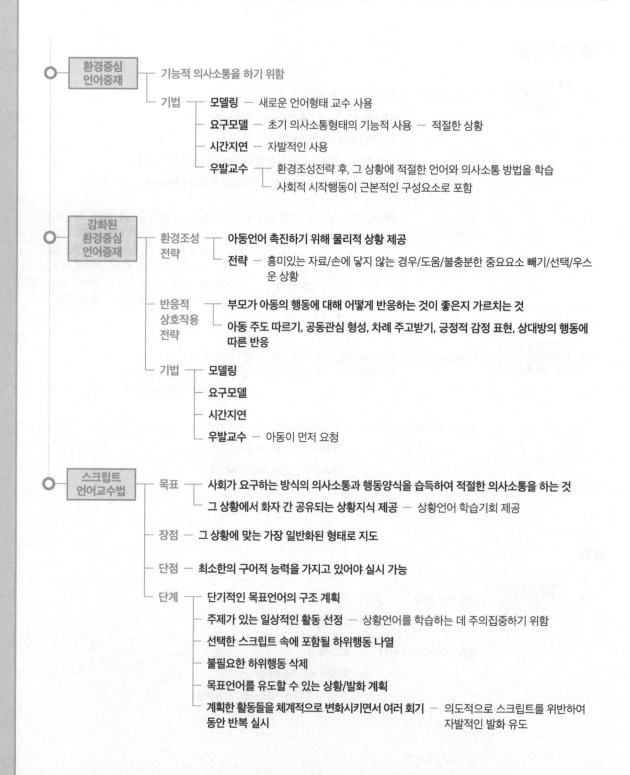

**환경중심 언어중재**
─ 기능적 의사소통을 하기 위함
─ 기법 ─ **모델링** ─ 새로운 언어형태 교수 사용
　　　　 **요구모델** ─ 초기 의사소통형태의 기능적 사용 ─ 적절한 상황
　　　　 **시간지연** ─ 자발적인 사용
　　　　 **우발교수** ┬ 환경조성전략 후, 그 상황에 적절한 언어와 의사소통 방법을 학습
　　　　　　　　　　 └ 사회적 시작행동이 근본적인 구성요소로 포함

**강화된 환경중심 언어중재**
─ 환경조성 전략 ─ **아동언어 촉진하기 위해 물리적 상황 제공**
　　　　　　　　 **전략** ─ 흥미있는 자료/손에 닿지 않는 경우/도움/불충분한 중요요소 빼기/선택/우스운 상황
─ 반응적 상호작용 전략 ─ **부모가 아동의 행동에 대해 어떻게 반응하는 것이 좋은지 가르치는 것**
　　　　　　　　　　　　 **아동 주도 따르기, 공동관심 형성, 차례 주고받기, 긍정적 감정 표현, 상대방의 행동에 따른 반응**
─ 기법 ─ **모델링**
　　　　 **요구모델**
　　　　 **시간지연**
　　　　 **우발교수** ─ 아동이 먼저 요청

**스크립트 언어교수법**
─ 목표 ─ **사회가 요구하는 방식의 의사소통과 행동양식을 습득하여 적절한 의사소통을 하는 것**
　　　　 **그 상황에서 화자 간 공유되는 상황지식 제공** ─ 상황언어 학습기회 제공
─ 장점 ─ **그 상황에 맞는 가장 일반화된 형태로 지도**
─ 단점 ─ **최소한의 구어적 능력을 가지고 있어야 실시 가능**
─ 단계 ─ **단기적인 목표언어의 구조 계획**
　　　　 **주제가 있는 일상적인 활동 선정** ─ 상황언어를 학습하는 데 주의집중하기 위함
　　　　 **선택한 스크립트 속에 포함될 하위행동 나열**
　　　　 **불필요한 하위행동 삭제**
　　　　 **목표언어를 유도할 수 있는 상황/발화 계획**
　　　　 **계획한 활동들을 체계적으로 변화시키면서 여러 회기 동안 반복 실시** ─ 의도적으로 스크립트를 위반하여 자발적인 발화 유도

# 언어장애 진단

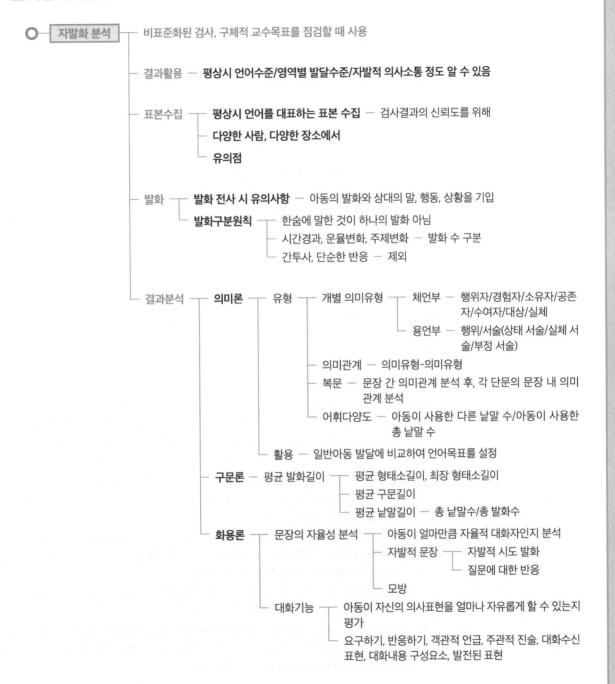

○ ─ 자발화 분석 ─ 비표준화된 검사, 구체적 교수목표를 점검할 때 사용

─ 결과활용 ─ **평상시 언어수준/영역별 발달수준/자발적 의사소통 정도 알 수 있음**

─ 표본수집 ─ **평상시 언어를 대표하는 표본 수집** ─ 검사결과의 신뢰도를 위해
　　　　　　 **다양한 사람, 다양한 장소에서**
　　　　　　 **유의점**

─ 발화 ─ **발화 전사 시 유의사항** ─ 아동의 발화와 상대의 말, 행동, 상황을 기입
　　　　 **발화구분원칙** ─ 한숨에 말한 것이 하나의 발화 아님
　　　　　　　　　　　 ─ 시간경과, 운율변화, 주제변화 ─ 발화 수 구분
　　　　　　　　　　　 ─ 간투사, 단순한 반응 ─ 제외

─ 결과분석 ─ **의미론** ─ 유형 ─ 개별 의미유형 ─ 체언부 ─ 행위자/경험자/소유자/공존자/수여자/대상/실체
　　　　　　　　　　　　　　　　　　　　 ─ 용언부 ─ 행위/서술(상태 서술/실체 서술/부정 서술)
　　　　　　　　　　　 ─ 의미관계 ─ 의미유형-의미유형
　　　　　　　　　　　 ─ 복문 ─ 문장 간 의미관계 분석 후, 각 단문의 문장 내 의미관계 분석
　　　　　　　　　　　 ─ 어휘다양도 ─ 아동이 사용한 다른 낱말 수/아동이 사용한 총 낱말 수
　　　　　　　　　 ─ 활용 ─ 일반아동 발달에 비교하여 언어목표를 설정
　　　　　　 **구문론** ─ 평균 발화길이 ─ 평균 형태소길이, 최장 형태소길이
　　　　　　　　　　　　　　　　　 ─ 평균 구문길이
　　　　　　　　　　　　　　　　　 ─ 평균 낱말길이 ─ 총 낱말수/총 발화수
　　　　　　 **화용론** ─ 문장의 자율성 분석 ─ 아동이 얼마만큼 자율적 대화자인지 분석
　　　　　　　　　　　　　　　　　　　 ─ 자발적 문장 ─ 자발적 시도 발화
　　　　　　　　　　　　　　　　　　　　　　　　 ─ 질문에 대한 반응
　　　　　　　　　　　　　　　　　　　 ─ 모방
　　　　　　　　　 ─ 대화기능 ─ 아동이 자신의 의사표현을 얼마나 자유롭게 할 수 있는지 평가
　　　　　　　　　　　　　　 ─ 요구하기, 반응하기, 객관적 언급, 주관적 진술, 대화수신 표현, 대화내용 구성요소, 발전된 표현

# 제1절 의사소통장애 정의 및 용어

## 01 정의

### 1. 「장애인 등에 대한 특수교육법」

(1) **용어:** 의사소통장애

(2) **정의**

> 다음 각 목의 어느 하나에 해당하여 특별한 교육적 조치가 필요한 사람
> ① 언어의 수용 및 표현이 인지능력에 비해 현저히 부족한 사람
> ② 조음능력이 현저히 부족하여 의사소통에 어려움이 있는 사람
> ③ 말 유창성이 현저히 부족하여 의사소통에 어려움이 있는 사람
> ④ 기능적 음성장애로 인해 의사소통에 어려움이 있는 사람

### 2. 미국의 말-언어-청각협회

(1) **용어:** 의사소통장애

(2) **정의**

> 의사소통장애는 개념이나 구어, 비구어, 그래픽 상징 체계를 수용하고 전달하고 처리하는 능력에 있어서의 손상을 의미한다. 의사소통장애는 청각, 언어, 또는 말의 처리과정에서 분명하게 나타날 수도 있다. 의사소통장애는 경도에서 최중도에 이르는 범위를 보이며, 발달적이거나 후천적으로 나타난다. 1가지 이상의 의사소통장애가 혼합적으로 나타나기도 한다. 의사소통장애는 주 장애로 또는 기타 장애의 이차적인 장애로 나타날 수 있다.
>
> A. 말장애는 말소리의 발성, 흐름, 음성에 있어서의 손상을 의미한다.
>    1. 조음장애는 말의 이해를 방해하는 대치, 탈락, 첨가, 왜곡으로 특징지어지는 말소리의 비전형적인 산출을 의미한다.
>    2. 유창성장애는 비전형적인 속도, 리듬 또는 음절, 어절 단어, 구절의 반복으로 특징지어지는 말하기 흐름의 방해를 의미한다. 유창성장애는 과도한 긴장, 힘들여 애쓰는 행동, 2차적인 매너리즘과 함께 나타날 수 있다.
>    3. 음성장애는 자신의 나이나 성별에 부적절한 음성의 질, 높이, 크기, 공명 지속시간에 있어서의 비정상적인 산출이나 결여를 의미한다.
>
> B. 언어장애는 말, 문자, 기타 상징체계의 이해 및 활용에 있어서의 손상을 의미한다. 언어장애는 (1) 언어의 형태(음운론, 형태론, 구문론), (2) 언어의 내용(의미론), (3) 언어의 의사소통기능(화용론)에 있어서의 손상을 포함한다.

1. 언어의 형태
    a. 음운론은 언어의 소리 체계와 소리의 합성을 규정하는 규칙을 의미한다.
    b. 형태론은 단어의 구조와 단어 형태의 구성을 규정하는 체계를 말한다.
    c. 구문론은 문장을 만들기 위한 단어의 순서와 조합, 문장 내에서의 요소들 간의 관계를 의미한다.
2. 언어의 내용: 의미론은 단어와 문장의 의미를 규정하는 체계를 말한다.
3. 언어의 기능: 화용론은 기능적이고 사회적으로 적절한 의사소통을 위해 이상의 언어 요소들을 조합하는 체계를 말한다.
4. 의사소통의 다양성
    a. 의사소통상의 차이/방언은 지리적, 사회적, 문화/민족적 요소를 반영하고 이들에 의해서 결정되는 개인의 집단이 사용하는 상징체계의 다양성을 의미한다. 상징체계의 지리적 사회적, 문화/민족적 다양성은 말이나 언어장애로 간주되어서는 안 된다.
    b. 보완·대체 의사소통 체계는 심각한 표현 및 언어이해의 장애를 지닌 개인의 손상과 장애 패턴을 위해 일시적이거나 영구적으로 보상하고 촉진하려고 시도하는 의사소통 체계이다.

## 02 용어

특수아동교육, 이소현 외, 학지사

### 1. 말

#### (1) 정의

언어의 구어 산출을 의미한다.

#### (2) 말 산출기관

① 호흡: 폐에서 숨을 쉬고 내뱉는 과정으로, 말 생성의 원동력이 된다.
② 발성: 성대가 수축될 때 공기가 진동하는 과정에서 소리를 만들어낸다.
③ 공명: 공기가 목, 입, 비강을 통과하면서 소리의 성질을 만들어낸다.
④ 조음: 혀, 입술, 치아와 같은 조음기관에 의해 구어음이 특정음으로 만들어진다.
⑤ 신경
   ㉠ 구어 산출과 관련된 복잡한 행동은 호흡계, 발성계, 조음/공명계에 의해 이루어진다.
   ㉡ 각 구조가 정상적인 기능을 하기 위해서는 신경 자극이 필요하다.
   ㉢ 발화와 관련된 근육·기관의 활동은 신경계로부터 시작·조정된다.

① 후설이 연구개에 접촉하면 '가'의 /ㄱ/ 소리, '방'의 /ㅇ/ 소리가 나온다.
② 숨을 쉬는 동안에 일반적으로 연구개의 위치가 후인두 벽으로부터 떨어져 있어, 공기가 비강과
   인두 사이를 이동하도록 한다.
③ 그러나 연구개의 위치가 상승하면 후인두를 폐쇄시켜 구강과 인두강 사이를 막는다.
④ 이는 비음인 /m/, /n/, /ŋ/ 음을 제외한 소리를 산출할 때 기류가 비강으로 새어나가는 것을
   막아주며, 이를 '연인두 폐쇄'라고 한다.
⑤ 비음을 산출할 경우 연구개가 다시 낮아지면서 비강으로도 공기가 방출된다.
⑥ 구개파열로 인해 연인두 폐쇄 기능이 정상적으로 이루어지지 않으면 과대비음이 발생한다.

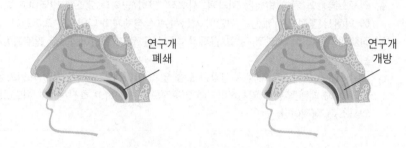

[그림 4-1] 연인두 폐쇄기능

## 2. 언어

### (1) 정의

생각과 정보를 전달하기 위한 상징의 조직적 체계, 즉 음성이나 문자를 통해 생각과
감정을 표현하는 체계적 수단이다.

### (2) 구성요소 ✱ 20 초등, 20 중등, 15 유아

① 형태: 소리를 의미 있는 기호와 연결하는 언어적 요소로 '음운론, 형태론, 구문론'의
   3가지를 포함한다.
   ㉠ 음운론: 소리 및 이들의 조합을 규정하는 규칙이다.
   ㉡ 형태론: 단어의 구성을 규정하는 규칙이다.
   ㉢ 구문론: 다양한 유형의 문장을 만들기 위해 단어를 배열하는 규칙이다.

집중 point 음운(phoneme)

1. 음운
   말을 이루는 낱낱의 소리를 말한다. '음운'이라는 용어는 '음소'라는 용어와 함께 쓰이기도 하고
   구별되어 쓰이기도 한다. 음운과 음소를 구별해서 쓰는 학자들은 음소와 운소를 합쳐 음운이라고
   한다. 이 때 음소에는 자음과 모음이 포함되고 운소에는 소리 길이·성조(높낮이)·강세(세기)
   등이 포함된다. 음운과 음소를 같은 뜻으로 쓰는 학자들은 자음과 모음을 분절 음소, 소리 길이와
   성조, 강세 등을 '초분절 음소'라고 한다.

2. 초분절적 요소
   분절음은 쪼개어 단위가 되는 음으로, 자음, 모음, 반모음이다. 초분절음(운율적 요소)은 분절음
   의 단위를 뛰어넘는 것으로, 분절음들이 연결되어 이루는 음절, 단어, 구절 등의 초분절적 단위에
   나타나는 강세(stress) 성조(tone), 억양(intonation), 음장(length) 등이 있다.

② 내용
　　㉠ 언어의 의미를 말하며, '의미론'이 이에 속한다.
　　㉡ 언어에 있어서의 의미는 단어를 사용함으로써 전달되며, 특히 사물, 사건, 사람과 이들 간의 관계를 알게 해주는 역할을 한다.
③ 언어의 사용
　　㉠ 사회적 상황에서의 언어 활용을 규정하는 규칙으로, '화용론'이 이에 속한다. 의사소통 시 사용할 기호의 선택과 관련된 규칙, 의도를 규정하는 규칙들이 포함된다.
　　㉡ 언어의 기능은 말하는 사람의 의도, 목적과 관계되며 인사하기, 질문하기, 대답하기, 정보 요구하기, 정보 제공하기 등이 포함된다.

| 구성요소 | 하위체계 | 정의 | 사용 예시 | |
|---|---|---|---|---|
| | | | 수용언어 | 표현언어 |
| 형태 | 음운론 | 말소리 및 말소리의 조합을 규정하는 규칙 | 말소리 식별 | 말소리를 만들고 분명하게 발음 |
| | 형태론 | 단어의 구성을 규정하는 규칙 | 단어의 문법적인 구조 이해 | 단어 내에서 문법 사용 |
| | 구문론 | 단어의 배열, 문장 구조, 서로 다른 종류의 문장 구성을 규정하는 규칙 | 문구와 문장 이해 | 문구와 문장 내에서 문법 사용 |
| 내용 | 의미론 | 의미(단어 및 단어 조합)를 규정하는 규칙 | 단어의 의미와 단어 간 관계 이해 | 단어의 의미와 단어 간 관계 사용 |
| 사용 | 화용론 | 사회적 상황에서의 언어의 사용과 관련된 규칙 | 사회적 상황 단서 이해 | 다른 사람에게 영향을 미치기 위해 언어 사용 |

## 3. 의사소통

### (1) 정의

송신자와 수신자가 지식, 정보, 신념, 감정 등을 공유하는 행동으로, 두 사람 이상의 사람 사이의 정보교환을 의미한다.

### (2) 의사소통 구성

의사소통 개념에는 화자가 전달하고자 하는 '의도'와 화자가 전달하고자 하는 '상대자', 전달하는 '메시지의 형태'가 포함된다.

### (3) 의사소통 수단 [16 초등]

① 언어적 요소: 말과 언어를 말한다.
② 준언어적 요소: 억양, 강세, 속도, 일시적인 침묵 등과 같이 말에 첨가하여 메시지를 전달하는 것이다. ✽
③ 비언어적 요소: 몸짓, 자세, 표정 등과 같이 말이나 언어에 의존하지 않고 메시지를 전달하는 것이다.
④ 초언어적 요소: 언어 자체를 사고의 대상으로 하여 언어의 구조나 특질을 인식하는 능력이다.

# 제 2 절 아동 언어발달

## 01 영아 초기 단계

### 1. 울음 단계

① 신생아의 울음은 반사적 반응으로 나타나며 출생 후부터 약 1개월까지의 울음은 미분화된 울음이다.
② 영아의 울음소리는 점차 분화되어 상황에 따라 달라진다.
   **예** 배고플 때, 아플 때, 관심을 가져달라고 할 때의 울음소리가 고저, 강약에 따라 달라지는 것
③ 영아는 이 단계부터 울음을 통해 자신의 욕구를 전달한다.

### 2. 쿠잉 단계

① 약 2개월 정도가 되면 영아는 '목젖소리', 예를 들면 /aaaah/, /oooo /, /gggg/와 같은 대부분 후두와 연구개에서 만들어지는 울음 외의 소리를 내기 시작한다.
② 초기 쿠잉(cooing)은 우연히 산출되는 소리지만 점차 자신의 의도에 따라 발성의 폭을 넓혀나간다.
③ 발성기관을 가지고 노는 것처럼 보이며, 기분이 좋을 때 더 자주 나타난다.

### 3. 옹알이 단계

① 6개월 정도가 되면 영아의 발성소리는 점차 옹알이(babbling) 형태로 바뀐다.
② 모음과 자음이 결합되어 나오는 소리, 예를 들면 '마마마마', '음마마마', '아부부부' 등과 같은 전형적인 옹알이 소리를 내기 시작한다.
③ 초기 옹알이(6~8개월)는 반복적 옹알이 단계로 '바바', '마마'와 같이 동일한 자음 반복이 특징적이며, 9~12개월경에는 음절성 옹알이 단계가 나타난다.
④ 이 시기에는 자음과 모음이 말소리와 비슷하게 조합되는 양상을 보인다.

## 4. 몸짓언어

① 일반적으로 영아기, 특히 첫 단어가 출현하기 이전에 나타나는 의사소통의 형태는 몸짓언어이다.

② 몸짓이나 제스처를 통한 비구어적 의사소통능력은 선천적으로 내재된 범언어적 능력이며, 모든 아이는 태어날 때부터 표현적 몸짓을 타고난다.

③ 울음 소리, 눈맞춤, 몸짓 등을 통해 영아는 자신의 욕구, 흥미 등을 표현한다.

④ 다만 비구어적 의사소통은 상황적인 맥락에 의해서만 이해가 되고 주변 양육자의 해석에 의존해야 하는 한계가 있다.

⑤ 몸짓언어의 기능

| 구분 | 내용 |
|---|---|
| 상징적 기능 | 실제적인 의사소통에서 음성언어와 동일한 기능을 가짐<br>예 주먹으로 위협하는 동작을 하는 것 |
| 참조적 기능 | 손가락, 머리 또는 눈으로 대상을 가리키는 기능을 함<br>예 가까이에 있는 물컵이 필요할 때 상대방에게 머리나 손가락으로 가리키는 것 |
| 의미론적 기능 | • 구어 표현에 몸짓을 첨가함으로써 구어적 표현을 강조하고 보충하는 기능이 있음<br>• 구두 표현과 상반된 의미를 전달하는 기능을 하기도 함<br>예 보충 의미: 긍정적인 답변에 머리를 끄덕이는 몸짓<br>　　상반된 의미: 상대방이 심각하게 말하고 있는데 미소를 짓는 몸짓 |
| 화용론적 기능 | 대화를 유지시키는 수단이 되어줌<br>예 누군가가 말을 끊으려고 할 때 손으로 가볍게 막는 몸짓이나 역으로 상대방의 말을 제어할 때 신호를 줄 수 있음 |

## 5. 언어 이전기 의사소통

① 언어 이전기(prelinguistic period): 완성된 단어의 형태는 출현하지 않지만 말 산출과 의사소통 발달의 토대가 만들어지는 시기로, 일반적으로 12개월 이전 단계로서 몸짓언어와 함께 언어이해능력이 점차 발달하면서 상대방과의 의사소통이 시작된다.

② 의사소통이 가능하기 위해서는 여러 기초기술이 필요한데, 대표적으로 눈맞춤, 응시하기, 모방하기, 공동주의(joint attention), 차례 주고받기 등이 해당한다.

③ 의사소통 발달단계

| 단계 | 정의 | 행동 예시 |
|---|---|---|
| 초보적 의사소통 행동 (primitive communicative behaviors) 단계 (0~4개월) | 울음, 미소, 눈맞춤 등의 반사적 의사소통 | 막 울다가도 엄마가 안고 얼러주면 방긋 웃는 것 |
| 언향적 (perlocutionary) 단계 (4~8개월) | • 전의도적(preintentional)<br>• 의사소통 행동 효과만 발생함<br>• 영유아는 행동으로 인해 수반되는 결과에만 관심을 보이며, 다른 사람에게 의도를 전달하지는 않음<br>• 주변 사람들이 영유아의 행동을 보고 반응해줌으로써 행동에 대한 행동의 효과가 발생함 | 영유아가 컵 쪽으로 손을 뻗는 행동을 보고 엄마가 컵을 집어주는 것 |
| 언표내적 (illocutionary) 단계 (8, 10~12개월) | • 의도를 내포한 행동을 시작함<br>• 영유아는 타인에게 의도를 전달함으로써 원하는 결과를 얻을 수 있음을 인식함<br>• 아직 언어표현이 시작되지 않아 몸짓, 발성 같은 비언어적인 수단을 사용하여 표현함<br>• '수단-목적'의 관계를 앎<br>• 신호-(타인의) 행동결과 간의 인과관계를 이해함 | • 엄마를 바라보며 컵을 가리켜 물을 마시고 싶다는 의도를 전달하는 것<br>• 만지고 싶은 것을 만지지 못하게 하면 서럽게 우는 것 |
| 언표적 (locutionary) 단계 (12개월 이후) | • 언어표현으로 자신의 의도를 전달함<br>• 음성, 수화 등을 사용하여 자신의 의도를 달성함 | "물."과 같은 언어표현을 통해 자신의 의도를 전달하는 것 |

---

**보충+α** 의사소통 발달단계 23 초등

| 단계 | 내용 |
|---|---|
| 1단계: 전의도적 단계 (perlocutionary) | • 학생이 자신의 의도를 정확하게 표현하지 못하므로 대화상대자가 학생이 표현하고자 하는 의도를 주도적으로 해석해야 하는 단계<br>• 교사는 학생이 흥미 있어 하는 사물을 이용하여 공동관심 또는 상호관심을 형성하도록 유도함<br>• 교사와 학생이 같은 사물 또는 활동에 집중하고 있거나 학생과 교사가 서로를 바라볼 때의 교사의 일관성 있는 피드백은 학생의 의도를 유도할 수 있음 |
| 2단계: 의도적인 비구어 단계 (illocutionary) | 학생이 정확한 발음의 구어는 아니지만 관습적인 몸짓, 부정확한 발음, 일정 행동이나 몸짓 등으로 표현하는 단계 |
| 3단계: 의도적인 상징적 의사소통 단계 (locutionary) | 구체적인 의도를 가지고 상대방을 향해 단어나 그 외 상징체계를 사용하여 지적하거나 표현하는 단계 |

## 02 영아 후기(12~24개월)부터 유아기까지

### 1. 일어문 시기

① 생후 12개월 정도가 되면 유아는 하나의 단어로 자신의 의사를 표현하기 시작하며, 이때 한 단어가 한 문장을 대표하므로 '일어문 시기'라고 한다.

② 영아가 사용하는 한 단어는 많은 의미를 가지기 때문에 상황적 맥락 속에서만 이해될 수 있다.

> 예 "엄마."라는 문장은 상황과 운율에 따라서 다양한 의미를 가지며, "내 엄마야.", "엄마, 어디 있어?", "엄마 옷이야." 등을 의미할 수 있다.

### 2. 이어문 시기 <sup></sup> 22 초등, 22 중등, 21 유아, 19 유아

① 약 18개월이 되면 두 개의 단어를 연결하여 아주 초보적 문장으로 말을 하게 되는데, 이를 두 단어 시기, '이어문 시기'라고 한다. 예 "엄마 맘마", "아빠 차" 등의 문장

② 이 시기가 시작되고 약 2~3개월이 지나면 세 단어를 조합하여 말하기 시작하고 이때부터 실질적인 어휘폭발기가 시작된다.

③ 어휘발달 특징 ✱
  ㉠ 과잉확대(overextension) 현상
    ⓐ 유아가 아는 어휘의 양이 아직 부족하고 정확한 지식이 형성되지 않아서 생기는 현상이다.
      > 예 성인 남자를 모두 '아빠'라고 부르는 것, 네 발 달린 동물을 모두 '개'라고 하는 것
    ⓑ 유아기에 일시적으로 나타나는 현상으로 어휘력과 지식이 증가하면서 점차 사라진다.
  ㉡ 과잉축소(underextension) 현상
    ⓐ 단어를 그 단어가 가진 본래 뜻보다 좁은 의미로 사용하는 현상을 의미한다.
    ⓑ 단어의 의미를 자신이 가지고 있는 경험 속의 의미로만 제한하는 것으로, 어휘력과 지식이 증가하면서 점차 사라진다.
      > 예 유아가 '의자'라는 단어가 '앉는 것'에 사용되는 개념이라는 사실을 아직 모르기 때문에 자신이 아는 특정한 대상만을 '의자'라고 생각하는 경우
  ㉢ 과잉일반화(overgeneralization) 현상
    ⓐ 유아가 언어를 배우는 과정에서 사용규칙을 일반화하는 현상을 의미한다.
    ⓑ 과잉일반화 현상은 특히 문법 습득과정에서 많이 나타난다.
    ⓒ 문법 습득과정에서 생기는 가장 대표적인 과잉일반화는 '주격 조사의 과잉일반화'이다.
      • 한국어는 문법상 주격 명사에 받침이 있는 경우는 조사 '-이'를, 받침이 없는 경우는 조사 '-가'를 붙인다.
      • 문법을 습득하는 초기 단계의 아동은 모든 단어의 뒤에 '-가'를 붙이는 경향이 있다.
      > 예 '삼촌이가…', '선생님이가…'

**과잉확대 현상과 과잉일반화 현상의 비교**

• 두 현상은 '과하다(over)'는 의미를 포함한다는 면에서 공통점을 가지지만, 국내 언어치료학 사전의 의미에 따라 구분된다.
• 의미에 따른 비교

| 구분 | 내용 |
|---|---|
| 과잉확대 현상 | • 초기 어휘발달 과정에서 모든 단어의 1/4을 실제 의미보다 더 큰 의미범주의 단어로 사용하는 현상<br>• 어떤 단어를 그 단어가 원래 의미하는 것보다 더 광범위하게 사용하는 것 |
| 과잉일반화 현상 | • 문법 습득과정에서 나타나는 시스템적 오류 현상<br>• 아동이 과거시제, 단수, 복수와 같은 구문 기능을 사용할 때 나타남 |

ⓔ 주축문법(pivot grammar)

ⓐ 주축문법은 두 단어 시기(이어문 시기)의 유아의 말에서 관찰된다.

ⓑ 주축이 되는 단어를 중심으로 새로운 단어를 조합하여 문장으로 표현하는 것이다.

| 구분 | 내용 | 예시 |
|---|---|---|
| 주축어 | • 두 단어 조합에서 주축이 되는 단어<br>• 주축어는 고정된 위치를 취하며, 개방어에 비해 증가 속도가 느리고, 단독으로 사용되지 않으며, 모든 개방어와 조합될 수 있음 | 엄마 |
| 개방어 | 주축어에 합쳐지는 단어 | 쉬, 어부바, 맘마 등 |

ⓜ 수평적 어휘확장과 수직적 어휘확장: 영유아는 수평적 어휘확장과 수직적 어휘확장의 과정을 거친다.

| 구분 | 내용 |
|---|---|
| 수평적 어휘확장 | 유아가 단어의 여러 속성을 알고 다양한 상황에서 단어의 의미를 경험함으로써 한 단어의 관습적 의미를 이해하고 이를 통해 어휘를 배우는 것<br>예 유아는 개의 여러 속성, 몸집 크기, 털, 생김새, 촉감, 형태 등을 연결하여 '개'라는 단어의 의미를 풍부하게 한다. 처음에는 집에서 기르는 애완견만 알다가 기능에 따라 안내견 등이 있음을 알게 되면서 그 단어의 의미를 확장해간다. |
| 수직적 어휘확장 | 유아가 어떤 어휘의 개념속성을 학습하면 이와 관련된 단어들을 하나의 의미 집합체로 구성할 수 있게 되어 어휘를 학습하는 것<br>예 개의 속성을 알게 된 유아가 개, 염소, 말, 양과 같은 동물과의 관계를 알게 되면서 동물이라는 집합체로 이해하게 된다. |

ⓗ 전보식 문장

ⓐ 아동이 2세에 접어들면서 어휘의 수가 급격하게 증가하고, 단어들을 결합하여 초보적인 문장을 만들어가기 시작한다.

ⓑ 전보식 문장: 조사나 문법적 의미를 가진 단어들은 모두 생략하고 대부분이 핵심단어로만 이루어진 문장을 말한다.

예 "나는 바나나가 더 좋아요."보다 "나 바나나 좋아."라고 말하는 것

## 03 대화능력 발달

### 1. 대화참여 기술의 발달

#### (1) 대화참여 기술

① 대화를 적절하게 시작하고,

② 상대방의 선행발화에 적절하게 반응하며,

③ 주제를 유지하면서 순서적으로 말차례를 주고받고,

④ 듣는 이의 피드백에 따라 반응을 수정하는 것을 포함하는 포괄적인 능력을 말한다.

#### (2) 아동의 대화참여 및 담화조정 능력 확인

① 대화를 시작하고 반응하며 말차례를 이어가는 능력

② 대화의 주제를 유지하거나 이끌어가는 능력

③ 의사소통이 실패했을 때 상대방에게 말을 명료하게 해달라고 요구하거나 자신의 말을 수정하는 능력

#### (3) 세부 능력

① 말차례 주고받기 능력

㉠ 말차례 주고받기를 구성하는 말차례는 상대방이 말을 시작하기 전까지 화자가 주제에 대해 말하는 발화로 정의된다.

㉡ 말차례에서 나타날 수 있는 오류

| 구분 | 내용 |
|---|---|
| 중첩(overlapping) | 상대방의 말이 끝나기 전에 끼어드는 오류 |
| 발화방향의 오류 | 지나친 자기중심 발화의 오류 |
| 반응률 오류 | 상대방의 말에 시간 내에 반응하지 못하는 오류 |
| 의미연결 오류 | 상대방의 말과 의미적으로 관계없는 말을 하는 등의 오류 |

ⓐ 중첩 및 순차적 말차례

| 구분 | 내용 |
|---|---|
| 중첩 | • **문장 초 중첩**: 성인과 아동이 동시에 말을 시작하여 발화의 처음부터 겹치는 것<br>• **문장 내 중첩**: 성인이 이미 발화를 시작한 후에 아동이 말을 시작하여 두 사람의 말이 발화 중간에서 겹치는 것 |
| 순차적 말차례 | • 말차례 주고받기가 적절히 이루어지는 것<br>• 두 명의 대화 참여자가 교대로 한 번씩 말차례를 갖는 것 |

ⓑ 발화방향(utterance focus): 시선(gaze), 상대와의 거리·방향(proximity), 발화 외적요소 등을 통해 분석할 수 있다.
  • 발화방향의 구분원칙

| 구분 | 범주항목 | 구분원칙 |
|---|---|---|
| 상대<br>중심 | 시선 | (다음 항목 중 1가지 이상)<br>• 대화 상대방에게 시선을 향하고 있다.<br>• 대화 상대방과 하는 활동에 시선을 두고 있다.<br>• 대화 상대방이 선행발화에 언급한 대상에 시선을 두고 있다. |
| | 방향·거리 | (다음 항목 중 1가지 이상)<br>• 아동 몸 전체의 방향이 활동이나 대화 상대방을 향해 있다.<br>• 아동과 대화 상대방 간의 거리가 가까워지거나 변화가 없다. |
| | 발화<br>외적 요소 | (다음 항목 중 1가지 이상)<br>• 아동의 목소리가 자기주도적으로 말할 때보다 크다.<br>• 선행발화에 적절한 관습적 제스처가 나타난다.<br>  (고개 끄떡이기, 지적하기, 보여주기, 제공하기, 접촉하기 등)<br>• 상대방을 고려하여 경어법을 사용한다. |
| 자기<br>중심 | 시선 | (다음 항목 중 1가지 이상)<br>• 대화 상대방이 아닌 방향으로 시선을 향하고 있다.<br>• 대화 상대방과 하는 활동에 시선을 두고 있지 않다.<br>• 대화 상대방의 선행발화에 언급한 대상에 시선을 두고 있지 않다. |
| | 방향·거리 | (다음 항목 중 1가지 이상)<br>• 아동 몸 전체의 방향이 활동이나 대화 상대방을 향해 있지 않다.<br>• 아동과 대화 상대방 간의 거리가 멀어진다. |
| | 발화<br>외적 요소 | (다음 항목 중 1가지 이상)<br>• 아동의 목소리가 자기주도적으로 말할 때보다 작다.<br>• 선행발화에 적절한 관습적 제스처가 나타나지 않는다.<br>• 상대방을 고려하여 경어법을 사용하지 않는다. |

ⓒ 반응률: 말차례 주고받기에서 대화 상대방의 선행발화 후에 아동이 반응할 만한 충분한 시간(약 3초)을 주었을 때 반응하는 정도를 말한다.
ⓓ 선행발화에 대한 의미연결 반응률: 상대방의 선행발화 내용에 의미적으로 연결되었는지의 여부에 따라 의미연결 반응을 살펴볼 수도 있다.
② 대화주제 관리능력
  ㉠ 대화주제를 시작하는 능력
  ㉡ 대화주제를 유지하다가 잘 바꾸는 능력
  ㉢ 대화를 자연스럽게 잘 끝내는 능력

③ 의사소통실패 해결능력: 두 사람 이상이 대화할 때 의사소통 실패가 나타날 수 있으며, 이러한 상황을 해결하는 능력을 습득하는 것도 대화기술에서 중요하다.

　㉠ 의사소통 오류의 형태

| 오류형태 | 정의 |
|---|---|
| 목소리 크기 | 아동이 너무 조용하게 이야기하는 경우 |
| 음운 오류 | 아동의 발음이 불명료하거나 음운 오류가 나타나는 경우 |
| 어휘 오류 | 아동이 산출한 낱말이 상대방이 이해할 수 없는 것이거나 상호작용의 맥락에 적합하지 않은 경우 |
| 내용 오류 | 아동 발화가 의미적으로 부정확하거나 정확하지 않은 정보를 담은 경우 |
| 화용 오류 | 아동이 정확하지 않은 대명사나 주제를 전환하는 경우 |
| 무발화 | 아동이 이해할 수 없는 제스처를 사용하는 경우 |
| 미완성 | 아동이 미완성 발화를 산출하는 경우 |
| 기타 | 이 외의 오류 |

　㉡ 발화수정 전략: 말하는 사람의 입장에서 자신이 무엇을 잘못했는지를 분석하고 수정하는 행위이다.

| 세부 전략 | 정의 |
|---|---|
| 반복 | 이전 발화 전체/부분을 반복하는 것 |
| 개정 | 이전 발화의 문장 형태를 구조적으로 변화시키는 것 |
| 첨가 | 이전 발화에 특정 정보를 더하는 것 |
| 단서 추가 | 이전 발화의 용어를 정의하거나 배경정보에 대한 설명, 발화수정 자체에 대해 말하는 것 |

　㉢ 명료화 요구 전략: 듣는 사람의 입장에서 자신이 이해할 수 없던 부분에 대해 수정하여 다시 말해줄 것을 요구하는 행위이다. [21 중등]

| 명료화 요구 유형 | 정의 및 예시 |
|---|---|
| 일반적 요구 | 이전 발화의 의미를 다시 묻는 경우, 끝을 올리는 억양으로 이전 발화의 어떤 부분을 반복해줄 것을 요구함<br>예 "응?", "뭐라고?", "못 알아듣겠다."<br><br>A: "나 어제 할머니 집에 갔어요."<br>B: "응?" 또는 "뭐라고?" |
| 확인을 위한 요구 | • 화자의 발화 일부/전체를 반복함으로써 이전 발화의 의미를 확인함<br>• 주로 끝을 올리는 억양이므로 '예/아니요' 질문과 비슷함<br><br>A: "나 어제 할머니 집에 갔어요."<br>B: "어제?" 또는 "할머니 집?" |
| 발화의 특별한 부분 반복 요구 | 원래 발화의 구성요소 일부를 의문사로 바꾸어 질문함으로써 특별한 부분을 반복해줄 것을 요구함<br><br>A: "나 어제 할머니 집에 갔어요."<br>B: "어제 어디에 갔어?" |

## 2. 참조적 의사소통의 발달 ✱ 21 중등

### (1) 참조적 의사소통의 정의

① 자연스러운 대화를 나누려면 말하는 사람(화자)이나 듣는 사람(청자)이 상대의 입장을 고려하여 표현하거나 이해할 수 있어야 하며, 이를 위해서는 참조적인 의사소통 기술이 요구된다.

② 참조적 의사소통을 성공적으로 수행하려면 화자와 청자 모두 정보와 더불어 정보에 언급된 참조물의 관계를 이해할 수 있어야 하는데, 이 능력은 학령기 동안 지속적으로 발달한다.

③ 참조적 의사소통에서 청자의 역할은 화자의 정보를 이해하고 화자 정보의 적절성에 대한 피드백을 제공하는 것이다.

④ 즉, 대화 상대방의 입장을 고려하여 특정한 정보를 제공하고 이해하는 능력이다.

### (2) 참조적 의사소통 수행기초능력

① 화자의 청자에 대한 분석 기술: 청자의 관점을 분석하여 청자의 관점에서 메시지를 구성하는 능력이다.

② 화자의 과제분석 기술: 특정 의사소통 과제에 대한 정보처리 요구에 대처하는 능력으로, 참조적 의사소통을 성공적으로 수행하기 위해 화자는 자신이 말하려고 하는 정보가 참조물과 비참조물을 구별할 수 있어야 한다는 점을 이해해야 한다.

③ 청자의 정보분석 기술: 화자가 산출한 정보를 들은 후에 그 정보를 분석하는 능력을 말한다.

### (3) 화자의 참조적 의사소통 능력

> 사람이 듣는 상대자로 하여금 특정한 대상을 정확하게 파악할 수 있도록 언어적으로 표현하는 능력을 말한다.

① 전제(presupposition)
  ㉠ 문맥이나 상대자의 사전지식 등에 대해 말하는 사람(화자)이 어떻게 가정하고 있는지를 말한다.
  ㉡ 이러한 가정에 의해 말하는 방식이나 내용이 수정된다.
      例 도둑질이 나쁘다는 것을 아는 아동에게는 "그걸 가져가면 도둑질이 되니까 안 되겠지?"라고 할 수 있지만, 그렇지 못한 아동에게는 "그걸 가져가면 주인이 슬퍼하니까 안 되겠지?"라고 하는 것이 더 효과적으로 전달될 것이다.

② 결속표지

 ㉠ 가리킴말을 써서 문장 속에 포함된 낱말을 이해하기 쉽게 만들기도 한다.

 ㉡ 접속사나 연결어미를 써서 문장과 문장 사이의 관계를 명확하게 해주기도 한다.

 ㉢ 때로는 중복되는 부분을 생략하여 불필요한 부분을 다 듣지 않아도 되게 한다.

 ㉣ 결속표지의 기능

| 구분 | 내용 |
|---|---|
| 가리킴말 | • 다양한 품사에서 쓰일 수 있음<br>• 대명사(나/너/우리/너희), 지시형용사(이/그/저), 시간부사(지금/아까/나중에), 장소부사(여기/저기), 동사(오다/가다)에도 사용됨 |
| 접속사나 연결어미 | • 문장과 문장 사이에 접속사나 연결어미를 사용하면, 각각의 문장을 듣고 그 관계를 유추하는 것보다 훨씬 효과적임<br>• 접속사나 연결어미를 사용하면 추가(그리고, -고)나 반전(그러나, -지만), 원인(-니까), 이유(-려고) 등의 다양한 문장 간 관계를 좀 더 정확하게 전달할 수 있음 |
| 중복되는 부분의 생략 | 중복되는 부분의 생략도 말의 의미를 전달하는 중요한 기술<br>예 수업시간에 "선생님, 화장실 가고 싶은데(화장실) 갔다와도 돼요?"라고 하여 낱말을 생략하는 것이 도리어 자연스럽다. |

③ 피드백

 ㉠ 참조적 기술에서는 상대방의 반응에 적절한 피드백을 제공하는 것도 중요하다.

 ㉡ 상대방의 지식에 대한 전제를 바탕으로 말을 했는데 상대방의 대답이나 반응이 적절치 못하면 말하는 사람이 자신의 전제를 바꾸어 다시 표현할 수 있어야 한다.

 예 앞선 도둑질의 예시에서 "그걸 가져가면 도둑질이 되니까 안 되겠지?"에 대한 반응이 "그럼 도둑질 하지 않고 가져갈 거야."라면 우리는 아동의 '도둑질' 개념에 대한 전제를 바꾸어 다시 말해야 할 것이다.

## 04 이야기능력 발달

### 1. 이야기 표현의 발달

(1) 정의

- 이야기는 자기 스스로 시작하고, 조정하고, 탈문맥화시키는 담화의 일종이다.
- 이야기는 대화와는 다르게 ① 문맥이 확장된 단위이며, ② 문장들 간에 시간적·인과적 결합력이 있고, ③ 말하는 내내 사회적 독백의 형태를 띤다.

(2) 이야기 표현 기술의 발달지표

① 이야기 문법: 이야기의 전개가 얼마나 짜임새 있게 표현되는지를 분석한다.

| 이야기<br>문법 요소 | 설명 및 예시 |
|---|---|
| 배경 진술 | 등장인물(들)이나 그(들)의 행동 특성 혹은 주인공이 등장하는 상황, 배경을 설명하는 부분 |
| | 어느 봄날, 민우는 냇가에 놀러갔다가 |
| 발단<br>(개시사건) | 등장인물이 처음으로 대면하는 사건이 묘사되는 부분 |
| | 개구리는 병에서 몰래 빠져나와 창문 밖으로 도망쳐버렸어요. |
| 내적 반응 | 개시사건에 대한 등장인물의 감정적 반응, 생각 혹은 의지를 묘사하는 부분 |
| | 민우는 개구리가 없어진 것을 보고 깜짝 놀랐어요. |
| 내적 계획 | 등장인물이 자신의 목표를 이루기 위해 세운 계획, 전략을 묘사하는 부분 |
| | 그래서 민우는 개구리를 찾기로 했어요. |
| 시도 | 등장인물이 목표를 이루기 위해 시도하는 행동을 묘사하는 부분 |
| | 민우는 창문을 열고 "개구리야 어디 있니?" 하고 소리쳤지만 |
| 직접 결과 | 성공하거나 실패하는 시도의 결과를 묘사하는 부분 |
| | 개구리는 아무 데도 없었어요. |
| 결말 | 결과에 대한 등장인물의 감정적 대응, 생각 또는 행동을 묘사하는 부분 |
| | 그래서 민우는 강아지를 데리고 집으로 돌아갔어요. |

② 주제응집도(중앙응집도): 이야기의 각 단위들이 전체 주제에 맞춰 얼마나 응집력 있게 표현되어 있는지를 분석한다.

　㉠ 이야기의 중점이 되는 사건(gist)들이 인과성 있게 연결될 때, 그 이야기는 응집성이 있다고 한다.

　㉡ 응집성 있는 이야기를 산출하기 위해서는 이야기를 전반적인 수준에서 파악하고 주제가 되는 사건들을 찾아내는 것과 주제가 되는 사건들을 인과적으로 연결하는 것이 중요하다.

③ **결속표지**: 이야기의 문장과 문장들이 서로 의미적으로 얼마나 잘 연결되어 있는지를 분석한다.

| 유형 | 내용 |
|---|---|
| 지시 | 선행 또는 후행 문장에서 언급되는 사물, 사람, 사건 등의 실체를 지시함<br>예) 이거, 그거, 이것들, 그것들, 여기, 거기, 지금, 다음 |
| 대치 | 청자와 화자가 공유하고 있다고 여겨지는 정보는 지시하되 공유 정보의 자리에 다른 낱말을 대신 사용함<br>예) -거, 같은 거, -해, 그거, 그렇게, - 말고 |
| 접속 | 문장 간의 내용을 논리적으로 연결하는 의미체로서 문장 간 관계를 밝힘<br>예) • 참가관계(-하고, 그리고)<br>• 반전관계(-지만, 그러나)<br>• 시간관계(-한 후에, -한 다음에, -하기 전에, -하고 나서, -하면서, 첫째, 둘째, -시간 후에)<br>• 인과관계(- 때문에, - 결과로, - 경우에, -하기 위해, 그래서) |
| 어휘적 결속 | 사람, 생물, 사물, 무생물, 추상적 의미체, 행동, 장소, 사실을 의미하는 명사를 사용하여 전후 문장과의 관계를 분명히 함 |

## 2. 이야기 이해의 발달

① 이야기 이해 능력은 이야기를 듣고 나서 이야기의 전체구조와 세부내용을 이해하는 능력을 의미한다.
② 이야기 이해 과정의 핵심적인 요소 중 하나는 추론 능력이다.
   ㉠ 사실적 정보 이해 과제: 표면적으로 드러난 사실적인 정보에 대한 이해를 요구하는 과제
   ㉡ 텍스트 연결 추론 이해 과제: 이야기 안에 표면적으로 드러나 있지는 않지만 이야기 결속표지(예) 지시어, 생략, 대용어 등)와 같은 문법적인 연결장치를 통해 의미를 텍스트의 연결관계에 따라 추론해야 하는 과제
   ㉢ 빠진 정보추론 이해 과제: 이야기 중에서 구체적으로 표현되지 않은 내용으로, 이야기의 의미를 청자의 지식과 통합하여 추론해야 하는 과제

# 제3절 신경장애

## 01 신경 말장애 – 말운동장애

### 1. 말실행증

#### (1) 정의

① 말실행증은 후천적인 뇌손상으로 인한 근육의 마비나 약화 현상 없이 조음기관의 위치를 프로그래밍하거나 일련의 조음운동(sequential movements)을 체계적으로 수행하는 데 어려움을 보이는 말장애이다.

② 전반적으로 변이성이 높으며, 발화 시 입술을 끊임없이 움직이면서 정확한 조음의 위치나 방법을 찾는 듯한 모색(groping) 현상이 관찰된다.

#### (2) 치료

① 말실행증의 치료원칙
  ㉠ 운동학습(motor learning)에 근거하며, 반복연습(drill)이 치료의 주요 부분을 이룬다.
  ㉡ 반복연습 과제는 집중적이면서 광범위하게 구성하는 것이 필요하다.
  ㉢ 특히 주의할 점은 자극이 복잡하고 길수록 오류가 많아지므로 소리, 단음절, 단어 등의 비교적 단순한 자극에서 시작하여 점차 복잡성과 길이를 늘려가야 한다는 점이다.

② 훈련할 때는 시각적 단서(visual cue)를 활용하는 것이 좋다.
  예 "내 입을 잘 쳐다보면서 들어보세요."

③ 환자의 반응에 대한 피드백을 주어 자기수정을 하도록 지도하는 것도 중요하다.

### 2. 마비말장애(dysarthrias)

#### (1) 정의

① 중추 및 말초신경계 손상으로 인한 말기제의 근육조정(muscular control) 장애로 나타나는 말장애이다.

② 중추 및 말초신경계 손상은 이러한 발화 하부체계들에 부정적인 영향을 미치며, 그 결과 호흡, 발성, 조음, 공명, 운율 등을 포함한 말기능 요소, 즉 속도, 강도, 범위, 타이밍, 정확성이 비정상적이 된다.

## (2) 유형

| 유형 | 병소 | 주요 특징 | 과제 종류 | | | |
|---|---|---|---|---|---|---|
| | | | 모음연장 | 교대/일련운동 | 문구 읽기 | 기타 특징 |
| 이완성 | 하부 운동신경 | 약화 | 계속적인 과비음, 비강기류, 계속적인 기식 | 점차적으로 느려짐 | 느림 | 천명, 이중발성 |
| 경직성 | 상부 운동신경 (양측) | 경직 | 쥐어짜는 음성의 질, 소리의 높낮이와 크기의 제한성, 간헐적인 과비음 | 느리지만 규칙적임 | 느림 | |
| 실조성 | 소뇌 | 불협응 | 소리 크기, 높낮이의 불규칙성 | 속도, 소리 높낮이, 크기 등이 변이적임 | 조음의 정확성 감소, 소리 크기와 높낮이의 변이성 | 하부 말체계의 부조화성 |
| 과소 운동성 | 추체외 회로 | 강직 및 저하된 운동 | 발성부진 | 빠른 속도 | 발성부전, 소리 높낮이와 크기의 단조로움 | |
| 과대 운동성 | 추체외 회로 | 불수의적 운동 | 소리 높낮이, 크기의 급변 증상 | 소리 높낮이, 크기, 속도 등의 갑작스러운 변화 | 소리 높낮이, 크기, 속도 등의 갑작스러운 변화 | |
| 일측상부 운동 신경성 | 상부운동 신경(한쪽) | 약화, 불협응 | | 부정확한 조음, 느린 속도 | 부정확한 조음, 느린 속도 | |
| 혼합성 | 여러 군데 | 여러 가지가 혼합되어 나타남 | – | – | – | 혼합된 마비 말장애에 따라 특징이 달라짐 |

### (3) 치료

① 화자중심적 치료는 마비말장애의 유형별로 이루어지거나, 산출체계별로 호흡, 발성, 공명, 조음, 말속도, 운율, 자연스러움을 중심으로 이루어진다.

② 의사소통중심적 치료는 마비말장애 환자와 청자 간의 의사소통을 증진하기 위해 행해질 수 있는 전략을 구사하는 데 있다.

③ 말 명료도를 증진하는 목적이 아니라 말의 이해 가능도(comprehensibility)를 향상시키고자 화자 전략, 청자 전략, 상호작용 전략을 구사해야 한다.

㉠ 화자 전략: 청자에게 신호를 보내 준비시키기, 의사소통이 어떻게 이루어져야 하는지 알리기, 문맥을 정하고 주제 확인하기 등이 있다.

㉡ 청자 전략: 눈맞춤 유지하기, 물리적 환경 변화시키기, 청력과 시력을 극대화시키기 등이다.

㉢ 상호작용 전략: 상호작용 시간 조정하기, 말하기와 듣기의 최적 환경 조성하기, 피드백 방법 정립하기 등이 있다.

## 02 신경 언어장애 – 실어증

### 1. 정의

신경계의 손상으로 인해 후천적으로 생기는 말하기, 듣기, 쓰기, 읽기의 4가지 영역에서의 언어장애를 말한다.

### 2. 유형 및 관련 증상

| 실어증 유형 | 말하기 | 알아듣기 | 따라 말하기 | 이름대기 |
|---|---|---|---|---|
| 비유창성 | | | | |
| 브로카 | 중단됨, 실문법증 | 비표준문장 구조에서 어려움 | 어려움 | 어려움 |
| 연결피질운동 | 중단됨, 실문법증 | 비표준문장 구조에서 어려움 | 손상되지 않음 | 어려움 |
| 전반 | 심각하게 손상 | 심각하게 손상 | 심각하게 손상 | 심각하게 손상 |
| 혼합초피질 | 심각하게 손상 | 심각하게 손상 | 손상되지 않음 | 심각하게 손상 |
| 유창성 | | | | |
| 명칭 | 단어찾기 어려움, 에두르기 유창함 | 손상되지 않음 | 손상되지 않음 | 어려움 |
| 베르니케 | 유창함, 착어증, 탈문법증 | 어려움 | 어려움 | 어려움 |
| 연결피질감각 | 유창함, 착어증, 탈문법증 | 어려움 | 손상되지 않음 | 어려움 |
| 전도 | 유창함 | 손상되지 않음 | – | 손상되지 않음 |

## (1) 표준 증후군

① 브로카 실어증(Broca aphasia)
ㄱ 전두엽 영역의 손상을 야기하는 브로카 실어증은 말의 산출에 특히 어려움을 보이며 실문법증 현상이 많이 나타난다.
ㄴ 실문법증: 전보식 문장과 같이 발화가 짧고 문법형태소와 같은 기능어를 생략하거나 과소 사용하는 것이 특징이며, 단순화된 통사구조를 사용하여 문장에 꼭 필요한 내용어만 열거하는 식의 발화를 말한다.

② 베르니케 실어증(Wernicke aphasia)
ㄱ 측두엽 영역의 손상과 관련된 베르니케 실어증이 있는 경우 상대의 말을 이해하는 데 특히 어려움을 보이며 탈문법증이 많이 나타난다.
ㄴ 탈(착)문법증: 기능어를 사용하기는 하나, 문장 내에서 단어배열이 제대로 되지 않고 불필요하게 문장이 길어지거나 단어나 문장이 중첩되는 식의 발화이다.

③ 전반 실어증(Global aphasia)
ㄱ 뇌의 광범위한 손상으로 인해 브로카와 베르니케 실어증이 결합된 가장 심한 형태의 실어증 유형이다.
ㄴ 일반적으로 구어적·비구어적 의사소통이 거의 이루어지기 어렵다.

④ 명칭 실어증(Anomic aphasia): 가장 경미한 형태로 이름대기에 어려움을 보인다.
예 "나 어제 그거 먹었는데… 뭐더라? 맞디! 치킨"처럼 대화상에서 특정 단어가 떠오르지 않는 경우

## (2) 비표준 증후군: 표준 증후군과 비교하여 따라 말하기 능력이 상대적으로 우수한 경우

① 초피질운동 실어증(연결피질운동 실어증, transcortical motor aphasia): 브로카 실어증과 비슷하지만 따라 말하기 과제에 어려움이 없는 경우이다.
② 초피질감각 실어증(연결피질감각 실어증, transcortical sensory aphasia): 베르니케 실어증과 비슷하지만 따라 말하기 과제에 큰 어려움이 없는 경우이다.
③ 전도 실어증(conduction aphasia): 브로카 영역과 베르니케 영역을 이어주는 영역에서의 병변을 가진 경우로, 베르니케 실어증처럼 말소리는 유창하지만 따라 말하기에 심한 어려움을 갖는다.
④ 혼합초피질 실어증(혼합연결피질 실어증, mixed transcortical aphasia): 브로카와 베르니케 실어증의 특성을 모두 가진 심한 상태이지만 따라 말하기는 가능하다.

보충+α 8가지 실어증 유형과 4가지 과제 수행력

| 구분 | 베르니케 실어증 | 초피질 감각 실어증 | 전도 실어증 | 명칭 실어증 | 브로카 실어증 | 초피질 운동 실어증 | 혼합초 피질 실어증 | 전반 실어증 |
|---|---|---|---|---|---|---|---|---|
| 유창성 | + | + | + | + | − | − | − | − |
| 청각적 이해력 | − | − | + | + | + | + | − | − |
| 따라 말하기 능력 | − | + | − | + | − | + | + | − |
| 이름대기 능력 | − | − | + | − | − | − | − | − |

의사소통장애의 이해(3판), 심현섭 외, 학지사

(3) **특성** [22 중등]

① 신조어: 환자가 순전히 새롭게 단어를 만들어내는 것이다.

② 착어증: 목표단어 대신 비슷하게 들리는 단어를 말하거나(음소착어증), 의미적으로 유사한 단어를 산출한다(의미착어증).

③ 자곤(jargon): 명료하지 못한 태도로 무의미한 말을 웅얼거리는 듯하게 하며, 내용 없는 발화가 연속적으로 나타난다.

④ 언어상동증: 마치 자동구어처럼 비슷한 문구만 되풀이하여 말한다.

⑤ 이름대기장애(낱말찾기장애): 말하고자 하는 단어가 떠오르지 않아 에둘러 말하거나 적절한 낱말을 사용하지 못한다.

⑥ 실서증(agraphia): 신경쓰기장애로, 쓰기능력이 상실된 경우를 말한다.

⑦ 실독증(alexia): 신경읽기장애로, 읽기능력이 상실된 경우를 말한다.

⑧ 보속증(perseveration): 바로 앞에 발음한 말소리 또는 단어를 비의도적으로 반복 하여 말한다.

⑨ 대용어 대치: 단어를 '이, 그, 저' 등으로 대치한다.
   예 "아, 이것을 하려고 했는데, 저것도 나쁘진 않고…."

(4) **치료**

① 모든 실어증 환자가 청각적 이해력에 장애가 있으므로 치료목표를 이해력 증진에 두는 청각적 자극요법(auditory stimulation)이 제시된 바 있다.

② 브로카 실어증 환자처럼 비유창하고 청각적 이해력이 유지되는 환자군에게 유용 하게 사용되어온 대표적인 치료법으로 멜로디억양치료법이 있다.
   ⓐ 손상되지 않은 비언어적 기능(예 소리 길이, 높낮이 등)을 사용하여 언어재활을 꾀 하는 재조직방법에 속한다.
   ⓑ 멜로디를 함께 조합하여 노래 형식으로 발화를 유도하면서 점차 목표발화의 길이를 늘려간다.

③ 이름대기에 어려움을 보이는 환자에게 도움되는 치료법으로 의미단서나 음소단서 를 제시하여 도움을 주는 단어인출치료(word retrieval therapy)가 있다.

④ 전반 실어증 환자에게 사용하는 대표적인 언어치료법으로는 시각동작치료(VAT; Visual Action Therapy)가 있는데, 전반 실어증 환자는 청각적 이해력과 표현 력이 매우 저하되어 있으므로 이 방법은 환자가 동작만 사용하게 하여 치료를 돕 는다.

# 제 4 절 조음 · 음운장애

## 01 정의

### 1. 조음 · 음운장애(articulation and phonological disorders)

조음 · 음운장애는 조음장애와 음운장애를 포함한 개념으로서, 조음기관의 이상으로 나타나는 발음상 문제뿐만 아니라 음운체계에 대한 지식의 부재로 인해 나타나는 음운상의 문제를 모두 포함하고 있다. 즉, 조음기관의 이상이나 음운지식 또는 기능적 결함에 의해 정상적인 조음이 되지 않는 경우를 말한다.

#### (1) 조음장애

① 조음기관의 결함으로 인해 특정 음에서 일관된 오류를 보이는 경우로, 이때 조음장애는 말소리를 형성하는 데 문제를 갖는 말장애에 해당한다.

② /ㅅ/에 문제를 가지고 있는 아동은 "엄마랑 동생이랑 사과와 수박을 사러 시장에 가요."라고 말할 때 '동생', '사과', '수박', '사러', '시장'에서 모두 오류를 보인다.

③ 즉, 모든 단어에서 특정 음소에 대해 일관되게 오류를 보이는 것이다.

#### (2) 음운장애

① 말소리의 규칙을 습득하고 사용하는 데 문제가 있는 경우로, 독립된 음소는 발음할 수 있으나 단어 내 음소들이 결합되면 그 변화에 따라 오류를 보인다.

② "정식이가 어제 전화 준다고 했지!"를 "덩식이가 어제 턴화 둔다고 했지!"라고 발음하는 것처럼 음의 오류가 일정하지 않다면 운동적 측면이 아니라 연령에 적합한 음운지식과 능력이 부족하여 소리를 정확히 산출하지 못하는 경우로 볼 수 있다.

③ 조음장애는 언어산출 이전 단계에서는 문제를 보이지 않고, 단지 발음을 산출하는 데서 문제가 발생하는 반면, 음운장애는 음운체계, 즉 언어지식과 관련된다.

④ 조음장애와 음운장애의 비교

| 조음장애 | 음운장애 |
|---|---|
| • 몇 개의 특정 음에서만 오류를 보임<br>• 특정 음에서 일관적인 오류를 보임<br>• 말을 산출하는 조음기관의 이상으로 나타남<br>• 조음기관을 통해 말소리가 만들어지는 과정에서의 결함 | • 복합적인 조음 오류를 보임<br>• 오류가 일관적이지 않음<br>• 문맥이나 단어의 위치에 따라 오류가 나타남<br>• 음운지식이나 능력의 부족으로 정상적인 음운규칙을 사용하지 못하고 오류음운 패턴을 사용하는 것 |

의사소통장애아교육(2판), 고은, 학지사

## 02 원인

### 1. 조음·음운장애 원인

① 조음장애는 말을 산출하는 기관의 결함으로 인해 나타난다.
② 대표적으로 신경언어장애, 구개파열 아동에게서 보여진다.
③ 원인은 지적장애나 언어발달장애로 인한 상위언어 인식의 형성에 있다.
④ 즉, 말소리를 조직화하고 사용하는 규칙체계를 습득하지 못했기 때문이다.

### 2. 기질적 요인과 기능적 요인

(1) 기질적 요인

| 원인 | 결함 |
|---|---|
| 신경운동 결함 | 중추신경과 말초신경계 이상으로 생겨나는 마비말장애, 말실행증 |
| 구개 이상 (구개파열) | 구강과 비강이 완전히 닫히지 않아 폐쇄음, 마찰음, 파찰음에 특히 오류가 많음 |
| 부정교합 | 치열, 특히 윗니와 아랫니의 부정교합은 심미적인 문제가 있을 뿐만 아니라 /ㅅ/과 /ㅈ/ 음의 오류를 보이게 함 |
| 혀의 이상 | 대설증, 소설증, 설소대단축증 등으로 말소리 산출에 제약이 따름 |
| 청력손실 | 정확하게 듣지 못하여 말소리도 정확하게 산출하지 못함 |

(2) 기능적 요인

| 원인 | 결함 |
|---|---|
| 낮은 지능 | 인지능력 결함으로 말소리 차이를 청각적으로 잘 변별하지 못함 |
| 어음지각 및 음운인식능력 결함 | 청력은 정상이나 청지각과 관련된 처리능력이 부족함 |
| 개인적·환경적 요인 | 잘못된 모델을 통해 오류가 고착화된 상태이거나 적절한 언어자극 부족과 부적절한 보상으로 인한 습관적인 조음 오류 |

## 1. 표준화 검사 <sup>22 중등</sup>

### (1) 우리말 조음·음운평가(U-TAP)

① 개요

    ㉠ 단어 수준과 문장 수준으로 구성되며, 자음정확도, 모음정확도, 음운변동 기록 표를 통해 음운오류 패턴 분석이 가능하다.

    ㉡ 어두초성, 어중초성, 종성 가운데 최대 2개의 음소를 검사하기 위해 총 30개의 낱말그림이 제시되며, 43개의 음소와 단모음 10개를 검사한다.

    ㉢ 43개의 음소를 검사하는 이유: 우리말의 19개 자음이 어두초성, 어중초성, 어말 종성의 세 자리에서 오류가 나타날 가능성의 수가 총 43개이기 때문이다.

    ㉣ 일반 아동이 각 음소를 습득하는 연령을 제시하고 있어, 피검자의 조음 수준을 정상 발달 아동과 비교할 수 있다.

② 검사 실시방법

| 구분 | 내용 |
|---|---|
| 단어수준검사 | • 검사자가 아동에게 그림을 보여주고 이름을 말하게 함<br>• 아동의 발음을 그대로 전사함<br>• 목표단어를 말하지 못하는 경우 적절하게 유도하여 해당 단어를 발음하도록 하고, 전혀 무반응인 경우 모방을 하도록 함 |
| 문장수준검사 | • 단어 수준에서 사용된 30개 목표낱말을 포함한 16개 문장이 사용됨<br>• 대상아동이 문장 내에서 단어를 정확하게 발음하는지를 알고자 함 |

    ㉠ 아동에게 간단한 설명과 함께 그림낱말검사부터 시작한다.

        ⓐ 아동에게 그림을 보여주며 "이건 뭐죠?"라고 질문한다.

        ⓑ 아동이 모르거나 다른 낱말을 말하는 경우 그림자료 뒷면의 반응유도 문장을 그대로 말해주고 아동의 반응을 기다리는데, 이때 제시된 반응유도 문장 이외의 다른 유도 문장을 사용해도 된다.

        ⓒ 만약 이후에도 오반응 또는 무반응일 때는 검사자가 낱말을 말해주고 모방 하게 한다.

        ⓓ 아동의 반응을 검사지에 표시하고, 모든 문항의 검사낱말을 검사한 후 마 친다.

    ㉡ 그 다음에는 그림문장검사를 실시하는데, 아동에게 이야기 그림자료를 보여주 면서 제목과 이야기 상황을 들려준다.

        ⓐ 검사자는 먼저 첫 번째 그림자료를 보여주면서 제시된 문장들을 말해준다.

        ⓑ 목표문장들을 모두 들려준 후, 아동이 그림자료를 보고 그림 속에 있는 여 러 사물과 동물을 이용한 문장을 만들도록 이끈다.

        ⓒ 목표낱말이 포함된 문장을 발화하면 아동의 반응을 검사지에 표시한다.

        ⓓ 한 그림을 통해 2~3개 문장을 말하도록 구성되어 있으므로 한 그림에서 목표낱말이 들어간 문장이 모두 유도되었을 때, 다음 그림으로 넘어간다.

        ⓔ 이러한 방법으로 그림 9장을 모두 실시한 후 검사를 마친다.

③ 기록: 아동의 발음을 그대로 전사한 후, 다음과 같이 표기한다.

| 구분 | 경조음 | 대치 | 왜곡 | 생략 |
|------|--------|------|------|------|
| 내용 | + | 대치한 음소를<br>그대로 표기 | D | ∅ |

④ 결과분석
  ⊙ 자음 · 모음 정확도: 목표음을 얼마나 정확히 산출했는지를 평가한다.

$$\text{자음 정확도} = \frac{(43 - \text{오류 음소수})}{43} \times 100$$

$$\text{모음 정확도} = \frac{(10 - \text{오류 음소수})}{10} \times 100$$

  ⓒ 음운변동 분석: 아동이 보이는 오류의 패턴을 분석하는 것이다.

| 오류패턴 | 내용 |
|----------|------|
| 생략 및 첨가<br>음운변동 | • **음절구조에 따른 변동**: 음절 생략, 초성 생략, 종성 생략, 첨가<br>• **조음방법에 따른 변동**: 마찰/파찰음 생략, 파열음 생략, 비음 생략, 유음 생략<br>• **조음위치에 따른 변동**: 양순음 생략, 치조음 생략, 경구개음 생략, 연구개음 생략, 성문음 생략 |
| 대치<br>음운변동 | • **조음위치에 따른 변동**: 전설음화, 후설음화, 양순음화, 치조음화, 경구개음화, 연구개음화, 성문음화<br>• **조음방법에 따른 분류**: 파열음화, 마찰음화, 파찰음화, 유음화, 비음화<br>• **동화에 따른 변동**: 순행동화, 역행동화, 연속동화, 불연속동화, 조음위치에 따른 동화, 조음방법에 따른 동화<br>• **긴장도와 기식도에 따른 변동**: 이완음화, 긴장음화, 기식음화, 탈기식음화 |

  ⓒ 발달수준: 아동의 생활연령과 그 생활연령에 해당하는 평균 자음 정확도를 비교하여 아동의 발달수준을 평가하며, −2SD 이하인 경우 '조음치료 요망' 판정을 내린다.

## 2. 자발화 검사

① 자발화를 이용한 평가를 통해 가장 자연스러운 형태의 말소리 산출체계를 파악할 수 있으며, 정확도가 매우 낮은 경우에서 오류가 거의 없는 경우까지 광범위하게 적용된다.

② 자발화를 평가하는 것의 최대 장점은 다양한 요소와 문맥의 영향력 하에서 음소의 산출을 살펴볼 수 있다는 점이다.

③ 자발화를 통한 평가방법은 다음과 같은 면에서 낱말검사와 차별화된다.

    ㉠ 다양한 음소문맥에 사용된 음소들을 전사할 수 있게 한다.

    ㉡ 반복적으로 산출되는 오류를 분석하여 오류 패턴을 파악할 수 있다.

    ㉢ 말의 속도, 운율, 강세, 음절 구조와 같은 다른 구어 요소들과의 관계를 함께 고려한 상태에서 보여준다.

④ 자발화 분석은 자연스러운 대화상에서 수집된 정보이므로 보다 역동적일 수 있으며, 다만 아동이 자신이 어려워하는 소리가 포함된 단어를 의도적으로 사용하지 않을 수 있다.

    예 마찰음과 파찰음의 산출에 어려움을 보이는 아동은 '없어졌고' 대신 '도망갔고'라는 단어를 사용할 수 있다.

---

**보충+α  진단에 필요한 평가기준**

**1. 자음정확도와 음소오류**

자음정확도(PCC)는 전체 음소 중 바르게 조음된 음소 수의 비율을 의미한다. (예 10개의 자음을 발음해야 하는 상황에서 8개를 정확하게 산출했다면 자음정확도는 80%로 보고한다.) **오조음의 발생빈도**는 잘못 발음하는 음소의 수를 의미하므로 오류음소 발생 빈도 혹은 음소 산출 정확도 중에서 1가지를 선택하여 보고한다. 음소별 산출 정확도는 단어 내 위치(어두, 어중, 어말)와 음절 내 위치(초성, 종성)를 고려해야 한다. 자음이 산출되는 단어와 음절위치 조건을 조합하면 어두초성, 어중초성, 어중종성, 어말종성의 4가지 조건이 되며 음소오류의 종류는 4가지이다. 음절구조가 바뀌는 ① 첨가와 ② 생략의 형태가 있으며, 목표음소를 다른 음소로 바꾸어 조음하는 ③ 대치, 완전히 다른 음소는 아니지만 정확한 소리가 아닌 다른 소리로 산출되는 ④ 왜곡이 있다. 왜곡은 약간의 소음이 동반되거나 잘못된 이음으로 산출되거나 조음위치가 약간 다른 지점에서 산출되기도 한다.

**2. 발달연령**

발달연령 기준을 사용하는 것은 정상 아동의 발달연령과 비교하는 방법이다(흔히 습득연령과 습관적 연령 같은 말소리 발달연령을 언급한다). 우선 습득연령은 특정 음소를 75~90% 이상의 아동이 바르게 발음하는 발달시기를 말한다. 습관적 연령은 특정 음소를 50% 정도의 아동이 바르게 발음하는 발달시기이다.

| 연령 | 음소 발달단계 | | | |
|---|---|---|---|---|
| | 완전습득 단계 (100~95%) | 숙달 단계 (94~75%) | 관습적 단계 (74~50%) | 출현 단계 (49~25%) |
| 2;0~2;11 | ㅍ, ㅁ, ㅇ | ㅂ, ㅃ, ㄴ, ㄷ, ㄸ, ㅌ, ㄱ, ㄲ, ㅋ, ㅎ | ㅈ, ㅉ, ㅊ, ㄹ | ㅅ, ㅆ |
| 3;0~3;11 | +ㅂ, ㅃ, ㄸ, ㄷ | +ㅈ, ㅉ, ㅊ, ㅆ | +ㅅ | |
| 4;0~4;11 | +ㄴ, ㄲ, ㄷ | +ㅅ | | |
| 5;0~5;11 | +ㄱ, ㅋ, ㅈ, ㅉ | +ㄹ | | |
| 6;0~6;11 | +ㅅ | | | |

의사소통장애의 이해(3판), 심현섭 외, 학지사

### 3. 오류 음운변동 발생빈도와 출현율

오류 음운변동 분석은 오류 패턴을 찾을 수 있도록 해준다. 그래서 최근에는 음운변동보다 오류 음운패턴이라고 표현한다. 오류 음운변동 분석은 음소 정확도 분석으로는 찾을 수 없는 오류의 패턴을 찾을 수 있다는 장점이 있다.

> **예** 어떤 아동이 연구개음(/ㄱ, ㄲ, ㅋ, ㅇ/) 4가지 음소를 /ㄷ, ㄸ, ㅌ, ㅈ, ㅉ, ㅊ, ㄴ/ 등으로 바꾸어 산출하는 경향을 보일 수 있다. 개별 음소 /ㄱ/의 정확도 또는 /ㅇ/의 정확도로 파악하는 것보다 '연구개음 전방화' 패턴을 가진다는 점을 파악하는 것이 치료에 효율적이다.

### 4. 자극반응도(stimulability)

아동이 오류를 보인 특정 음소에 대해 청각적·시각적 또는 촉각적인 단서나 자극을 주었을 때 어느 정도로 목표음소와 유사하게 산출할 수 있는지를 의미한다.

> **예** 아동이 어두에 나오는 /ㄱ/에서 오류를 보이면 먼저 /ㄱ/이나 '가방'을 발음해주면서 모방하게 한다. 그래도 못한다면 설압자로 조음점인 연구개와 잇몸을 짚어주고 발음하게 해볼 수 있다.

### 5. 오류 자질 분석

오류를 보이는 음소들을 조음위치, 조음방법, 발성유형 등에 따라 구별하여 오류음소의 공통된 자질을 찾아내는 방법이다. 오류 자질 분석은 독립적으로 이루어질 수 있고 오류 음운변동 분석과 함께 이루어질 수도 있다.

> **예** /ㅍ, ㅌ, ㅋ, ㅊ/에서 오류를 보이는 아동은 '기식성' 자질 습득이 잘 되지 않았다고 볼 수 있다.

### 6. 말명료도와 말용인도

말명료도(intelligibility)와 말용인도(acceptability)는 듣는 사람 입장에서 느끼는 주관적인 기준을 반영하는 평가지표이다. 이 중 말명료도는 화자의 의도를 표현한 것에서 청자가 이해한 정도를 의미하며, 말소리의 정확도가 크게 영향을 미친다.

> 말의 명료도(%) = 청자가 바르게 받아적은 낱말 수/화자가 의도한 발화 낱말 수×100

말용인도는 화자의 말에 대한 호감 정도, '문제없이 정상적인 발화로 받아들일 수 있는 마음에 드는 정도'로 정의되었는데, 분절적 요소뿐만 아니라 초분절적 요소도 크게 영향을 준다. 일반적으로 말소리의 치료 순서를 정할 때, 전반적인 말명료도에 영향을 많이 주는 오류부터 치료할 것을 권한다. 같은 음소의 오류라고 해도 음소별 빈도, 위치 등 다양한 요소가 작용하여 서로 다른 영향을 미칠 수 있다.

## 1. 말소리 분류

### (1) 자음

| 구분 | | 양순음 | 치조음 | 경구개음 | 연구개음 | 성문음 |
|---|---|---|---|---|---|---|
| 파열음 | 평음 | ㅂ | ㄷ | | ㄱ | |
| | 경음 | ㅃ | ㄸ | | ㄲ | |
| | 격음 | ㅍ | ㅌ | | ㅋ | |
| 마찰음 | 평음 | | ㅅ | | | ㅎ |
| | 경음 | | ㅆ | | | |
| | 격음 | | | | | |
| 파찰음 | 평음 | | | ㅈ | | |
| | 경음 | | | ㅉ | | |
| | 격음 | | | ㅊ | | |
| 비음 | | ㅁ | ㄴ | | ㅇ | |
| 유음 | | | ㄹ | | | |

### ① 조음위치에 의한 분류

| 분류 | 내용 |
|---|---|
| 양순음 | • 양입술이 맞닿아서 나는 소리<br>• /ㅂ, ㅃ, ㅍ, ㅁ/ |
| 치조음 | • 혀날(blade of the tongue)이 치조에 붙거나 다가가면서 산출되는 소리<br>• /ㄷ, ㄸ, ㅌ, ㄴ, ㅅ, ㅆ, ㄹ/ |
| 경구개음 | • 경구개음은 혀의 앞부분이 치조와 경구개 중간 즈음으로 다가가면서 산출되는 소리<br>• /ㅈ, ㅉ, ㅊ/ |
| 연구개음 | • 혀의 뒷부분이 연구개에 닿아 산출되는 소리<br>• /ㄱ, ㄱ, ㅋ, ㅇ/ |
| 성문음 | • 성대의 협착으로 인해 산출되는 소리<br>• /ㅎ/ |

② 조음방법에 의한 분류: 특정 음소 산출에서 기류의 흐름이 방해받거나 폐쇄되어 나타나는 소리이다. 연인두 폐쇄 여부에 따라 구강음과 비강음으로 나눌 수 있는데, 파열음, 마찰음, 파찰음의 경우 구강음으로 연인두 폐쇄가 이루어지며, 비음의 경우 비강음으로 연인두 개방을 통해 산출된다.

| 분류 | 내용 |
|---|---|
| 파열음 | 성문을 통과한 기류를 입술 또는 혀로 완전히 막았다가 파열시켜 조음 |
| 마찰음 | 매우 좁은 공간을 통과하는 기류가 마찰하여 소음(noise)을 동반하는 소리 |
| 파찰음 | • 짧은 시간 동안에 기류를 폐쇄한 뒤 마찰시켜 조음<br>• 파열음의 특성과 마찰음의 특성을 모두 가지고 있음 |
| 비음 | 연인두를 개방하여 기류가 비강 통로로 올라가게 하여 조음 |
| 유음 | 조음자세가 자음에서 모음으로 변화하는 소리 |

③ 기식성의 유무에 따라 유성음과 무성음으로 나눌 수 있으며, 긴장도에 따라 경음과 평음으로 구분할 수 있다.

---

보충+α **한국어의 자음 음운자질 특성**

음운자질이란 말소리를 서로 구별지어주는 특징적인 자질이다.

| 구분 | [발성유형]<br>긴장성/기식성 | 양순음<br>[전방성] | 치조음<br>[전방성],<br>[설정성] | 경구개음<br>[설정성] | 연구개음 | 성문음 |
|---|---|---|---|---|---|---|
| 파열음 | 평음 | ㅂ | ㄷ | | ㄱ | |
| | 경음<br>[긴장성] | ㅃ | ㄸ | | ㄲ | |
| | 격음<br>[기식성] | ㅍ | ㅌ | | ㅋ | |
| 마찰음<br>[지속성] | 평음 | | ㅅ | | | ㅎ |
| | 경음<br>[긴장성] | | ㅆ | | | |
| 파찰음<br>[지연개방성] | 평음 | | | ㅈ | | |
| | 경음<br>[긴장성] | | | ㅉ | | |
| | 격음<br>[기식성] | | | ㅊ | | |
| 비음<br>[공명성] | | ㅁ | ㄴ | | ㅇ | |
| 유음<br>[공명성], [설측성] | | | ㄹ | | | |

1. **주요 자음분류 자질**
   • **공명성**: 비음(ㅁ, ㄴ, ㅇ)과 유음(ㄹ)이 해당하는 것으로, 자발적인 유성성이 가능한 성도강 형태의 소리 특징을 말한다.
   • **자음성**: 모든 자음 소리로, 성도의 중앙 통로에서 심한 협착(거의 들러붙거나 붙을 듯 말 듯)이 동반되어 만들어지는 소리 특징을 말한다(자음이 모두 가지고 있는 소리).
   • **성절성(syllabic)**: 모음 소리로, 단독으로 하나의 음절을 이룰 수 있는 소리들이 갖는 특징을 말한다. 한국 자음에는 없다(모음이 가지고 있는 소리).

2. **조음위치 자질**
   - **설정성(coronal)**: 치조음(ㅈ/ㅊ/ㅉ, ㅅ/ㅆ, ㄷ/ㅌ/ㄸ)이 해당하는 것으로, 혓날이 중립 위치에서 위로 들리면서(혀가 치조를 건드리는) 만들어지는 소리 특징을 말한다.
   - **전방성**: 입의 경구개치경부에서 만들어지는 소리 특징을 말한다.

3. **조음방법 자질**
   - **지속성**: 마찰음(ㅅ/ㅆ, ㅎ)이 해당하는 것으로, 협착이 일어나는 곳에서 기류가 막히지 않고 지속적으로 흐르는 소리들이 갖는 특징을 말한다.
   - **지연개방성**: 파찰음(ㅈ/ㅉ/ㅊ)이 해당하는 것으로, 성도에서 폐쇄를 가지고 만들어지는 소리들에만 해당하는 자질이다. 개방의 국면이 즉각적으로 일어나지 않고 지연되는 소리 특징을 말한다.
   - **설측성**: 설정성을 가진 자음(ㄹ)에만 국한되는 자질로, 혀의 측면 통로에서 기류가 빠져나가며 만들어지는 소리 특징을 말한다.
   - **소음성**: 마찰음 중 기류의 마찰이 심하여 강한 소음성 소리를 동반하는 마찰음(ㅅ)을 말한다.

4. **발성유형 자질**
   - **긴장성**: 경음(ㅃ, ㄸ, ㄲ, ㅆ, ㅉ)이 해당하는 것으로, 성대의 긴장을 동반하고 만들어지는 소리 특징을 말한다.
   - **기식성**: 격음(ㅍ, ㅌ, ㅋ, ㅊ, ㅎ)이 해당하는 것으로, 두 성대를 멀리 떨어뜨려 성문을 크게 연 상태로 만들어지는 소리 특징을 말한다.

(2) 모음

① 모음은 날숨으로 구강 내로 올라온 기류를 공명시켜 산출한다.
② 혀의 전후 위치에 따라 전설, 중설, 후설음, 상대적 높이에 따라 고모음, 중모음,
   저모음, 긴장도에 따라 긴장모음, 평모음으로 구분할 수 있다.

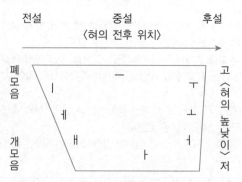

[그림 4-2] 혀의 위치에 따른 모음 분류

## 2. 개별음소의 조음오류 유형 ★ 17 유아

| 형태 | 특성 | 예시 |
|---|---|---|
| 생략 | 음소를 빠뜨리고 발음하지 않는 오류 | • 가방 → 가바<br>• 색종이 → 새쪼니 |
| 대치 | 목표음소 대신 다른 음소로 발음하는 오류 | • 풍선 → 풍턴<br>• 색종이 → 택똥이 |
| 왜곡 | 목표음소를 변이음의 형태로 바꾸어 발음하는 오류 | • 3~4세 아동의 애기소리<br>• 색종이 → 해뚜리 |
| 첨가 | 목표음소 외의 음소를 첨가하는 오류 | • 사랑 → 살랑<br>• 색종이 → 색종기 |

## 3. 음운과정의 오류 유형 ★ 23 초등, 20 유아, 20 중등, 18 초등, 17 초등

음운변동은 한 음운이 일정한 환경에서 변화하는 현상으로, 힘을 덜 들이고 발음하려는 경향 때문에 소리 변화가 생기는데, 놓이는 위치에 따라 혹은 인접한 음운끼리 변할 수도 있다.

| 형태 | 특징 |
|---|---|
| 생략 및 첨가 음운변동 | • **음절구조에 따른 변동**: 음절 생략, 초성 생략, 종성 생략, 첨가<br>• **조음방법에 따른 변동**: 마찰/파찰음 생략, 파열음 생략, 비음 생략, 유음 생략<br>• **조음위치에 따른 변동**: 양순음 생략, 치조음 생략, 경구개음 생략, 연구개음 생략, 성문음 생략 |
| 대치 음운변동 | • **조음위치에 따른 변동**: 전설음화, 후설음화, 양순음화, 치조음화, 경구개음화, 연구개음화, 성문음화<br>• **조음방법에 따른 분류**: 파열음화, 마찰음화, 파찰음화, 유음화, 비음화<br>• **동화에 따른 변동**: 순행동화, 역행동화, 연속동화, 불연속동화, 조음위치에 따른 동화, 조음방법에 따른 동화<br>• **긴장도와 기식도에 따른 변동**: 이완음화, 긴장음화, 기식음화, 탈기식음화 |

### (1) 생략 및 첨가 음운변동

| 형태 | 내용 | 예시 |
|---|---|---|
| 음절구조에 따른 변동 | 음절 생략 | 장난깜 → 난깜 |
| | 초성 생략 | 사탕 → 아탕 |
| | 종성 생략 | 풍선 → 푸선 |
| | 첨가 | 오뚝이 → 코뚝이 |
| 조음방법에 따른 변동 | 마찰/파찰음 생략 | 썰매 → 얼매 |
| | 파열음 생략 | 김밥 → 임밥 |
| | 비음 생략 | 단추 → 다추 |
| | 유음 생략 | 말 → 마 |
| 조음위치에 따른 변동 | 양순음 생략 | 김밥 → 김바 |
| | 치조음 생략 | 장난깜 → 장나깜 |
| | 경구개음 생략 | 깡총 → 깡옹 |
| | 연구개음 생략 | 깡총 → 깡초 |
| | 성문음 생략 | 호랑이 → 오랑이 |

**(2) 대치 음운변동**

① 조음위치

| 현상 | 내용 | 예시 |
|---|---|---|
| 전설음화 | 목표음의 조음점보다 혀를 더 앞쪽으로 움직여 조음이 이루어지는 현상 | 짝자꿍 → 딱따꿍 |
| 후설음화 | 목표음의 조음점보다 혀를 더 뒤쪽으로 움직여 조음이 이루어지는 현상 | 자동차 → 자종차 |
| 양순음화 | 다른 음소가 양순음으로 대치되는 경우 | 장난깜 → 방난깜 |
| 치조음화 | 다른 음소가 치조음으로 대치되는 경우 | 호랑이 → 호란이 |
| 경구개음화 | 다른 음소가 경구개음으로 대치되는 경우 | 토끼 → 초끼 |
| 연구개음화 | 다른 음소가 연구개음으로 대치되는 경우 | 김밥 → 김방 |
| 성문음화 | 다른 음소가 성문음으로 대치되는 경우 | 모자 → 모하 |

② 조음방법

| 현상 | 내용 | 예시 |
|---|---|---|
| 파열음화 | 파열음이 아닌 음소가 파열음으로 대치되는 경우 | 모자 → 모다 |
| 마찰음화 | 마찰음이 아닌 음소가 마찰음으로 대치되는 경우 | 책상 → 색상 |
| 파찰음화 | 파찰음이 아닌 음소가 파찰음으로 대치되는 경우 | 눈썹 → 눈첩 |
| 유음화 | 유음이 아닌 음소가 유음으로 대치되는 경우 | 오뚜기 → 오뚜리 |
| 비음화 | 비음이 아닌 음소가 비음으로 대치되는 경우 | 로봇 → 로못 |

③ 동화: 어떠한 음이 인접한 다른 음의 영향을 받아 그 음과 같거나 유사한 음으로 바뀌는 것이다.

| 현상 | 내용 | 예시 |
|---|---|---|
| 조음위치에 따른 동화 | • 양순음 동화<br>• 치조음 동화<br>• 경구개음 동화<br>• 연구개음 동화<br>• 성문음 동화 | 연필 → 염필<br>자동차 → 자돈차<br>자동차 → 자종차<br>풍선 → 풍건<br>호랑이 → 호랑히 |
| 조음방법에 따른 동화 | • 파열음 동화<br>• 마찰음 동화<br>• 파찰음 동화<br>• 비음 동화<br>• 거친소리 동화<br>• 된소리 동화 | 짝짜꿍 → 따따꿍<br>책상 → 색상<br>자동차 → 자종차<br>못 → 몬<br>깡총 → 캉총<br>장난깜 → 짬난깜 |
| 순행동화 | 앞 음소의 영향으로 뒤의 음소가 변화하는 것 | 가방 → 가강 |
| 역행동화 | 뒤 음소의 영향으로 앞의 음소가 변화되는 것 | 가방 → 바방 |
| 연속동화 | 연접한 음절의 음소에 의한 동화 | 장난깜 → 장낭깜 |
| 불연속동화 | 연접하지 않은 음절의 음소에 의한 동화 | 장난깜 → 깜나깜 |

④ 긴장도 변동, 기식도 변동

| 구분 | 현상 | 내용 | 예시 |
|---|---|---|---|
| 긴장도 변동 | 이완음화 | 긴장음들의 긴장성이 상실될 때 | 땅콩 → 강콩 |
| | 긴장음화 | 긴장음이 아닌 음소에 긴장도를 첨가했을 때 | 김밥 → 김빠 |
| 기식도 변동 | 기식음화 | 기식음이 아닌 음소에 기식성을 첨가했을 때 | 나무 → 파무 |
| | 탈기식음화 | 기식음들의 기식성이 상실될 때 | 책상 → 잭상 |

## 05 교육

### 1. 전통적 중재법

#### (1) 정의

① 목표음소를 선정하고 목표음소를 유도하기 위한 프로그램을 활용하여 모델링과 훈련을 통해 음소의 정확도를 높이는 것을 목표로 한다.

② 그러나 최근에는 독립된 특정 음소에만 치중하므로 조음장애에만 적합한 치료기법이라는 지적을 받고 있다.

③ 일반적으로 조음치료는 반 리퍼와 어윈(Van Riper&Irwin, 1989)의 치료기법에 따르며 조음능력을 향상하는 데 목표를 둔다.

    ⊙ 첫 단계에서는 구강근육 훈련을 실시하는 동시에 청지각 훈련도 한다.

    ⓒ 청지각 훈련을 통해 아동은 목표음소를 확인하고 목표음과 오류음을 비교하게 된다.

    ⓒ 치료과정의 핵심은 조음훈련 단계로, 목표음소를 독립음, 음절, 단어, 문장 순으로 확립하는 것이다.

    ② 이때 한 개의 음소가 목표음이 된다.

(2) **유형**

① 반 리퍼의 전통적 치료기법(1989)

㉠ 반 리퍼에 따르면, 조음치료의 기초는 아동이 스스로의 조음이 틀렸다는 사실을 인식하는 것에서 출발한다.

㉡ 자신의 조음이 다른 사람들과 다르다는 것을 자각하지 못하는 한 아동의 조음은 향상될 수 없다고 본다.

㉢ 단계별 특징

| 단계 | 구분 | 내용 |
|---|---|---|
| 1단계 | 확인 | • 무엇이 오조음이고 목표음(정조음)인지를 확인함<br>• 아동은 아직 오조음과 목표음의 차이를 인식하지 못하기 때문에 이 단계에서는 말소리에 대한 청지각과 주의를 기울이는 법을 배움 |
| 2단계 | 비교 | • 자신의 발음을 스스로 듣고 자신의 오조음을 인식함<br>• 치료사는 청각적 피드백을 정확하게 할 수 있도록 도와야 함 |
| 3단계 | 변화 | • 목표음이 형성될 때까지 조음방법을 변화시킴<br>• 치료사는 조음점을 지시해주고, 아동은 자신의 감각을 활용하여 정확한 발음 산출을 위한 조음운동 훈련을 해야 함 |
| 4단계 | 수정 | • 새로 학습한 조음방법을 확립하는 데 초점을 둠<br>• 아직 상황에 따라 오조음이 나올 수 있기 때문에 반복해서 훈련함<br>• 처음에는 독립된 음소를 훈련하여 아동이 음소에 대한 감각·청각적 특성에 집중할 수 있도록 하고, 점차적으로 음절 – 단어 – 문장 순으로 훈련함 |
| 5단계 | 안정 | • 단어에서 사용되는 음소들을 다양한 입술과 혀의 위치에서 산출하도록 함<br>예 /슐레/에서 조음점을 변화시켜서 /쥴레/, /질레/, /슬레/ 등으로 바꾸어가면서 감각적인 피드백을 가볍게 변화시킴<br>• 시간적인 압박과 스트레스 상황에서도 목표음을 산출할 수 있을 때 비로소 안정적이 되었다고 봄 |

② 짝자극 기법 ✱ <sup>23 초등, 18 유아</sup>

　ㄱ 핵심단어와 훈련단어의 짝을 활용하여 조음치료를 하는 방법이다.

　ㄴ 핵심단어는 10번 중 9번을 정조음하는 단어로, 훈련단어는 3번 중 2번 이상을 오조음하는 단어로 구성된다.

　ㄷ 정확하게 산출할 수 있는 표적음소가 들어 있는 단어 1개와 표적음이 들어 있는 훈련단어들로 하나의 짝을 만들어 훈련하는 것으로, 핵심단어가 없는 경우 일차적으로 핵심단어를 만들어야 한다.

　ㄹ 짝자극 기법의 핵심은 하나의 말소리에 지나치게 집중하기보다 아동이 정확히 산출하는 단어를 이용하여 다른 단어로 자연스럽게 정조음이 전이될 수 있다는 것이다.

③ 조음 조절 프로그램: /ㅂ/, /ㄴ/, /ㄷ/, /ㅅ/, /ㄹ/, /ㅈ/, /ㄱ/, /ㅎ/ 등 총 8개의 음소를 무의미 음절 수준, 단어 수준, 구 수준, 문장 수준, 이야기 수준, 읽기, 대화 단계 순서의 단계별 학습으로 이루어진다.

④ 조음점 지시법

　ㄱ 치료사가 지시하는 대로 조음위치와 방법을 지각하는 훈련이다.

　ㄴ 치료사는 설압자, 면봉 등으로 조음점을 지적한다.

　ㄷ 조음점의 위치를 정확하게 잡거나 구강 모형, 손가락, 거울 등을 활용하여 개별 음의 정확도를 높일 수 있으나 전후 문맥에서 발생하는 오류는 중재하기 어렵다는 제한점을 가진다.

## 2. 언어인지적 접근법

### (1) 정의

① 기존의 전통적 치료방법이 단일 음소에서 나타난 오류에 독립적으로 접근했다면, 언어인지적 접근법에서는 언어의 공통적 요인에 주목한다.

② 나타나는 오류음의 음소를 음성적 측면에서 교정하는 것이 아니라, 언어·인지적 요소에 관심을 가지고 오류 패턴을 찾아내어 교정하는 것이다.

### (2) 장점

언어학적인 공통적 성분 요소를 다루기 때문에, 유사한 음운과정의 영향을 받는 다른 분절음으로의 전이가 매우 용이하다.

### (3) 유형

① 변별자질 접근법 ✱ 17 중등

㉠ 변별자질: 어떤 음성요소를 다른 음성요소로부터 구별하는 데 필요한 음운상의 특징으로, 음소대립을 초래하는 음성적 자질을 말한다.

| 자질 | 내용 |
|---|---|
| 자음성 (consonantal) | 자음과 모음을 구별하기 위해 사용되며, 모든 자음은 [+자음성] |
| 공명성 (sonorant) | 모음, 비음, 유음이 해당함 |
| 성절성 (syllabic) | 음절을 이루는 데 중심이 되는 분절음으로, 모음은 [+성절성] |
| 지속성 (continuant) | 조음할 때 계속해서 소리를 낼 수 있는 마찰음은 [+지속성] |
| 소음성 (strident) | [s] 등은 [+소음성], [⊖]은 [−소음성] |

㉡ 변별자질 접근법에서는 /ㅅ/ 음이 치료의 목표음이 되는 것이 아니라 /ㅅ/ 음이 가진 변별자질에 초점을 두고, 오류의 기저에 깔려 있는 음운론적 양식을 발견할 수 있도록 돕는다.

㉢ 하나의 음소에는 여러 변별자질이 있고, 하나의 자질의 오류를 개선하면 동일한 자질을 가진 음소들이 동시에 개선된다는 데 초점을 둔다.

ㄹ 단계 <sup>23 중등</sup>

| 단계 | 내용 |
|---|---|
| 확인 단계 | 아동이 치료에 사용될 어휘의 개념을 아는지 확인함 |
| 변별 단계 | 아동이 변별자질을 지각할 수 있는지를 알아봄<br>예 /마늘/과 /바늘/, /불/과 /붓/ 같은 최소대립쌍을 제시하고 아동이 해당 그림 또는 단어를 선택하게 함 |
| 훈련 단계 | 최소대조를 인식하고 단어를 발음함. 아동에게 그 단어를 말하도록 하고 치료사는 아동이 발음한 단어와 일치하는 그림을 가르침 |
| 전이-훈련 단계 | 표적단어를 발음할 수 있게 되면 더 길고 복잡한 문장을 훈련함 |

---

**집중 point** 최소대립쌍 <sup>23 중등, 18 초등</sup>

1. **정의** (김광해 외, 1999)

   최소대립쌍은 말소리 하나를 교체함으로써 의미의 변별이 생기는 음절이나 단어의 쌍을 말한다.

   예 '공'과 '곰'은 연구개음 – 양순음의 최소대립쌍, '달'과 '살'은 폐쇄음 – 마찰음의 최소대립쌍에 해당함

2. **종류**

   ① **최소대립자질**: 한 가지 자질에서만 차이가 나는 낱말 쌍이다.

   예 '살'과 '쌀'은 발성 자질 하나에만 차이가 있음

   ② **최대대립자질**: 최대한 많은 자질에서 차이가 나는 낱말 쌍이다.

   예 '강'과 '땅'은 조음위치, 조음방법, 발성자질 모두에서 차이를 가짐

---

② 음운변동 접근법

   ㉠ **음운변동**: 단어 내부에서 말소리가 바뀌는 현상이다. 예 '안+밖' → '안팎'

   ㉡ '국민'이 [궁민]으로 발음되는 것은 비음동화, '좋은'이 [조은]으로 발음되는 것은 /ㅎ/ 탈락, '막일'이 [망닐]로 발음되는 것은 /ㄴ/ 첨가현상이며, 이러한 음운변동은 국어에서 표준발음으로 인정되는 변이이다.

   ㉢ 조음·음운장애를 가지고 있는 아동은 국어에 존재하지 않는 이 방식이 연령이 지나도 사라지지 않고, 여전히 비정상적인 음운변동 현상을 보인다.

   ㉣ 특정 음소 정확도만으로 찾아내기 어려운 아동의 조음 패턴을 찾아보고 치료의 초점을 개개의 다른 음을 가르치는 데에 두기보다 아동에게 나타나는 비정상적인 음운변동을 제거함으로써 여러 개의 오류음을 동시에 수정하는 데 둔다.

   예 조음평가 결과, ㄷ/ㄱ, ㅈ/ㅋ, ㄸ/ㅊ 등의 대치가 자주 나타난다면 전설음화가 자주 나타나는 것으로 보고 전설음화 변동을 제거한다.

## 3. 컴퓨터를 이용한 접근법

① 컴퓨터를 활용하면 일반적으로 컴퓨터 자체에 대한 즐거움, 관심으로 아동의 집중력과 흥미를 높일 수 있다. 보통 때는 무기력하고 끈기를 보이지 않던 아동도 컴퓨터 앞에서는 놀라운 흥미와 집중력을 보이기 때문에 치료에 활용할 가치가 있다.

② 조음·음운장애 치료를 목적으로 한 컴퓨터 활용은 시각적 채널에 초점이 맞추어진다. 조음할 때 혀와 입술의 움직임 등을 소노그래프(sonograph)를 이용하여 스크린에 보여줌으로써 조음점과 조음기관의 움직임을 쉽게 이해하게 할 수 있다.

③ 컴퓨터를 활용한 음운인식 훈련 프로그램은 문자-소리 대응원리를 쉽게 보여주어 음운인식에 매우 효과적이다. 각 음소의 위치별 탈락, 대치, 합성 등을 다양하게 훈련할 수 있고, 컴퓨터에 설치된 음성합성 목소리를 통해 정조음을 들을 수도 있다.

④ 컴퓨터를 활용한 치료는 전통적 치료방법을 동일선상에 놓고 선택하는 치료기법이 아니다. 컴퓨터는 치료사와 아동 사이에 이루어지는 상호작용과 의사소통을 대체하기에 한계가 있다. 따라서 치료법보다는 보조도구, 훈련방법이라는 표현이 적절하다.

의사소통장애아 교육(3판),
고은, 학지사

## 4. 교실에서의 조음·음운장애 중재방법

① 아동의 발달단계에서 습득시기가 빠른 음소부터 지도한다.

② 일상생활에서 사용 빈도수가 높은 음소부터 지도한다.

③ 자극반응도가 높은 음소부터 지도한다.

④ 오류의 일관성이 없는, 즉 가끔 올바르게 발음하기도 하는 음소부터 지도한다.

   예 [ʃ] 음의 경우 처음에는 독립된 소리를 모방하도록 하고, 그 다음에는 의미 없는 음절 [ʃu], [ʃo], [ʃa], [ʃe], [ʃi]를 만든다. 그 다음에는 단어, 문장, 문단 순으로 학습한다. 음소는 어느 위치에서 어느 음소와 결합되는가에 따라 조음의 난이도가 달라진다. [ʃo]가 [ʃi]보다 쉽게 발음되는 것은 입술을 모으는 것이 옆으로 끌어당기는 것보다 더 쉽기 때문이다.

⑤ 음절구조 CV(자음+모음)가 CVC(자음+모음+자음)보다 조음하기 쉽다.

⑥ 첫음절에 가장 집중이 잘 되기 때문에 가르치고 싶은 음소가 초성에 놓인 것부터 시작하는 것이 좋다.

   예 유음 /ㄹ/의 경우 /라면/이 /신라/보다 더 효과적이다.

⑦ 단음절이 다음절 단어보다 조음하기 쉬우므로 /자동차/보다는 /차/라는 단어를 먼저 사용한다.

⑧ 명사, 단단어, 의미적으로 쉬운 개념을 가진 단어를 먼저 가르친다.

⑨ 음운인식에 대한 지식이 아직 형성되지 않았거나 결함을 가지고 있는 아동에게는 행위와 함께 전달하는 것도 효과적이다.

   예 손바닥에 철자를 쓰거나, 몸 전체를 이용하여 /i/, /a/, /o/ 등의 모음을 모방하거나, /h/음의 경우 숨을 뱉을 때 가슴에 손을 얹고 기류를 느끼게 하는 것도 좋다. 무성음과 유성음에서 문제를 보이는 아동은 자신의 손을 후두에 대고 떨림을 인지하도록 하는 것이 도움이 된다.

⑩ 교사가 목표로 하는 음소나 단어 앞에는 잠깐 휴지를 두고, 아동이 집중할 시간을 준 다음에 천천히, 약간의 강세를 두고 반복해서 조음해주어야 교사가 주는 수정 모델에 아동이 청각적으로 주의를 기울일 수 있다.

⑪ 선택질문을 줌으로써 아동이 특정 발음을 하되, 교사의 발음을 한 번 듣고 발음할 수 있는 기회를 준다.

  예 "이것은 어떤 나무일까요?"라고 질문하기보다는 "이것은 사과나무일까요, 이과나무일 까요?"라고 물어봄으로써 아동이 음의 차이를 스스로 지각하고 목표음을 산출할 수 있 도록 한다.

⑫ 아동이 잘못된 조음을 할 때 교사는 즉시 피드백을 주어야 한다.

  예 "아니야, 틀렸어. 다시 말해봐." 식의 피드백은 아동이 자신의 오류를 정확하게 인식하 지 못하게 하며, 오히려 회피행동을 유도할 수 있으므로 피해야 한다. 아동이 발음을 잘했을 때는 칭찬해야 하지만, 너무 의도적으로 과장하여 그때그때 칭찬을 하는 것보다 "오늘은 /ㅅ/ 발음이 참 좋았어." 등의 자연스러운 강화가 바람직하다.

⑬ 아동이 틀리게 발음할 때는 다양한 교정적 피드백(※ 3권 제11장 참고)을 제공할 수 있는데, 아동이 "떤땡님 이거 해줘요."라고 말하면 "선생님이 이거 해줄까요?"라고 반복해서 천천히 또박또박 말해주는 것이 필요하다.

---

**보충+α** 어떤 음소를 목표로 할 것인가?

치료사는 환자의 샘플을 얻은 후에 오류 분석을 실시한다. 이러한 분석은 치료의 필요성과 사용할 치료전략을 결정하는 근거로 제시된다. 아래 사항은 치료에 대한 필요성을 결정할 때 고려해야 할 점이다.

1. **자극반응도(stimulability)**
   아동이 목표음을 포함한 음절이나 낱말을 모방하는 능력을 의미한다. 아동이 목표음의 잘못된 조음을 자발적으로 고칠 수 있다면 긍정적인 영향을 줄 것이다. 자극반응도는 자발적인 개선이 나 치료에서의 향상속도에 대한 일반적 지침을 준다.

2. **일관성(consistency)**
   발음의 일관성을 측정하는 것은 검사자에게 음소 전후관계에서 발음을 치료할 수 있는 기회를 보통 제공한다.

3. **발음의 난이도(ease of production)**
   오조음된 음은 발음의 난이도 측면에서도 분석해야 한다. 일반적으로 화자들은 일찍 발달되는 음과 빈번하게 사용되는 음을 내기가 더 쉽다고 판단할 수 있다. 발음의 난이도는 치료를 제시할 때 고려할 사항이다.

4. **발생빈도(frequency of occurrence)**
   그 언어에서 오조음된 음소가 얼마나 자주 사용되는지 분석한다. 발생빈도가 높은 음을 오조음 할수록 명료도는 더 나빠질 것이다. 따라서 발생빈도가 높은 음소를 먼저 치료하면, 그 환자의 전체적인 명료도가 다른 음을 치료했을 때보다 더 좋아질 것이다.

5. **습득연령(age of acquisition)**
   아동의 조음 오류가 아동의 연령에서 일반적으로 나타나는 것인지 아닌지 결정하기 위해 기준이 되는 데이터와 비교한다. 8세경에는 구어분절음을 바르게 발음할 것이라고 기대되기 때문에, 이 러한 분석은 주로 8세 이하의 아동에게 적당하다. 음소습득에서 발달이 지체되면, 전통적으로 치료가 필요하다는 것을 예측할 수 있다. 또한 아동이 동일 연령의 아동들이 정조음하는 음을 오 조음하거나, 아동의 전체 조음 점수가 그 연령의 평균 이하라면, 발달지체가 있는 것으로 판별될 것이다. 얼마나 많이 지체되었는지는 아동에게 얼마나 많은 치료가 필요한지를 알게 한다.

# 제 5 절 유창성장애

## 01 정의 및 유형

### 1. 정의

말의 흐름이 자연스럽지 않아 말의 내용보다 그 사람의 말이 가진 리듬 자체에 집중하게 되는 경우를 유창성장애라고 한다.

### 2. 유형

#### (1) 말더듬

음, 음절, 단어 등의 의도하지 않은 막힘, 반복, 연장 따위의 방해 때문에 말의 흐름이 수시로 깨어지는 경우이다.

#### (2) 속화 [17 유아]

① 말의 속도가 너무 빨라서 말의 유창성이 깨어지는 경우를 말한다.
② 말의 반복, 머뭇거림 등은 나타나지 않지만, 자연스럽지 않은 동시조음, 말소리의 생략, 대치, 왜곡 등으로 인해 청자에게 내용 전달이 잘 되지 않는다.
③ 중재
   ㉠ 근본적인 중재는 아동이 시간을 두고 말할 수 있는 조용하고 편안한 분위기를 조성해주는 것이다.
   ㉡ 상대자의 말이 빠를수록 아동의 말도 함께 빨라지고, 상대자가 초조해할수록 아동의 말도 더욱 빨라지기 때문에, 대화상대자는 스스로가 말을 천천히 하는 모델링을 보여야 한다.

## (3) 말더듬과 속화의 비교

| 구분 | 말더듬 | 속화 |
|---|---|---|
| 주요 증상 | 음/음절의 반복, 연장 | 말의 빠른 속도,<br>불규칙적인 말의 비율 |
| 문제 인식 | 인식함 | 별로 인식하지 못함 |
| 말의 속도 | 정상 또는 느림 | 빠름 |
| 말에 대한 공포 | 있음 | 별로 없음 |
| 조음장애 | 없음 | 있음 |
| 말할 때<br>– 집중할수록<br>– 외국어의 경우<br>– 알코올 섭취 시<br>– 반복 요구 시<br>– 낯선 대화상대자 | 더 나빠짐<br>더 나빠짐<br>더 나아짐<br>더 나빠짐<br>더 나빠짐 | 더 좋아짐<br>더 좋아짐<br>더 나빠짐<br>더 좋아짐<br>더 좋아짐 |
| 읽기<br>– 모르는 텍스트<br>– 잘 아는 텍스트 | 더 좋지 않음<br>더 나아짐 | 더 나아짐<br>더 나빠짐 |
| 글씨 | 경직되고 힘이 들어감 | 흘려 쓰는 경향이 있음,<br>읽기와 받아쓰기 오류가 많음 |
| 행동 | 경직되고 소극적인 모습 | 참을성 없고 조심성 없는 모습 |
| 증상 진행 | 변화가 심함 | 일정함 |
| 치료 동기 | 높음 | 별로 없음 |
| 치료 | • 아동이 자신의 말에 둔감해지<br>도록 함<br>• 발음에 집중하지 않도록 함 | • 자신의 말을 끊임없이 모니터<br>링하면서 조절하도록 함<br>• 정확한 발음에 집중하도록 함 |

---

> **보충+α** **정상적인 비유창성(발달기 말더듬)**

1. 개요
   - 일반적으로 3~4세 정도가 되면 대부분의 아동은 단어나 음절을 반복하는 경향을 보인다.
   - 말을 하다가 문장이 끊어지기도, 다시 새롭게 시작하기도, 갑자기 주저하기도 한다.
   - 이는 자신이 말하려 하는 생각이 단어로 신속하게 만들어지지 않는 발달상 문제에서 비롯된다.

2. 특징
   정상적인 비유창성은 병리적인 비유창성과 비교할 때 우선 청자가 비정상적이라고 느끼지 않는다는 특징을 갖는다. 구어의 흐름이 간혹 깨지기는 하지만, 말을 할 때 근육의 긴장이 느껴지지 않으며, 비유창성을 보인 것에 대한 긴장, 고통 등이 나타나지 않는다.

| 유형 | 예시 |
|---|---|
| 삽입 | 음… 그러니까… (간투사 삽입, 3회 이하) |
| 수정 | 최 선생님이 아니 아니 강 선생님이… |
| 미완성 구 | 학교에 갔는데… |
| 쉼 | 교육의 철학을 (… 3초 이하의 쉼) 논하자면 |
| 구의 반복 | 느낌에 대해서는 느낌에 대해서는… |

## 02 말더듬 원인

### 1. 심리사회적 요인

① 말더듬의 원인을 심리적인 부적응이라고 본다.

② 심리사회적 가설에 따른 원인

| 요인 | 내용 |
|---|---|
| 심리역학적이론 | 프로이트(Freud)의 정신분석적인 관점으로써, 정신적 이상심리에서 그 원인을 찾음 |
| 진단기인론 | • 말더듬은 부모의 귀로부터 시작됨<br>• 부모가 아동의 정상적인 비유창성을 말더듬으로 진단하고, 그에 대해 부정적인 반응을 보임으로써 말더듬이 진행됨 |
| 상호작용가설 | • 말을 더듬는 화자와 말을 듣는 청자의 상호작용으로 말을 더듬게 됨<br>• 화자의 말더듬에 대한 청자의 민감성, 화자의 말더듬 정도, 청자의 반응에 대한 화자의 민감성 |
| 예기투쟁가설 | 말을 더듬을 것이라고 스스로 예견하고, 더듬지 않으려고 노력함으로써 말을 더듬게 됨 |
| 학습이론 | • 말더듬으로 심한 야단을 맞거나 주변으로부터 모멸감을 받은 아동은 이후 비슷한 상황에서 항상 말을 더듬게 됨<br>• 우연히 말을 더듬는 행위가 잘못 강화를 받고 고착됨 |

### 2. 심리언어학적 요인 [19 중등]

① 심리언어학적 측면에서는 말더듬 증상이 나타나는 발화 지점에 초점을 둔다.

② 말더듬의 원인보다 말더듬을 가중시키는 언어적 요인의 측면에서 접근하는 것이 더 타당할 것이다.

③ 심리언어학적 요인에 따른 원인

| 구분 | 내용 |
|---|---|
| 음운론적 측면 | • 첫 단어, 단어의 첫음절과 초성에서 발생함<br>• 모음보다 자음에서 더 자주 더듬음<br>• 특정 음에서 특히 말을 자주 더듬음<br>• 폐쇄음, 파찰음에서 막힘이 자주 나타남<br>• 마찰음에서는 연장이 자주 나타남 |
| 형태론적 측면 | • 기능어(조사, 접속사)보다 내용어(명사, 동사, 형용사, 부사)에서 더 자주 더듬고, 비교적 긴 단어에서 더 많이 나타남<br>• 사용빈도가 높은 단어보다 잘 사용하지 않는 단어에서 더 더듬음 |
| 구문론적 측면 | • 문장길이가 길수록 출현빈도가 높아짐<br>• 문장구성이 복잡할수록 출현빈도가 높아짐 |
| 화용론적 측면 | • 대화상대자가 친숙하고 허용적일수록 말을 더듬는 빈도가 낮아짐<br>• 의사소통 스트레스 정도가 높을수록 빈도가 높아짐<br>• 상대방의 말이 빠를수록 더 더듬음 |

## 3. 생리학적 요인

① 말더듬의 원인을 유전과 중추신경계의 이상에서 찾는다.

② 생리학적 요인에 따른 원인

| 구분 | 내용 |
|---|---|
| 유전적 요인 | • 말더듬은 유전적 소인으로 인해 발생함<br>• 신문자와 이성은(2002)의 조사에 따르면, 229명의 유창성장애를 가진 사례의 55.0%가 언어장애 가족력을 가진 것으로 나타남 |
| 근육 불협응 | • 걸음마를 배울 때 대근육운동 조절능력이 요구되듯이, 말더듬도 미세한 근육 조절능력의 결함으로 생겨남<br>• 심한 말더듬의 경우 비정상적인 호흡 패턴을 보이고, 말을 더듬을 때는 더욱 호흡이 빨라지고 막히면서 불규칙한 호흡이 생겨나며, 말더듬은 호흡 – 발성 – 조음 간의 불협응으로 발생함 |
| 뇌기능 장애 | • 좌반구와 우반구 간의 협응이 잘 이루어지지 않음<br>• 언어를 관장하는 뇌 조직 간 신호전달의 문제<br>• 왼손잡이를 오른손잡이로 바꿀 것을 강요할 때 좌반구와 우반구의 불균형으로 말더듬이 유발될 수 있음<br>• 우반구의 지배를 받는 것으로 알려진 노래를 부를 때는 말더듬 증상이 나타나지 않음<br>• 교통사고 후유증 또는 뇌손상 이후에 말더듬이 발생할 수 있음 |

## 03 말더듬의 분류 및 특성

## 1. 핵심행동

| 유형 | 예시 |
|---|---|
| 반복 | 말소리 또는 음절을 여러 번 반복한 후에 목표낱말을 산출함<br>예 • 음의 반복: ㄱㄱㄱ그러니까<br>　　• 음절의 반복: 머머머머리가 아파요 |
| 연장 | 한 번의 날숨에서 하나의 같은 소리를 길게 지속하면서 발음함<br>예 수ㅡㅡ(우)박 주세요. |
| 막힘 | • 혀, 입술, 성대 등이 고착되어 목소리가 전혀 나오지 않는 긴장상태<br>• 이때 막힘의 소리가 들릴 수도, 들리지 않을 수도 있음 |

## 2. 부수행동 <sup>23 초등, 19 중등, 17 유아</sup>

### (1) 정의

탈출행동과 회피행동은 말을 더듬지 않으려는 지나친 노력에서 만들어지는 이차적 증상으로, 말더듬 초기 단계에서는 뚜렷하게 관찰되지 않다가 말더듬의 기간이 길어질수록 두드러지게 나타난다.

### (2) 유형

① 탈출행동(투쟁행동, escape behavior)
  ㉠ 말더듬이 고착화되면서 말더듬으로부터 빠져나오려는 보상행동으로 나타나는 신체적 행동을 말한다.
  ㉡ 탈출행동의 양상: 아랫입술과 아래턱을 심하게 움직임, 틱 증상, 얼굴을 한쪽으로 찌푸리기, 고개 흔들기, 손과 다리 떨기 등이 나타난다.
② 회피행동
  ㉠ 말을 더듬는 사람은 자신이 다음 문장 혹은 다음 단어에서 말을 더듬게 될 것을 예견하는데, 이를 피하기 위한 노력으로 나타나는 행동을 말한다.
  ㉡ 회피행동 유형

| 구분 | 내용 |
|---|---|
| 동의어로 바꾸어 말하기 | 똑같은 의미를 가지는 단어로 바꾸어 말함<br>예 진짜? → 정말?<br>　　식사 → 밥 |
| 돌려 말하기 (에둘러 말하기) | 말을 더듬을 확률이 높은 단어 대신 다른 단어를 사용함<br>예 고향이 어디세요? → 이쪽 사람이세요?<br>　　박○○ 선생님이 → 영어 선생님이 |
| 순서 바꾸어 말하기 | 문장의 첫 단어가 어려운 경우 문장 안에서 순서를 바꾸어 말함<br>예 소풍 가니까 좋다. → 좋아, 소풍 가니까. |
| 대용어 사용하기 | 명사 대신 대명사 등을 사용함<br>예 우체국 앞에서 보자. → 거기서 보자. |
| 간투사 사용하기 | 어려운 단어 앞에 '어', '그', '음' 등의 무의미한 말소리를 넣어서 불안감을 감추려고 함 |
| 상황 회피하기 | 전화벨이 울리면 얼른 화장실에 가는 척을 하거나 끊어버림 |
| 사람 회피하기 | 전혀 대화에 끼고 싶지 않다는 듯 눈을 마주치지 않거나 딴전을 부림 |

## 04 말더듬 중재

### 1. 말더듬 수정법(stuttering modification therapy)

#### (1) 정의 및 방법

① 자신의 말이 더듬어지는 순간을 수정하는 것이다.

② 말을 더듬는 사람이 말더듬을 피하려 애쓰고 두려운 단어, 상황을 피하려는 데서 말더듬이 비롯된다고 보고, 피하려는 행동이나 말과 관련된 두려움을 줄이고 말을 좀 더 쉽게 더듬도록 하는 데 목표를 둔다.

③ 이 방법은 '보다 유창하게 더듬기'라고도 하는데, 말을 피하지 말고 계속하는 것을 강조하기 때문이다.

④ 말에 대한 불안이나 회피행동을 줄이고 말더듬을 받아들이는 것에 중점을 둔다.

⑤ 그러므로 일반 대화기술에는 특별한 관심을 두지 않는다.

#### (2) 치료목표

① 말더듬 수정법은 자발 유창성을 궁극적인 치료목표로 하지만, 성인의 경우 조절된 유창성과 수용 말더듬도 받아들여 앞서 제시한 3가지 모두를 가능한 치료목표로 둔다.

② 유형

| 구분 | 내용 |
|---|---|
| 자발 유창성 (spontaneous fluency) | • 정상 언어 사용자의 유창성을 말함<br>• 긴장이나 투쟁행동, 반복이나 막힘과 같은 비정상적인 말더듬을 보이지 않고 말을 힘들이지 않고 하는 것<br>• 말에 별도의 노력을 들이거나 주의를 기울이지 않고도 자신의 생각에만 집중하여 유창하게 말을 하는 상태 |
| 조절 유창성 (controlled fluency) | • 자발 유창성과 비슷하나 말하는 사람이 자신의 말을 계속 들으면서 비교적 정상 수준으로 말을 유창하게 유지하기 위해 말하는 방법을 바꾸는 것<br>• 말의 속도나 리듬이 이따금 변화하는 것을 관찰할 수 있으며, 말을 더듬는 사람은 이를 위해 노력을 기울이게 됨 |
| 수용된 말더듬 (acceptable stuttering) | • 말더듬이 지각되지만 아주 심한 막힘은 아니며, 막히는 순간이 있지만 말을 더듬는 사람 자신은 이에 당황하거나 공포를 느끼지 않고 편안하게 더듬음<br>• 말하는 사람은 자신의 말을 바꾸려는 노력을 기울이지 않고, 말더듬에 구애받지 않고 말함 |

(3) **단계** [23 초등]

| 단계 | 내용 |
|---|---|
| 동기 | 치료사에 대한 신뢰를 가지고, 자신의 말더듬을 직시하고 수용한다. |
| 확인 | 자신의 말더듬 증상(일차적 증상, 이차적 증상, 느낌, 태도)을 스스로 확인한다.<br><br>• 거울이나 비디오 또는 치료사가 보여주는 모방을 통해 자신이 어떻게 말하는지를 보고 듣는다.<br>• 말을 더듬을 때 자신에게 나타나는 탈출행동과 회피행동을 확인한다.<br>• 이제까지 주변 사람이 자기 말에 어떻게 반응했는지, 스트레스를 유발한 의사소통 상황은 무엇이었는지, 힘든 단어는 무엇인지 등을 솔직하게 이야기한다. |
| 둔감 | 두려움과 부정적인 감정을 감소시킨다. 자신이 말을 더듬는다는 사실을 인정하고, 청자의 반응에 무감각해지도록 한다.<br><br>• 말을 더듬는 증상을 보이면 치료사의 신호에 따라 말을 멈춘다.<br>• 두 번째 신호를 주면 음이나 음절을 연장 또는 반복하면서 편하게 말을 더듬는다.<br>• 말을 더듬으면서 갖게 되었던 긴장을 점차 해체시킨다.<br>• '치료사 – 전화통화 – 낯선 사람' 등으로 대화상황을 바꾸어가면서 주변 반응에 둔감해지는 훈련을 한다. |
| 변형 | 고착된 말더듬의 형태를 변형시킨다.<br><br>• **낱말공포**: 예상되는 단어를 빼고 읽는다.<br>• 긴장된 연장 대신 모든 단어를 반복한다. |
| 접근 ★ | 말더듬을 통제하여 수정하는 방법으로, 좀 더 쉽고 편하게 더듬도록 한다.<br><br>• **취소(cancellation)**: 말을 더듬게 되면 잠시 멈춘다. 긴장되어 있는 구어 메커니즘을 이완시키고 자신의 방식을 천천히 재검토한 후 처음부터 다시 시도한다.<br>　예 ㅂㅂㅂ밥을 (쉼) 밥을 주세요.<br>• **이끌어내기(pull out, 말소)**: 말을 더듬는 순간 잠깐 멈춘 상태에서 잘 조절하여 단어의 마지막 부분을 부드럽고 조금 느리게 발화하여 말하기를 완성한다.<br>　예 ㅂㅂㅂ밥ー을 주세요.<br>• **준비하기(preparation set, 예비책, 예비동작)**: 말을 더듬을 것으로 예상되면, 그 단어를 말하기 전에 준비 자세를 갖춘다. 입과 턱 등의 긴장을 풀고 이완된 자세를 유지하도록 한다. 혹은 의도적으로 쉼을 주거나 첫 번째 음절과 두 번째 음절이 잘 연결되도록 말한다.<br>　예 (쉼) 밥을 주세요. |
| 안정 | 치료실 밖에서 효과를 검증해본다.<br><br>• 두려운 상황에 들어가서 일부러 말을 해본다.<br>• 거짓 말더듬을 일부러 연출해본다.<br>• 스스로 치료사의 역할을 한다. |

## 2. 유창성 완성법(fluency shaping therapy)

### (1) 정의

① 유창한 말을 체계적으로 수립하여 차츰 말더듬는 순간을 유창한 말로 바꾸도록 하는 방법이다.

② 행동수정 이론의 조작적 조건화와 프로그램 원리를 기초로 하여 특정한 상황에서 유창한 말을 하도록 확립한 후, 차츰 일반상황에서도 유지하도록 유도한다.

③ 유창성 완성법은 말에 대한 공포나 회피를 직접적인 목표로 삼지 않는다.

④ 유창성이 증가하면 공포감이 더불어 감소하고 부수적으로 말에 대한 태도도 긍정적으로 바뀐다고 보기 때문이다.

### (2) 치료목표

① 유창성 완성법도 자발 유창성을 얻는 것을 궁극적인 목표로 하며, 이들이 획득되지 않았거나 획득이 불가능할 때는 조절된 유창성을 사용하는 것을 목표로 한다.

② 말더듬 수정법과 달리 수용 말더듬을 치료목표로 하지 않으며, 철저히 통제된 상황에서 말이 더듬어지지 않도록 한다.

### (3) 심리와 태도

① 일반적으로 유창성 완성법 치료자는 말더듬에 관련된 심리나 태도를 바꾸기 위해 직접 노력을 하지 않는다.

② 유창하게 말하는 경험이 증가되면 저절로 부정적 감정은 사라질 것이라고 본다.

### (4) 훈련방법

① 호흡 훈련

㉠ 말더듬이 고착되면 호흡 흡기과정에서 발성하는 비정상적인 발성이 나타난다.

㉡ 호흡과 발성의 협응이 깨어져버린 발화는 우선 지속시간이 짧고 억압된 음성으로 산출된다.

㉢ 따라서 이완된 발성은 말의 유창성에 영향을 주기 때문에 적절한 호흡 훈련이 필요하다.

② 말을 천천히 하기(DAF 기기 활용)

㉠ 말을 천천히 하기 기법은 말더듬 증상을 어느 정도 완화시키는 효과를 가지며, 메트로놈이나 지연청각 피드백(DAF; Deieyed Audiotory Feedback) 등을 활용한다.

㉡ DAF: 말을 하고 나서 몇 초 후에 다시 이어폰을 통해 스스로 자기 말을 듣는 기기이며, 지연되는 시간은 1/5~1/4초 정도로 직접 조절할 수 있다. 지연된 말을 듣기 위해 화자는 말의 속도를 늦추게 되고 탈출행동을 감소시키는 효과를 기대할 수 있다.

③ 휴지와 분절화 기법
  ㉠ 말더듬 현상을 주의깊게 관찰해보면 문장 내에 휴지가 불필요한 음절이나 소리로 대치되는 것을 발견할 수 있다.
  ㉡ 일반적으로 말의 휴지는 특정한 학습을 통해 이루어지는 것이 아니라 자동화된 말의 시스템 내에서 자연스럽게 이루어진다.
  ㉢ 말더듬은 증상의 경중과 관련없이 단어와 단어 사이 혹은 발화 첫음절 앞에 비의도적인 음이 삽입된다.
  ㉣ 이러한 비의도적인 음을 제거하는 것을 기본 목적으로 하는 것이 바로 휴지와 분절화 기법이다.

## 05 부모교육과 교사교육

### 1. 부모교육
① 자녀가 말을 더듬는다는 사실을 은폐하지 않는다.
② 자녀의 말더듬 증상의 변화를 지속적으로 관찰한다.
③ 부모 자신의 말의 패턴을 변화시킨다.

> • 나는 천천히 그리고 도중에 쉼을 주면서 말을 하고 있는가?
> • 아이의 말이 끝나고 잠시 시간을 두고 대답하는가 아니면 속사포처럼 말하는가?
> • 짧고 단순한 문장을 사용하고 있는가?
> • 아이가 말을 할 때 주의를 기울이며 귀담아 듣는가?
> • 아이의 말을 가로막지는 않는가?
> • '혼자'가 아니라 '함께' 말을 하고 있는가?
> • 대화상황이 딱딱하거나 엄격하지 않은가?
> • 항상 아이와 눈을 맞추고 말하는가?
> • 아이가 '엄마'를 여러 번 불러야 대답하지는 않는가?
> • 발음이 정확하지 않거나 단어 사용이 적절치 않을 때 다시 말해보라고 하지 않는가?
> • "이렇게 말해봐.", "저렇게 말해봐." 하면서 좋은 의도이지만 필요하지 않은 충고를 하지 않는가?

④ 말의 유창성에 대해 일관되고 긍정적인 피드백을 한다.
⑤ 말을 더듬는 것에 허용적인 태도를 보인다.
⑥ 자녀가 말을 더듬는 것에 대해 부모 자신이 가지는 부정적 느낌, 생각을 버린다.
⑦ 말더듬의 치료방법과 관련 정보들을 알아야 한다.
⑧ 자녀가 스스로 말을 더듬는다는 사실을 인지하지 못하거나 전혀 스트레스가 없는 경우에는 간접 중재방법을 사용하고 부모교육을 받도록 한다.

## 2. 교사교육

### (1) 말더듬 아동에 대한 교사의 태도 [19 유아]

① 부정적 정서(벌, 좌절, 불안, 죄의식, 적의)를 감소시켜주어야 한다.

② 말을 더듬어도 괜찮다는 허용적 분위기를 조성하고, 필요한 경우 교사가 약간 말을 어눌하게 하는 모습을 보여줘도 괜찮다.

③ 질문할 때는 짧고 간단한 문장으로 한다.

④ 잘 알지 못하는 답을 할 때 말더듬 빈도가 높아지므로 예상치 못한 질문은 피하는 것이 좋고, 다른 아동에게 먼저 질문함으로써 아동이 준비할 시간을 준다.

⑤ 아동이 말하려고 할 때는 절대로 중단하거나 다른 아동이 끼어들지 않도록 하고, 교사가 충분히 그 아동에게만 집중하는 모습을 보여준다.

⑥ 놀림을 당하지 않도록 반 아이들을 대상으로 사전교육을 하며, 우리는 모두가 다 조금씩 말을 더듬는다는 사실과 상대방의 태도에 따라 더 말을 더듬을 수 있다는 주의도 함께 준다.

⑦ '말더듬이'라는 용어를 사용하지 않도록 한다.

⑧ 듣기가 답답하거나 아동이 힘들게 말하더라도 "이 말을 하려는 거지?" 하면서 대신 나머지 말을 해주지 않는다.

⑨ 수업시간에 '읽기' 순서를 면제해주기보다는 짝을 이루어 2명씩 함께 읽도록 하는 방법을 사용하는 것이 좋고, 이때 다른 아이들과 동일한 규칙을 주어야 한다.

⑩ 아동의 말을 이해하지 못했다면 이해한 척하지 말고 "미안해. 중간 단어를 이해 못 했어.", "철수가 뭘 어쨌다고? 다시 한 번 해줄래?" 라고 구체적으로 요구하는 것이 좋다.

⑪ 말을 더듬는 아동은 말로 자신의 부당함이나 상황을 잘 표현하지 못하고, 구두적 직면을 두려워하기 때문에 사실이 드러나지 않는 경우가 많다. 따라서 또래 아동과의 갈등상황이 발생하는 경우 교사는 아동에게 설명할 시간을 충분히 주고 들어주는 자세가 필요하다.

⑫ 편안하고 수용적인 학급 분위기를 조성한다.

⑬ 교사는 말의 속도를 늦추고, 아동의 발화가 끝난 후 바로 대답하지 말고 시간간격을 둔 후에 반응한다.

### (2) 말하기 불안을 가진 아동에 대한 교사 태도

① 발표 전에는 신체적인 움직임을 통한 근육 이완상태를 경험하도록 한다.

② 불안을 야기하는 상황을 피하기보다 점진적으로 자신을 노출하도록 용기를 준다.

③ 말하기 활동을 많이 경험해보도록 한다.

④ 말할 내용을 충분히 준비할 수 있는 시간을 준다.

⑤ 다양한 담화 환경을 통해 면역성을 키워준다.

⑥ 말하기 불안은 청자 요인이 매우 중요한 영향을 미치므로 교사와 또래 학생들이 긍정적이고 공감적인 듣기 태도를 갖춰야 한다.

# 제 6 절  음성장애

## 01  음성장애

### 1. 정의

① 화자의 음도, 강도, 음질, 공명과 관련한 기본적인 음성적 특성이 정상의 목소리와 편차를 보이는 말(구어) 장애의 한 유형이다.

| 구분 | 내용 |
|------|------|
| 강도 | 음성을 전혀 낼 수 없거나, 음성이 지나치게 크거나 작아서 상대방에게 유쾌하지 않은 느낌을 주거나, 이야기의 내용이 충분히 전달되지 않는 경우 |
| 음도 | 음도장애는 연령과 성에 따라 기대되는 음도보다 지나치게 높거나 낮은 경우 |
| 음질 | 좋은 음질은 음향학적으로 소음이 적고 배음(harmonics)이 많은 목소리를 말하며, 배음은 음악에서 음색을 결정하는 데 중요한 영향을 미침 |

② 「장애인 등에 대한 특수교육법」: 기능적 음성장애로 인해 의사소통에 어려움이 있는 사람으로 정의한다.

### 2. 특성

① 또래 아동에 비해 음도가 너무 낮거나 높다.
② 목소리가 귀청을 찢을 듯이 날카롭다.
③ 목소리가 너무 작다.
④ 목소리가 단조롭거나 속삭이는 소리를 내거나 목소리가 잘 나오지 않는다.
⑤ 쥐어짜거나 힘들여서 말한다.
⑥ 목소리가 거칠고 허스키하다.

## 3. 원인에 따른 구분(「장애인 등에 대한 특수교육법」은 기능적 음성장애만 포함)

| 구분 | 내용 |
|---|---|
| 기질적 음성장애 | 음성에 영향을 주는 후두의 기질적 질병으로 인해 발생하는 음성장애 |
| 기능적 음성장애 | 기질이나 신경학적 원인을 가지고 있지 않음에도 발성기관의 남용과 오용으로 인한 음성장애 |
| 심인성 음성장애 | 심리적인 문제로 인해 발생하는 음성장애 |

### (1) 기질적 음성장애(「장애인 등에 대한 특수교육법」에 포함되지 않음)

| 질병 | 증상 |
|---|---|
| 후두암 | • 성문 상부, 성문 하부, 성문 중 한 군데 혹은 세 군데 모두에 걸쳐 발생함<br>• 갑자기 쉰소리가 나거나 침 삼킬 때 통증 등이 동반되는 증상을 보임 |
| 편측성·양측성 성대마비 | 후두근육의 움직임을 담당하는 신경섬유의 손상으로 성대 한 쪽이 마비되어 성문폐쇄가 완전히 이루어지지 않음 |
| 경련실성증 | • 신경학적 요인으로 인해 자기도 모르게 경련이 발생하여 갑자기 성대가 닫히거나 열리거나 또는 두 개의 혼합형이 있음<br>• 대부분 내전형이 많이 관찰됨<br>　– **내전형**: 말을 하는 데 힘이 많이 들어가고 쥐어짜는 듯한 소리를 냄<br>　– **외전형**: 갑자기 성대가 열려서 공기가 성대로 흘러나오기 때문에 목소리에 바람새는 소리가 많이 들림 |
| 라인케 부종 | • **라인케 공간**: 성대상피 바로 밑에 자리잡은 막<br>• 성대의 조직 변화로 그 공간에 액체가 고여서 성대가 부은 상태<br>• 성대부종으로 인해 매우 낮은 목소리가 산출됨 |
| 유두종 | • 바이러스로 인해 발병함<br>• 혹처럼 생겨서 성문을 막을 경우 기류 통과가 어려움<br>• 아동기에 발병하기 쉬움 |

### (2) 기능적 음성장애

① 아동의 경우, 아주 드물게 나타나는 심리적인 원인을 제외하고 대부분 성대를 잘못 사용하는 습관과 과도한 성대 사용이 원인이 된다.

② 아동은 성인과 다르게 자신의 기분을 조절하는 능력이 부족해서 자신의 감정을 오롯이 음성을 통해 전달하는 경우가 많다.

③ 요인

| 구분 | 내용 |
|---|---|
| 신체해부학적 요인 | • 크기가 작은 후두<br>• 성대의 좌우 비대칭<br>• 연인두 폐쇄기능의 결함<br>• 과소기능적 음성장애의 유발 소인<br>• 청각적 지각능력의 결함 |

| 습관적 요인 | • 소음 소리의 과도한 모방 예 장난감 자동차 소리, 비행기 소리<br>• 놀이를 할 때 습관적으로 지르는 고성<br>• 큰소리로 부르거나 소리 지르는 습관<br>• 너무 낮거나 높게 노래를 부르는 습관<br>• 말을 시작하기 전에 하는 잦은 헛기침<br>• 난청 가족이 있는 경우의 크게 말하는 습관 |
|---|---|
| 사회적 · 가족적<br>요인 | • 학교, 유치원, 가정 내의 소음 예 TV, 라디오 등<br>• 뛰어놀 수 있는 공간 부족<br>• 업적 중심의 과도한 요구나 신체적 제약<br>• 학교, 유치원 또는 가정 내에서의 음성적 모델<br>• **가족 구조**: 형제 사이에서 항상 관철해야 하는 위치에 있거나 그러한 역할을 가지고 있는 경우<br>• **가족 내 의사소통 방식**: 가족 구성원이 무의식적으로 모두 큰소리로 말하는 경우<br>• **교육 방식**: 부모의 양육태도가 지나치게 강압적이고, 아동이 그 안에서 스트레스를 받는 경우 |

④ 분류

| 구분 | 내용 |
|---|---|
| 성대결절 | • 일반적으로 양측성이며, 성대의 약 1/3 지점으로 돌출하는 작은 결절<br>• 지속적인 음성남용이나 무리한 발성에 의해 생김<br>• 지속적으로 쉰 목소리, 잦은 음성피로 증상이 나타남 |
| 성대폴립 | • 성대결절과 마찬가지로 대부분 성대의 앞쪽 약 1/3 지점에 발생하지만 편측성이 더 많음<br>• 결절이 좁쌀 모양의 굳은살이라고 한다면, 폴립은 성대 한쪽으로 점막을 뚫고 연조직이 둥근 모양으로 돌출된 형태를 보임<br>• 폴립은 장기간 성대오용보다 한 번의 성대 외상으로 발생할 수 있음 |
| 변성기<br>음성장애 | • 변성기가 2년 이상 지속되거나 16세가 지나도록 변성기를 거치지 않을 경우<br>• 자주 나타나는 증상으로는 음이탈과 후두에 이상이 없음에도 음도가 완전하게 내려가지 않고 1/2 옥타브 정도만 내려가서 상대적으로 자신의 음성이 또래에 비해 높다고 느끼게 됨<br>• 원인은 후두근육 협응이 잘 이루어지지 않거나 청각적 조절에서의 문제로 볼 수 있음 |

## 4. 음성장애 예방 및 중재 <sup>16 초등</sup>

### (1) 음성장애 예방 ✱

> 아동기에 보이는 음성장애는 대부분 음성남용이나 잘못된 발성습관에 의해 발생하기 때문에 음성문제를 유발할 수 있는 환경적 요인들을 제거해주는 것이 무엇보다 중요하다.

① 학급 안의 소음을 줄인다.
② 학급 밖의 소음이 큰 경우 음성 사용을 자제하도록 한다.
③ 교사 스스로 좋은 음성을 모델링해준다.
④ 학급 내에서 귓속말을 하지 않도록 한다.
⑤ 생수를 자주 마실 수 있도록 교실에 비치한다.
⑥ 체육시간에 응원을 할 때는 음성 대신 손뼉, 도구(깃발 등)를 사용하도록 한다.
⑦ 음악시간에는 과도하게 음도를 높이거나 힘주지 않도록 한다.
⑧ 친구를 부를 때는 다가가서 말하거나 손을 흔들어 신호하도록 한다.
⑨ 운동하는 동안 음성남용이 쉽게 발생할 수 있음을 염두에 두고, 음성보다 손 신호를 사용하도록 한다.
⑩ 교실 내에서 음성오용과 남용을 줄일 수 있는 방법을 개발한다.

### (2) 음성장애 중재

① 윌슨의 행동주의적 접근
　　⑦ 음성장애 중재의 첫걸음은 긍정적인 음성산출에 강화를 주어 바람직한 음성산출 발생확률을 증가시키는 것이며, 잘못된 성대 사용을 억제하고 적절한 강도와 음도, 속도, 공명, 근육긴장을 목표로 한다.
　　ⓒ 행동주의적 접근에서는 '청각 훈련'을 강조한다.
　　ⓒ 다른 사람들의 목소리를 듣고 음성적인 특징(크다/작다, 높다/낮다, 거칠다/부드럽다, 불쾌하다/편안하다)을 변별하는 훈련을 한 다음, 자신의 음성을 스스로 자각하는 단계를 거친다.

② 놀이활동을 통한 중재

| 중재 | 내용 |
|---|---|
| 청지각 훈련을 통한 활동 | • 아동 자신의 음성을 의식적으로 자각하는 데 목적을 둠<br>• 아동은 성인과 달리 자신의 음성이 거칠고 불쾌한 것을 크게 지각하지 못하는 경향이 있음<br>• 우선 타인의 목소리를 듣고 차이점을 변별하는 것에서 시작하고, 그 다음 자신의 목소리를 의식하여 느끼도록 함 |
| 호흡지각 및 호흡연장 | 즐거운 놀이 형태로, 공기를 한꺼번에 많이 내뿜지 않고 서서히 뿜을 수 있도록 조절하고, 모음 연장을 통해 첫 발성에 힘을 주지 않고 부드럽게 발성을 시작하는 것을 연습함 |
| 자세 | • 옳지 않은 자세는 좋은 음성을 만들어내지 못함<br>• 아동은 자신의 자세를 지각하고 문제가 있다면 자세를 교정하려는 노력을 해야 함 |
| 말소리 속도 | • 음성에 문제를 가지는 아동은 말을 너무 빨리 하고 쉼없이 급하게 이어나가는 경향이 있음<br>• 이러한 아동은 자신의 말소리 속도를 지각하고 변화시켜야 함 |
| 부드러운 성대접촉 | • 부드러운 음성을 산출하려면 성대가 부드럽게 접촉해야 함<br>• 급작스럽고 강하게 접촉하면 거친 소리가 나오며, 성대가 상함 |
| 음도 유지 | 호기를 오랫동안 유지하는 훈련은 음도를 지속시키는 기능을 함 |

# 제7절 언어장애

## 01 언어장애 용어

### 1. 정의

#### (1) 언어발달지체

① 발달과정에서 언어영역이 시간상을 기준으로 지체되는 것을 말한다.

② 동일한 생활연령 집단과 비교하여 언어발달이 늦는 아동들을 언어발달지체 아동이라고 한다.

③ 뇌성마비 등의 구조적 결함과 지적장애, 청각장애, 자폐 등의 사회정서적인 요인으로 인해 언어발달상 지체가 나타나는 경우를 모두 포함한다.

#### (2) 언어발달장애

① 다양한 영역에서의 언어구조(음운론, 형태론, 구문론, 의미론, 화용론)에서 결함을 보이는 경우를 말한다.

② 아동이 사용하는 언어가 질적으로 기술할 수 있는 만큼의 특수성을 가지고, 시간이 지나도 스스로 회복될 수 없는 언어구조상 결함을 보이는 경우가 이에 해당한다.

## 02 유형

[그림 4-3] 언어발달장애의 구분

## 1. 단순언어장애 [21 중등]

### (1) 정의

① 단순언어장애(SLI; Specific Language Impairment)는 감각적·신경학적·정서적·인지적 장애는 전혀 없고 언어발달에만 문제를 보이는 경우를 말한다.

② 일차적으로 수용언어나 표현언어상의 심각한 결함을 보이는 발달적 언어장애이며, 동시에 언어발달상의 지체 현상이 나타난다.

---

**보충+α** | **레너드(Leonard)의 단순언어장애 진단기준**

① 표준화된 언어검사에서 −1.25 SD 이하
② 비언어성 지능검사 결과가 85 이상(정상범주)
③ 청력검사에서 이상 없음
④ 최근에 중이염에 걸린 적 없음
⑤ 신경학적인 이상이 없음
⑥ 구강구조와 구강운동기능에 이상이 없음
⑦ 사회적 상호작용에 어려움이 없어야 함

---

### (2) 특성

① 언어습득의 지체
　㉠ 단순언어장애 아동은 대부분이 늦게 말을 하기 시작하며, 이때 늦는 정도는 개인차가 매우 크다.
　㉡ 일반아동에서 2세 전후에 나타나는 어휘폭발기도 뚜렷하게 관찰되지 않는다.
　㉢ 수용언어에서의 지체가 함께 나타나기도 하는데, 단순언어장애 아동의 20~40%가 수용언어와 표현언어 모두에서 지체를 보인다. (Buschmann, 2009)

② 음운론적 영역
　㉠ 대부분의 단순언어장애 아동은 외부 사람이 아동의 말을 이해하기 어려울 정도로 발음에 문제를 보인다.
　㉡ 기질적으로 문제가 없음에도 문장 내에서 음운상 오류를 자주 보인다.
　㉢ 음운규칙과 음운변동 현상을 이해하고 정확하게 발음하는 데 어려움을 갖는다.

③ 의미론적 영역
　㉠ 단순언어장애 아동은 같은 연령의 아동에 비해 어휘력이 심하게 제한된다.
　㉡ 어휘습득에 특히 결함을 보이기 때문에 일상적인 대화상황이나 낱말찾기 같은 과제에 큰 어려움을 보인다.
　㉢ 전반적으로 새로 학습한 단어를 산출하는 데 시간이 오래 걸리고 단어를 잘못 말하는 경우도 자주 나타난다.

④ 구문론적 영역
　㉠ 비문법성은 단순언어장애의 대표적인 특징 가운데 하나로, 두 단어를 조합하는 시기가 일반적으로 1년 이상 지체될 뿐만 아니라 아동이 점차 문장 형식으로 만들어내는 단어들의 조합은 매우 비문법적이다.
　㉡ 문법형태소의 사용에 취약하고, 상대적으로 짧은 문장을 사용하며, 내포문의 사용빈도가 낮다.

**보충+α** **낱말찾기장애**

① 어떤 상황이나 자극하에서 특정한 낱말을 산출하는 데 어려움을 가지는 장애이다.

② 지적 능력, 사회적 능력, 말 산출과 관련된 구조적 결함이 없음에도 언어발달에 장애를 보이는 단순언어장애 아동에게서 많이 보고된다.

③ 단계별 유의점

| 단계 | 구분 | 유의점 | | |
|------|------|--------|---|---|
| 1단계 | 훈련목표 낱말 선정 | 간단한 명사만을 훈련낱말로 사용하고 있으나, 실제로 효과적인 중재를 위해서는 아동의 연령, 흥미나 주제, 아동이 어려움을 겪는 낱말에 대한 고려가 있어야 함 | | |
| 2단계 | 언어중재 상황 | 언어중재는 개별, 소집단, 대집단의 형태로 이루어질 수 있으나, 일반화를 촉진하기 위해서는 다양한 상황에서 훈련을 하는 것이 중요함 | | |
| 3단계 | 활동 | • 목표어와 관련된 다양한 특성을 이용하는 것<br>  – 목표어와 의미적으로 관련된 낱말<br>  – 초성, 첫음절, 음절 수와 같은 목표어와 음운적으로 관련된 특성<br>  – 목표어의 시청각적인 느낌 예 첫글자<br>  – 목표어의 크기, 질감, 운동성과 같은 감각운동적 특성 예 팬터마임<br>  – 목표어가 발생하는 문맥적 특성 등<br>  – **낱말찾기 단서** | | |
| | | | **의미적 단서** | • 목표낱말의 동의어, 반의어, 연상어, 동음이의어 등이 있음<br>• 목표낱말의 상위범주어, 하위범주어 등도 사용할 수 있음<br>• 그 외에 목표낱말의 기능, 물리적 특성을 사용하기도 함<br>• 몸짓으로 낱말을 흉내내는 것도 의미적 단서가 될 수 있음 |
| | | | **구문적 단서** | 해당 목표낱말이 자주 사용되는 문맥, 상용구를 활용하는 것 |
| | | | **음향–음소적 단서** | • 첫음절을 말해주거나 음절 수를 손으로 두드리거나 손가락으로 알려주는 방법 등이 있음<br>• 첫 글자를 써주는 것도 아동에게 음소적 단서를 제공하는 것에 포함됨 |
| 4단계 | 치료효과 측정 | • **능력의 증진 정도 측정**: 그림 보고 이름대기 과제<br>• **치료효과 척도**: 전체 목표낱말 수에 대한 오류 수 비율과 반응시간을 기준으로 함<br>• 유지효과를 확인하기 위해 치료 종료 후 1개월이 지난 시점에 다시 검사해야만 신뢰성을 확보할 수 있음 | | |

## (3) 중재

### ① 부모중재

㉠ 단순언어장애 아동은 산출하는 단어 수가 매우 제한적일 뿐만 아니라 대부분의 아동이 자발적으로 언어를 사용하지 않는다. 따라서 발화를 유도하기 위해서는 대화의 주제와 방법이 아동 중심이 되어야 한다. 아동의 흥미가 어디에 있는지, 아동이 선호하는 것은 무엇인지를 알아야 한다. 아동이 몸짓을 사용하여 소통하는 것을 선호한다면, 부모도 몸짓언어를 통한 의사소통을 수용해야 한다. 의사소통이 상호적으로 이루어지려면 아동의 눈높이에 부모가 맞추어야 한다.

㉡ 몸짓이나 표정을 최대한 사용한다. 아동이 소통한다는 느낌을 갖도록 해주는 것이 무엇보다 중요하기 때문이다. 비구어적 의사소통 수단은 구어 발달을 저해하는 요인이 아닌 긍정적인 보조수단이 될 수 있으므로 오히려 초기 단계에는 함께 사용해주는 것이 좋다.

㉢ 단순언어장애 아동은 새로운 낱말을 습득하는 데 어려움을 보이므로 중요한 단어를 말할 때는 목소리를 높이고 악센트를 주어야 한다. 새로운 단어는 두 번씩 반복해주는 것이 좋다. 그림책에서 강아지가 나왔다면 "와! 강아지다. 멍멍! 귀여운 강아지다."라고 말해줌으로써 청각적 정보를 처리할 기회를 최소한 두 번 이상 주면서 의미적으로도 쉽게 이해할 수 있도록 한다.

㉣ 아동의 발화에 항상 반응해준다. 반응은 아동의 말하고자 하는 욕구를 자극하기 때문이다. 완전하지 못한 문장이나 불확실한 조음으로 인해 아동의 언어표현은 늘 긍정적인 반응을 얻지 못하고, 말하는 즐거움을 잃어버리는 경우가 많다. 예를 들면, 아동이 "우아!"라고 말했을 때 "우아! 정말 맛있겠다."라고 아동의 말을 반복해주는 것도 의사소통을 즐겁게 해주는 효과가 있다.

㉤ 아동에게 올바르게 질문하는 것은 매우 중요하다. 질문했을 때 구어로 대답할 가능성이 희박한 아동에게 질문하는 것은 그 자체가 매우 어려운 일이다. '예/아니요'나 머리를 끄덕이는 것으로 대답할 수 있는 질문은 개방형 질문에 비해 언어를 촉진하지 않지만 최소한 즉시 답을 얻을 수 있는 장점이 있다. 가장 경계해야 할 질문의 형태는, 예를 들어 그림책을 보면서 "호랑이 어디에 있지?", "이건 뭐지?"라고 끊임없이 묻는 것이다. 아동에게 표현의 즐거움 대신 압박감만 남게 되고, 이러한 질문이 반복되면 아동은 그림책을 보는 것 자체에 흥미를 잃어버린다.

② 교사 중재

　　㉠ 아동의 말을 이해하기 힘들 때: "뭐라고?"라고 묻기보다 최소한 교사가 이해한 1~2개의 단어를 가지고 "어제? 아, 어제 어디를 갔어?"라고 질문하는 것이 좋다. 이 질문은 아동에게 교사가 자신의 말에 관심을 보인다는 것을 느끼고 다시 말하고 싶은 의욕을 가지게 하며, 말을 할 때도 좀 더 두려움이 없어지고 새로운 방식으로 시도할 수 있다. 단순히 다시 반복하여 말해보라는 교사의 요구는 아동으로 하여금 의사소통의 벽을 쌓게 한다.

　　㉡ 또래가 아동의 말을 따라 하거나 놀릴 때: 의학적 용어는 피하되, 아동이 수용할 수 있는 정도에서 정확한 용어로 설명한다.

　　　예 "선생님도 알고 ○○도 알아. 그래서 ○○가 지금 언어치료를 받으러 다니는 거야. 우리가 아프면 병원에 가는 것과 같은 거야. 우리도 ○○가 말을 잘할 수 있도록 도와주자!"

　　㉢ 아동의 언어 모델로서의 교사: 교사는 항상 자신의 언어행동을 주시해야 한다.

---

- 아동이 말하기 전에 미루어 짐작하여 말하거나 즉각적으로 도움을 주지 않는가?
- 아동과 대화할 때 자신의 말만 열심히 하지는 않는가?
- 너무 긴 문장을 사용하지는 않는가?
  : 아동의 언어발달이 이어문 단계임에도 한 문장에 너무 많은 단어가 사용된다면 아동은 교사의 말을 분명히 이해할 수 없을 것이다.
- 아동의 반응을 기다리고 있는가?
  : 아동이 도움을 요청할 때까지 잠시 기다리는 것은 발화를 촉진하기 위한 기본이다. 그뿐만 아니라 언어를 촉진하기 위해서는 교사의 발화를 줄이고 아동이 말할 기회를 많이 주어야 한다.
- 아동의 질문에 바람직한 답을 하고 있는가?
  : 단순언어장애 아동이 '왜'라는 질문을 던지지 않는 이유는 자신이 무언가를 발언할 때 사람들은 늘 '무엇을 말하는지'보다 '어떻게 말하는지'에 관심을 갖기 때문이다. "선생님! 왜 날에는 해가 이어요?"라고 질문했을 때, "날이 아니라 낮이지. 그리고 해가 이어요가 아니라 있어요야. 알았지?"라고 말함으로써 결국 교사는 정작 아동의 질문에는 답을 하지 않는다.
- 아동에게 바람직한 형태로 질문하고 있는가?
  : 단순언어장애 아동에게 질문할 때 너무 많은 단어를 요구하는 질문은 피하는 것이 좋다. 모든 상황에서 개방형의 질문이 바람직한 것은 아니다. 아동의 수준을 고려한 질문형태가 가장 최상이며, 특정 반응을 유도하는 질문형태가 되어야 한다. 예를 들면, "어제 소풍은 어땠어요?"보다는 "어제 소풍은 재미있었어요? 뭐가 제일 재미있었어요?"라고 묻는다.

③ 언어중재 프로그램
  ㉠ 청지각과 음운인식
    ⓐ 청지각
      • 청지각: 귀로 듣고, 정확히 인식하고, 변별하고, 이해하는 과정을 말한다.
      • 청지각 결함: 말소리를 정확히 이해하고 발음하지 못하는 주요 원인이다.
      • 청지각의 하위개념

| 하위개념 | 내용 |
|---|---|
| 청각적 이해력 | 소리를 듣고 의미를 알고, 말을 듣고 이해하는 능력 |
| 청각적 변별력 | 같은 소리인지, 같은 음절인지, 같은 음소인지 등을 구별하는 능력 |
| 청각적 기억력 | 들은 말을 그대로 재현하거나, 청각적 정보를 순서대로 기억하는 능력 |
| 청각적 종결력 | 단어 중에서 빠진 소리를 인식하고 찾아내는 능력 |
| 청각적 혼성력 | 각 소리를 단어로 연결하고 종합하는 능력 |

    ⓑ 음운인식
      • 말소리의 구조를 인식하고 분석하는 것이다.
      • 음절 단위의 음운인식 능력을 갖추었다는 것은 단어를 음절단위로 인지하고 초성 자음과 각운 등을 인지하며, 음절 단위로 말소리를 조작하는 등의 능력을 가지고 있음을 의미한다.
      • 음운인식 과제 유형

| 유형 | 내용 |
|---|---|
| 수세기 | 아동에게 1~3음절의 낱말을 들려주고, 각 낱말이 몇 개의 음절로 구성되는지 말해보게 하는 것 |
| 합성 | 각 음절을 듣고 낱말을 구성해보게 하는 것 |
| 탈락 | 다음 절 낱말에서 하나의 음절(첫소리/끝소리)을 제거하고 말해보게 하는 것 |
| 변별 | 3개의 낱말을 들려주고 첫음절 또는 끝음절이 다른 낱말을 찾아보게 하는 것 |
| 대치 | 다름 음절로 바꾸어서 소리를 만들어보게 하는 것 |

  ㉡ 청각적 주의집중: 듣기 과정은 세 단계로 구성된다.
    ⓐ 들리기(hearing): 귀로 소리를 인지하는 물리적인 단계로, 자신의 의지와 상관없이 소리가 들리는 것이다.
    ⓑ 듣기(listening): 귀로 들어온 소리에서 의미를 구성해내는 심리적 단계이다.
    ⓒ 청해(auding): 청각적으로 들어온 정보를 종합적으로 이해하고 해석하는 가장 높은 수준의 듣기 단계이다.
    ⓓ 단순언어장애 아동은 들리기(hearing)는 문제가 없지만 듣기(listening)와 청해(auding)에 어려움을 보인다.
    ⓔ 청각적 주의집중은 놀이활동 속에서 이루어지는 것이 좋음: 놀이는 아동이 지루하지 않게 자연스러운 방법으로 집중을 유도한다는 장점이 있다.

ⓒ 상위언어인식 <sup>21 중등</sup>

ⓐ 언어 자체를 사고 대상으로 취급하면서 언어의 구조적 특성을 인식하고 조작하는 능력을 말한다.

ⓑ 언어의 어느 부분을 사고 대상으로 하는지에 따라 음운자각, 단어자각, 구문자각, 화용자각 등으로 분류할 수 있다.

| 분류 | 내용 |
|------|------|
| 음운자각 | • 구어에서 사용되는 단어들 속에 들어 있는 여러 단위를 분리하거나, 이 단위들을 다시 결합하여 재합성할 수 있다는 점을 아는 것<br>• '돼지'라는 단어를 듣고 2음절로 만들어졌다는 것을 판단해야 하며, '다람쥐'와 '도깨비'는 초성에서 동일한 음소를 가진다는 점을 알 수 있어야 함<br>• 음운인식에 결함이 있는 경우, 잘못된 발음을 들려줄 때 인식하는 능력도 낮음 |
| 단어자각 | • 단어가 가진 물리적 속성과 추상적 속성을 이해하는 능력<br>• 예를 들어, '돼지'라는 단어에는 포유동물 돼지가 갖는 물리적 속성과 '많이 먹는 사람', '삼겹살', '더러움' 등의 추상적 속성이 포함되는데, 이러한 개념 형성과 추상적 사고에 대한 인지적 유동성이 바로 단어자각 능력<br>• 사물의 이름이 바뀌어도 속성은 바뀌지 않는다는 사실을 아는 능력, 예를 들면 '서점 – 책방' 등을 이해하는 것<br>• 의미인식에 결함이 있는 경우, 문장에 잘못된 단어가 사용되어도 틀렸다는 점을 잘 알아차리지 못함 |
| 구문자각 | • 문법에 맞는 문장을 사용하는지에 대한 자각<br>• 예를 들어 "밥이가 맛있어요.", "선생님이 철수에게 책을 읽었다."와 같은 문장이 문법적으로 맞는지 판단하는 능력<br>• 구문인식에 결함이 있는 경우, 비문을 포함한 문법성 판단 과제에서 낮은 수행능력을 보임<br>• 반면 문법적으로는 맞지만 의미가 맞지 않는 "동생이 아빠를 낳았다.", "밥을 마셔요."와 같은 문장의 오류를 판단하는 것은 의미자각에 해당하며, 구문자각과 함께 분석할 수 있음 |
| 화용자각 | • 자신의 발화가 상황에 적절한지, 목적달성에 적합한지 등을 스스로 점검하고 조절하는 것<br>• 우리는 발화의 오류가 발생하면 스스로 오류를 수정함<br>• 적절치 못한 말이 튀어나온 경우나 대화자의 연령이나 지위에 맞지 않는 단어, 존칭을 썼을 때도 스스로 옳고 그름을 판단함<br>• 화용인식에 결함이 있는 경우, 대화의 상황적 맥락, 대화규칙 등의 정/오답에 대한 판단능력이 낮음 |

ⓔ 음운처리

    ⓐ 구어, 문어를 포함한 언어적 정보처리를 위해 음운에 기초한 정보를 활용하는 것을 말한다.

    ⓑ 음운처리 과정은 음운인식, 음운부호화, 음운재부호화의 하위유형으로 구분할 수 있다.

| 구성요소 | 활동명 | 활동내용 |
|---|---|---|
| 음운부호화 | • 순서대로 반응하기<br>• 거꾸로 반응하기 | • 선생님이 말한 것을 잘 기억한 다음에 순서대로 똑같이 따라 말해보세요. /사과/, /토끼/, /트럭/<br>• 선생님이 말한 것을 잘 듣고 거꾸로 말해보세요. /바/, /고/, /디/ |
| 음운재부호화<br>(음운부호 인출) | • 단어 말하기<br>• 끝말잇기 | 지금부터 선생님이 시간을 잴 거예요. '그만' 할 때까지 /바/ 소리로 시작하는 단어를 모두 말해보세요. |

ⓜ 구문 및 어휘지도 – 표현언어 지도

| 방법 | 설명 |
|---|---|
| 반복 재생하기 | • 교사가 하나의 문장을 계속 모델링해주다가 어느 순간에 마지막 단어를 말하지 않고 아동을 (기다린다는 눈빛으로) 응시함<br>• 아동이 반복된 단어를 말하도록 하는 것이 목적이며, 아동이 목표단어를 산출하지 않을 경우 교사가 단어를 말해줌 |
| FA 질문법 | • 두 개의 단어 중 하나를 선택할 수 있는 질문을 던지는 방법<br>• 초기 어휘학습 단계에서 단순언어장애 아동은 주로 실제 의사와 무관하게 "응."이라는 답변을 가장 많이 하는데, 이는 아동이 질문을 제대로 이해하지 못했거나 다른 말로 표현하는 방법을 모르기 때문<br>• FA 질문법은 일어문과 이어문 단계에서 주로 사용됨 |
| Wh-질문법<br>(who, what, where, when, why) | • 아동의 발화를 자극하는 가장 좋은 동기부여는 관심을 가지고 아동으로부터 답을 알고자 하는 것<br>• 교사는 아동의 어휘발달 수준에 적합한 질문을 해야 함<br>• 단순언어장애 아동의 경우 Wh-질문법이 효과적임<br>• 무엇보다 답변하는 데 일반아동에 비해 많은 시간이 걸린다는 점을 감안해야 하며, 일반적으로 3~5초 이상의 쉼이 예상됨<br><br>Wh 질문 / 질문 내용<br>누가 - 이 사람은 누구예요?<br>어디 - 어디로 소풍을 간 거예요?<br>무엇을 - 소풍 가서 무엇을 하고 놀았어요?<br>언제 - 소풍을 언제 간 거예요?<br>왜 - 왜 이 친구는 앉아 있어요? |

## 2. 사회적(화용적) 의사소통장애

### (1) 정의

① 화용적 언어 혹은 사회적 의사소통기술에 어려움을 보이는 아동 중에서도 이 영역에 특히 취약하다고 알려져 있는 자폐스펙트럼장애의 진단기준을 충족하지 못하는 아동을 의미한다.

② DSM-5에서 이와 같이 진단적 준거를 제시했지만 여전히 사회적(화용적) 의사소통장애는 단순언어장애와 자폐스펙트럼장애의 변별 진단이 쉽지 않다는 점이 지속적으로 지적되고 있다.

### (2) 진단기준(DSM-5)

1. 구어 및 비구어적 의사소통의 사회적 사용에서의 지속적인 어려움을 보이며 다음과 같은 특성을 보인다.
   ① 사회적 맥락에 적절한 방법으로 인사하기, 정보나누기와 같은 사회적 목적을 위한 의사소통을 하는 데 어려움을 보인다.
   ② 교실과 운동장에서 다른 방식으로 말하기, 아동과 성인에게 다른 방식으로 말하기, 지나치게 형식적인 언어 사용 피하기와 같이 청자의 요구나 맥락에 적절하게 의사소통을 변화시키는 데 어려움을 보인다.
   ③ 대화에서 말차례 바꾸기, 이해되지 못할 때 바꾸어 말하기, 상호작용을 조절하기 위해 구어적 · 비구어적 신호 사용하기와 같이 대화와 이야기, 말하기의 규칙 따르기에 어려움을 보인다.
   ④ 명시적으로 언급되지 않은 것(예 추측하기)을 이해하기, 언어의 비축자적 혹은 애매모호한 의미(예 관용구, 유머, 은유, 해석 시 문맥에 따른 중의적 의미) 이해하기에 어려움을 보인다.
2. 이러한 결함은 효과적인 의사소통, 사회적 참여, 사회적 관계, 학업적 성취, 직업적인 수행에서 기능적인 제한을 초래한다.
3. 증상의 시작은 발달 초기에 나타난다.(그러나 결함은 사회적 의사소통 요구가 제한된 능력을 넘어설 때까지는 완전히 나타나지 않을 수 있다.)
4. 이 증상은 다른 의학적 혹은 신경학적인 조건 혹은 낱말구조나 문법영역에서의 낮은 능력에 의한 것이 아니며, 자폐스펙트럼장애, 지적장애, 전반적 발달지연 또는 다른 정신질환에 의해 더 잘 설명되지 않는다.

## 1. 교사를 통한 중재 <sup>20 초등</sup>

### (1) 발화유도 전략 ★ <sup>18 유아, 17 유아</sup>

① **혼잣말 기법**: 아동에게 요구하지 않으면서 교사가 자신의 행위에 대해 혼자 대화하듯이 말하는 기법이다.

> 예 (교사가 그림에 색칠을 하면서) "사과는 빨간색이니깐 빨간색으로 칠해줘야겠다."

② **평행적 발화기법**: 아동의 행위에 대해 아동의 입장에서 말한다.

> 예 학생: (지수가 들어온다.)
> 교사: "선생님 안녕하세요?"

③ **FA(Forced Alternative) 질문법**: 아동에게 대답할 수 있는 2개 모델을 제시한다.

> 예 "오늘은 오렌지를 먹을까? 아니면 포도를 먹을까?"

④ **대치 요청**: 목표언어가 나올 때까지 아동의 말을 고쳐나가도록 유도한다.

> 예 아동: "이거."
> 교사: "이거, 뭐?"

---

**보충+α**

**1. 교정적 피드백 전략**

| 유형 | 예시 |
|---|---|
| 명시적 오류수정 | 발화에 오류가 있음을 명확하게 알려 주고 올바른 발화를 직접 제시해 주는 형태<br>예 고양이를 보고 "저기 멍멍이!"라고 말하면, "멍멍이가 아니라 고양이야."라고 정확한 표현을 제시해 준다. |
| 상위언어적 교정 | 오류에 대해 명확하게 수정하는 대신에 오류에 대한 힌트를 주거나 정확한 형태에 대한 코멘트, 정보나 질문을 제공하는 형태<br>예 "나 줘."라고 말하면, "어른들한테 말할 때는 어떻게 하라고 했지?"라고 하면서 존댓말을 유도한다. |
| 고쳐 말하기 | 오류가 있는 말의 일부나 전부를 수정해 주는 형태로서, 오류를 명시적으로 지적하지 않고, 교정한 상태로 말해 줌<br>예 아동: 띤발(발음오류) 있어.<br>교사: 아~ 여기 신발이 있구나? |
| 명료화 요구 | • 교사가 아동의 말을 잘 이해하지 못했거나 잘못된 발화를 하였을 때, 발화를 다시 한번 반복하거나 수정할 것을 요구함<br>• 중립적인 언어를 사용할 수도 있고, '무엇을 주라고' 등의 특정적인 어휘를 요구할 수도 있음<br>예 아동: 선생님, &8A% 있어요.<br>교사: 미안해, 뭐라고? (또는) 저기 뭐가 있다고? |
| 이끌어내기(유도) | • 학생 스스로가 정확한 형태를 발화하도록 유도하여 제공하는 피드백<br>• 언급한 것을 완성하게 하거나 올바른 언어형태를 이끌어내기 위해 질문을 할 수 있음<br>예 교사: (그림책을 보면서) 여기 큰 호랑이가 있네. 호랑이가 뭐 하고 있어?<br>아동: 아~ 벌려(어휘오류).<br>교사: 입을 크게 벌리고 뭐 하고 있지?<br>아동: 하품 |

| | |
|---|---|
| 반복하기 | 잘못된 발화 부분을 반복하여 말해 주는 형태로서, 이때는 억양을 다르게 해 주는 것이 좋음<br>예 교사: 내 엄마의 엄마는 뭐라고 부르지?<br> 아동: 엄마엄마(어휘오류)<br> 교사: 엄마엄마 ? ╱ |

## 2. 언어자극전략

| 유형 | 예시 |
|---|---|
| 확장 | • 아동의 발화를 문법적으로 완전한 문장으로 바꾸어 말해 주는 것<br>• 특히 조사나 어미 사용이 잘못되거나 생략된 경우에 많이 사용됨<br>예 (그림카드를 보며)<br> 아동: 아가 밥 먹어.<br> 교사: 아가가 밥을 먹네. |
| 확대 | • 아동의 발화에서 단어의 의미를 보완해 주는 데에 초점을 맞춤<br>• 아동이 어휘를 습득하는 과정에서 성인들은 코멘트의 형식으로 자주 확대 전략을 사용함<br>예 아동: 자동차!<br> 교사: 빨간 자동차네! |
| 문장의 재구성 | 문장 자체를 바꾸어서 교정해 주는 형태<br>예 아동: 날라가 뱅기 저기.<br> 교사: 저기 비행기가 날아가요? |

## 3. 교사의 피드백 전략

• 긍정적 피드백은 칭찬과 격려 등의 언어적 정보를 의미한다. '그렇지.', '맞아.', '잘했어.'와 같은 평가의 말을 사용하여 학습의욕을 강화시킨다.

> 예 교사: 여름에는 어떤 벌레가 많아요? 민채가 말해 볼까?
> 민채: 모기 많아.
> 교사: 우리 민채, 참 잘했어요.

• 부정적 피드백은 수행이나 행동이 부적절하거나 부정확한 경우 그것을 알려 주기 위해 사용된다.

> 예 교사: 여름에는 어떤 벌레가 많아요? 주혜가 말해 볼까?
> 주혜: 수박이요.
> 교사: 주혜는 수박이 벌레구나? 얘들아, 수박이 벌레일까?
> 학생들: (웃으면서) 아니요.

• 교정적 피드백은 특정한 문제를 고쳐 줄 의도로 사용되는 피드백과 보충 설명, 그리고 시범들을 포함하는 개념이다. 즉 정답과 오답에 대한 정보뿐만 아니라 오답을 수정하기 위해 보충적인 교수를 제공한다(이창덕, 2008).

> 예 교사: 이건 무슨 그림일까? 민채가 말해 볼까?
> 민채: 새가 밥 먹어.
> 교사: 새가 밥 먹는 것 같아요? 다시 한번 잘 보도록 하자.
> 민채: 닭이야.
> 교사: 맞아요. 닭이 모이를 먹고 있는 모습이지요.

## 2. 환경중심 언어중재 ★

### (1) 정의
① 기능적인 의사소통을 자연스럽게 유도할 수 있도록 아동의 환경 속에서 아동의 관심과 흥미에 따라 언어중재를 한다는 다소 포괄적인 중재 접근법이다.
② 환경중심 언어중재는 행동주의 원칙과 절차를 적용한 것으로 환경은 자연스럽지만 언어를 촉진할 수 있는 상황을 구성하여 중재하는 방법이다.
③ 환경을 구조화하는 것으로, 학생의 자발성과 기능성을 높이기 위해 학생이 가장 크게 의사소통의 필요를 느낄 수 있도록 미리 기회를 만들어 지도한다.

### (2) 공통요소
① 훈련은 아동의 흥미나 주도에 따른다.
② 언어의 형태를 가르칠 때 일상생활에서 흔히 접할 수 있는 많은 사례를 사용한다.
③ 아동의 반응을 확실하게 촉진한다.
④ 아동의 반응에 대한 강화는 특정 언어형태와 연결된 것으로 하고, 훈련문맥 속에서 자연스럽게 한다.
⑤ 훈련은 교사-학생의 상호작용 속에서 다양하게 실시한다.
  ㉠ 환경중심 언어중재법도 행동주의의 '선행자극(자극)-반응-후속사건(강화)' 체제 속에서 행해진다.
  ㉡ 전통적인 행동주의적 접근법과의 차이점: 선행사건은 훈련자의 촉진이 아닌 아동의 관심표현이며, 후속사건은 언제나 똑같은 것이 아니라 반응과 기능적으로 연관된다.

## (3) 기법

### ① 모델링(아동중심 시범)

| 구분 | 내용 |
|---|---|
| 설명 및 유의점 | 아동의 관심이 어디 있는지 행동을 관찰하고, 그 물건이나 행동에 같이 참여하면서 그에 대한 적절한 시범으로 새로운 행동을 학습하는 것 |
| 절차 | • 아동과 공동관심을 성립한다.<br>• 아동이 관심을 보이는 것에 대해 언어적 시범을 보여준다.<br>• 아동이 정확한 반응을 보이면, 즉각적인 칭찬과 함께 언어를 확장하면서 재료가 주어진다.<br>• 아동이 부정확한 반응을 보이거나 반응이 없으면, 다시 모델을 제시한다.<br>• 아동이 두 번째 시범에 정확하게 반응하면, 즉각적인 칭찬 언어 확장과 재료에의 접근을 받는다.<br>• 아동이 두 번째 시범에도 부정확한 반응을 보인다면 교정적 피드백과 접근이 따른다. |

### ② 요구-모델링

| 구분 | 내용 |
|---|---|
| 설명 및 유의점 | • 아동과 함께 활동하다가 아동에게 언어적인 반응을 구두로 요구해본 후에 시범을 보이는 것<br>• 비모방적인 구어촉진을 한다는 점에서 모델링 절차와 차이가 있음<br>• 새롭거나 어려운 형태를 훈련하거나 명료성을 향상하는 데 주로 사용함 |
| 절차 | • 아동과 공동관심을 형성한다.<br>• 아동에게 먼저 반응을 요구한다. 예 "뭐 가지고 싶어?", "뭐 줄까?"<br>• 아동이 정확한 반응을 보이면, 즉각적인 칭찬과 함께 언어를 확장하면서 재료가 주어진다.<br>• 아동이 부정확한 반응을 보이거나 반응이 없으면, 두 번째 요구(아동의 흥미가 고조되고 아동이 대답을 알고 있을 때)나 시범(아동의 흥미가 감소되고 있고 아동이 대답을 하기 어려울 때)을 제시한다.<br>• 아동이 두 번째 요구나 시범에도 부정확한 반응을 보이면 교정적 피드백을 준다. |

③ 시간지연

| 구분 | 내용 |
|------|------|
| 설명 및 유의점 | • 함께 활동하다가 아동의 언어적 반응을 기다려주는 것으로, 아동이 말해야 하는 상황임을 눈치채고 말하면 그에 적절하게 교정 또는 시범을 보임<br>• 반복적 일과의 단계 사이에 '잠깐 멈춤'으로 진행을 중단하고, 아동을 바라보고, 요구하는 의사소통을 하기를 기다리고, 아동이 의사소통을 하면 요구한 행동을 해줌으로써 의사소통을 촉진함<br>• 목표행동을 자신의 행동 레퍼토리 안에 가지고 있을 때만 사용함<br>• 초기 의사소통 단계보다 자발적 언어 사용을 유도할 때 효과적임 |
| 절차 | • 아동이 자료나 요구를 필요로 하기 쉬운 상황을 찾거나 만든다.<br>• 아동의 언어적 반응을 수 초간 기다린다.<br>• 아동이 정확한 반응을 보이면 즉각적 칭찬, 언어적 확장, 재료나 보조가 주어진다.<br>• 아동이 부정확한 반응을 보이면 다음 절차를 따른다.<br>　– 두 번째 시간지연(만약 아동이 두 번째 시간지연에 부정확하게 반응하면 요구–모델링 절차나 시범 절차를 사용한다.)<br>　– 요구–모델링 절차<br>　– 시범 절차 |

④ 우발교수(우연교수)

| 구분 | 내용 |
|------|------|
| 설명 및 유의점 | • 학습자가 우연히 어떤 상황이 발생했다고 생각하는 것(의사소통 기회 또는 언어학습 기회)을 이용하여 언어 훈련을 하는 것<br>• 아동주도적이며 자연적인 후속결과에 의해 적절한 행동이 강화되고 유지될 수 있다는 장점이 있으나, 구어나 비구어적으로 요구하는 능력과 목표행동을 모방하는 능력이 선행되어야 함 |
| 절차 | • 아동이 언어적 또는 비언어적 도움이나 자료를 요구할 때 시작한다.<br>• 아동의 요구에 시간지연, 요구–모델링, 아동중심 시범기법 중 한 가지 방법을 사용한다. |

## 3. 강화된 환경중심 언어중재 ★ 22 초등, 21 유아, 21 초등, 16 중등

### (1) 배경

① 주어진 자연스러운 상황, 환경 속에서 아동이 언어를 습득하기에는 충분한 의사소통 기회를 제공하는 데 한계가 있다는 제한점이 인식되면서 환경중심 언어중재의 수정안들이 제안되었으며, 그 중 하나가 강화된 환경중심 교수이다.

② 강화된 환경중심 언어중재는 아동의 언어를 촉진하기 위해 환경조절 전략과 반응적 상호작용 전략을 강화한 언어 접근방법으로, 두 가지 전략을 통해 의사소통과 언어학습을 위한 대화의 기초를 만들어나가는 것이다.

### (2) 특성

① 강화된 환경중심 언어중재(EMT; Enhanced Milieu Teaching)는 전통적인 환경중심 언어중재 접근법에서 사용된 환경 교수기법을 동일하게 강조하며, 특히 다음 요소를 강조한 형태의 교수접근이다.

② 아동의 활동 참여나 의사소통 대상자의 참여를 촉진하기 위해 환경적 배열을 활용한다. (Ostrosky&Kaiser, 1991)

③ 환경적 배열 또는 환경조절 전략은 아동의 언어를 촉진하기 위한 물리적인 상황을 제공하는 것이다.

④ 사회적 의사소통 상호작용과 새로운 언어형태를 모델링하기 위한 반응적 상호작용 전략을 강조한다.

### (3) 강화된 환경중심 교수의 요소

| 구분 | 내용 | 촉진 |
|---|---|---|
| 환경 교수기법 | • 아동 – 암시의 모델링<br>• 요구 – 모델링(mand-modeling)<br>• 시간지연<br>• 우연교수 | 1. 의사소통을 위한 성인의 요구에 대한 반응성<br>2. 일반적인 모방 기술<br>3. 행동 요구하기<br>4. 정교화된 어휘와 구문기술의 산출<br>5. 순서 주고받기 기술<br>6. 주제유지 기술<br>7. 성인에 대한 의사소통적 개시 |
| 환경적 배열 또는 환경조절 전략 | • 흥미 있는 자료의 선택<br>• 요구를 불러일으킬 수 있는 자료의 배치<br>• 환경과의 조화<br>• 아동과 함께 활동에 참여 | 1. 아동이 환경에 대한 흥미 갖기<br>2. 환경에 대해 지속적인 관심 갖기<br>3. 요청, 진술을 포함한 구어적·비구어적 의사소통 개시<br>4. 아동과 성인 사이의 참여 |
| 반응적 상호작용 전략 | • 아동의 주도에 따르기<br>• 순서 주고받기<br>• 아동의 주제를 유지하기<br>• 아동 언어의 복잡성 수준 유지하기<br>• 언어학적으로 또한 주제에 적합한 모델링하기<br>• 아동의 발화를 확장하고 반복하기<br>• 아동의 구어적/비구어적 의사소통에 의사소통적으로 반응하기 | 1. 아동과 성인 사이의 참여<br>2. 순서 주고받기<br>3. 지속적인 상호작용<br>4. 주제유지<br>5. 구어의 이해<br>6. 성인에 대한 자발적인 의사소통 개시 |

### ① 환경조절 전략 [21] 유아

| 전략 | 설명 | 예시 |
|---|---|---|
| 흥미있는 자료 | 아동이 흥미있어 하는 자료를 이용함 | 아동이 좋아하는 장난감을 교실에 미리 배치해둔다. |
| 닿지 않는 위치 | 아동의 시야에 자료를 놓아두되, 아동의 (손에) 닿지 않는 곳에 둠 | 아동이 좋아하는 자동차를 아동의 키보다 조금 더 높은 선반 위에 올려놓는다. |
| 도움 | 아동이 자료를 조작하기 위해 성인의 도움을 필요로 하는 상황을 만듦 | 아동이 좋아하는 구슬을 잘 열리지 않는 병에 담아둔다. |
| 불충분한 자료 | 아동이 추가적인 자료를 요구하도록 하기 위해 의도적으로 적은 수/양의 자료를 제공함 | (풍선 부는 것을 보기를 좋아하는 아동의 경우)<br>**교사:** (하나의 풍선을 불고 아동이 더 요구하기를 기다린다.)<br>**아동:** 더<br>**교사:** 풍선을 더 불까?<br>**아동:** 더 불어.<br>**교사:** (더 많은 풍선을 분다.) |

| 중요요소 빼기 | 아동에게 친숙한 과제를 완성하도록 제시하고, 활동의 중요한 요소를 뺌. 그러고 나서 아동에게 활동을 완성하도록 지시함 | 무지개를 완성하도록 지시한 후, 과제 완성에 필요한 재료(크레파스)를 주되, 한두 가지(빨간색, 노란색 크레파스)를 빼고 줌 |
|---|---|---|
| 선택 | 아동이 언어를 시작하도록 하기 위해 비언어적으로 선택 기회를 제공함 | 자동차와 블록을 제시하고 난 후, 아동이 선택하기를 기다림 |
| 우스운 상황 | 우스꽝스럽거나 비상식적인 요소를 넣어 아동의 기대에 어긋나는 상황을 일으킴 | 장갑을 발에 신거나 성인이 인형 옷을 입는 상황을 연출함 |

② 반응적 상호작용 전략 [17] 초등

중도중복장애 학생 교육의 이해, 강혜경 외, 학지사

| 전략 | 설명 | 예시 |
|---|---|---|
| 아동 주도에 따르기 | • 아동의 말이나 행동과 유사한 언어적·비언어적 행동을 하고, 아동의 주제에 따름<br>• 아동을 관찰하고, 아동이 말하도록 기다려 주고, 아동의 말을 경청하며, 아동의 말이나 행동을 모방하고, 지시나 질문은 피함 | **아동:** (인형에게 우유를 먹인다.)<br>**교사:** (컵으로 인형에게 우유를 먹이며) "아기가 우유를 먹어요."<br>**아동:** (아동이 우유를 먹이는 행동을 멈추고, 아기를 흔든다.)<br>**교사:** (인형에게 우유를 먹이는 행동을 멈추고, 아기를 흔들기 시작한다.) "아기가 자요." |
| 공동관심 형성하기 | • 성인과 아동이 같은 활동에 참여하거나 같은 장난감을 가지고 놀이에 참여함<br>• 아동이 장난감이나 활동을 바꾸면 성인도 아동이 선택한 활동으로 이동함 | **아동:** (자동차를 가지고 논다.)<br>**교사:** "붕붕."(하고 자동차 소리를 내며 놀이에 개입한다.) |
| 정서 일치시키기 | • 아동의 기분과 태도가 적절할 때 아동의 정서에 맞춰 반응함<br>• 아동의 정서가 부적절하면 아동의 정서에 맞추지 않음 | 아동이 부드럽게 이야기하면 교사도 부드럽게 이야기하고, 아동이 흥분하여 이야기하면 교사도 흥분됨을 표현한다. |
| 상호적 주고받기 | 성인과 아동의 상호작용에서 아동과 성인이 교대로 대화나 사물을 주고받음 | • **사물 주고받기:** 성인과 아동이 공을 굴리며 주고받는다.<br>• **대화 주고받기**<br>**아동:** (공을 굴리며) "공"<br>**교사:** (공을 굴리며) "공을 굴려요"<br>**아동:** (공을 던지며) "공"<br>**교사:** (공을 던지며) "공을 던져요" |
| 시범 보이기 | • **혼잣말 기법:** 성인이 자신의 입장에서 보고, 듣고, 느끼는 것을 말하여 아동에게 들려줌 | • **혼잣말 기법**<br>– 차를 밀면서 "차가 가네."<br>– 물을 마시면서 "물을 마셔요." |

| | | • **평행적 발화 기법**: 성인이 아동의 입장에서 생각하고, 느끼는 것을 아동이 말할 만한 문장으로 말해줌 | • **평행적 발화기법**<br>(아동이 블록을 쌓고 있다.) "블록을 쌓아요." |
|---|---|---|---|
| 확장하기 | | 아동의 발화에 적절한 의미론적, 구문론적 정보를 추가하여 보다 완성된 형태의 발화로 다시 들려줌 | **아동**: "차"<br>**성인**: "차가 가네." |
| 아동 모방하기 | | 아동의 말이나 행동을 모방하여 아동과 공동관심을 형성하거나, 아동에게 자신의 말이 전달되었다는 것을 알려줌 | (아동이 자동차를 가지고 탁자 위에서 놀고 있으면 교사도 탁자 위에서 자동차를 움직인다. 그리고 아동이 움직이던 자동차를 멈추면 교사도 따라서 멈춘다.)<br>**아동**: "공"<br>**교사**: "맞아, 공이야." 혹은 "공을 굴리자." |
| 아동 발화에 반응하기 | | 아동이 한 말에 고개를 끄덕이거나 "응", "그래", "그렇지", "그랬어?"와 같은 말을 해줌으로써 아동의 말을 이해했음을 알려주고, 아동의 발화를 인정해줌 | **아동**: "자동차 타."<br>**교사**: (고개를 끄덕이며) "그래, 자동차에 타자." |
| 아동 반응 기다리기 | | 아동이 언어적 자극에 반응할 수 있도록 5초 이상의 반응시간을 허용하여 아동의 반응을 기다려줌 | (아동이 자동차에 인형을 태운다.)<br>**교사**: "또 누구를 태울까?"<br>**아동**: (반응하지 않는다.)<br>(5초 정도 기다렸다가)<br>**교사**: "누구를 태울까?" |

③ 환경조절 기법

| 기법 | 설명 | 방법 |
|---|---|---|
| 아동 중심 시범 | 유아 위주의 언어적 시범을 의미하며, 유아의 관심이 어디 있는지 관찰하고 물건이나 행동에 같이 참여하면서 적절한 언어를 시범 보임 | • 유아와 공동관심을 갖는다.<br>• 관심을 보이는 것에 언어적 시범을 보여준다.<br>• 유아가 정반응을 할 때 즉각적인 칭찬과 함께 언어확장을 하면서 재료를 준다. 오반응이나 무반응을 하면 다시 모델을 한다.<br>• 유아가 두 번째 시범에 정반응을 하면 즉각적인 칭찬, 언어확장, 재료를 준다. 오반응을 하면 교정적 피드백과 재료를 준다.<br>**유아**: (교사의 손을 끌어 보자기에 놓는다.)<br>**교사**: ○○아, 어떻게 해줄까요, 도와줄까요?<br>**유아**: (보자기 위에 발을 올려놓는다.)<br>**교사**: 보자기 묶어줘요? 이때는 '도와주세요.'라고 하는 거야.<br>**유아**: 도와주세요.<br>**교사**: (안아 주면서) 옳지, 잘하네. |

| | | |
|---|---|---|
| 선반응<br>요구-<br>후시범 | 유아와 함께 활동하다<br>가 유아에게 언어적인<br>반응을 구두로 요구해<br>본 후에 시범을 보임 | • 유아와 공동관심을 갖고 먼저 반응을 요구한다.<br>• 유아가 정반응을 하면 즉각적인 칭찬과 언어확장,<br>재료를 주고, 오반응/무반응을 하면 두 번째 요구와<br>시범을 제시한다.<br>• 유아가 두 번째 요구나 시범에도 오반응을 하면 교<br>정적 피드백을 준다.<br>**교사**: (안경을 교사가 가지고 있으면서) 뭐 줄까?<br>**유아**: (교사의 손에서 안경을 가져가려고 한다.)<br>**교사**: 안경을 가지고 놀고 싶니?<br>**유아**: (손을 내민다.)<br>**교사**: 이럴 때는 '주세요.'라고 말하는 거야.<br>**유아**: (손을 내밀며) 주세요.<br>**교사**: 안경, 주세요.<br>**유아**: 안경, 주세요<br>**교사**: 옳지, 말 잘하네. 그래, 그렇게 말하려무나. |
| 시간<br>지연 | 유아와 함께 활동을 하<br>다가 언어적 반응을 기<br>다려주는 것으로, 유아<br>가 말을 해야 하는 상<br>황임을 눈치채고 말하<br>면 그에 적절하게 교정<br>또는 시범을 보임 | • 유아와 공동관심을 갖는다.<br>• 유아가 재료나 보조를 필요로 하기 쉬운 경우를 판<br>별한다.<br>• 5초간 유아의 언어적 반응을 기다린다.<br>• 유아가 정반응을 하면 즉각적인 칭찬, 언어확장, 강<br>화물을 주고, 오반응을 하면 두 번째 시간 지연을<br>한다. 만일 유아가 두 번째도 오반응을 하면 다른<br>전략을 사용한다.<br>(소고를 가지고 놀이를 한다. 교사만 소고의 채를<br>가지고 있고 유아는 채를 주지 않고 북만 준다.)<br>**교사**: (소고를 두드리며 놀이를 한다.)<br>**유아**: (교사의 손을 쳐다본다.)<br>**교사**: (소고를 유아 앞에서 두드리면서 소리를 낸다.)<br>**유아**: (교사의 손에서 채를 가져가려고 한다.)<br>**교사**: (채를 주지 않고 5초 이상 기다린다.)<br>**유아**: 주세요. (손을 내민다.)<br>**교사**: 북채 주세요.<br>**유아**: 북채 주세요. |
| 우발<br>교수 | 우연히 일어나는 의사<br>소통 기회나 언어학습<br>기회를 이용하여 언어<br>훈련을 함 | 유아의 의사대로 우발적인 상황이 된다.<br>유아와 공동관심을 갖는다.<br>(유아가 흥미로워 하는 영역에 가서 놀이를 하면 새<br>로운 환경과 반응을 조성해준다.)<br>• **시범 절차**: 새롭거나 어려운 형태를 훈련, 명료성<br>향상을 위해 사용함<br>• **요구모델 절차**: 복잡하고 대화적인 기술을 훈련하<br>기 위해 사용함<br>• **시간지연 절차**: 환경 자극에 대해 의사소통적 행동<br>을 시작하도록 유아를 훈련시킬 때 사용함 |

## 4. 스크립트 언어중재 ✱ 22 초등, 19 중등, 18 중등

### (1) 정의

① 스크립트: 어떤 특정한 문맥 속에서 진행되는 단계적인 일련의 사건들을 설명하는 구조이다.

② 일상적인 상황문맥은 즉각적인 상황에 대해 화자 간에 공유하는 상황지식을 제공하며, 그 결과 아동이 그 상황에서 늘 쓰이는 상황언어를 배울 학습의 기회를 준다.

③ 익숙하고 일상화된 상황적 문맥 속에서 아동은 쉽게 성인의 말을 예견할 수 있고, 성인의 언어와 상황 간 관계를 인지적으로 연결함으로써 상황적 언어를 학습한다.

### (2) 단계

| 단계 | 구분 | 내용 |
|---|---|---|
| 1단계 | 단기적인 목표언어의 구조를 계획함 | • 스크립트 문맥을 통해 계획할 수 있는 언어구조는 수용언어/표현언어, 의미론/구문론/화용론 등으로 다양함<br>• 문헌에서 보고된 목표 언어구조로는 2~3개의 낱말 의미관계의 표현 또는 이해하기, 화용적인 기능 사용하기 등이 있음 |
| 2단계 | 아동에게 익숙하면서 주제가 있는 일상적 활동(스크립트)을 선정함 | • 아동의 머릿속에서 활동 순서가 이미 익숙한 활동을 선택함<br>예 생일잔치라는 주제 활동이 주어지면, 생일 축하노래를 부르고 케이크에 꽂힌 촛불을 분 다음, 케이크를 자르는 일련의 행동을 떠올리게 되는 것<br>• 익숙한 활동을 선택하는 이유는 아동이 상황이나 문맥을 이해하는 데 신경 쓰느라 막상 말에는 주의를 집중하지 않는 문제를 없애기 위함 |
| 3단계 | 선택한 스크립트 속에 포함될 하위행동들을 나열함 | • 생일잔치, 목욕하기 등의 익숙한 스크립트도 아동의 경험에 따라 그 하위행동들은 조금씩 다를 수 있으며, 주제마다 핵심적인 하위행동뿐만 아니라 부수적인 하위행동들도 있음<br>예 폭죽 터트리기, 선물 열어보기 등의 하위행동은 촛불 켜기, 케이크 먹기 등의 하위행동보다 더 부수적인 하위행동<br>• 이때, 하위행동의 범위는 해당 하위행동이 목표언어를 유도하는 데 필요한지의 여부에 따라 정하는 것이 바람직함 |
| 4단계 | 선택한 하위행동마다 구체적인 목표언어를 계획함 | • 하위행동 옆에 목표언어를 기재함<br>• 목표언어는 실제 아동이 배울 말로서, 지시에 따르게 하거나 (수용언어 증진이 목표인 경우) 말하게(표현언어 증진이 목표인 경우) 할 내용이어야 함<br>예 생일파티 스크립트에서 목표 언어구조가 2낱말 의미관계 '장소 – 행위'의 표현이라면, "머리에(모자를) 써.", "케이크에 (초를) 꽂아.", "접시에(케이크를) 담아.", "냅킨 위에 놔.", "휴지통에 넣어." 등의 목표언어를 설정할 수 있음 |

| 5단계 | 불필요한 하위행동을 삭제함 | • 목표언어를 끼워넣기에 적절하지 않은 하위행동은 스크립트에서 제외해야 함<br>• 이때 설정한 스크립트의 핵심행동이나 아동이 특히 좋아하는 하위행동은 가능한 한 유지하고, 그 외 목표언어를 유도할 수 없는 하위행동은 시간을 절약하기 위해 제외하는 것이 좋음 |
|---|---|---|
| 6단계 | 목표언어를 유도할 수 있는 상황이나 발화를 계획함 | • 목표 언어구조나 기능에 따라 하위 행동을 하면서 유도해야 하는 말, 상황이 있을 수 있음<br>• 이러한 유도상황이나 말은 미리 계획하되, 치료회기 동안의 아동의 반응에 따라 표현이나 상황을 융통성 있게 활용하는 것이 좋음<br>예 '부정/거부' 기능을 유도하기 위해서는 아동이 선호하는 컵 대신 다른 컵을 우선 제시하는 것이 적절하고, '주장하기' 기능을 유도하기 위해서는 두 가지 이상의 컵을 제시해서 "이거/그거(주세요)"라고 주장할 수 있는 상황을 만들어주는 것이 적절함 |
| 7단계 | 계획한 활동들을 체계적으로 변화시키면서 여러 회기 동안 반복 실시함 | 계획한 목표언어의 사용 수준(종료준거)을 미리 정하여 아동이 준거에 도달할 때까지 매 회기 같은 활동을 반복하거나, 아동이 싫증내지 않도록 세 가지 정도의 유사한 스크립트 활동을 매번 바꿔가면서 실시함 |

## (3) 생일잔치 스크립트 예시

| 스크립트 | 하위행동 | 유도상황/발화 | 가능한 목표언어 | 목표 언어구조 | |
|---|---|---|---|---|---|
| | | | | 의미관계 | 화용적 기능 |
| 생일잔치 | 상자에서 케이크/작은 빵 꺼내기 | 잘 안 열리는 케이크 상자를 아동에게 준다. | • "케이크/빵 꺼내 주세요."<br>• "이거 열어 주세요." | 대상–행위 | 물건 요구 |
| | 상자 위에 케이크 올려놓기 | 케이크를 다시 상자 속이나 책상 아래에 놓으려고 한다. | "위에 놓아요." | 장소–행위 | 행동 요구 |
| | 초 꽂기 | 초를 꽂지도 않고 성냥을 켜려고 한다. | "초/이거 꽂아요." | 대상–행위 | 행동 요구 |
| | 성냥으로 촛불 붙이기 | "이걸로 뭐 할까?" | • "성냥 켜요."<br>• "촛불 붙여요." | 대상–행위 | 행동 요구 |
| | 생일 노래 부르기 | "누가 노래 부를까?" | "선생님이 부르세요." | 행위자–행위 | 행동 요구 |

## (4) 유용한 전략
① 스크립트 안에서 주고받는 대화 기회를 많이 가진다.
② 상황적 언어를 활동 속에서 많이 사용한다.
③ 아동이 일단 스크립트에 익숙해지면, 의도적으로 스크립트를 위반하는 사건을 만들어 아동의 자발적인 언어를 유도한다.

## 제 8 절 자발화 분석

### 01 개요

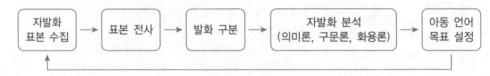

[그림 4-4] 자발화 분석 과정

### 1. 자발화 분석의 목적

① 자발화검사는 비표준화검사로서 아동의 평상시 언어수준을 알 수 있으며,
② 아직 의미있는 언어를 사용하기 전인 아동의 언어발달수준을 파악할 수 있다.
③ 교사는 자발화검사를 통해 보고자 하는 영역별로 발달수준을 알 수 있으며,
④ 몸짓언어를 비롯한 비구어적 의사소통 발달 정도도 평가할 수 있다.

### 2. 검사 형태

① 공식적인 검사도구를 사용하는 것이 아니라 아동이 평소에 표현하는 언어를 수집하여 분석한다.
② 어떤 공식적인 검사결과보다 아동의 평소 표현언어를 잘 반영한다.
③ 검사자는 아동의 평소 표현언어를 분석하기 위해 표본을 수집하여 분석한다.
④ 표본을 어떻게 수집하는가에 따라 자발화 분석 결과의 신뢰도가 좌우된다.

### 3. 장단점

#### (1) 장점

① 일상생활에서 아동이 사용하는 말을 평가한다는 점에서는 매우 적합하다.
② 표준화된 검사도구를 실질적으로 사용할 수 없는 장애아동의 언어수준을 평가하는 데 매우 유용하다.
③ 구체적인 교수목표(학생의 일간/주간 진보 정도)를 점검할 때도 사용될 수 있다.

#### (2) 단점

① 말 표본을 얻는 것이 항상 쉽지는 않다.
② 시간과 노력이 많이 소요된다.
③ 아동이 의도적인 특정 단어나 발화 자체를 회피할 수 있다는 문제점이 있다.

## 1. 언어표본 수집 방법

### (1) 검사자와 아동 간의 친밀감 형성

① 아동의 자발성은 대화상황과 상대자에 따라 다를 수 있으므로 여러 사람과의 대화와 다양한 장소에서 수집하는 것이 필요하다.

② 따라서 검사자와 아동 간의 친밀감 형성은 무엇보다도 중요하다.

### (2) 언어표본 수집 방식

① 자유놀이, 대화, 이야기 등이 있다.

② 가장 이상적인 방식은 아동과의 대화에서 연속적인 자발화를 수집하는 것이다.

③ 그러나 여의치 않을 때는 그림을 보고 대화를 유도할 수도 있다.

④ 임상에서는 인터뷰 형식의 대화와 그림을 보고 이야기하기 방식이 주로 사용된다.

### (3) 언어표본 크기

① 연구자들이 추천하는 표본 크기는 50~200개 발화까지 범위가 다양하며, 또 어떤 이들은 녹음한 테이프로 30분 정도를 추천하기도 한다.

② 100~200개 정도의 발화를 수집한 후 대화를 시작하기 위해 다소 어색했던 앞부분이나 동의 자발성을 잃은 부분을 삭제하고, 나머지 70~100개 문장 정도를 분석하는 것이 합리적이다.

### (4) 언어표본의 수집방법에 대한 권고사항

① 가능하면 아동의 표현에 대해 질문을 하거나 모방을 강요하기보다는 아동의 말을 유도하는 간접적인 말이나 아동의 행동을 표현하는 말 또는 독백으로 시작한다.

② 아동의 수준에 맞는 질문이나 놀이를 통해 아동을 대화 속으로 끌어들인다.

③ 검사자가 대화주제를 선택하기보다 아동이 주도하는 대로 따라가주는 것이 좋다.

④ 검사자는 가능한 한 질문을 자제한다. 아동이 수줍어 이야기를 잘 하지 않는 경우 선택형 질문(예 우리 병원놀이 할까? 소꿉놀이 할까?)을 함으로써 아동의 부담감을 덜어줄 수 있다.

⑤ 검사자는 아동의 발화수준에 맞춰 자신의 말을 조절해야 한다.

⑥ 발화 사이의 쉼에 너무 민감하게 반응하지 않는 것이 좋다.

⑦ 언어표본을 수집하기 위해 검사자는 다양한 놀잇감을 준비하는 것이 좋다.

⑧ 아동의 자발적인 발화를 유도하기 위해 검사자가 다소 어리석은 행동이나 말을 하는 것이 도움이 된다.

**대화 발화 시 주의사항**

- 과도하게 말을 많이 하거나 "인형 옷 색깔은 뭐야?"와 같은 질문을 하여 아동의 발화를 구조화하는 것은 피한다.
- 아동의 표현에 대해 질문을 하거나 모방을 강요하는 것은 피한다.
- 그림을 보고 이야기하는 방식으로 발화를 수집할 때 아동의 발화가 시작되지 않는다면 "어? 선생님도 동물원에서 이거 봤는데……." 등의 독백으로 시작하는 것이 좋다.
- 검사자는 가능한 한 질문을 자제한다. "네가 한 말을 다른 말로 해볼래?" 또는 "너의 말은 ○○○라는 거지?" 등의 질문보다는 아동의 발화에 "그래서 어떻게 되었는데?"와 같은 반응으로 발화를 유도하는 것이 더 적절하다.
- 검사자의 발화는 아동의 발화를 촉진하기 위한 정도로 맞춰져야 하며 아동의 발화수준에 적합해야 한다. 이때 "아, 그렇구나." 또는 "그래서?"와 같은 구어적인 반응과 고개를 끄덕이거나 미소를 보이는 긍정적인 비구어적 태도를 효과적으로 투입해야 한다.
- 아동이 말을 멈추거나 계속해서 휴지가 이어질 때 검사자는 너무 민감하게 반응하지 않되, 아동의 발화를 유도한다. 휴지상태에서 검사자는 "아, 재미있었겠다. 선생님도 놀이동산 가고 싶은데……."와 같은 혼잣말이나 "아, 그래서 ○○가 화가 났구나." 등으로 아동의 발화를 반복해 줄 수 있다.

### (5) 언어표본 수집 절차

① 친숙하게 상호작용할 수 있도록 부분적으로 구조화된 놀이 상황을 만든다.
② 자발화 표본을 얻기 어려운 경우 이미 친숙한 장난감, 사진 등을 사용하여 대상 아동의 다양한 반응을 이끌어낸다.
③ 비디오테이프나 녹음기에 언어표본을 기록하고 관찰자가 발화 맥락을 기록한다.
④ 가능한 한 빨리 전사하며, 개별 발화 목록을 작성한다.

## 03 전사

### 1. 언어표본을 기록하는 방법

① 즉석에서 받아쓰는 방법: 발화가 많지 않은 경우에 한정적으로 사용 가능하다.

② 오디오 녹음 후 전사하는 방법: 발화와 함께 동반된 몸짓, 태도 등을 놓칠 수 있다.

③ 비디오 촬영 후 전사하는 방법: 촬영자가 따로 있거나 아동이 고정된 자리에만 있어야 하며, 말의 명료도가 오디오 녹음보다 떨어진다는 단점이 있다.

### 2. 기록 요령

① 연구자들은 아동의 발화를 3분 정도 녹음하고 비디오로 녹화하여 분석하는 방법을 많이 사용한다.

② 오디오나 비디오로 기록한 경우 1주일 이내에 전사해야 한다.

③ 일반적으로 수집된 발화 중 대화를 시작하기 위해 다소 어색했던 앞부분은 분석에서 제외한다.

## 04 발화 구분

### 1. 언어표본을 수집한 후 낱개의 발화로 정리할 때의 유의사항

① 아동의 발화뿐만 아니라 아동이 말하기 전에 했던 상대자의 말이나 행동과 당시 상황 등을 기입해야 하며, 이때 문장번호는 아동의 문장에만 붙인다.

  ㉠ 표본을 수집할 때는 아동의 발화 자체만 기록하기보다는 말을 할 때의 상황과 아동의 말을 유도한 대화상대자의 말(예 질문)도 같이 기록하는 것이 좋다.

  ㉡ 발화를 통해 의미분석, 화용분석을 할 때 아동 발화의 언어적·상황적 문맥을 이해하는 것이 중요하기 때문이다.

② 아동과 상대자의 모든 발화는 한글 철자법에 맞춰 기록하되, 불분명한 발음이나 아동 특유의 발음 등은 국제음성기호(IPA)를 사용하여 기록하고 옆에 추측되는 낱말을 써넣는다. 예 엄마, 나 ki(김) 줘 등

③ 아동이 낱말을 말하지만 알아들을 수 없을 때는 그 음절 수만큼 'X'를 표시해서 기록하고, 불명료한 음절이 전체의 50% 이상을 차지할 때는 문장번호를 붙이지 않는다.

## 2. 발화의 구분원칙 [16 중등]

기본적으로 발화는 말차례 교대뿐만 아니라, 운율 변화, 주제 변화, 어떤 발화가 종결될 때 나타나는 특징적인 억양이 발화의 경계가 된다.

| 구분 | 발화의 구분원칙 | 예시 |
|---|---|---|
| 내용 | • 발화는 문장이나 그보다 작은 언어적 단위로 이루어짐<br>• 아동이 한숨에 말한 것을 모두 하나의 발화로 분석하진 않음 | "뺏었어. 그래서 울었어."<br>발화 1: 뺏었어.<br>발화 2: 그래서 울었어. |
| | 2회 이상 동일한 발화가 단순 반복되었을 때는 최초 발화만 분석함 | "공을 차! 차!"<br>발화 1: 공을 차. |
| | 자기수정을 했을 때는 최종으로 수정된 발화만 분석함 | "우리 아빠가. 우리 애들 아빠가."<br>발화 1: 우리 애들 아빠가. |
| | 시간경과(3~5초 이상), 두드러진 운율 변화, 주제변화가 있을 때는 발화 수를 나눔 | "내 거 줘, (5초 경과) 빨리."<br>발화 1: 내 거 줘.<br>발화 2: 빨리. |
| | | "엄마 내 거 줘 빨리."<br>발화 1: 엄마 내 거 줘 빨리. |
| | 같은 말이라도 다른 상황, 문맥에서 표현되거나 새로운 의미로 표현되었다면 발화 수를 나눔 | (엄마 사진을 보면서) "엄마!"<br>(엄마가 오니까) "엄마!"<br>발화 1: 엄마.<br>발화 2: 엄마. |
| | • 습관적으로 사용하는 간투사는 분석에서 제외함<br>• 간투사를 많이 쓰는 아동의 경우 표본자료의 10%에 해당하는 발화까지만 간투사를 포함해서 분석하고, 나머지는 괄호처리하여 분석에서 제외함 | "(뭐) 집에 가면 (뭐) 그래요."<br>발화 1: 집에 가면 그래요. |
| | '아', '오' 등의 감탄하는 소리나 문장을 이어가기 위한 무의미한 소리는 분석에서 제외함 | "(아~) 신발 신겨 줘."<br>발화 1: 신발 신겨 줘. |
| | 노래하기, 숫자세기 등과 같은 자동구어는 발화로 구분하지 않고 분석에서 제외함 | (장난감 블록을 쌓으면서) "하나, 둘 셋 넷… 엄마 밥 다 되었어?"<br>발화 1: 엄마 밥 다 되었어? |
| | 불명료한 발화, 의미파악이 어려운 중얼거림, '음', '예', '아니요'와 같은 단순반응은 제외함 | "우짜짜 샹샹샹(중얼거림). 이제 다 끝났다."<br>발화 1: 이제 다 끝났다. |

## 05 분석

### 1. 의미론

#### (1) 의미유형 및 의미관계 분석의 절차

① 분석할 발화가 단문인지 복문인지를 구분한다.

　㉠ 단문인 경우: 문장 내 의미유형과 의미관계를 분석한다.

　㉡ 복문인 경우: 우선 문장 간 의미관계를 분석하고, 그 다음 각 단문의 문장 내 의미유형과 의미관계를 분석한다.

② 개별 의미유형 분석에서는 아동이 어떤 의미유형을 많이 사용하는지, 어떤 의미유형이 아직 나타나지 않는지, 이러한 특성이 일반아동의 발달특성과 어떻게 다른지 분석한다.

③ 의미관계 분석에서는 아동이 어떤 의미관계를 주로 사용하는지, 일반아동의 의미관계와는 어떻게 다른지를 분석한다.

#### (2) 개별 의미유형(semantic role) 분석 방법 [21 유아, 19 중등]

① 개별 의미유형 분석 및 해석

　㉠ 개별 의미유형 분석은 발화 속에 있는 모든 의미유형을 개별적으로 분석하여 아동의 전반적인 의미 패턴을 찾고자 하는 것이다.

　㉡ 아동이 사용한 의미들의 유형 빈도를 산출해서 아동이 특히 어떤 유형을 많이 사용하며 어떤 유형은 사용하지 않는지를 분석한다.

　㉢ 이 분석 결과는 일반 또래아동의 발달형태와 비교하여 치료목표를 설정할 때 참고자료로 사용할 수 있다.

② 개별 의미유형
　　㉠ 체언부: 문장 속의 주체나 객체의 역할을 하는 의미유형이다.

| 의미유형 | 정의 | 특징 | 예시 |
|---|---|---|---|
| 1. 행위자 | 행동의 수행자 | • 주어의 역할<br>• 생물 또는 무생물 | "아가 잔다."<br>➜ [행위자 – 행위] |
| 2. 경험자 | 어떤 경험/상태/상황을 겪는 사람이나 의인화된 사물 | • 주어의 역할<br>• 행위보다 서술의 주체, 의인화되지 않은 사물이 상태서술의 주체인 경우 '실체'로 분석 | "난 싫어."<br>➜ [경험자 –<br>　　상태서술] |
| 3. 소유자 | 대상을 소유하거나 대상이 소속되어 있는 사람이나 사물 | 주어 또는 목적어 역할 | "내 양말."<br>➜ [소유자 – 대상] |
| 4. 공존자 | 행위자와 함께 행위를 수행하는 사람이나 상태를 경험하는 사람 | – | "엄마랑 잘래."<br>➜ [공존자 – 행위] |
| 5. 수여자 | 행위의 대상이 되는 사람이나 사물 | – | "나한테 줘."<br>➜ [수여자 – 행위] |
| 6. 대상 | 행위의 대상이 되는 사람 또는 사물 | 목적어 역할('목적'은 형식에 중점을 둔 용어이므로, 의미상 적합한 '대상'이라고 함) | "사과 먹었대요."<br>➜ [대상 – 행위] |
| 7. 실체 | 행위없이 명명된 사물, 소유물 또는 일부 서술의 대상 | • 주어, 보어, 상태서술의 형식적 목적(대상)이 될 수 있음<br>• 양수사(예 –송이, –개, –마리)는 그 앞의 의미에 붙여 하나의 의미유형으로 분석함 | "칼 서랍에."<br>➜ [실체 – 장소]<br>"다섯 개."<br>➜ [실체] |
| 8. 인용/창조물 | 어떠한 행동, 현상에 의해 만들어진 것 | 보어 역할을 하며 이름, 물리적 상태의 변화 등을 나타냄(Rutherford 등은 그리거나 부르기 등의 행동에 의한 창조물인 그림, 노래 등을 의미했으나, 본 지침에서는 그림, 노래 등을 '목적물'로 처리하고, '–로 되다/변하다', '–라고 말하다/부르다' 등의 보어로 쓰인 것을 '창조물'로 봄) | "오빠가 되었지."<br>➜ [인용/창조물 –<br>　　상태서술] |

ⓛ 용언부: 문장 속에서 행위나 서술의 역할을 하는 의미유형들을 말한다.

| 의미유형 | 정의 | | 특징 | 예시 |
|---|---|---|---|---|
| 1. 행위 | 행위자(생물/무생물)에 의해 관찰될 수 있는 움직임이나 활동 | | • **동사의 역할**: 적극적인 행동을 의미하며, 행동 주체는 '행위자' 또는 '동반자'('경험자'는 안 됨)<br>• 복합동사는 하나의 '행위'로 취급<br>• 단, '(명사화된 동사) + -했다'의 경우 '대상 + 행위'로 처리하고 '-봐'나 '-(야) 돼' 등의 단어는 하나의 '행위'로 취급 | "로봇이 보여준대."<br>➡ [행위자 - 행위]<br>"왔다갔다 했다."<br>➡ [행위]<br>"공부를 했다.", "이걸 빼야 돼.", "이거 쥐고 있어봐."<br>➡ [대상 - 행위] |
| 2. 서술 | 사물이나 사람이 경험하는 소극적인 상태나 느낌의 서술 | | • 상태동사 및 형용사의 역할<br>• 경험자/실체만을 주체로 가짐 | – |
| | 상태서술 | 마음이나 느낌 상태를 나타내는 동사나 형용사의 역할 | • 상태서술에는 '상태동사(예 -싶다, 안다, 느낀다, 있다, 병들다, 아프다, 되다, 필요하다)', '상태형용사(예 좋다, 이쁘다, 밉다)', '피동상태서술(예 비치다, 부딪히다, 막히다, 써있다)' 등이 나타남<br>• 상태서술의 주체는 '행위자'가 아닌 '경험자' 또는 '실체'(존재의 경우)로 취급하고, 객체는 '대상'이 아닌 '실체'로 취급 | "나 영어 알아."<br>➡ [경험자 - 실체 - 상태서술]<br>"나는 무서움을 느낀다."<br>➡ [경험자 - 실체 - 상태서술] |
| | 실체서술 | 보어의 역할을 하여 '-이다'를 붙일 수 있는 의미 | – | "이거는 사과야."<br>➡ [실체 - 실체서술] |
| | 부정서술 | 서술어의 역할을 하면서 부정, 부재 등의 뜻을 내포하는 의미 | • 서술 낱말 속에 부정적 의미가 내포된 경우(예 싫다, 없다, 아니다) 그 상태와 부정적 의미를 고려하여 부정서술로 처리<br>• 단, 용언의 앞이나 뒤에 부정어(예 안, 못)가 붙어 수식하는 경우 '부정'으로 처리 | "아저씨가 없어.", "난 싫어."<br>➡ [경험자 - 부정서술]<br>"이게 아니야."<br>➡ [실체 - 부정서술]<br>"못 먹어."<br>➡ [부정 - 행위] |

ⓒ 수식부: 문장 속에서 체언, 용언 또는 수식언을 수식하는 의미유형이다.

| 의미유형 | 정의 | 특징 | 예시 |
|---|---|---|---|
| 1. 체언<br>수식 | 사물이나 사람을 지시하거나 그 크기, 모양, 질 등을 내포하는 의미 | • 관형사의 역할, 수식의 대상은 실체, 목적, 행위자, 경험자, 소유자 등<br>• 명사에 해당하는 의미유형이 될 수 있음 | "예쁜 신발."<br>➜ [체언수식-실체] |
| 2. 용언<br>수식 | 행위, 서술, 수식(부사)을 수식하는 의미 | • 부사의 역할<br>  – 행위 수식: 시간, 방법, 기간, 방향, 빈도 등으로 행동을 꾸며 주는 경우<br>  – 서술 수식: 서술의 시간, 방법, 질, 강도를 나타내는 경우<br>  – 부사를 수식하는 경우 | "빨리 온대."<br>➜ [용언수식-행위]<br>"언니 정말 미워."<br>➜ [실체-용언수식<br>-상태서술] |
| 3. 배경 | • 부정: 거부, 거절, 부인, 부재, 중단 등의 의미로 행위나 상태 서술에 대한 부정을 나타내는 의미 | 대체로 영어의 'not'에 해당하는 부정어로, '~마, 못, 안, 아니, 그만' 등이 속함 | "가지 마."<br>➜ [행위자-부정]<br>"나 안해."<br>➜ [행위자-부정<br>-행위] |
| | • 때: 행위나 서술과 관련된 시기를 나타내는 의미 | – | "어제 먹었어."<br>➜ [때-행위]<br>"비 올 때 우산 써."<br>➜ [때-대상-행위] |
| | • 장소: 사물이나 사람이 놓여 있는 곳이나 어떤 행동이 취해지려는 지점 | – | "아빠 회사 갔어."<br>➜ [행위자-장소<br>-행위]<br>"나무 밑에서 잤어요."<br>➜ [장소-행위] |
| | • 도구: 행위자나 경험자가 가지고 있고, 특정한 행위나 상태를 보이게 하는 물건의 의미 | – | "가위로 잘라."<br>➜ [도구-행위] |
| | • 이유: 행위나 서술과 관련된 이유, 의도 또는 원인을 의미 | – | "왜 안 오니?"<br>➜ [이유-부정-<br>행위]<br>"자려고 눈을 감았어요."<br>➜ [이유-대상-<br>행위] |

| | | "배불러서 그런 거야."<br>➔ [이유-행위] |
|---|---|---|
| • **조건**: 행위나 서술과<br>관련된 조건을 의미 | - | "그럼 죽어."<br>➔ [조건-상태서술] |
| • **비교**: 체언의 내용을<br>비교하는 의미 | - | "나보다 밉다."<br>➔ [비교-형용서술] |
| • **재현**: 사람, 사물,<br>사건 등의 반복을<br>의미 | - | "또 먹어."<br>➔ [재현-행위] |
| • **양보**: 행위나 상태<br>서술을 양보하거나<br>허용하는 의미 | - | "더러워도 돼."<br>➔ [양보-상태서술] |

ㄹ 대화요소(CD; Communication Devices): 문장 속 다른 낱말과 의미관계를 형성하지 않고 독립적인 기능을 하는 의미유형을 말한다.

| 의미유형 | 정의 | 예시 |
|---|---|---|
| 1. 주의 끌기 | 주의를 끌기 위해 이름 또는 다른 표현을 사용하는 것 | "엄마, 장난감요."<br>➔ [CD(주의), 실체서술] |
| 2. 되묻기 | 앞에 말한 것을 되묻는 표현 | "응?", "어?"<br>➔ [CD(되묻기)] |
| 3. 감탄 | 감탄할 때 나오는 소리 | "와!", "아이.", "아이고."<br>➔ [CD(감탄)] |
| 4. '예/아니오'<br>대답 | '예/아니오' 질문에 대하여 수긍하는 표현 | "응, 먹었어."<br>➔ [CD(대답), 행위] |
| 5. 강조 | 본 진술을 강조하는 부분 | "아냐, 못 해."<br>➔ [CD(강조), 부정-행위]<br>"맞아, 내 거야."<br>➔ [CD(강조), 소유자-실체서술] |
| 6. 동반소리 | 의성·의태어의 기능을 가진 소리로 독립적인 부분 | "까꿍, 놀랐어?"<br>➔ [CD(소리), 상태서술] |
| 7. 인사 | 자동화된 인사 부분 | "안녕, 잘 있었어?"<br>➔ [CD(인사), 서술수식-상태서술] |
| 8. 접속 | 단문 속의 접속사 | "그런데 내가 나빴어."<br>➔ [CD(접속), 실체-상태서술]<br>"그리고 밥 먹자."<br>➔ [CD(접속), 대상-행위] |
| 9. 자동구 | 숫자세기, 철자외우기, 노래 등 독립적인 의미 없이 외워서 사용하는 상용구 | "일, 이, 삼, 사, 오."<br>➔ [CD(자동구)] |

### (3) 문장 내 의미관계의 분석 및 해석

① 의미관계 분석은 각 발화에 내포된 개별 의미유형들의 관계를 분석하는 것이다.
② 아동이 사용한 의미관계 비율이 기록되면, 일반아동의 의미유형 발달순서나 연령에 따른 빈도와 비교하여 결과를 해석할 수 있다.

### (4) 구나 절 간의 의미관계 분석

① 구나 절 간의 의미관계 분석 및 해석
  ㉠ 복문은 주부와 술부의 관계가 2번 이상 나타나는 것이다.
  ㉡ 아동의 복문 발화는 먼저 구 또는 절 간의 의미관계를 분석하고, 각 문장 속에 있는 구나 절의 의미관계를 다시 분석한다.
  ㉢ 각 발화에 대해 문장 간의 의미관계를 분석한 후, 아동이 나열, 연결, 내포 등 문장 간 의미관계를 얼마나 많이 사용하는지, 세부적으로 어떤 유형의 문장 간 의미관계를 많이 사용하는지 등을 분석한다.

② 복문의 구별 요령
  ㉠ 단문과 복문의 차이는 주어와 용언(행위 또는 서술) 간의 관계에 있다. 관계가 한 번 맺어지면 단문, 두 번 이상 맺어지면 복문이다.
  ㉡ 아동의 불완전한(단문처럼 사용하는) 복문은 단문으로 취급한다.
    예 "내가 그걸 먹으려고" → [행위자 – 대상 – 행위]
  ㉢ '(동사) + ~ 싶다'는 영어로는 'want to V'로 복문이지만, 우리말에서는 '싶다'가 독립적으로 쓰일 수 없으므로 '상태서술'의 의미유형으로 처리한다.
    예 "먹고 싶다" → 단문으로 처리하여 [상태서술]
  ㉣ 복합동사는 1개의 의미유형으로 분석하고, 다만 행위를 나열하는 경우 복문으로 취급한다.

| 예 | | 해석 |
|---|---|---|
| "빠져나갔어." | 단문 | 복합동사이므로 [행위]로 분석한다. |
| ⓐ "우리 공부하고 놀았어." | 복문 | "우리 공부했다."와 "우리 놀았다."가 합쳐진 것으로, 문장 간의 의미관계는 '시간연결' |
| ⓑ "비디오 보면서 놀았어." | | "비디오 보았다."와 "놀았다."가 합쳐진 것으로, 문장 간 의미관계는 '동시연결' |

ⓜ 의존명사(예 '거', '것', '자')가 발화에 있는 경우, 의존명사가 이끄는 명사구 속에 체언－용언으로 이루어진 의미관계가 있으면 복문, 없으면 단문으로 처리한다.

| 예시 | 의미관계 분석 | | 해석 |
|---|---|---|---|
| "고치는 거야." | [행위] | 단문 | 형식적으로는 명사구이지만 그 속에는 '행위' 하나만 들어 있으므로 복문으로 처리하지 않는다. |
| "이거(를) 고치는 거야." | [대상－행위] | | |
| "이거(는) 고치는 거야." | [실체－실체서술] | | |
| "이거는 집을 고치는 거야." | [실체－실체서술내포 (대상－행위)] | 복문 | 구 속에 문장 내 의미관계가 있으므로 복문으로 취급한다. |
| "이거는 강아지가 자는 거야." | [실체－실체서술내포 (행위자－행위)] | | |

ⓗ 배경어(예 부사구)도 구 속에 주부－술부의 의미관계가 있으면 복문으로, 그렇지 않으면 단문으로 처리한다.

| 예시 | 의미관계 분석 | | 해석 |
|---|---|---|---|
| "배불러서 못 먹어." | [이유－부정－행위] | 단문 | － |
| "나는 배불러서 못 먹어." | [이유연결(경험자－행위) 부정－행위] | | |
| "나는 배불러서 밥을 못 먹어." | [이유연결 (행위자－상태서술) －대상－부정－행위] | 복문 | 단문으로 분석하면 [경험자－ 이유－대상－부정－행위]가 되어, '경험자'와 '행위'가 대등하게 공존하는 모순이 생긴다. 이 경우 복문으로 보고 [이유 연결(행위자－상태서술)－대 상－부정－행위]로 분석하면 이 문제가 해결된다. |
| "엄마는 내가 배부르면 밥을 안 주셔." | [행위자－조건연결 (행위자－상태서술) －대상－부정－행위] | 복문 | 단문으로 취급하여 의미유형 을 병렬적으로 나열하면 [행 위자－경험자－상태서술－대 상－부정－행위]의 이상한 의 미관계가 된다. 그러므로 이 경우에도 복문으로 처리하여 [행위자－조건연결(행위자－ 상태서술)대상－부정－행위] 로 분석하면 된다. |

ⓢ 인용구 속에도 주부－술부의 의미관계가 있으면 복문으로, 그렇지 않으면 단문으로 처리한다. 단문으로 처리할 때는 '인용'으로, 복문으로 처리할 때는 '인용 내포'로 분석한다.

예 "'우우' 그랬어." [인용－행위]
   "'너 가' 그랬어." [인용내포(행위자－행위)－행위]

◎ 접속구 속에도 주부-술부의 의미관계가 있으면 복문으로, 그렇지 않으면 단문으로 처리한다.

　예 "그럼 죽어." [조건-상태서술]

　　"네가 그러면 아가가 아파." [조건연결(행위자-행위)-경험자 — 상태서술]

③ 문장 간 의미관계 유형

| 문장 간 의미관계 | | 정의 | 예시 |
|---|---|---|---|
| 나열 | | 같은 의미유형들이 나열되거나, '-(하)고' 같은 연결어미에 의해 나열되어 주부-술부 관계가 2개 이상 나타난 경우 | "내가 아기를 안아주고 뽀뽀해주고" |
| 연결 | | 접속사나 연결어미에 의해 하나의 발화가 두 개 이상의 절로 구성된 것으로 두 절이 의미적으로 대등한 경우 | – |
| | (1) 때 연결: 한 구나 절에서 나타난 사건이 다른 구나 절에서 나타난 사건과 ① 시간적인 선후관계(-고, -고 나서, '한 후에)나 ② 동시성(-(하)다가, -하면서)을 나타내는 의미관계인 경우 | | "미끄럼 타고 나서 그네 타요." "TV 보면서 밥 먹었어." |
| | (2) 조건 연결: 한 구나 절에서 나타난 사건이 다른 구나 절에서 나타난 사건과 ① 상반되거나(-나, -아도, -지만, -라도), ② 가정이나 조건을 나타내거나(-면, -라면, -거든, -더라도), ③ 첨가의 관계를 나타내거나(-뿐 아니라, -ㄹ수록), 혹은 ④ 배경을 나타내는(-는데, -ㄴ데) 의미관계일 경우 | | "네가 그러면 아기가 아파." |
| | (3) 이유 연결: 한 문장이 다른 문장의 ① 의도나(-려고, -고자, -러) ② 이유 또는 원인이 되는(-으니까, -으므로, -아서) 의미관계인 경우 | | "친구가 때려서 발로 찼어." |
| | (4) 양보 연결: 한 사건이 다른 사건에 대한 양보(-아도, -할지라도)나 무관함을 나타내는(거나, -든지) 의미관계인 경우 | | "네가 따라오든지 말든지 난 갈 거야." |
| 내포 | | • 한 발화가 다른 문장을 절의 형식으로 안고 있는 것<br>• 대체로 한 절이 다른 절의 주부와 술부 사이에 위치하지만 때로는 주부가 생략될 수도 있음<br>• 꾸밈절이 있는 모든 개별 의미유형은 'ㅇㅇ 내포'로 분석할 수 있음 | | "아프던 아기가 이제는 나았대." |

## (5) 어휘 다양도 [22 초등]

① 얼마나 다양한 낱말을 사용하는지를 측정하는 방법으로, 이를 통해 의미론적 발달을 알 수 있다.

② 아동이 사용한 총 낱말 중 다른 낱말의 비율이 얼마나 되는가를 산출한다.

③ 총 낱말 수 대 다른 낱말 수의 비율은 어휘 산출능력을 측정하는 기준이 된다.

$$\text{어휘 다양도} = \frac{\text{아동이 사용한 다른 낱말 수}}{\text{아동이 사용한 총 낱말 수}}$$

## 2. 구문론 [20 유아, 17 유아]

### (1) 평균 발화길이(MLU; Mean Length of Utterance)

① 평균 발화길이는 초기 언어발달 단계에서 표현언어 발달과 문법 능력을 평가하기 위한 척도로 가장 많이 쓰이는 단위이다.

② 아동의 자발적인 발화의 길이를 측정하는 척도로, 아동의 각 발화 속에 포함된 낱말이나 형태소의 수를 평균내는 것이다.

③ 최장발화길이(UBL; Upper Bound Length): 가장 긴 낱말이나 형태소의 길이

④ 최단발화길이(LBL; Lower Bound Length): 가장 짧은 낱말이나 형태소의 길이

(2) **평균 발화길이의 종류**

① 평균 형태소길이(MLU – m): 발화의 형태소 수를 총 발화 수로 나누어서 평균을 구하며, 이 값이 증가한다는 것은 문장의 길이가 길어지고 구조적으로 복잡해진다는 것을 의미한다.

$$\text{평균 형태소길이} = \frac{\text{각 발화 형태소 수의 합}}{\text{총 발화 수}}$$

㉠ 형태소: 한 언어 내에서 의미를 내포하고 있는 가장 작은 단위로, 더 이상 분석하면 뜻을 잃어버리는 언어의 단위이다. 예 어간 (먹–) – 어미 (–다)

㉡ 형태소 구분 예시

아동언어장애의 진단 및 치료 (2판), 김영태, 학지사

| | |
|---|---|
| ① 우리 ｜ 엄마 – 가 ｜ 주–셨(시–었 ) – 어요 | (7) |
| ② 이 – 거 ｜ 엄마 – 가 ｜ 줬(주–었) – 는데 | (7) |
| ③ 의신이 | (1) |
| ④ 홍용이 | (1) |
| ⑤ 인수 – 도 ｜ 있– 어요 | (4) |
| ⑥ 의자 | (1) |
| ⑦ 앉 – 는 ｜ 거–예요 | (4) |
| ⑧ 케이크 | (1) |
| ⑨ 언제 ｜ 먹– 어 | (3) |
| ⑩ 포크 – 로 ｜ 먹– 을 ｜ 거 – 예요 | (6) |
| ⑪ 케이크 | (1) |
| ⑫ 선생 – 님 ｜ 케이크 – 요 | (4) |
| ⑬ 집 – 에 ｜ 케이크 ｜ 먹–었–어요 | (6) |
| ⑭ 아빠 – 랑 ｜ 먹–었–어요 | (5) |
| ⑮ 아빠 – 가 ｜ 주–셨(시–었)–어요 | (6) |
| | 계(57) |

➜ 위 예시에서 평균형태소 길이는 57/15 = 3.8이다.

② 평균 구문길이: 1개의 형태소로 이루어진 발화는 제외하고, 2개 이상의 형태소로 된 발화만을 분석하여 총 형태소 수를 총 발화 수로 나누어 평균을 구한다.

㉠ 평균 구문길이 예시

| | |
|---|---|
| ① 우리 ∣ 엄마 – 가 ∣ 주-셨(시-었 ) – 어요 | (7) |
| ② 이 – 거 ∣ 엄마 – 가 ∣ 줬(주-었) – 는데 | (7) |
| ③ ~~의산어~~ | (₊) |
| ④ ~~홍용어~~ | (₊) |
| ⑤ 인수 – 도 ∣ 있- 어요 | (4) |
| ⑥ ~~의자~~ | (₊) |
| ⑦ 앉 – 는 ∣ 거-예요 | (4) |
| ⑧ ~~케어크~~ | (₊) |
| ⑨ 언제 ∣ 먹- 어 | (3) |
| ⑩ 포크 – 로 ∣ 먹- 을 ∣ 거 – 예요 | (6) |
| ⑪ ~~케어크~~ | (₊) |
| ⑫ 선생 – 님 ∣ 케이크 – 요 | (4) |
| ⑬ 집 – 에 ∣ 케이크 ∣ 먹-었-어요 | (6) |
| ⑭ 아빠 – 랑 ∣ 먹-었-어요 | (5) |
| ⑮ 아빠 – 가 ∣ 주-셨(시-었)-어요 | (6) |
| | 계(52) |

→ 1개의 형태소로 이루어진 ③, ④, ⑥, ⑧, ⑪을 제외한 52/10 = 5.2이다.

③ 평균 낱말길이(MLU-w): 발화의 낱말 수를 총 발화 수로 나누어 평균을 구한 값으로, 이 값이 높다는 것은 한 발화 내에서 사용하는 단어가 많다는 것을 뜻한다.

$$평균\ 낱말길이 = \frac{각\ 발화\ 낱말\ 수의\ 합}{총\ 발화의\ 수}$$

㉠ 낱말: '단어'라고도 하며 형태소처럼 의미를 가지고 있지만, 형태소와 다르게 자립성(독립성)이나 분절성(분리성)이 강하다. 낱말 중에 홀로 서지 못하는 '조사'와 자립성이 부족한 '의존명사' 등도 낱말에 포함된다.

㉡ 낱말 구분 예시

아동언어장애의 진단 및 치료 (2판), 김영태, 학지사

| | |
|---|---|
| ① 우리 ㅣ 엄마 - 가 ㅣ 주셨어요 | (4) |
| ② 이거 ㅣ 엄마 - 가 ㅣ 줬는데 | (4) |
| ③ 의신이 | (1) |
| ④ 홍용이 | (1) |
| ⑤ 인수 - 도 ㅣ 있어요 | (3) |
| ⑥ 의자 | (1) |
| ⑦ 앉는 ㅣ 거-예요 | (3) |
| ⑧ 케이크 | (1) |
| ⑨ 언제 ㅣ 먹어 | (2) |
| ⑩ 포크 - 로 ㅣ 먹을 ㅣ 거예요 | (4) |
| ⑪ 케이크 | (1) |
| ⑫ 선생님 ㅣ 케이크 - 요 | (3) |
| ⑬ 집 - 에 ㅣ 케이크 ㅣ 먹었어요 | (4) |
| ⑭ 아빠 - 랑 ㅣ 먹었어요 | (3) |
| ⑮ 아빠 - 가 ㅣ 주셨어요 | (3) |
| | 계(38) |

→ 위 예시에서 평균 낱말길이는 38/15 = 2.53이다.

④ 평균 어절길이(MLU-c): 평균 형태소길이나 평균 낱말길이를 산출하는 것과 마찬가지로, 평균 어절길이도 총 어절 수를 총 발화 수로 나누어 구한다.

$$평균\ 어절길이 = \frac{각\ 발화\ 어절\ 수의\ 합}{총\ 발화\ 수}$$

㉠ 현행 맞춤법의 띄어쓰기는 어절을 단위로 하므로 띄어쓰기를 기준으로 어절을 정의할 수 있다.

㉡ 어절 구분 예시

아동언어장애의 진단 및 치료
(2판), 김영태, 학지사

| | |
|---|---|
| ① 우리 ∣ 엄마가 ∣ 주셨어요 | (3) |
| ② 이거 ∣ 엄마가 ∣ 줬는데 | (3) |
| ③ 의신이 | (1) |
| ④ 홍용이 | (1) |
| ⑤ 인수도 ∣ 있어요 | (2) |
| ⑥ 의자 | (1) |
| ⑦ 앉는 ∣ 거예요 | (2) |
| ⑧ 케이크 | (1) |
| ⑨ 언제 ∣ 먹어 | (2) |
| ⑩ 포크로 ∣ 먹을 ∣ 거예요 | (3) |
| ⑪ 케이크 | (1) |
| ⑫ 선생님 ∣ 케이크요 | (2) |
| ⑬ 집에 ∣ 케이크 ∣ 먹었어요 | (3) |
| ⑭ 아빠랑 ∣ 먹었어요 | (2) |
| ⑮ 아빠가 ∣ 주셨어요 | (2) |
| | 계(29) |

➡ 위 예시에서 평균 어절길이는 29/15 = 1.93이다.

## 3. 화용론 분석 <sup>21 유아</sup>

### (1) 문장의 자율성 및 적절성 분석

① 문장의 자율성: 아동이 얼마만큼 자율적인 대화자인지 분석한다. 이 경우 언어표본이 아동의 자연스럽고 대표적인 표본임을 전제로 한다.

㉠ 자발적 문장

| 자발적 발화 시도 | 아동이 대화를 시작하거나 선행되는 질문이 없어도 서술, 질문 등으로 대화를 이어나감 |
|---|---|
| 질문에 대한 반응 | 선행되는 질문에 자발적으로 대답함 |

㉡ 모방

ⓐ 선행발화가 끝났을 때 얼마나 빨리 모방하는지에 따라 구분된다.

| 즉각 모방 | 상대방의 말을 즉시 모방함 |
|---|---|
| 지연 모방 | 상대방이 한 말을 시간이 경과한 후에 모방함 |

ⓑ 선행발화와 얼마나 유사하게 모방하는지에 따라 나눠진다.

| 완전 모방 | • 상대방의 문장을 그대로, 똑같이 모방함<br>• 흔히 반사적인 경우가 많아 완전·즉각모방의 형태를 띔 |
|---|---|
| 부분 모방 | 상대방의 문장 중 일부분만을 모방함 |
| 변형 모방 | 상대방의 문장 형태나 내용을 일부 바꾸어 모방함<br>예 친구: 나 보고 싶었니? → 민규: 민규 보고 싶었니? |

② 문장의 화용적 적절성 분석

㉠ 아동의 발화가 선행발화나 문맥상 적절한지 아닌지를 분석한다.

㉡ 화용장애, 특히 고기능 자폐 아동은 구문이나 의미는 정확해도 문장의 화용적 기능이 부적절한 경우가 있다.

| 화용적으로 적절한 문장 | 문맥에 적절하며 선행발화가 요구하는 기능에 맞는 발화<br>예 질문에 대답, 요구에 수긍이나 거부, 부정 |
|---|---|
| 화용적으로 부적절한 문장 | • 문맥에 적절하지 못하거나 선행발화가 요구하는 기능에 부적절한 발화<br>• 부적절한 문장으로 분류한 다음, 기능별 분석을 함<br>예 주제어 어긋난 발화, 엉뚱한 대답이나 질문 |

## (2) 대화기능

① 아동이 사용하는 문장의 기능이 한두 가지로 제한되어 있는지, 다양한지를 분석하여 아동이 자신의 의사표현을 얼마나 자유롭게 할 수 있는지를 평가한다.

② 초기 구어 분석: 의사소통 의도가 제한적인 아동에게 사용한다.

| 기능 | 내용 |
|---|---|
| 명명 | 아동이 현재 조작하거나 감지하고 있는 사물의 이름을 댐<br>예 자동차를 가리키며 "자동차." |
| 반복 | 상대방 말의 일부 또는 전부를 따라 함<br>예 어른이 "빨간 모자"라고 했을 때 "모자."라고 하는 것 |
| 대답 | 상대방의 질문에 대답함<br>예 "몇 살이야?" / "세 살." |
| 행동 요구 | 상대방이 어떤 행동을 취하도록 함<br>예 "과자 주세요." |
| 대답 요구 | 상대방의 대답을 유도함<br>예 공을 들어 올리며 "공?" 하는 것 |
| 부르기 | 상대방의 주의를 끌기 위한 말이나 음운패턴을 사용함<br>예 장난감을 가리키며 "엄마."하고 부름으로써 엄마가 다가오게 하는 것 |
| 인사 | 상대방에게 자신의 도착이나 출발을 알림<br>예 "안녕.", "빠이빠이." |
| 저항 | 어떤 것을 싫어하거나 불허한다는 것을 나타냄<br>예 고개를 저으며 "싫어.", "안 돼." |
| 연습 | 앞의 문장과 연결되지 않는 말을 독백처럼 함<br>예 어른이 "아이 춥다, 그지?" / "아가, 아가." 하며 중얼거리는 것 |

③ 대화기능: 다양한 의사소통 의도를 보이는 아동에게 적용한다.

ㄱ 분석: 의사소통 행동은 상호작용에서 나타나는 행동(interactional act)으로 비상호작용적 행동은 포함하지 않는다. 이때, 상호작용 행동이란 ⓐ 신체적으로 근접한 상황에서 나타나는 행동이나, ⓑ 몸짓이나 발성 또는 말로 접근(contact)이 일어난 경우, 또는 ⓒ 엄마의 의사소통 의도가 있은 후 아동이 3초 이내에 응시 또는 반응한 경우를 포함한다.

ㄴ 분석방법

ⓐ 의사소통 의도 분석은 크게 7개의 상위범주로 분류하고 각 범주 안에 하위범주를 두어 분류한다.

ⓑ 의사소통 의도의 산출형태는 '몸짓이나 발성'이 동반된 형태 또는 '말' 형태로 구분하여 분석한다. 단, 말에 동반되는 몸짓이나 발성은 '말' 형태로 분석한다. 그러나 알아들을 수 없는 자곤은 말로 분석하지 않는다.

ⓒ 의미 없는 상투적인 부르기(예 의미 없이 "엄마")는 전체 자료의 10%만 분석에 포함한다.

ⓓ 동일한 대상 또는 행위를 연속하여 반복적으로 지칭하는 행동은 한 번만 기록한다.

ⓒ 의사소통 의도 분석 유형

| 상위 기능 | 하위 기능 | | 내용 |
|---|---|---|---|
| 요구 | 상대에게 정보, 행위, 사물 또는 허락을 요구하는 기능 | | |
| | 정보 요구 | 예/아니오 질문 | 상대로부터 '예/아니오'의 반응을 요구하는 질문<br>예 "사탕이야?" / "응." |
| | | 의문사 질문 | 의문사를 이용한 질문<br>예 "이거 뭐야?" |
| | | 명료화 질문 | 상대의 이전 발화에 대해 명료화를 요구하는 질문<br>예 "가자." / "뭐라고?" |
| | | 확인 질문 | 아동 자신이 알고 있는 사실을 확인하는 질문<br>예 "공이지?" |
| | 행위 요구 | | 상대에게 어떤 행위를 하도록 요구하는 행동<br>예 (자동차를 밀어달라는 의미로) "가." |
| | 사물 요구 | | 상대에게 사물을 달라고 요구하는 행동<br>예 (달라는 시늉을 하며 풍선 가리키기) |
| | 허락 요구 | | 상대에게 허락을 요구하는 행동<br>예 (엄마가 물을 틀지 말라고 한 후, 수도꼭지를 돌리려고 하면서 엄마를 쳐다보고) "물?" |
| 반응 | 상대의 요구에 답하고 대응하는 기능 | | |
| | 질문에 대한 반응 | 예/수용 | 상대의 질문에 긍정적인 대답을 하는 경우, 의미 없는 대답은 제외함<br>예 "먹을래?" / "응." |
| | | 아니요/부정 | 상대의 질문에 부정적인 대답을 하는 경우, 의미 없는 대답은 제외함<br>예 "먹을래?" / "아니." |
| | 요구 반응 | 명료화 | 상대의 명료화 요구에 이전 발화를 반복하거나 명료하게 하려고 시도함<br>예 "달기." / "딸기?" / "딸기." |
| | | 순응 | 상대의 요구에 긍정적으로 응하는 행동<br>예 "뽀뽀" (뽀뽀하는 행동) |
| | | 거부/저항 | 상대의 요구를 거부하거나 저항하는 행동<br>예 "뽀뽀" / "안 해." |
| | 반복 | | 상대의 선행 의사소통 행동을 전체 또는 부분적으로 새로운 추가 없이 모방하는 행동<br>예 "뭐 줄까?" / "뭐 줄까?" |
| | 의례적 반응 | | 선행 발화에 부합하지 않는 단순한 의례적 반응<br>예 "너 그걸로 뭐 만들 건데?" / "응." |

| | | 객관적 사실에 대한 언급이나 현재 관찰 가능한 사물 또는 사건에 대한 인지/묘사 또는 아동이 의도적으로 사물이나 행위에 상대의 주의를 끄는 행동 |
|---|---|---|
| 객관적 언급 | 사물에 주의 끌기 | 단순히 사물에 주의를 집중하도록 하는 수준의 행동<br>예 장난감 전화기를 보고 엄마를 쳐다보며 전화기 가리킴 |
| | 이름대기 | 아동이 타인과 상호작용하는 장소에서 눈으로 볼 수 있는 사물 또는 사건을 명명하는 기능, 단 질문에 대한 대답이 아닌 경우만 포함함<br>예 (강아지 인형을 보며) "멍멍" |
| | 사건, 상태 | 행위·사물의 움직임이나 상태에 상대의 주의를 끄는 행동<br>예 (블록을 다 담은 후) "됐어." |
| | 고유특성 | 아동이 타인과 상호작용하는 장소에 있는 대상에 대해 그 대상이 본질적으로 가진 외형적 특성을 기술하는 기능<br>예 (공을 보며) "동그라네." |
| | 기능 | 사물의 기능을 나타내는 행동이나 언급<br>예 (축구공을 보며) "뻥 차는 거야." |
| | 위치 | 공간적 관계에 대한 행동이나 언급<br>예 (장난감을 가리키며) "저기 있다." |
| | 시간 | 시간적 관계에 대한 행동이나 언급<br>예 "잠깐만.", "이따 봐." |
| | | 직접적으로 관찰이 가능하지 않은 사실, 규칙, 태도, 느낌 또는 믿음에 대한 행동이나 진술을 하는 기능 |
| 주관적 진술 | 규칙 | 규칙에 대한 행동이나 진술<br>예 "(~ 하면) 안 돼." |
| | 평가 | 상대 또는 자신의 행위에 대한 주관적인 평가<br>예 "잘했어." |
| | 내적 상태 | 자신의 생각 또는 느낌을 표현<br>예 "그거 좋아." |
| | 속성 | 객관적 판단의 기준이 없는 상대적 특성에 대해 자신이 주관적으로 느끼는 사물의 특성을 기술하는 기능<br>예 "와, 크다." / "뜨겁다." |
| | 주장 | 자신의 의견 또는 주장을 표현하거나 청유하는 기능<br>예 "내 거야", "먹자." |
| | 설명 | 현재의 장소에 없거나, 현재 존재하지 않는 사물·상황·사건에 대한 설명, 의견 또는 이유를 설명하는 기능<br>예 (뭔가를 그리고 나서) "이건 공이야.", "넘어져서 아야 해." |

| | | 상대의 말을 들었다는 것을 나타내는 반응으로, 단순히 메시지 수신의 표현을 의미하므로 질문이나 요구하는 반응은 해당되지 않음 | |
|---|---|---|
| 대화내용<br>수신표현 | 수용 | 상대의 앞선 의사소통 행동에 대해 단순히 메시지를 받았다는 것을 표현하는 행동<br>예 (상대의 말을 들으며 경청의 의미로 고개를 끄덕이거나) "어." |
| | 승인/<br>동의 | 상대의 앞선 의사소통 행동에 대해 새로운 정보의 추가 없이 단순히 승인·동의를 표현하는 행동<br>예 "물 없어." / "없네, 응." |
| | 부인/<br>반대 | 상대의 앞선 의사소통 행동에 대해 새로운 정보의 추가 없이 단순히 부정·반대를 표현하는 행동<br>예 "물 없어." / "물 있어.", "아니야." |
| | | 개별적 접촉과 대화 흐름을 조절하는 기능 | |
| 대화내용<br>구성요소 | 의례적<br>인사 | 상대방의 반응을 기대하지 않는 의례적인 인사<br>예 "안녕." |
| | 부르기 | 다른 의사소통 의도와 연결되지 않은 단순한 부르기<br>예 "엄마." |
| | 화자 선택 | 반응할 상대를 선택하는 행동<br>예 "엄마가 말해." |
| | 동반 | 행동의 한 부분으로 수반되는 말<br>예 (물건을 주며) "여기." |
| | 감탄 | 자신 또는 상대의 행동, 사물에 대한 감탄 또는 놀람을 표현하는 행동<br>예 (엄마가 만든 블록모형을 보고) "우와!" |
| | | 말 산출만으로도 성취되는 기능 | |
| 발전된<br>표현 | 농담 | 남을 웃기려고 우스갯소리로 하는 말<br>예 (아들인줄 알면서 장난치려고) "나 아들 아니고 딸이지?" |
| | 경고 | 문제를 지적하거나 위험을 알리거나 조심하도록 주의를 주는 말<br>예 "조심해.", "위험해." |
| | 놀림 | 남을 흉보거나 놀리는 말<br>예 "메롱", "바보" |

# 해커스임용
# 설지민
# 특수교육학
# 기본이론 ❶

| 개정 2판 1쇄 발행 | 2023년 1월 2일 |
|---|---|
| 지은이 | 설지민 |
| 펴낸곳 | 해커스패스 |
| 펴낸이 | 해커스임용 출판팀 |
| 주소 | 서울특별시 강남구 강남대로 428 해커스임용 |
| 고객센터 | 02-566-6860 |
| 교재 관련 문의 | teacher@pass.com |
| | 해커스임용 사이트(teacher.Hackers.com) 1:1 고객센터 |
| 학원 강의 및 동영상강의 | teacher.Hackers.com |
| ISBN | 979-11-6880-779-2(13370) |
| Serial Number | 02-01-01 |

## 해커스임용

- 임용 합격을 앞당기는 해커스임용 스타 교수진들의 고퀄리티 강의
- 풍부한 무료강의·학습자료·최신 임용 시험정보 제공
- 모바일 강좌 및 1:1 학습 컨설팅 서비스 제공